東海高等学校

〈収録内容〉

2024 年度 …………………… 数・英・理・社・国

2023 年度 …………………… 数・英・理・社・国

2022 年度 …………………… 数・英・理・社・国

2021 年度 …………………… 数・英・理・社・国

2020 年度 …………………… 数・英・理・社・国

DL 2019 年度 …………………… 数・英・理・社

DL 平成 30 年度 …………………… 数・英・理・社

便利な DL コンテンツは右の QR コードから ⇒

解答用紙　過去年度　リスニング

※データのダウンロードは 2025 年 3 月末日まで。
※データへのアクセスには、右記のパスワードの入力が必要となります。 ⇒ 989168

〈合格最低点〉

2024年度	300点
2023年度	272点
2022年度	283点
2021年度	283点
2020年度	306点
2019年度	294点
2018年度	299点

JN079004

本書の特長

実戦力がつく入試過去問題集

▶ 問題 …………… 実際の入試問題を見やすく再編集。

▶ 解答用紙 …… 実戦対応仕様で収録。

▶ 解答解説 …… 詳しくわかりやすい解説には、難易度の目安がわかる「基本・重要・やや難」の分類マークつき（下記参照）。各科末尾には合格へと導く「ワンポイントアドバイス」を配置。採点に便利な配点つき。

入試に役立つ分類マーク

基本 確実な得点源！
受験生の90％以上が正解できるような基礎的、かつ平易な問題。
何度もくり返して学習し、ケアレスミスも防げるようにしておこう。

重要 受験生なら何としても正解したい！
入試では典型的な問題で、長年にわたり、多くの学校でよく出題される問題。
各単元の内容理解を深めるのにも役立てよう。

やや難 これが解ければ合格に近づく！
受験生にとっては、かなり手ごたえのある問題。
合格者の正解率が低い場合もあるので、あきらめずにじっくりと取り組んでみよう。

合格への対策、実力錬成のための内容が充実

▶ 各科目の出題傾向の分析、合否を分けた問題の確認で、入試対策を強化！

▶ その他、学校紹介、過去問の効果的な使い方など、学習意欲を高める要素が満載！

解答用紙ダウンロード 解答用紙はプリントアウトしてご利用いただけます。弊社ＨＰの商品詳細ページよりダウンロードしてください。トビラのＱＲコードからアクセス可。

リスニング音声ダウンロード 英語のリスニング問題については、弊社オリジナル作成により音声を再現。弊社ＨＰの商品詳細ページで配信対応しております。トビラのＱＲコードからアクセス可。

UD FONT 見やすく読みまちがえにくいユニバーサルデザインフォントを採用しています。

東海高等学校

▶交通　ＪＲ中央本線「千種」駅下車徒歩15分，
地下鉄桜通線「車道」駅下車徒歩10分

〒461-0003　名古屋市東区筒井1-2-35
☎052-936-5112

沿　革

1888年，浄土宗の愛知支校として創立。1909年に東海中学校と改称。1947年，学制改革により東海中学校・東海高等学校となる。1962年に東海女子高校(現　東海学園高校)を，1964年には東海学園女子短期大学を，1995年には東海学園大学をそれぞれ開校・開学し，総合学園として発展を続けている。

教育目標

本校は，宗教的信念を持った他の人々の痛みを知ることのできる，豊かな感性を持った人間を育てるために次の三綱領をかかげている。

1．明照殿を敬い信念ある人となりましょう
2．勤倹誠実の校風を尊重してよい個性を養いましょう
3．平和日本の有要な社会人となりましょう

物知りではなく，この複雑な現代社会に対処していける問題解決能力を持ち，世界的に通用する人物を育てることをめざしている。

宗教の時間

教育課程

全ての教科において独自のカリキュラムを編成し，万全の基礎作りと演習を行っている。

２年からは文系・理系コース別および習熟度別のクラス編成を行い，進路に応じたきめ細かな授業を展開している。外国人教師による英語の授業や，各教科担当者による小論文指導なども実施している。

部活動

●**体育部**　野球，バスケットボール，テニス，バレーボール，サッカー，卓球，水泳，陸上競技，山岳，柔道，剣道，弓道，アーチェリー，ハンドボール，バドミントン，ラグビー，スキー，アメリカンフットボール，ワンダーフォーゲル

●**学芸部**　文芸，演劇，映画研究，弁論，合唱，オーケストラ，吹奏楽，書道，美術，生物，地学，電波科学研究，宗教研究，写真，ＥＳＳ，将棋，漫画研究，放送，図書，ＰＦＣ，ジャグリング，社会研究

●**同好会**　釣り，模型研究，第二外国語研究，ビーチバレー，数学研究，交通研究，クイズ研究，ボクシング

●**優秀クラブの実績**

柔道部／全国大会に団体で通算41回出場。うち団体優勝１回，２位１回，３位４回。個人優勝２回，２位１回，３位３回。東海総体団体優勝21回，個人優勝７回。

剣道部／全国大会に通算16回出場。国体に８回出場。

テニス部／1953（昭和28）年より全国大会に通算42回出場。優勝２回，２位５回，３位18回。1979（昭和54年）第１回全国高校選抜大会で第３位，以後14回出場。

弓道部／全国大会９回出場。うち準優勝１回。全国高校選抜大会９回，国体２回出場。

バドミントン部／1982（昭和57）年の団体５位を最高に，全国大会に通算15回出場。

アーチェリー部／全国大会通算36回出場。世界大会５回出場。

将棋部／全国大会出場実績多数。過去には，2000年度将棋個人戦優勝のほか，団体優勝４回，準優勝３回，３位２回。2003年度西日本学生将棋大会団体戦優勝，2021年度将棋個人戦全国準優勝。

ＥＳＳ（ディベート）部／全国中学高校ディベート選手権（ディベート甲子園）に通算25回出場し，うち優勝４回，準優勝８回，３位３回，ベストディベーター賞５回。全国高校生英語ディベート大会に通算６回出場し，うち３位１回，優秀ディベーター賞１回。日本高校生パーラメンタリーディベート連盟杯全国大会に通算７回出場。PDWC2020高校生パーラメンタリーディベート世界交流大会第３位。

第二外国語研究会／日本言語学オリンピックに通算４度参加し，金賞２名、銀賞８名。うち１名がアジア太平洋言語学オリンピックにて銀賞を獲得（日本２位・アジア４位）し，日本代表として世界言語学オリンピックに出場。

年間行事

９月の創立記念祭は体育祭と文化祭から成る。文化祭では，各クラスや有志による演劇や出し物，音楽祭，ステージ企画などが行われる。

５月／レクリエーション大会

６月／修学旅行（２年），遠足（１・３年），芸術鑑賞

８月／アカデミックキャンプ（１・２年希望者），夏季海外研修（１年希望者）

９月／創立記念祭

11月／研究＆仕事紹介講座（１年）

12月／卒業授戒会（仏式による成人式）（３年），スキー実習（１年希望者）

１月／御忌（宗祖法然上人の御命日）

３月／アメリカ海外研修（１・２年希望者）ニュージーランド海外研修（１年希望者）

大学合格状況

主な大学合格者数（2024年度）

東京大（36），京都大（26），名古屋大（47），北海道大（16），東北大（5），一橋大（4），東京工業大（9），横浜国立大（9），信州大（6），岐阜大（14），三重大（8），大阪大（5），神戸大（4），名古屋市立大（20），京都府立医科大（5），大阪公立大（7），慶應義塾大（68），早稲田大（82），同志社大（65），防衛医科大学校（7）ほか

４万人を超える同窓生は各分野で活躍している。政界においては故海部俊樹氏，医学界の斎藤英彦氏，実業界の安井義博氏，法曹界の高須宏夫氏，ジャーナリストの木村太郎氏，フィールズ賞を受賞した森重文氏，直木賞作家の大沢在昌氏，東京オリンピックアーチェリー団体銅メダリスト武藤弘樹氏など。

◎2024年度入試状況◎

学　　科	普　通
募　集　数	40
応 募 者 数	274
受 験 者 数	非公表
合 格 者 数	非公表

過去問の効果的な使い方

① **はじめに**　入学試験対策に的を絞った学習をする場合に効果的に活用したいのが「過去問」です。なぜならば，志望校別の出題傾向や出題構成，出題数などを知ることによって学習計画が立てやすくなるからです。入学試験に合格するという目的を達成するためには，各教科ともに「何を」「いつまでに」やるかを決めて計画的に学習することが必要です。目標を定めて効率よく学習を進めるために過去問を大いに活用してください。また，塾に通われていたり，家庭教師のもとで学習されていたりする場合は，それぞれのカリキュラムによって，どの段階で，どのように過去問を活用するのかが異なるので，その先生方の指示にしたがって「過去問」を活用してください。

② **目的**　過去問学習の目的は，言うまでもなく，志望校に合格することです。どのような分野の問題が出題されているか，どのレベルか，出題の数は多めか，といった概要をまず把握し，それを基に学習計画を立ててください。また，近年の出題傾向を把握することによって，入学試験に対する自分なりの感触をつかむこともできます。

過去問に取り組むことで，実際の試験をイメージすることもできます。制限時間内にどの程度までできるか，今の段階でどのくらいの得点を得られるかということも確かめられます。それによって必要な学習量も見えてきますし，過去問に取り組む体験は試験当日の緊張を和らげることにも役立つでしょう。

③ **開始時期**　過去問への取り組みは，全分野の学習に目安のつく時期，つまり，9月以降に始めるのが一般的です。しかし，全体的な傾向をつかみたい場合や，学習進度が早くて，夏前におおよその学習を終えている場合には，7月，8月頃から始めてもかまいません。もちろん，受験間際に模擬テストのつもりでやってみるのもよいでしょう。ただ，どの時期に行うにせよ，取り組むときには，集中的に徹底して取り組むようにしましょう。

④ **活用法**　各年度の入試問題を全問マスターしようと思う必要はありません。できる限り多くの問題にあたって自信をつけることは必要ですが，重要なのは，志望校に合格するためには，どの問題が解けなければいけないのかを知ることです。問題を制限時間内にやってみる。解答で答え合わせをしてみる。間違えたりできなかったりしたところについては，解説をじっくり読んでみる。そうすることによって，本校の入試問題に取り組むことが今の自分にとって適当かどうかが，はっきりします。出題傾向を研究し，合否のポイントとなる重要な部分を見極めて，入学試験に必要な力を効率よく身につけてください。

数学

各都道府県の公立高校の入学試験問題は，中学数学のすべての分野から幅広く出題されます。内容的にも，基本的・典型的なものから思考力・応用力を必要とするものまでバランスよく構成されています。私立・国立高校では，中学数学のすべての分野から出題されることには変わりはありませんが，出題形式，難易度などに差があり，また，年度によっての出題分野の偏りもあります。公立高校を含め，ほとんどの学校で，前半は広い範囲からの基本的な小問群，後半はあるテーマに沿っての数問の小問を集めた大問という形での出題となっています。

まずは，単年度の問題を制限時間内にやってみてください。その後で，解答の答え合わせ，解説での研究に時間をかけて取り組んでください。前半の小問群，後半の大問の一部を合わせて50%以上の正解が得られそうなら多年度のものにも順次挑戦してみるとよいでしょう。

英語

英語の志望校対策としては，まず志望校の出題形式をしっかり把握しておくことが重要です。英語の問題は，大きく分けて，リスニング，発音・アクセント，文法，読解，英作文の5種類に分けられます。リスニング問題の有無(出題されるならば，どのような形式で出題されるか)，発音・アクセント問題の形式，文法問題の形式(語句補充，語句整序，正誤問題など)，英作文の有無(出題されるならば，和文英訳か，条件作文か，自由作文か）など，細かく具体的につかみましょう。読解問題では，物語文，エッセイ，論理的な文章，会話文などのジャンルのほかに，文章の長さも知っておきましょう。また，読解問題でも，文法を問う問題が多いか，内容を問う問題が多く出題されるか，といった傾向をおさえておくことも重要です。志望校で出題される問題の形式に慣れておけば，本番ですんなり問題に対応することができますし，読解問題で出題される文章の内容や量をつかんでおけば，読解問題対策の勉強として，どのような読解問題を多くこなせばよいかの指針になります。

最後に，英語の入試問題では，なんと言っても読解問題でどれだけ得点できるかが最大のポイントとなります。初めて見る長い文章をすらすらと読み解くのはたいへんなことですが，そのような力を身につけるには，リスニングも含めて，総合的に英語に慣れていくことが必要です。「急がば回れ」ということわざの通り，志望校対策を進める一方で，英語という言語の基本的な学習を地道に続けることも忘れないでください。

国語

国語は，出題文の種類，解答形式をまず確認しましょう。論理的な文章と文学的な文章のどちらが中心となっているか，あるいは，どちらも同じ比重で出題されているか，韻文(和歌・短歌・俳句・詩・漢詩)は出題されているか，独立問題として古文の出題はあるか，といった，文章の種類を確認し，学習の方向性を決めましょう。また，解答形式は，記号選択のみか，記述解答はどの程度あるか，記述は書き抜き程度か，要約や説明はあるか，といった点を確認し，記述力重視の傾向にある場合は，文章力に磨きをかけることを意識するとよいでしょう。さらに，知識問題はどの程度出題されているか，語句(ことわざ・慣用句など)，文法，文学史など，特に出題頻度の高い分野はないか，といったことを確認しましょう。出題頻度の高い分野については，集中的に学習することが必要です。読解問題の出題傾向については，脱語補充問題が多い，書き抜きで解答する言い換えの問題が多い，自分の言葉で説明する問題が多い，選択肢がよく練られている，といった傾向を把握したうえで，これらを意識して取り組むと解答力を高めることができます。「漢字」「語句・文法」「文学史」「現代文の読解問題」「古文」「韻文」と，出題ジャンルを分類して取り組むとよいでしょう。毎年出題されているジャンルがあるとわかった場合は，必ず正解できる力をつけられるよう意識して取り組み，得点力を高めましょう。

数学

出題傾向の分析と合格への対策

●出題傾向と内容

本年度は小問や設問が2～3題で構成される大問が5題で，ほぼ例年通りであった。

[1]は数・式の計算，資料の整理，[2]は確率，[3]は関数・グラフと図形の問題，[4]は正三角形と円，[5]は正四角錐の切断の問題。

問題数は少ないが，どの問題もよく工夫されている。[3]以降の関数や図形の問題では，1つの問題の中に様々な考え方が含まれていて，中学数学の基本から高度な考え方までの知識やその応用力が問われている。

全体的には，標準レベルより難しい。

✔学習のポイント

教科書内容の復習を急ぎ，早めに標準レベルの問題集に取り組もう。図や表，途中経過を書きながらの学習も重要。

●2025年度の予想と対策

来年度も，出題の量・質ともに，これまでと同様の傾向が続き，小問・設問数にして13～15題ほどの標準レベル程度の良問が出題されるだろう。

数や式の計算はやや難しい。また，大問の途中で複雑な計算が必要なものもある。素早く確実に仕上げられるように練習しておこう。

関数とグラフは，グラフの式や座標を求める際に，未知のものを，文字を使って表すことに慣れておこう。図形との融合問題では，線分の比や面積の比などの扱いが必要なことが多い。

図形問題では，補助線の引き方がポイントになる。数多くの問題にあたっておこう。

▼年度別出題内容分類表……

出題内容			2020年	2021年	2022年	2023年	2024年
数と式		数の性質	○		○	○	
		数・式の計算					○
		因数分解					
		平方根		○	○		
方程式・不等式		一次方程式			○		○
		二次方程式	○	○		○	
		不等式					
		方程式・不等式の応用					
関数		一次関数	○	○	○		○
		二乗に比例する関数	○	○	○	○	○
		比例関数					
		関数とグラフ	○	○	○	○	○
		グラフの作成					
図形	平面図形	角度					
		合同・相似	○	○	○	○	
		三平方の定理	○	○	○	○	○
		円の性質	○	○	○	○	○
	空間図形	合同・相似		○	○	○	○
		三平方の定理	○	○	○	○	○
		切断	○	○	○	○	○
	計量	長さ	○	○	○	○	○
		面積	○	○	○	○	○
		体積	○	○	○	○	○
		証明					
		作図					
		動点	○				
統計		場合の数					
		確率	○				○
		統計・標本調査		○	○	○	○
融合問題		図形と関数・グラフ	○	○	○	○	○
		図形と確率					
		関数・グラフと確率					
		その他					
その他			○			○	

東海高等学校

英語 出題傾向の分析と合格への対策

●出題傾向と内容

本年度の出題は昨年度に引き続き，リスニング問題1題，短めのパラグラフに適語を入れる問題1題，英作文問題1題，長文読解総合問題1題の構成であった。リスニング問題は，英文を聞いて，それに関する英文の質問に数字で答える問題と，会話を聞いてそれに関する日本語の質問に記号で答える問題であった。

長文読解問題は文章量が多く，文法的に複雑な文も多く含まれている。また，語句解釈や内容一致文選択問題の難度も高い。英文和訳では指示語の内容を明らかにして訳す必要があるため，正確な内容理解とともに日本語の表現力も求められている。語句整序問題なども複雑な構文について尋ねられることが多く，注意が必要だ。

✔学習のポイント

英作文は重要構文を隅々までミスなく書けるようにしたい。長文読解は，記述も含めた総合的な対策が必要となる。

●2025年度の予想と対策

リスニング問題に対しては，日ごろから放送文の内容を素早くつかみ，ポイントをメモする練習をしておくとよい。長文読解に対しては，まず長めの長文を読むことに慣れ，普段の練習から代名詞の内容を指す部分はどこにあるか，行間に述べられていることに留意する，などを意識すること。文法問題は，ハイレベルの問題集の演習が必要となる。英作文問題も含め，語彙力，文法力が不可欠である。できれば，高校英語へのかけ橋となるような発展的な学習を取り入れながら，確実な英語力を身につけよう。

▼年度別出題内容分類表 ……

	出題内容	2020年	2021年	2022年	2023年	2024年
話し方・聞き方	単語の発音					
	アクセント					
	くぎり・強勢・抑揚					
	聞き取り・書き取り	○	○	○	○	○
語い	単語・熟語・慣用句		○	○	○	○
	同意語・反意語		○			
	同音異義語					
読解	英文和訳(記述・選択)	○	○	○	○	
	内容吟味	○	○	○	○	○
	要旨把握	○				
	語句解釈	○	○	○	○	○
	語句補充・選択	○	○	○	○	○
	段落・文整序					
	指示語	○	○	○	○	
	会話文	○	○	○	○	
文法・作文	和文英訳					○
	語句補充・選択	○				
	語句整序	○	○	○	○	○
	正誤問題					
	言い換え・書き換え					○
	英問英答	○				
	自由・条件英作文	○	○	○	○	○
文法事項	間接疑問文	○	○	○	○	○
	進行形	○			○	○
	助動詞	○	○	○	○	○
	付加疑問文					
	感嘆文					
	不定詞	○	○	○	○	○
	分詞・動名詞	○	○	○		○
	比較					○
	受動態	○		○	○	
	現在完了					○
	前置詞	○	○	○	○	○
	接続詞	○	○	○	○	○
	関係代名詞	○	○	○	○	○

東海高等学校

理科　出題傾向の分析と合格への対策

●出題傾向と内容

大問数が5～8問程度，小問数が30～40問程度で，標準的な分量ではある。しかし，1問1問に時間を要するため，時間に余裕はなく，解くのに取捨選択が必要な場合もある。

例年，やや難しい問題が多く出題される傾向にあるが，本年度も文字を用いた計算の出題があった。特定の分野に偏らず，広い範囲から出題される。出題形式は，記号選択，正誤判定，数値，数式，化学式，文記述，年度によっては描図など，さまざまである。記述式問題も，グラフを解釈する問題も，あまり見たことのない素材が出題されることも多い。

✔学習のポイント

実験や観察の図表，グラフを読み取る練習を重ねることが必要だ。どんな形式の出題にも対応できる応用力をつけたい。

●2025年度の予想と対策

来年度も，問題の形式・質・量とも大きな変化はないと思われる。特定の分野に偏ることなく学習を進めていこう。単に覚えるという学習ではなく，それぞれの現象の背景にある原理を理解することが必要である。まずは，基礎基本について，原理の根本から理解を進め，充分に習熟することが前提である。その後，高レベルの問題などに取り組んで，理解力，理科的・数学的思考力を十分に高めてほしい。思考力と分析力を必要とする問題も出題されている。また時事問題にからめた内容が出る場合があるので，関心を持っておこう。

▼年度別出題内容分類表 ……

	出題内容	2020年	2021年	2022年	2023年	2024年
第一分野	物質とその変化		○		○	○
	気体の発生とその性質	○	○		○	○
	光と音の性質					○
	熱と温度					
	力・圧力		○	○		
	化学変化と質量	○		○	○	○
	原子と分子	○	○	○	○	
	電流と電圧		○	○	○	
	電力と熱				○	
	溶液とその性質	○	○	○		○
	電気分解とイオン	○	○	○	○	○
	酸とアルカリ・中和				○	
	仕事					
	磁界とその変化					
	運動とエネルギー	○		○		○
	その他			○		
第二分野	植物の種類とその生活	○	○		○	
	動物の種類とその生活	○				
	植物の体のしくみ		○			○
	動物の体のしくみ					○
	ヒトの体のしくみ	○				○
	生殖と遺伝			○	○	○
	生物の類縁関係と進化			○	○	
	生物どうしのつながり					○
	地球と太陽系	○		○	○	
	天気の変化	○			○	
	地層と岩石	○	○		○	○
	大地の動き・地震		○		○	○
	その他			○		

東海高等学校

社会 出題傾向の分析と合格への対策

●出題傾向と内容

例年，大問は5～8題程度。本年度は7題が出題され，解答数は50問であった。地理が15問，歴史が25問，公民が10問という構成で，歴史的分野からの出題が多かった。3分野とも幅広く出題され，かなり高度な知識や細かい部分まで問われることが多い。

地理的分野では，南アジア・東南アジアに関する問題が，日本地理は日本のエネルギー利用を題材とした問題が出題された。

歴史的分野では近現代の日本の教育に関する問題，古代から近世にかけての日本史の正誤問題，古代から近代にかけての世界史に関する問題が出題された。

公民的分野では，2023年のできごとを題材とした政治のしくみや国際社会などについての問題と，観光についての会話文を題材とした現代社会や経済についての問題が出題された。

学習のポイント

地理は各種統計資料をよく見ておこう！
歴史は世界史についても整理しよう！
公民は政治経済と時事を整理しておこう！

●2025年度の予想と対策

出題数，問題レベルともに例年と大きな変化はないと予想される。

地理的分野では，幅広く出題されるので，教科書の記述をしっかり理解するとともに，重要事項は地図・統計でチェックしておきたい。

歴史的分野では，難問の出題も予想されるが，ほとんどは基礎的事項の理解を問う問題であると思われる。教科書中心の勉強で十分対応できるが，重要な史料や歴史地図にもあたっておきたい。

公民的分野では，政治経済の細かな知識の有無を試す問題が予想される。教科書だけではなく，資料集を使いながら，知識を深めていく必要がある。また，新聞や報道などで時事問題にも備えておきたい。

▼年度別出題内容分類表 ……

出題内容			2020年	2021年	2022年	2023年	2024年
地理的分野	(日本)	地形図					
		地形・気候・人口	○	○	○	○	
		諸地域の特色	○	○	○	○	○
		産業	○	○	○		○
		交通・貿易					○
	(世界)	人々の生活と環境					
		地形・気候・人口	○	○	○	○	○
		諸地域の特色	○	○	○	○	○
		産業	○			○	
		交通・貿易	○	○	○		○
	地理総合						
歴史的分野	(日本史)	各時代の特色	○	○	○	○	○
		政治・外交史	○	○	○	○	○
		社会・経済史	○	○	○	○	○
		文化史	○	○	○	○	○
		日本史総合					
	(世界史)	政治・社会・経済史	○	○	○	○	○
		文化史		○		○	○
		世界史総合					
	日本史と世界史の関連		○	○	○	○	○
	歴史総合						
公民的分野	家族と社会生活						○
	経済生活		○	○	○		○
	日本経済		○	○	○	○	○
	憲法（日本）		○	○	○	○	
	政治のしくみ		○	○	○	○	○
	国際経済				○	○	
	国際政治		○	○		○	○
	その他						○
	公民総合						
各分野総合問題							

東海高等学校

国語 出題傾向の分析と合格への対策

●出題傾向と内容

例年の傾向どおり，本年度も現代文の読解問題2題による大問構成であった。

説明的文章は，キーワードを的確につかんだうえで，丁寧に読み進める必要のある文章であった。文脈を追って内容を把握する読解問題が中心で，知識問題として漢字の書き取りも出された。文章からの抜き出しだけではなく，文章中の言葉を使ってまとめる形式もあった。

文学的文章は小説からの出題であった。場面と心情を読み取る問題が中心で，語句の本文中での意味を問う問題も出題された。

解答形式は，記号選択式と記述式の併用であり，記号選択式の選択肢には紛らわしいものもあるので，注意が必要である。

学習のポイント

読解力・記述力を養うために，さまざまな分野の文章を読みこなし，多様な表現を身につけよう。

●2025年度の予想と対策

例年の傾向から，来年度も現代文の読解に重点を置いた出題になると思われる。

説明的文章では，指示語や接続語，キーワードや言い換え表現に留意して，論旨を読み取る練習が必要である。

文学的文章では，会話や行動，情景から心情を読み取ることが大切である。また，その場面の状況を考慮することも重要である。

知識問題については，日常の学習範囲内のものは確実に身につけておく。

文章に関連して韻文，古文が出題される可能性もあるので，基礎知識を身につけ，史料集程度の作品には親しんでおきたい。

▼年度別出題内容分類表……

出題内容			2020年	2021年	2022年	2023年	2024年
内容の分類	読解	主題・表題					○
		大意・要旨	○	○	○	○	○
		情景・心情	○	○	○	○	○
		内容吟味	○	○	○	○	○
		文脈把握	○	○	○	○	○
		段落・文章構成					
		指示語の問題		○			
		接続語の問題					
		脱文・脱語補充			○		○
	漢字・語句	漢字の読み書き	○	○	○	○	○
		筆順・画数・部首					
		語句の意味	○	○	○	○	○
		同義語・対義語					
		熟語					○
		ことわざ・慣用句		○	○	○	○
	表現	短文作成					
		作文(自由・課題)					
		その他					
	文法	文と文節					
		品詞・用法					
		仮名遣い					
		敬語・その他					○
	古文の口語訳						
	表現技法						
	文学史						
問題文の種類	散文	論説文・説明文	○	○	○	○	○
		記録文・報告文					
		小説・物語・伝記	○	○	○	○	○
		随筆・紀行・日記					
	韻文	詩					
		和歌(短歌)					
		俳句・川柳					
	古文						
	漢文・漢詩						

東海高等学校

2024年度 合否の鍵はこの問題だ!!

数学 [3] (3), [4] (3), [5] (3)

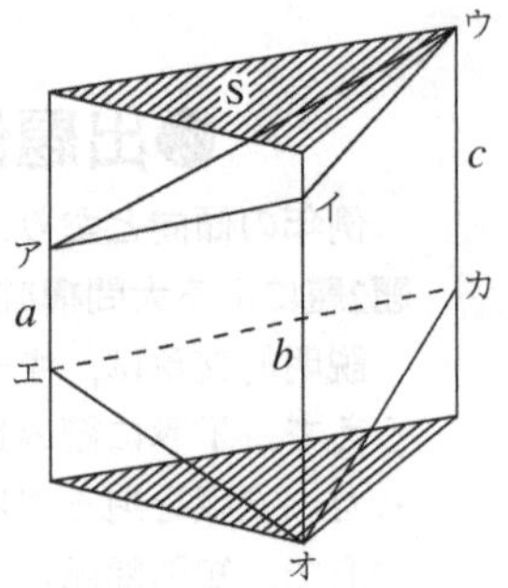

[3](3)，[4](3)に関しては等積変形の考え方を利用する。

[3](3)はCB＝2LBつまりLB＝LCとなる点Cをy軸上にとり，点Cを通り線分MNに平行な直線と放物線との交点をPとすれば，△PMN＝2△LMNとなる。また，[4](3)はJH＝$\frac{1}{2}$CHつまり，線分CHの中点を点Jとし，点Jを通り線分ABに平行な直線と円Oとの交点をPとすれば，△ABP＝$\frac{1}{2}$△ABCとなる。

[5](3)は立体PAD－QBCはPQ//AB//DCの断頭三角柱であることに気づくことができるかがポイントであった。右上図のように三角柱を切断した立体アイウ－エオカは断頭三角柱と呼ばれ，体積はS×$\frac{a+b+c}{3}$となる。このとき，底面(面積がSの部分)は線分アエ，イオ，ウカに垂直である必要がある。また，三角錐の体積比を利用して解く方法もある。右下図のような三角錐を切断したとき，三角錐ア－オカキの体積は三角錐ア－イウエの体積×$\frac{d}{a}$×$\frac{e}{b}$×$\frac{f}{c}$となる。このことを利用すると，[5](3)は四角錐O－ABQP＝三角錐O－ABC×$\frac{\mathrm{OA}}{\mathrm{OA}}$×$\frac{\mathrm{OB}}{\mathrm{OB}}$×$\frac{\mathrm{OQ}}{\mathrm{OC}}$＋三角錐O－ACD×$\frac{\mathrm{OA}}{\mathrm{OA}}$×$\frac{\mathrm{OQ}}{\mathrm{OC}}$×$\frac{\mathrm{OP}}{\mathrm{OD}}$＝$\frac{1}{2}$四角錐O－ABCD×$\frac{4}{4}$×$\frac{4}{4}$×$\frac{1}{4}$＋$\frac{1}{2}$四角錐O－ABCD×$\frac{4}{4}$×$\frac{1}{4}$×$\frac{1}{4}$＝$\frac{1}{8}$四角錐O－ABCD＋$\frac{1}{32}$四角錐O－ABCD＝$\frac{5}{32}$四角錐O－ABCDとなり，(1)より四角錐O－ABCDの体積は$\frac{32\sqrt{2}}{3}$(cm^3)なので，四角錐O－ABQP＝$\frac{5}{32}$×$\frac{32\sqrt{2}}{3}$＝$\frac{5\sqrt{2}}{3}$(cm^3)と求めることができる。

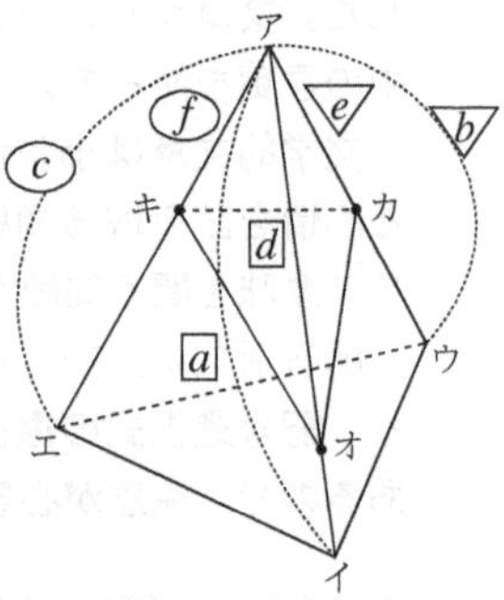

理科 3

3で，水の状態変化，酸性雨，水溶液の濃度，水素と酸素の化合に関するグラフ，水酸化ナトリウム水溶液と食塩水の電気分解に関して，大問4で，ヒトの目のレンズの役割に関して，大問5で，ふりこと力学的エネルギーに関して，大問6で，地層と柱状図に関して，大問7で，地震による災害，緊急地震速報に関して，それぞれ思考力を試す問題や計算問題が出された。このように，本校においては，いろいろな分野において，思考力を試す問題が出されるので，しっかりとした対策が必要である。

3の(1)は，氷から水になったり，氷から水蒸気になったりするときの体積変化に関する思考力を試す計算問題であった。

(2)は，酸性雨に関する知識問題であった。

(3)は，飽和水溶液と溶質の質量に関する思考力を試す計算問題であった。この場合，文をしっかり読み取る必要があった。

(4)は，化学反応式が2問出された。化学反応式は毎年2問程度は出題されるので，しっかり練習しておく必要がある。

(5)は，水素と酸素の混合気体を反応させたときに，反応後に残る気体の体積をグラフで表す問題が出された。

(6)は，電気分解に関して，しっかりとした知識を要する問題であった。

英語 1, 4 問1 ④

本校のリスニング問題は昨年度から変更され，長い英文を聞いて，それに関する質問に数字で答える問題と，長い会話文を聞いて，日本語の質問に記号で答える問題の計2題が出題される形式になった。

問1，問2とも文章や会話が非常に長く，内容も複雑である。問1は文章に出てきた数字をそのまま答えるものではなく，計算したうえで答えなくてはならないため難度が高い。問2は会話が1度しか放送されず，1度で様々な映画の名前とその内容を把握するのが難しい。日本語の質問が問題用紙に書かれているので，放送を聞く前によく読み，聞き取るポイントを把握しておくことが重要である。

問1

3　兄2人と弟1人の計3人。

5　40歳になるまでに3回結婚し，その後，1992年にザラ・マージドと結婚したので計4回。

4問1④

語句整序問題。文の構造を下で確認しよう。

I was still trying to	think of something interesting	to say to Mrs. Badger
過去進行形「～していた」	think of ～「～を思いつく」	形容詞的用法の不定詞
〈try to ＋動詞の原形〉	〈something ＋形容詞〉	「～するべき，～するための」
「～しようと努める」	「何か～なもの」	

「私は依然として努めていた」「何かおもしろいことを思いつく」「バジャー氏に言うべき」

→「私は依然として，バジャー氏に言うべき何かおもしろいことを思いつこうと頑張っていた」

社会 I 問6

この問題は，南アジアと東南アジアのA～Iの9つの国を示した図をみた上で，地図中で示された9か国についての輸出額とおもな輸出品目をまとめた表から，A・C・E・G・Iの5か国にあてはまるものをそれぞれ選ぶというもので，推定配点が10点と大きいことなどから，合否を分けた問題であるといえる。

地図中に示されたAはインド，Bはスリランカ，Cはバングラデシュ，Dはミャンマー，Eはタイ，Fはマレーシア，Gはインドネシア，Hはベトナム，Iはフィリピンである。

Aのインドは，輸出額が9か国のなかで最も大きく，おもな輸出品目に石油製品やダイヤモンドが含まれている①と考えられる。Cのバングラデシュは，衣類が輸出の大部分を占めていることから，⑦と判断することができる。Eのタイは，日本の自動車会社などが現地工場を多く建設していることなどもあり自動車の生産・輸出が盛んであると考えられるので，輸出品目の上位に自動車が入る④と判断できる。Gのインドネシアは輸出品目の上位にパーム油や石炭が含まれることから，⑤と考えられる。Iのフィリピンは，輸出上位に機械類のほかに野菜と果実が入ることから，⑥と判断することができる。

なお，残るBのスリランカは⑨，Dのミャンマーは⑧，Fのマレーシアは③，Hのベトナムは②となる。

国語 一 問6

★合否を分けるポイント

傍線部の前後を読んで理由を読み取るのではなく，文章の構成に着目することで効率的に要約すべき内容をとらえよう。接続詞や，段落の冒頭の語に注目することがポイントとなる。解答欄は二行にわたっており，それぞれの行に一つずつの要約を書き，2文の要約としよう。

★こう答えると「合格」できない！

傍線部Eの前にある「日本」や傍線部Eの「批判的思考」という語に着目し，これらの語が含まれる「ここで問われている」で始まる段落や「日本では」で始まる段落，また「こうした『批判的思考力の弱さ』」で始まる段落の内容をまとめようとすると，簡潔な理由とはならず，「合格」できない。また，「要約」を求められているので，文末を「～から。」でまとめないようにも気を配りたい。

★これで「合格」！

直後の段落の冒頭に「その一つは」とあるので，この段落から日本の学校が「批判的思考力を育てない」一つ目の理由が読み取れる。「集団の『秩序』を乱さず，集団内での地位が上の人間の言葉に疑問を抱かずに黙って服従することが，日本の社会では優先されやすい」とあり，この内容を簡潔にまとめて一つ目の要約としよう。その後の段落の冒頭に，並立の意味を表す「また」とあるので，この段落から二つ目の理由が読み取れるはずだ。「先生」の立場から「教師にとっては，相手が従順な方がラクで仕事がやりやすいという『統治上のメリット』もあります」をまとめて，二つ目の要約としよう。一行や三行になったりせず，解答欄に過不足なくおさめれば，「合格」だ！

2024年度

★★★★★★★★★★★★★★★★★★★★★★★

入　試　問　題

2024年度

東海高等学校入試問題

【数　学】（50分）　＜満点：100点＞

[1]　(1)　2024^2-1976^2 を計算すると [ア] である。

(2)　点数が０点以上10点以下の整数である小テストを７人の生徒が受験したところ，平均値は５点，最頻値は７点であった。このとき，中央値のとりうる値をすべて求めると [イ] である。

[2]　サイコロを２回投げ，１回目，２回目に出た目の数をそれぞれ a，b として，x の１次方程式 $ax-b=c$ を作る。

(1)　$c=0$ のとき，この１次方程式の解が整数となる確率は [ウ] である。

(2)　$c=18$ のとき，この１次方程式の解が整数となる確率は [エ] である。

[3]　図のように，放物線 $y=ax^2$（$a>0$）上に２点M，Nがある。M，Nの x 座標がそれぞれ3，4であり，y 座標の差は14である。

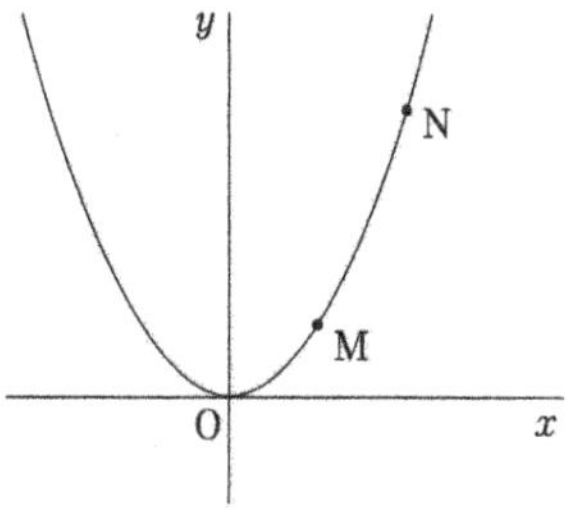

(1)　$a=$ [オ] である。

(2)　線分MNを直径とする円と y 軸との交点の座標は（0，[カ]），（0，[キ]）である。ただし，[カ] ＜ [キ] とする。

(3)　(2)で求めた（0，[カ]）を点Lの座標とする。また，点Pを放物線上の点で，△PMNの面積が△LMNの面積の２倍であるような点とする。このとき，Pを通り直線MNに平行な直線と y 軸との交点の座標は（0，[ク]）である。

[4]　図のように，１辺の長さが７㎝である正三角形ABCが円Oに内接している。点Pは弧ＢＣ上を動き，∠BPC＝120°である。

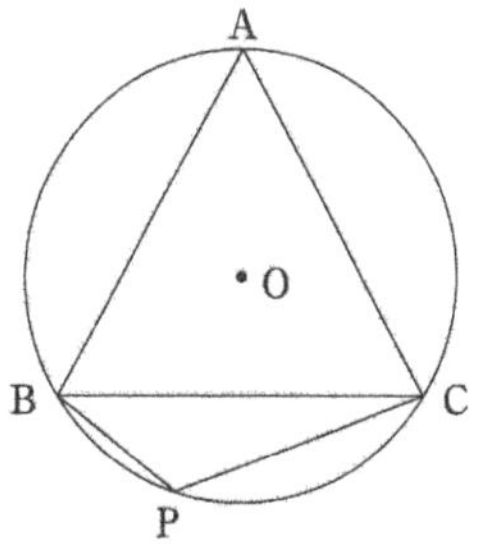

(1)　円Oの半径は [ケ] ㎝である。

(2)　∠BAP＝15°のとき，CP＝ [コ] ㎝である。

(3)　△ABPの面積が△ABCの面積の $\frac{1}{2}$ 倍になるとき，CP＝ [サ] ㎝である。

[5]　図（次のページ）のように，１辺がすべて４㎝の正四角錐O－ABCDがある。辺OD，辺OC上にOP＝OQ＝１㎝となる点Ｐ，Ｑをとり，点Ｑから辺AB，CDにそれぞれ垂線QR，QSをひく。このとき，

(1)　正四角錐O－ABCDの体積は [シ] cm^3 である。

(2)　△QRSの面積は [ス] cm^2 である。

⑶　四角錐O－ABQPの体積は [セ] cm^3である。

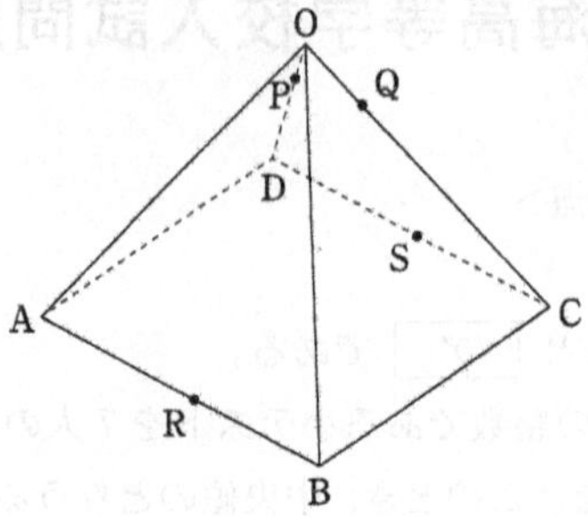

【英　語】（50分）　＜満点：100点＞　※リスニングテストの音声は弊社HPにアクセスの上，音声データをダウンロードしてご利用ください。

1 【リスニング問題】試験開始の約５分後に放送が始まります。

問１　英文が放送された後，その内容に関する５つの質問（１～５）が流れます。それぞれの質問に対する答えを，英単語ではなく，算用数字で書きなさい。英文と質問は，２回流れます。

問２　ストリーミングサービスでどの映画を見るか話し合っている２人の会話を聞き，以下の条件（６～10）にもっともよく当てはまる映画を下の選択肢のＡ～Ｆからそれぞれ選び，記号で答えなさい。会話は１回だけ流れます。

６．一番笑える映画　　７．ボブが見た映画　　８．一番長い映画

９．一番怖い映画　　10．アニメの映画

【選択肢】

A．Elephant（エレファント）
B．First Mountain（ファースト・マウンテン）
C．One Day, One Dog（ワン・デイ，ワン・ドッグ）
D．Small Fish（スモール・フィッシュ）
E．Tom's House　（トムズ・ハウス）
F．Under the Rainbow（アンダー・ザ・レインボー）

2 次の英文を読み，後の問いに答えなさい。

Every day after school the children went to play in the Giant's garden. It was a big beautiful garden, (1) soft green grass. There were many beautiful flowers everywhere, (2) stars. There were twelve peach trees (3) in the spring had small pink and white flowers. In the autumn, the trees had many delicious sweet peaches. The birds (4) on the trees and (5) sweetly, and sometimes the children stopped (6) to listen.

"We are very happy here!" they said to each other.

One day the Giant came back. Seven years ago, he went to visit his friend, *the Cornish ogre, but after seven years, he had no more words. He decided to go back to his own castle. When he came home, he saw the children (6) in the garden.

"What are you doing here?" he cried (7) a very angry voice, and the children ran away.

"My own garden is my own garden," said the Giant. "Everyone can understand that, and only I can play in it." So he (8) a big wall all around it, and (9) up a sign.

(10) He was a very selfish Giant.

【注】 *the Cornish ogre：コーンウォールの人食い鬼

問1 （1）～（9）に入る適語を下の語群から選び，必要があれば適切な形に変えて答えなさい。同じ語は一度しか使えません。なお，（6）は両方同じものが入ります。

【語群】

play put build sing sit
like that in with

問2 下線部⑽が次の英文とほぼ同じ内容になるよう，（A）（B）に入る適語を本文中からそれぞれ1語で抜き出して答えなさい。

He cared （ A ） about himself, and not about （ B ） people.

3 次の3つの【場面】に関して，それぞれ英語でどのように言うとよいか考え，空所⑴～⑷に当てはまる英語を，それぞれ指定された語数で書きなさい。ただし，空所の途中で文（センテンス）を区切ってはいけません。

【場面A】 外国人観光客に対して，名古屋はどのような都市か説明したい。

Nagoya is ⑴＿＿8語以上12語以下で＿＿.

【場面B】 バス停で長い間待っている様子の人に対して，「どれくらいの間バスを待っているのですか？」と尋ねたい。

Excuse me. ⑵＿＿9語で＿＿?

【場面C】 クラスメイトから，「親友とけんかをしてしまったが，どのようにすれば仲直りできるか？」と相談を受けて，相手の立場に立ってアドバイスをしたい。

If I were you, ⑶＿＿5語以上10語以下で＿＿. ⑷＿＿8語以上12語以下で＿＿

4 次の説明と後に続く英文を読み，後の問いに答えなさい。

【説明】リー（Leigh）はカリフォルニアに住む小学校6年生である。両親は離婚し，母親と一緒に暮らしている。父親はトレーラーを牽引するトラック（rig）の運転手で，アメリカ全土に作物を運んでいる。リーは将来作家になるのが夢で，憧れの作家はヘンショー（Henshaw）氏である。リーは最近，地元の若い作家向けの文芸誌（Young Writer's Yearbook）に作品を出品した。以下は，彼が日記に書いたことである。

Monday, March 26

Today wasn't the greatest day of my life. When our class went to the library, I saw the Yearbooks and couldn't wait for Miss *Neely to pass them out. When I finally got mine and opened it to the first page, I saw I didn't win first prize. I kept turning. I didn't win second prize, and I didn't win third or fourth prize, either. Then I turned another page and saw *Honorable Mention and under it:

A DAY ON DAD'S RIG

by

LEIGH M. BOTTS

There was my title with my name under it in print. I can't say I wasn't disappointed because I didn't win a prize, I was. I was really disappointed about not getting to meet the mysterious Famous Author, ❶[seeing / my / but / liked / I / name] in print.

Miss Neely announced that the Famous Author the winners would have lunch with was *Angela Badger. ❷[than / excited / the boys / more / the girls / were] because Angela Badger writes mostly about girls with problems like big feet or *pimples. I would still like to meet her because she is a real live author, and I've never met one. I am glad ❸Mr. Henshaw isn't the author because then I would really be disappointed that I couldn't meet him.

Friday, March 30

Today was an exciting day. In the middle of second period Miss Neely called me from class and asked, "Would you like to go have lunch with Angela Badger?" I said, "Sure, (1)?"

Miss Neely explained that the teachers discovered that the winning poem was copied from a book and wasn't original so the girl couldn't go. Then Miss Neely asked, "Would you like to go in her place?" Of course, I would!

Miss Neely telephoned Mom for *permission. Then Miss Neely drove us to the *Holiday Inn. The winners and the *librarians from other schools were waiting there. Then Angela Badger arrived, and we all went into the dining room. One of the librarians who was probably a Super Librarian told the winners to sit at a long table. Angela Badger sat in the middle and some of the girls pushed to sit beside her. I sat across from her. Super Librarian explained that we could choose our lunch from the salad bar.

<一部省略>

I was still ❹[to / to / of / interesting / think / say / trying / something] to Mrs. Badger while I *chased some beans around my plate with a fork. Several girls did all the talking. They were telling Mrs. Badger (2) they wanted to write books just like hers.

Mrs. Badger tried to get some of the shy people to talk without much luck, and I still couldn't find anything to say to a lady who wrote books about girls with big feet or pimples. Finally, Mrs. Badger looked straight at me and asked, "What did you write for the Yearbook?"

I felt myself turn red and answered, "[A]."

"Oh!" said Mrs. Badger. "So you're the author of *A Day on Dad's Rig*!"

❺Everyone was quiet. Not even one of us thought the real live author would read our writing but she did and she remembered my title.

"[B]," I said, but I was thinking, She called me an author. *A real live author called me an author.*

"What difference does that make?" asked Mrs. Badger. "Judges never agree. I liked *A Day on Dad's Rig* because it was written by a boy who wrote *honestly about something he knew and had strong feelings about. You made me feel what it was like to ride down a *steep grade with tons of grapes behind me."

" C ," I said. I felt a lot braver.

"Who cares?" said Mrs. Badger. "The ability to write stories comes later, (3) you have lived longer and have more understanding. *A Day on Dad's Rig* was *splendid work for a boy your age. You wrote like you, and you did not try to copy someone else. This is one mark of a good writer. Keep it up."

I noticed the girls (4) said they wanted to write books just like Angela Badger exchange embarrassed looks.

"Gee, thanks," was all I could say.

On the ride home, everybody was talking about Mrs. Badger this, and Mrs. Badger that. I didn't want to talk. I just wanted to think. A real live author called *me* an author. ❻A real live author told me to keep it up.

【注】 *Neely：ニーリー（名字） *Honorable Mention：特別賞，選外佳作
*Angela Badger：アンジェラ・バジャー（人名） *pimple：吹き出物，にきび
*permission：許可 *Holiday Inn：ホリデイ・イン（ホテルの名前）
*librarian：司書，図書館員 *chase：追いかけまわす *honestly：正直に，素直に，誠実に
*steep grade：急な坂道 *splendid：すばらしい，この上ないほどよい

問１ 括弧❶❷❹内の語句を意味が通るように並べかえなさい。文頭に来る語も小文字で始めてあります。

問２ 下線部❸とはどのようなことか，解答欄内に収まるように日本語で説明しなさい。

問３ 空欄（１）～（４）にもっともよく当てはまる語を選択肢からそれぞれ選び，記号で答えなさい。選択肢は一度しか使えません。

ア how イ what ウ when エ where オ which
カ who キ why

問４ 空欄 A ～ C にもっともよく当てはまるセリフを選択肢から選び，記号で答えなさい。選択肢は一度しか使えません。

ア But I couldn't make it into a story
イ About a story my dad wrote
ウ But I did my best to write a story
エ Just something about a ride on a truck
オ I have never read any of your books
カ I'm very happy you liked my story
キ I just got Honorable Mention

問５ 下線部❺の理由を，解答欄内に収まるように日本語で説明しなさい。

問６ 下線部❻の理由として適切なものを選択肢から３つ選び，記号で答えなさい。

ア Leigh は思い入れの強いことについて書いたから。
イ Leigh の作品は，物語としてよく工夫されていたから。

ウ　Leigh の作品は，審査員たちがそろって素晴らしいと思うものだったから。
エ　Leigh の作品は，Angela Badger に対して臨場感が伝わるものだったから。
オ　Leigh は他の人を模倣しようとせずに，自分らしく書いたから。
カ　Leigh がよく知らない題材について調べ，題材に果敢に挑んだから。
キ　Leigh の作品は，Angela Badger に自身の子ども時代を思い起こさせたから。
ク　Leigh の作品からは，他の作家から学ぼうとする姿勢がうかがわれたから。

【理　科】（50分）　＜満点：100点＞

1　T君は(あ)消化酵素についての授業で，アミラーゼは(い)デンプンを麦芽糖に分解し，カタラーゼは過酸化水素を(う)水と酸素に分解することを学んだ。T君は授業で学んだ酵素の働きについて確認するため，だ液に含まれるアミラーゼと，肝臓に多く含まれるカタラーゼの２つの酵素について実験を行った。実験は，各試験管にそれぞれ試料を入れ，40℃に温めて観察した。T君が行った実験内容と結果を以下の表にまとめた。

	試験管に入れるもの（試料）	温度	液性	結果
実験１	デンプン溶液 10 cm^3，だ液 2 cm^3	40℃	中性	反応あり
実験２	過酸化水素水 10 cm^3，だ液 2 cm^3	40℃	中性	反応あり
実験３	デンプン溶液 10 cm^3，鶏の肝臓片１つ	40℃	中性	反応なし
実験４	過酸化水素水 10 cm^3，鶏の肝臓片１つ	40℃	中性	反応あり

T君は，(え)実験２の結果は「反応なし」と予想していたが，予想とは異なり(お)気体が発生した。

⑴　下線部(あ)に関連して，ヒトの消化液に含まれる酵素を２つ挙げ，その酵素が分解する物質をそれぞれ答えなさい。ただし，アミラーゼとカタラーゼは除く。

⑵　下線部(い)の反応が起きたことを確認するためには，どのような試薬を用い，どのような結果が得られればよいか，簡潔に答えなさい。

⑶　下線部(う)に関連して，実験２や実験４の試験管内で発生した気体が「酸素」であることを確認したい。身近にあるものを用いた確認方法を簡潔に答えなさい。

⑷　T君は教科書で学んだ酵素特有の性質から下線部(え)のような予想をした。この「酵素特有の性質」とはどのような性質か答えなさい。

⑸　下線部(お)の結果をふまえて，「過酸化水素水10cm^3，水２cm^3」を試料として実験２の対照実験を行ったところ，気体が発生しなかった。このことから考えられることを簡潔に答えなさい。

2　次のそれぞれの文（ア，イ）の正誤を判断し，両方とも正しい場合には「○」，アのみ正しい場合には「ア」，イのみ正しい場合には「イ」，両方とも誤っている場合には「×」を記入しなさい。

⑴　ア　すべての植物は維管束をもち，葉・茎・根の区別がある。

　　イ　メンデルの実験における子の遺伝子の組み合わせがAaの場合，親どうしの遺伝子の組み合わせは必ず異なる。

⑵　ア　ある場所に生息する生物と，その生物をとりまく環境をまとめて生態系とよぶ。

　　イ　節足動物，軟体動物はどちらも無脊椎動物であり，子のうみ方は卵生である。

3　次の文章を読み，次のページの各問いに答えなさい。なお，気体の体積は，同温・同圧の条件下では，気体の種類に関係なく気体分子の数に比例する。

地球は太陽系の天体のなかで水が豊富に存在する唯一の惑星で，(あ)地球上の水は液体だけでなく，気体の水蒸気や固体の氷の状態でも存在する。地球上には約14億km^3の水が存在するが，その大部分の97.5%は塩水で，淡水はわずか2.5%にすぎない。これら地球上の水は中性とは限らず，(い)雨水は弱酸性，(う)海水は弱アルカリ性である。最近では，化石燃料の消費に伴って増加した大気中の(え)二酸化炭素が海水に溶けこむことで，海水のpHが次第に小さくなっていることが報告されている。

(1) 下線部(あ)に関連して，0℃の氷を加熱し，液体の水を経て，100℃の水蒸気とした。4℃の液体の水および100℃の水蒸気の体積は，もとの0℃の氷と比較して何倍になったか。最も適当な値を次のア～キから1つずつ選び，記号で答えなさい。ただし，0℃の氷の密度は0.92g/cm^3，4℃の液体の水の密度は1.00g/cm^3，100℃の水蒸気の密度は0.00060g/cm^3とする。

ア　0.00060倍　　イ　0.00065倍　　ウ　0.92倍　　エ　1.00倍　　オ　1.09倍

カ　1530倍　　キ　1670倍

(2) 下線部(い)に関連して，酸性雨に関する記述として**誤りを含むもの**を，次のア～オから**すべて**選び，記号で答えなさい。

ア　酸性雨とはpHが7より小さい雨水のことである。

イ　酸性雨の原因物質の一つである硫黄酸化物は，硫酸に変化して雨水に溶けこむ。

ウ　酸性雨の原因物質の一つである窒素酸化物は，光化学スモッグの原因にもなる。

エ　酸性雨のもたらす被害の一つに，オゾン層の破壊がある。

オ　大理石の主成分は炭酸カルシウムであり，大理石でできた彫刻は酸性雨の被害を受ける。

(3) 下線部(う)に関連して，海水をモデルとした25℃の塩化ナトリウム水溶液100gに塩化ナトリウムを32g加えると，塩化ナトリウムの飽和水溶液が得られた。もとの塩化ナトリウム水溶液の質量パーセント濃度は何％か。小数第2位を四捨五入して答えなさい。ただし，塩化ナトリウムは25℃の水100gに36gまで溶けるものとする。

(4) 下線部(え)に関連して，二酸化炭素が発生する次の2つの反応の化学反応式をそれぞれ記しなさい。

① 酸化銅を炭素と混合して加熱した。

② 炭酸水素ナトリウムに塩酸を加えた。

(5) 水は，水素と酸素を反応させることで生成する。いま，温度・圧力が一定の条件で，水素12cm^3と酸素いくらかを混ぜて反応させた。このとき，混ぜた酸素の体積〔cm^3〕と反応後に残った気体の合計の体積〔cm^3〕の関係を，グラフに記しなさい。混ぜた酸素の体積は0～14cm^3とし，生じた水はすべて液体であるとする。

(6) 炭素棒を電極に用いて，ビーカーⅠに水酸化ナトリウム水溶液，ビーカーⅡに塩化ナトリウム水溶液を入れ，それぞれ電気分解を行った。ビーカーⅠでは電極から気体Aおよび気体Bが発生し，ビーカーⅡでは気体Aおよび気体Cが発生した。次の①～④に答えなさい。ただし，電極で発生した気体の水への溶解は無視できるものとする。

① 気体A～Cの化学式を記しなさい。

② 気体Bが発生したのは陽極・陰極のどちらか。解答欄の正しい方を○で囲みなさい。

③ ビーカーⅠ，ⅡにBTB溶液を加え，電気分解を行った。2つのビーカーの陰極付近の色の変化として最も適当なものを，次のア～カから1つずつ選び，記号で答えなさい。

ア　青色のまま　　イ　黄色のまま　　ウ　緑色のまま

エ　緑色→青色　　オ　青色→緑色　　カ　黄色→緑色

④ ビーカーⅠ，Ⅱで電気分解を行ったところ，同温・同圧条件下で同体積の気体Aが発生した。このとき，ビーカーⅠで発生した気体BとビーカーⅡで発生した気体Cの体積比を，最も簡単な整数比で答えなさい。

4 人の目には凸レンズの役割をする水晶体があり，水晶体で屈折した光が網膜上で像を結ぶ（以下，結像という）ことで物体をはっきり見ることができる。近視の場合，遠くの物体をはっきり見ることができないのは，物体からの光が網膜上で結像するように水晶体の焦点距離を調節できず，網膜の手前で結像するためである。このことを理解するため，焦点距離が調節できる凸レンズ（水晶体）前方に物体，凸レンズ後方（レンズの中心からの距離 L〔cm〕）にスクリーン（網膜）を置いたモデルを考える（図１）。

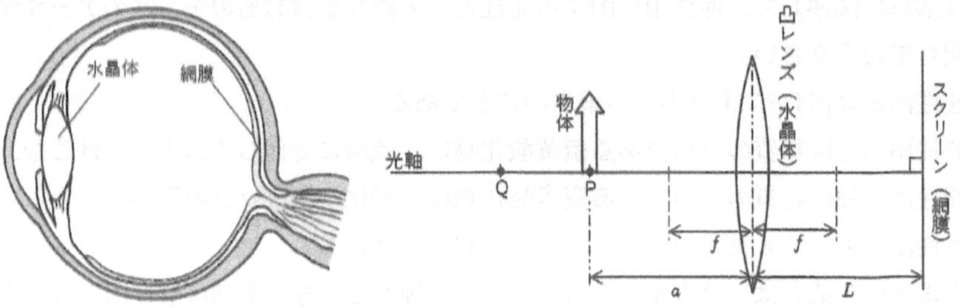

図１

光軸上の点Ｐ（凸レンズの中心からの距離 a〔cm〕）にある物体からの光がスクリーン上で結像するとき，a，L，および凸レンズの焦点距離 f〔cm〕の間には

$$\frac{1}{a}+\frac{1}{L}=\frac{1}{f}$$

が成り立つ（これをレンズの公式という）。このモデルでは，凸レンズの中心からの距離 a〔cm〕をかえると物体からの光が網膜上で結像するように凸レンズ（水晶体）の焦点距離がかわり，点Ｑ（レンズの中心から物体までの距離 A（$>$ a）〔cm〕）までは物体からの光がスクリーン上で結像していたとする。

⑴　以下の文中の（あ）・（い）にあてはまる語句を**解答群**からそれぞれ１つずつ選び，記号で答えなさい。また（う）にあてはまる数式を答えなさい。

物体を点Ｐから点Ｑに向かってゆっくりと凸レンズから遠ざけていくとき，凸レンズの焦点距離は（　あ　），スクリーン上に映る像の大きさは（　い　）。点Ｑまでは物体からの光がスクリーン上で結像することから，凸レンズの焦点距離は f_1 ＝（　う　）〔cm〕までかえることができる。さらに，物体を点Ｑから遠ざけていったとき，凸レンズの焦点距離は f_1〔cm〕のままとなるので，物体からの光はスクリーンの手前で結像し，スクリーン上には物体の像がはっきりと映らなくなる。

（あ）の解答群　　ア　長くなり　　　　　イ　短くなり　　　　　ウ　変わらず
（い）の解答群　　ア　大きくなっていく　イ　小さくなっていく　ウ　変わらない

遠くの物体をはっきりと見るために眼鏡（焦点距離 F〔cm〕の凹レンズ）を，凸レンズの中心と凹レンズの中心の距離が D〔cm〕となるように，光軸に対して垂直に置く（図２（次のページ））。遠くの物体からの光は，光軸に対して平行に進み，凹レンズで屈折した光は凹レンズの前方にある光軸上の点Ｒ（凹レンズの焦点）から光が伝わってきたように進むものとする。また，凸レンズの焦点距離が f_1〔cm〕のとき，遠くの物体からの光（光軸に平行な光線）がスクリーン上で結像したとして，あとの問いに答えなさい。

⑵　f_1〔cm〕を F，D，L を用いて表しなさい。

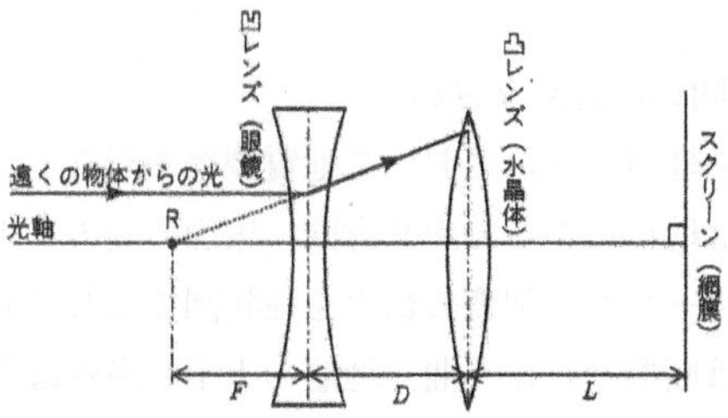

図 2

⑶　⑴，⑵より，このモデルで $A=20$cm，$D=1.0$cm としたとき，遠くの物体からの光が凹レンズおよび凸レンズを通ってスクリーン上で結像するためには，凹レンズの焦点距離 F〔cm〕はいくらでなければならないか答えなさい。

5　長さ L〔m〕の糸の一端を天井に固定し，他端に物体を取り付けた振り子がある。物体が運動する間，物体にはたらく空気抵抗や摩擦は無視する。

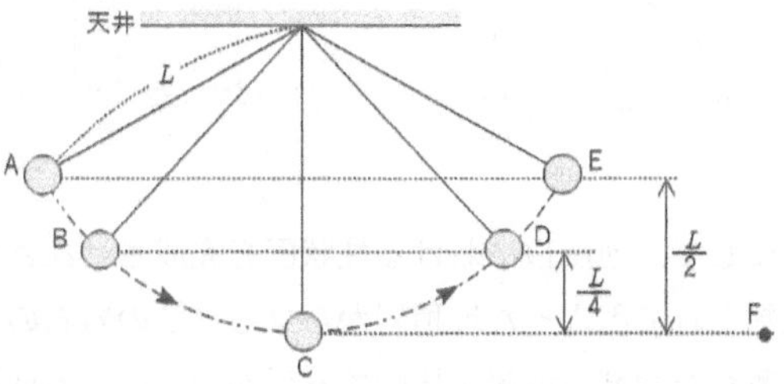

図 3

Ⅰ　物体を点A（点Cから高さ $\frac{L}{2}$〔m〕）まで糸がたるまないように持ち上げてから静かに手をはなしたところ，物体は最下点Cを通過後，点Aと同じ高さの点Eに達した（図3）。物体の位置エネルギーは点Cの位置を基準とし，点Aにおける物体の位置エネルギーを U〔J〕で表すものとする。

⑴　物体が点Aから点Eの間を運動しているとき，物体の位置エネルギーが運動エネルギーの2倍となる位置を点Cからの高さ〔m〕で答えなさい。

Ⅱ　Ⅰと同様に点Aで物体から静かに手をはなし，点D（点Cから高さ $\frac{L}{4}$〔m〕）に到達した直後に物体と天井をつなぐ糸を切ったところ，物体は運動を続け，点Cと同じ高さの点Fを通過した。物体が点Dから点Fを運動する間，物体が到達した最高点の点Cからの高さは H〔m〕であった。

⑵　右の図4は，点Aで物体から静かに手をはなしてから点Fを通過するまでの物体の位置エネルギーの変化の様子を表したものである。解答欄のグラフに物体の運動エネルギーの変化の様子を実線で書きなさい。

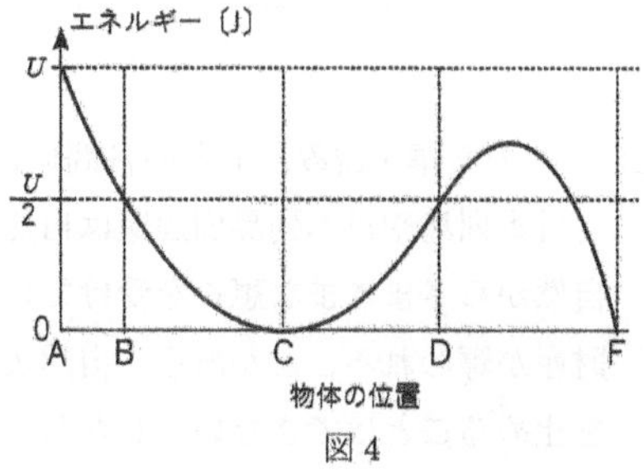

図 4

⑶　物体が点Dから点Fを運動する間における物体の運動エネルギーの最小値［J］を求めなさい。

6　次の文章を読み，下の各問いに答えなさい。

ある地域（図5）の4つの地点A～Dにおいて地質調査を行なった。実線（——）は等高度線を示しており，破線（-----）は地点Oからの南北方向，東西方向の水平距離をそれぞれ表している。図6は地点A～Cにおけるボーリング調査の結果を柱状図で表しており，目盛りは地表からの深さを示している。この地域には断層やしゅう曲，地層の上下の逆転はなく，地層は同じ厚さで一定の方向に傾いて広がっていることがわかっている。

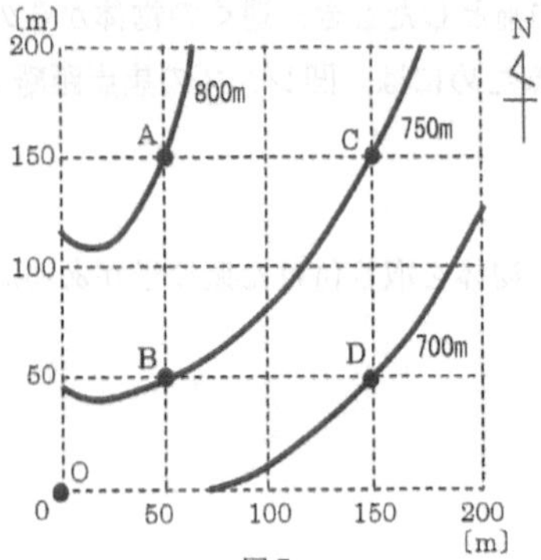

図5

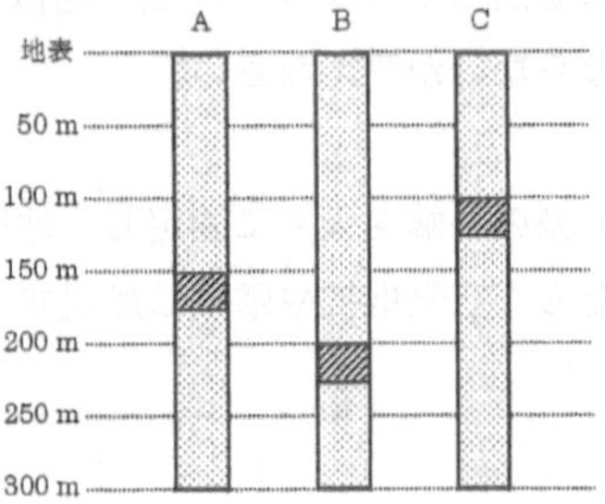

図6

はん例　地層X　地層Y

⑴　図6のはん例を参考にして，地点Dにおける柱状図を完成させなさい。

⑵　地層Yは火山灰が圧縮されて固まった堆積岩からなる。この岩石の名称を**漢字**で記しなさい。

⑶　火山灰層のように，離れた地域の地層を比較する手がかりになる地層のことを何というか。

⑷　地層Yの火山灰を蒸発皿できれいに洗うと，いくつかの鉱物を取り出すことができた。これらの鉱物は白っぽい無色鉱物と，黒っぽい有色鉱物に分けることができる。次のア～オから有色鉱物を**すべて**選び，記号で答えなさい。

ア　黒雲母　　イ　磁鉄鉱　　ウ　長石　　エ　カンラン石　　オ　石英

⑸　地層Xにはブナの化石が含まれていた。化石の状態はよく，他の場所から流れ込んできたものではないと考えられる。地層Xが堆積した環境はどのような環境だったか。またこのような化石を何というか。最も適当な組み合わせを次のア～クから1つ選び，記号で答えなさい。

	堆積した環境	化石の種類		堆積した環境	化石の種類
ア	亜熱帯～熱帯の地域	示準化石	オ	亜熱帯～熱帯の地域	示相化石
イ	海水と淡水が混ざった汽水域	示準化石	カ	海水と淡水が混ざった汽水域	示相化石
ウ	やや寒冷な地域	示準化石	キ	やや寒冷な地域	示相化石
エ	深海	示準化石	ク	深海	示相化石

7　次の文章を読み，あとの各問いに答えなさい。

日本列島や日本列島周辺域は自然豊かな地域であり，美しい景観のみならず漁業や地熱発電など自然からさまざまな恵みを受けている。一方で，ひとたび自然災害が発生すると，多くの人の命や財産が奪われることがある。自然災害の原因はさまざまであり，科学技術が進歩しても災害の発生を止めることはできない。しかし，自然災害のしくみの研究やデータの蓄積により，緊急地震速報やハザードマップを用いて被害を減らすことができるようになってきた。防災に対する意識を高め，いつ災害が起こっても慌てないように備える必要がある。

⑴　次の①～③の自然災害が生じる直接の要因として最も適当なものを，次のア～カからそれぞれ1つずつ選び，記号で答えなさい。

①　液状化現象　　②　高潮　　③　津波

ア　発達した積乱雲　　イ　低気圧と強い風　　ウ　短時間降雨　　エ　地震による地殻変動
オ　マグマの上昇　　カ　地震による揺れ

⑵　緊急地震速報とは地震の発生直後に，震源に近い地震計でとらえたＰ波を解析して，Ｓ波が到着する前に，気象庁から報道機関や携帯端末などを通じて各地に警報を伝えるものである。

ある巨大地震において，震源から12㎞離れた地点Ａの地震計でＰ波が観測された。地点ＡにＰ波が届いてから１秒後に，地点Ｂに緊急地震速報が伝えられた。地点Ｂでは緊急地震速報が伝えられてから15秒後にＳ波が観測された。地点Ｂは震源から何㎞離れているか。割り切れない場合は小数第１位を四捨五入して答えなさい。ただし，Ｐ波が伝わる速さは６㎞/秒，Ｓ波が伝わる速さは３㎞/秒とし，地震波が伝わる速さは一定であるものとする。

⑶　災害に備えるために，自治体などのホームページには「ハザードマップ」が示されている。ハザードマップについて述べた文として**誤っているもの**を次のア～エから１つ選び，記号で答えなさい。

ア　ハザードマップで想定された被害を超える災害が起こることもある。
イ　ハザードマップには災害の範囲だけでなく，避難場所などが示されているものもある。
ウ　洪水に対するハザードマップは，過去に浸水したことがある地域の記録を示したものである。
エ　ハザードマップは，火山防災マップや地震防災マップなど災害ごとに作成されている。

【社　会】（50分）　＜満点：100点＞

Ⅰ　南アジアと東南アジアのいくつかの国を示した右の図をみて，下の問い（問１～６）に答えよ。

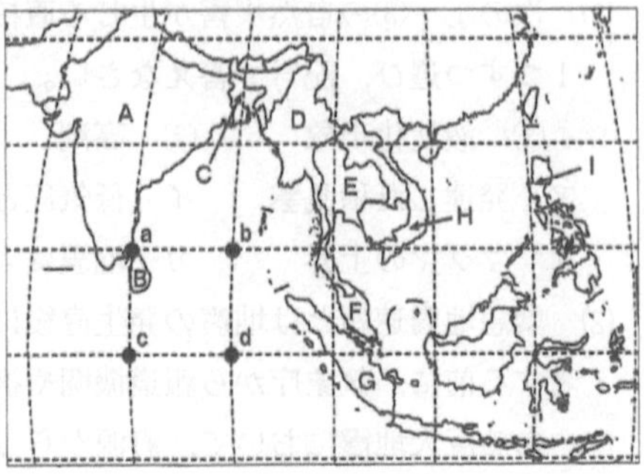

問１　図中の**a**～**d**のうち，赤道と東経90度との交点に該当するものを一つ選べ。なお，緯線と経線の間隔はともに10度である。

問２　図中の**A**～**I**の国のうち，人口が１億人以上（2021年）の国の数を答えよ。

問３　図中の**A**～**I**の国のうち，砂漠気候がみられる国の数を答えよ。

問４　図中の**A**～**I**の国のうち，イスラム教徒が多数派の国の数を答えよ。

問５　図中の**A**～**I**の国のうち，ASEAN設立当初からの加盟国の数を答えよ。

問６　次の表中の①～⑨は，**A**～**I**の国の輸出額とおもな輸出品目を示したものである。**A**・**C**・**E**・**G**・**I**に該当するものを表中の①～⑨のうちからそれぞれ一つずつ選べ。

	輸出額（億ドル）	おもな輸出品目（％）
①	3,242	石油製品 13.7　機械類 11.4　ダイヤモンド 6.3　鉄鋼 6.0
②	2,825	機械類 46.0　衣類 10.0　はきもの 6.1
③	2,342	機械類 42.7　石油製品 6.9　衣類 4.9　パーム油 4.7
④	2,295	機械類 31.4　自動車 9.9　金（非貨幣用）5.8
⑤	1,633	パーム油 11.5　石炭 11.5　鉄鋼 9.2　機械類 7.9
⑥	639	機械類 63.7　野菜と果実 3.8　銅 3.2
⑦	308	衣類 84.2　繊維と織物 5.1
⑧	181	衣類 25.8　天然ガス 20.8　野菜と果実 13.0　穀物 8.7
⑨	119	衣類 43.1　紅茶 10.4　タイヤ類 4.8

統計年次は輸出額は2019～2021年、輸出品目は2015～2020年。
『データブック　オブ・ザ・ワールド』により作成。

Ⅱ　日本のエネルギーの利用に関するあとの問い（問１～３）に答えよ。

問１　次の表は，６つの県における発電方式別発電電力量を示したものであり，①～⑤は火力，原子力，水力，地熱，風力のいずれかである。水力と地熱に該当するものを表中の①～⑤のうちからそれぞれ一つずつ選べ。

	①	②	③	④	⑤
愛知県	65,502	962	96	−	−
大分県	15,796	683	8	−	823
秋田県	13,875	1,053	926	−	399
福井県	9,248	1,713	42	33,553	−
富山県	6,366	9,300	3	−	−
青森県	2,981	404	1,253	−	−

単位は百万kWh。統計年次は2021年度。
『データでみる県勢』により作成。

問２　日本はエネルギー資源の多くを輸入に依存している。原油（2022年）と石炭（2020年）の最大の輸入相手国をそれぞれ答えよ。

問３　近年，日本では経済水域内の海底に大量の資源があることが確認されている。そのうち，天然ガスの主成分であるメタンガスを含んだ氷状の物質で，「燃える氷」とも呼ばれる資源を答えよ。

Ⅲ　2023年のできごとを示した次の表をみて，下の問い（問１～６）に答えよ。

1月	フランスで①年金支給開始年齢引き上げに抗議するデモが行われた。
2月	愛知県内の病院を経営していた理事長による②セクシュアルハラスメントをめぐる訴訟の判決で、理事長らに賠償命令がなされた。
3月	③文化庁が東京から京都に移転し、業務が開始された。
4月	陸上④自衛隊のヘリコプターが宮古島沖で墜落する事故が起きた。
6月	⑤改正入管難民法が成立した。
9月	⑥国連総会で「人道休戦」決議が採択された。日本は棄権した。

問１　下線部①に関連して，日本よりも国民負担率が低い国を次のア～エから一つ選べ。

ア．フランス　　イ．ドイツ　　ウ．アメリカ　　エ．スウェーデン

問２　下線部②に関して，セクシュアルハラスメントになりうる事例やセクシュアルハラスメントに関する制度の説明として**誤っているもの**を次のア～エから一つ選べ。

ア．同性に対し合意なく身体に接触することは，セクシュアルハラスメントになりうる。

イ．男女共同参画社会基本法において，事業主に防止対策が義務付けられている。

ウ．同性に対し執拗に食事に誘うことは，セクシュアルハラスメントになりうる。

エ．市町村の人権擁護委員や法務省の人権擁護局などが相談や問題解決にあたる。

問３　下線部③に関連して，各省庁間の連絡調整が乏しいことなどから，行政全体の統一性が損なわれていることをなんというか答えよ。

問４　下線部④に関して，自衛隊の源流である警察予備隊は1950年に設置されたが，そのきっかけとなった同年におきたできごとを答えよ。

問５　下線部⑤に関して，難民とは国際的な保護の必要性を生じさせる状況を理由に出身国を逃れた人々を指すが，その具体的事例として，**もっともふさわしくないもの**を次のア～エから一つ選べ。

ア．不況による失業や低所得　　イ．政治的意見の違いによる迫害

ウ．宗教を理由とする迫害　　エ．紛争による生命の危機

問６　下線部⑥に関して，国連憲章でも定められている，安全保障体制参加国内のいずれかの国家が行う侵略等に対して他の参加国が協力して，その侵略等に対抗することを約し，国家の安全を相互に保障しようとすることをなんというか答えよ。

Ⅳ　次の会話文を読み，あとの問い（問１～４）に答えよ。

生徒Ａ：サタプロの取材で東京に行ってきたけど，スーツケースを持った人がたくさんいたよ。①訪日外国人も増えているみたい。

生徒Ｂ：京都では観光地に人が集中してしまって，②公共交通機関の混雑やごみの処理などに問題が出てきているみたいだね。

生徒A：観光公害や，Z という言葉で報道されているね。テイクアウトの飲食物販売については，販売者が容器を捨てる場所を用意するような環境整備を促すことも必要なんじゃないかな。

生徒B：③名古屋市営地下鉄などの駅でも，テロ対策などを理由として挙げて，ごみ箱の撤去がされてきたね。鉄道会社にとっては経費削減になるかもしれないけど，駅の中には売店もあるし，ごみ箱がないと不便に感じることは多いよね。ところで，2月24日のサタプロはどんな講座を開くつもりなの？

生徒A：それは今，練っているところだよ。取材で講師の話を聞いて作った講座案内をお楽しみに！

問1　下線部①の一因として，ここ10年の円安基調があげられるが，外国為替相場に対しては各国が協調して介入することもある。1985年にはG5での合意により対米ドルで円安から円高となったが，この合意の名称を答えよ。

問2　下線部②に関して，優先席の近くなどで標示されている右のマークをなんというか答えよ。

問3　下線部③に関して，以下の文中の空欄XとYに入る語句の組み合わせとして正しいものを次のア～カから一つ選べ。

名古屋市交通局は X 企業であり，その中でも Y に区分される。

ア．X－私　Y－地方公営企業　　イ．X－私　Y－特殊法人

ウ．X－私　Y－独立行政法人　　エ．X－公　Y－地方公営企業

オ．X－公　Y－特殊法人　　カ．X－公　Y－独立行政法人

問4　会話文中の空欄Zに入る語句を**カタカナ**で答えよ。

V　次の文章を読み，あとの問い（問1～10）に答えよ。

明治政府は，国家の近代化の基礎は教育にあると考え，1871年に学制を公布し，6歳以上の男女すべてが小学校に通うよう定めた。学制においては，学問が個人の立身・発達のためにあると強調したが，学校の建設費や授業料の負担が大きく，とくに農村では子どもが貴重な働き手であったため通学させることに反対する動きもあり，就学率は容易には上がらなかった。それでも数年のうちに①寺子屋を前身とするものも含めて全国で2万校以上の小学校がつくられ，近代化において大きな役割を果たすようになった。

また，東京大学をはじめ女性教員を養成する女子師範学校などの②高等教育機関が設けられ，外国人教師が多数招かれた。留学生が欧米へ派遣され，なかでも③不平等条約改正の予備交渉のために1871年に派遣された使節団には④5人の女子留学生が同行した。

⑤大日本帝国憲法が発布された翌年には忠君愛国を説く⑥教育勅語が出され，国民教育の柱とされた。民間でも，福沢諭吉の慶應義塾，新島襄の同志社英学校，大隈重信の東京専門学校など多くの私立の教育機関が設立された。

教育の普及にともない，明治中期以後優れた科学者や研究者も登場して独自の専門研究が始まり，各種の学会や学術雑誌がうまれた。⑦自然科学の分野では，世界最先端の研究や発見がなされた。文学においては，夏目漱石らによって，日本の未熟な近代化に憂慮を示し，西洋文明と向き合った日本の知識人の生き方を描いた小説が発表された。

大正期には，都市部を中心に人々の教育や文化への欲求が高まり，中等・高等教育の普及がはかられた。小学校でも，個性を尊重し，自主性を重んじる動きも見られた。しかし，1937年に⑧中国に対する全面戦争に突入して以後教育に対する統制が強化された。マレー半島上陸に続き真珠湾を攻撃してアメリカ・⑨イギリスとの太平洋戦争が始まる1941年には，小学校は国民学校と改められ，軍国主義を支える教育が進められた。戦争が激化すると，戦場へ送られた男性にかわって中学生や女学生までもが労働力として動員される勤労動員が，1943年にはそれまで動員されていなかった学生も動員される（　a　）が実施された。

日本が降伏した２年後には，民主主義教育の基本となる教育基本法が制定された。また，学校教育法が制定され，六・三・三・四の学校制度が定められ，男女共学が推進された。

問１　（a）にあてはまる適語を答えよ。

問２　下線部①に関連して，江戸時代，寺子屋がおもに庶民の子弟の教育機関であったのに対し，武士の子弟を教育するために諸藩が設けた教育機関を答えよ。

問３　下線部②に関連して，上杉氏に保護され，各地から武士や僧侶が学びにきた中世の教育機関を答えよ。

問４　下線部③に関して，日米修好通商条約の内容として**誤っているもの**を次のア～エから一つ選べ。

ア．自由な貿易を行う

イ．下田・箱館（函館）を開港する

ウ．日本に対する輸出入品に関しては，別に定めるとおり，日本の役所に関税を納める

エ．日本人に対して法を犯したアメリカ人は，アメリカの法律によって罰する

問５　下線部④の留学生のうち最年少で，のちに女子英学塾を開校した人物を答えよ。

問６　下線部⑤に関する記述として正しいものを次のア～エから一つ選べ。

ア．伊藤博文はヨーロッパへ留学し，ドイツやオーストリアで学び，帰国後は憲法草案作成の中心となった。

イ．憲法は，天皇の相談機関である元老院での審議を経て，天皇が国民に与えるという形で発布された。

ウ．憲法発布の翌年に帝国議会が開かれ，伊藤博文が初代内閣総理大臣に選出された。

エ．国民の権利は，法律の範囲内で信仰の自由，所有権の不可侵などが認められたが，言論・集会・出版など表現の自由は認められなかった。

問７　下記の資料は下線部⑥の一部を現代語で示したものである。（b）にあてはまる，当時の憲法体制下で国民を指した語を答えよ。

……あなたたち（　b　）は，父母に孝行し，兄弟は仲良くし，夫婦は協力しあい，友達は信じあい，人にはうやうやしくし，自分の行いは慎み深く，……皇室の運命を助けねばならない。

問８　下線部⑦に関して，赤痢菌を発見した細菌学者を答えよ。

問９　下線部⑧に関連して，紀元前１世紀ごろの倭に100余りの国があったと記した歴史書は何か。

問10　下線部⑨に関して，清がイギリスに敗れたことを知った江戸幕府が方針転換し，廃止された法令を答えよ。

Ⅵ　次の問１～問５において，①・②ともに正しければア，①が正しく②が誤っていればイ，①が誤りで②が正しければウ，①・②ともに誤っていればエと答えよ。

問１　①　縄文時代には，マンモスやナウマン象などの大型動物をとらえる槍の先などに，打製石器を用いた。

②　弥生時代の代表的遺跡として，三内丸山遺跡があげられる。

問２　①　壬申の乱で勝利をおさめて即位した持統天皇は，天皇の権威を高め，改革を推進した。

②　８世紀なかば，朝廷は墾田永年私財法を出し，新たに開墾した土地を永久に所有することを認めた。

問３　①　平安時代なかば，極楽往生することを願う浄土信仰が広まり，藤原道長は平等院鳳凰堂を建立した。

②　法然は，念仏を唱えればだれでも極楽浄土に生まれ変われると説き，浄土宗の開祖となった。

問４　①　鎌倉時代，米の裏作として麦を作る二毛作が広まり，草や木の灰などが肥料として使われた。

②　室町時代，商人らは座を組織し，営業を独占する権利を確保した。

問５　①　「甲州法度之次第」は，戦国大名である朝倉氏の分国法であり，けんかをした者はともに罰せられることを定めている。

②　豊臣秀吉は太閤検地を実施し，田畑の面積や土地の良しあしを調査し，生産高を貫高で表すこととした。

Ⅶ　次の文章を読み，あとの問い（問１～８）に答えよ。

我々が，「自然」であると思い込んでいる概念の相当数は，特定の政治的・社会的環境で，歴史的に作られた構築物である。例えば，ジェンダー規範（「男らしさ」，「女らしさ」という思い込み）は，人工的に作られたものであり，したがって，我々の努力で解体することができるのである。ジェンダー規範のような思い込みが，形成されてきたプロセスを歴史学的に研究して明らかにすることは，その虚構性を暴き，偏見から我々を解放することを可能とし，社会を変革する行動を起こす原動力となる。つまり，歴史の研究は，［　X　］

具体的な事例に即して，この問題を考えてみよう。①女性に対する差別は古代から存在しており，②中世ヨーロッパでも，キリスト教と結びついて差別は強化された。現在の社会を強く縛っている近代的なジェンダー規範は，③啓蒙思想家達が活躍した18世紀からその形成が始まり，④フランス革命を経て，社会に定着していった。その時期に政治変革の担い手となった新興中流市民が，家庭に留まり，子どもを育て配偶者を補佐することを「妻」の役割とする家族像を広めたためである。19世紀後半の帝国主義の時代に欧米列強の⑤アジア侵出が進むと，このような偏見も「輸出」されたが，同時に，偏見や思い込みとの闘いもまた，アジアへと広がった。アジアにおいては，女性解放の運動は，しばしば⑥植民地支配への抵抗や⑦社会主義運動と結びついた。1960年代には，世界各地で社会革新を求める運動が隆盛を迎え，その潮流の中で女性解放も大きく前進したが，現在でも，近代に作られたジェンダー規範による女性や性的少数者に対する抑圧は続いており，我々は主体的にこの問題の解決に取り組む必要がある。

問１　空欄［　X　］に当てはまる語句を次のページのア～エから一つ選べ。

ア．現実の世界の政治とは関係ないのである。

イ．伝統的な世界観を強化する役割をもっているのである。

ウ．現実の社会運動に影響を与えるのである。

エ．我々の認識を変える唯一の手段なのである。

問２　下線部①に関連して，女性に対する差別的扱いと社会進出について述べた文として**誤っているもの**を次のア～エから一つ選べ。

ア．古代のアテネでは，女性の政治参加は認められていなかった。

イ．ナイティンゲールは，医師として活躍し，女性の社会的地位を高めた。

ウ．産業革命期のイギリスでは，女性や子どもの重労働が社会問題となった。

エ．第一次世界大戦後，各国で女性参政権獲得運動が起こった。

問３　下線部②に関連して，中世の西ヨーロッパからは，キリスト教の聖地を奪還するために十字軍と呼ばれた遠征軍が繰り返し東方へと派遣された。この聖地とされた都市と，キリスト教とならび，この都市を聖地としている宗教を２つ答えよ。

問４　下線部③に関して，啓蒙思想家の１人であるルソーが人民主権を唱えた著作を答えよ。

問５　下線部④に関連して，フランス革命前後の時期に起こった出来事を古い順に並べよ。

ア．人権宣言の発表　　イ．ロシア遠征

ウ．バスティーユ牢獄襲撃　　エ．ナポレオンの皇帝即位

問６　下線部⑤に関連して，ヨーロッパ列強のアジア侵出の一例である，イギリスの中国侵出に関して述べた以下の文の（ａ）・（ｂ）に当てはまる適語を答えよ。

イギリスは，清から大量の（　ａ　）を輸入したために貿易赤字に陥り，赤字解消のために，インドで（　ｂ　）を栽培して清へ輸出し，（　ａ　）を購入する資金とした。

問７　下線部⑥に関連して，植民地支配に反対する運動について述べた文として**誤っているもの**を次のア～エから一つ選べ。

ア．1850年代のインドでは，フランスの支配に対して大反乱が起こった。

イ．ガンディーは，インドの独立運動で大きな役割を果たした。

ウ．第一次世界大戦後，朝鮮では三・一独立運動が起こった。

エ．パリ講和会議で山東省の権益の中国への返還が拒絶されると，五・四運動が発生した。

問８　下線部⑦に関して，社会主義運動に大きな影響を与え，『資本論』を著した思想家を答えよ。

3　「フリュウ」「ゴキトウ」「テンツクマイ」などの語がカタカナで表記される箇所がある。これにより、初めて見る浮立の荘厳さに戸惑ってしまった雛子（ミナ）の心情が表されている。

4　小学生の頃は方言を使っていた天が徐々に方言を用いなくなる経過が説明されている。これにより、地方の因習に反感を示す天の内面が間接的に描き出されている。

5　本文は、全体を通して雛子（ミナ）と天の会話を中心として展開されている。これにより、登場人物の言動の背景や心情を時間の流れに沿って自然に描き出す効果をあげている。

か。その理由の説明として最適なものを次の選択肢1～5から一つ選び、記号で答えなさい。

1　絵本の世界の理想の人物の名を名乗ることで、これまで消極的だった自分を変え、積極的に見られるよう演技をしたから。

2　転校を機に、絵本の世界の理想の人物にあやかり、これまで友だちのできなかった自分が変わっていけたらと願ったから。

3　転校を機に絵本の世界の人物の名で呼ばれていたと嘘をつくことで、「いい子」の殻を破り新たな自分になろうとしたから。

4　誰もが知る絵本の世界の理想的な人物の名を出すことで、皆が自分に興味を持ち、友だちができるだろうと計算したから。

5　絵本に登場する理想的な人物の名で呼ばれることで、友だちのできなかった転校前の辛い記憶を忘れられると思ったから。

問4　傍線部Ⓒ「連れていってくれとせがむと渋い顔をした」とあるが、どうしてか。三〇字以内で答えなさい。

問5　文中の空欄［　　］に入る三字の尊敬語を答えなさい。

問6　傍線部Ⓓ「平べったい口調」から、天のどのような様子が読み取れるか。四〇字以内で答えなさい。

問7　傍線部Ⓔ「天。あなたを嫌いになりたい」と雛子（ミナ）が言うのは、天に対するどのような気持ちからか。その説明として最適なものを次の選択肢1～5から一つ選び、記号で答えなさい。

1　「いい子だから」という言葉で思い出したくない過去を想起させる天のことを敬遠すると同時に、物事に固執しないさっぱりとした天の生き方に強くあこがれ、自分も天のようになりたいと考えるような気持ち。

2　引っ込み思案で周囲とうまく交流することができなかった自分にも分け隔てなく接する天に感謝すると同時に、周囲の感情や地域の風習を無視して我を通そうとする天の生き方に嫌悪感を抱くような気持ち。

3　女性の参加を禁じる伝統文化に敢然と反旗を翻し女性の尊厳を擁護する天を友人として頼もしく思うと同時に、優柔不断な自分と天を比べて劣等感を抱き、自分は天の友人として不相応であると感じるような気持ち。

4　周囲の常識にとらわれず意思をはっきりと示すことができる天のことをうらやむと同時に、自分は天のようにはなれないと感じ、天を嫌いになることで望ましくない自分のありようから逃れたいと思うような気持ち。

5　男女の別や地域の風習に縛られず自分らしく生きる天に好意を抱くと同時に、天のようには生きられない自分を嫌悪し、天とは異なる「いい子」に固執することで何とか自己嫌悪感から逃れたいと祈るような気持ち。

問8　本文の表現とその効果の説明として最適なものを次の選択肢1～5から一つ選び、記号で答えなさい。

1　転校後に雛子（ミナ）が級友から受けた仕打ちを具体的に羅列している。これにより、彼女の心から余裕が失われ、しばらく天の存在に気付かなかった経過を自然なものとしている。

2　「だだっぴろい空間にはなにもなかった。わたあめも、金魚すくいも、なにひとつ」には倒置法が用いられる。これにより、これから行われる浮立の神秘性が強調されている。

「ゴキトウする時は、なんで女の人と会っちゃだめなの？」

「あのね、女は汚《けが》れているから」

看板の文字を読み上げるようなD平べったい口調に怯《ひる》んだ。この子は、大人から繰り返しそう言い聞かされてきたのだ。その言葉の意味を理解するずっと前から。

「わたしたち、ここにいちゃだめなんじゃないの？」

急にこわくなった。見つかったらいったいどうなるのだろう。立ち上がろうとするわたしを、天が押しとどめた。

「いいって」

「でも」

「いいとって、だって」

天は顎を上げて、わたしの目をまっすぐに覗きこんだ。

「汚《けが》れてない。汚《きたな》くない。わたしたちは汚くない。女は、なんも汚くない」

天。今、うんざりしたような顔で隣を歩く天の横顔にこっそり呼びかける。女は汚《けが》れている。わたしをひどく怯ませたその言葉を、あなたは丸めたゴミでも捨てるみたいにあっさりと退けた。

E天。あなたを嫌いになりたい。あなたはいつだって、わたしを苦しくさせるから。

※1 安藤針――天があこがれるミュージシャン。

※2 祖父――雛子（ミナ）の父方の祖父で、村会議員をつとめる地域の有力者。

問1 二重傍線部ⓐ「唐突に」、ⓑ「矢継ぎ早に」、ⓒ「神妙な」の意味として最適なものを、それぞれ選択肢1～5から一つ選び、記号で答えなさい。

ⓐ「唐突に」

1 自然に　2 異様に　3 不用意に
4 急に　5 徐々に

ⓑ「矢継ぎ早に」

1 続けざまに　2 一斉に　3 あわただしく
4 真剣に　5 並んで

ⓒ「神妙な」

1 恐怖した　2 落ち着いた　3 かしこまった
4 無感情な　5 おおげさな

問2 傍線部A「いい子だから」とあるが、雛子（ミナ）は天のこの言葉についてどのように思ったのか。その説明として最適なものを次の選択肢1～5から一つ選び、記号で答えなさい。

1 自分が浮立の練習に参加するのは決して「いい子」だからではなく、皆がそうするから従っているだけだと思った。

2 普段の言動を意識しているわけではないため、天が自分のことを「いい子」だと認識していたのは意外だと思った。

3 実は自分も浮立の練習に参加するのは面倒だと感じており、天のように「いい子」の枠から外れてみたいと思った。

4 「いい子」でいるために自分は相応の努力と我慢をしており、奔放にふるまう天のことを苦々しい存在だと思った。

5 自分は平気で嘘を言うことができるような人物で、天が思っているような「いい子」だとは言えないのだと思った。

問3 傍線部Bとあるが、この時、雛子が「ミナ」と名乗ったのはなぜ

かった。わたしがそれを指摘すると父はふっと目を細めた。

「そうかもしれないね。だって神さまはみんなのことを知ってるはずだから」

「わたしのことも?」

「もちろん」

神さま。神さま。心の中で唱えながら、石段をのぼり続けた。神さま。ここにいるわたしを□ですか。それなら、どうかわたしに友だちをください。

石段をのぼりきったところに、子どもが立っていた。髪が短くて、恐竜のイラストが描かれたTシャツを着ていたから男の子だと思った。天は当時、お兄さんのおさがりばかり着せられていた。

お祭りと母は言ったのに、だだっぴろい空間にはなにもなかった。わたあめも、金魚すくいも、なにひとつ。

「お祭りは……?」

「お祭りってなに? 今日はフリュウの日」

フリュウ。はじめて聞く言葉に戸惑う。太鼓の音が近づいてくる。天ははっとしたように、木の陰に向かって歩き出した。あしをずるずる引きずるようにして。よく見ると左足首に包帯が巻かれている。天が振り返ってわたしに向かって手招きした。

「こっち来て」

天はわたしに、そこに隠れるように命じた。背の高い草が生い茂っていたからほんのすこし腰を屈《かが》めるだけで済んだ。

「なに?」

「今からゴキトウがはじまる。テンツクマイは子どもの役目で、ゴキトウは大人の男だけ」

「ゴキトウってなに?」

ご祈禱《きとう》と言ったのだと、今ならわかる。でもその時は外国語みたいに聞こえた。テンツクマイも。

「お祈りのこと」

自分もほんとうはテンツクマイを踊るはずだったが捻挫《ねんざ》したのでやらずに済んだと、どこか得意げに顎《あご》を上げて、包帯を指さしてみせた。

太鼓の音が大きくなる。白い着物を着た男の人が姿を現した。黄色い紐《ひも》で、胸の前にくくりつけられた太鼓。同じかっこうの人が十人ほどいただろうか。最後尾の人は吹き流しみたいなものを掲げていたけど、そこに書かれていた文字は難しい漢字ばかりで読めなかった。ⓒ神妙な面持ちで、頭《こうべ》を垂れて神社の奥の暗い建物の中へ入っていく。

夢の中の風景みたいだった。どちらかというと悪夢の部類に入るけど。

「ゴキトウする時は女の人に会《お》うたらいかんことになっとるけん、あの人たちがぐるっと村を一周するあいだ村の女の人はずっと家の中から出られんと。わたしとあんたも隠れとかないかんとよ、わかる?」

その頃の天はまだ方言を使っていた。この子、女の子なんだ。そこではじめてわかった。天はわたしをじっと見て、東京から来たばかりだから知らなかったんだろうという意味のことを言った。いやな感じはしなかった。しかたないよね、といういたわりが滲《にじ》んでいた。

「わたしのこと知ってるの?」

「同じクラスやけん」

このふしぎな女の子があの息苦しい教室にいたなんて知らなかった。

に言うべき言葉が流れてくると思ってるみたいに、橋を渡り終えるまで見つめ続けた。

小湊雛子です。今よりずっとおさない自分の声が、ⓐ唐突に耳の奥で響いた。山や空や、天の横顔がぐにゃりと歪《ゆが》んで、過去に連れ戻される。小学二年の二学期の始業式の日だった。ふりがなつきで大きく名前が書かれた黒板を背にして、新しいクラスメイトたちの顔を見まわした。

「小湊雛子です。名字がコミナトだから、🄱前の学校ではミナと呼ばれていました。仲良くしてください」

嘘だった。ミナなんて、一度も呼ばれたことはなかった。

自分の名前が好きじゃなかった。雛、だなんて。ずっと大人にならないでほしいと言われているようで。東京にいた頃、友だちができなかった。どうしてだかわからないけど気づいたらいつもひとりだった。いつも空想の世界で遊んでいた。その世界でわたしは「ミナ」と呼ばれていた。幼稚園に通っていた頃に読んだ、外国の絵本の主人公の名前だ。ちょっと生意気で、おしゃれなミナ。小湊だからみんなにそう呼ばれてたと言えばきっと信じてもらえるに違いないと、八歳の私は計算し、嘘をついたのだ。

誰の隣に座ったとか、最初の授業がどんな内容だったとか、もう覚えていない。休み時間になると、女子みんなから取り囲まれた。東京で有名人を見たことがあるかとか、ディズニーランドに行ったことがあるかとか、ⓑ矢継ぎ早に質問された。がんばって答えたし、最初はみんな「へー！」と感心していたけど、徐々に空気が変わりつつあるのを感じていた。わたしの話しかたを真似して、岡本さつきちゃんたちがくすくす笑いだした。岡本さつきちゃんは肌が浅黒くて、歯と白目の部分が際立って白い。笑うよりその白さが強調された。

天はなぜか、今もわたしのことを「転校してきた時からずっと人気者だった」と思っているらしいが、それはただの記憶違いだ。ずっと女の子たちから遠巻きに見られていた。トイレもひとりで行った。給食を食べる時も、休み時間も、じっと黙っていた。口を開けば「喋《しゃべ》り方が違う」と笑われた。その頃長く伸ばしていた髪は、毎朝母の手によって凝ったかたちに編みこまれていた。それをじろじろ見られるのがいやだった。筆箱や、ハンカチや、持ちもののひとつひとつを値踏みするように観察されるのもうっとうしくてたまらなかった。同じクラスにいた天が教室でどんなふうに過ごしていたかは覚えていない。視界に入っていなかったのだ。はじめて言葉を交わしたのは肘差天衝舞浮立の日だった。朝からずっと太鼓の音がしていた。※2祖父ははやくから出かけていて、いなかった。

「今日は、お祭りがあるんだって」

母はそう教えてくれたけど、🄲連れていってくれとせがむと渋い顔をした。だから目を盗んで、こっそり外に出たのだ。

肘差神社に続く石段をのぼった。

どんな場所かは知っていた。引っ越してきた日の翌日に父と母と三人でお参りしたから。その日、目を閉じて長々と手を合わせていた父に、わたしはいったいなにをお願いしていたのかと訊《たず》ねた。

「お願いはしてないよ。挨拶《あいさつ》をしていたんだ」

「挨拶？」

「これからよろしくお願いしますって」

神様のことをまるで近所の人みたいに言うんだなと、なんだかおかし

5 帝国という大きな集団に帰属する一体感を失って孤独感を抱き、加えて経済危機によって将来の不安が募っていた人々に、ナチスは強大な集団に帰属する安心感を与えたから。

問5 傍線部D「このマゾヒズム～成功する」とはどういうことか。

1 他への服従を選ぶくらいならむしろ自発的に自己を捨てること。
2 自発的に自己を捨てることよりも他への服従の方を選ぶこと。
3 より積極的な方法で自己を捨てて他へ服従するようになること。
4 自発的な自己の放棄と他への服従が蔓延《まんえん》するようになること。
5 やむをえず結果的に自己を捨てて他への服従をしてしまうこと。

問6 傍線部E「批判的思考力を育てない理由」として、文章IIで挙げられている内容を二つに要約しなさい。

問7 文章I・IIを読んだ後に生徒たちが話し合って出された次の意見の中で、本文の趣旨に合致していないものを一つ選び、番号を答えなさい。

1 国民の大多数が同調圧力に弱く、自発的に「みんな」と同調しようとする状況は、民主主義に価値を認めず、国民全員を自らの支配下に置きたいと思うタイプの政治指導者にとっては大変都合が良い状況だと思うな。
2 民主的な国の指導者は、例えば道徳教育などの名目で教育内容に介入して、自分たちに好都合な、自発的に「みんな」と同調する国民を増やすような「改革」を積極的に行おうとするだろうね。
3 権威主義の抑圧から解放されて「自由」になったはずの第二次大戦後の日本でも、「自由」より全体の秩序を優先する考え方は廃れることなく、社会のあちこちに残って継承されていたようだね。
4 先生の「みんなも我慢しているんだから、お前も我慢しろ」「みんなに禁止しているのに、お前だけ許可するわけにはいかない」という言葉は、明らかに「自由」より秩序優先の考え方に基づくものだね。
5 日本では、「批判」という言葉を「非難」と混同している人が多いんだよ、きっと。だから批判的思考を対象を「否定的」考えだとマイナスイメージで捉えてしまうんじゃないかな。

二 次の文章は、寺地はるな『どうしてわたしはあの子じゃないの』の一節である。中学校二年生の小湊雛子《こみなとひなこ》（ミナ）は、友人の三島天《みしまてん》とともに、地域の伝統芸能である「肘差天衝舞浮立《ひじさしてんつくまいふりゅう》」の練習に向かうところである。以上をふまえ、後の問いに答えなさい。

「今日ぐらい休もうよー」と抵抗する天を引きずるようにして体育館に向かった。

天は新しいTシャツに着替えていた。フリルやファスナーがごてごてと縫いつけられていて、すごく暑そうだ。もちろんそのTシャツも、※1**安藤針《あんどうはり》**の衣装を真似て天がリメイクしたものだ。

「浮立とかクソだよ」

「そんなこと言わないで」

「ミナがなんて言おうとクソはクソだから」

地面を蹴るようにして、天は歩く。

「ミナは、わたしとは違ってAいい子だからそういうふうには思わないんだろうけど」

いい子だから。二度繰り返して、天は国道沿いの川に目を転じた。次ず、手や足の動きまで揃《そろ》えた方が、集団の秩序が保たれてよい結果を残しやすい。日本の学校教育では、大日本帝国時代はもちろん、戦後の日本国になっても、こんな「秩序」優先の考え方が主流のようです。

また、一人一人の子どもが批判的思考を持たず、先生の言うことに従順である方が、先生にとってもラクで仕事がやりやすい、という「統治上のメリット」もあります。

こうした「批判的思考力の弱さ」は、日本人はなぜ、諸外国と比べて同調圧力に弱いのか、という問題を考える上でも、大きなヒントになるように思います。批判的思考力が貧弱なら、身の回りにある同調圧力に自分が従うべきかどうかを疑う力も当然弱くなり、ほとんど自動的に「従う」という選択肢をとってしまうからです。

教師や企業の上司、政府トップなどの「統治者」から見れば、批判的思考力が貧弱で、同調圧力に対する抵抗力も弱い人間ばかりになれば、統治をしやすくなります。

けれども、そんな「従順すぎる人間」が多数派となった国が、活気に溢《あふ》れて繁栄したり、画期的なイノベーションを生み出したりするでしょうか？

むしろ、じり貧のような形で少しずつ、さまざまな分野で国際的なランキングの順位を落とし続ける「かつては先進国だったが今は衰退国」になっていく可能性が高いでしょう。

（山崎　雅弘著『この国の同調圧力』による）

問1　傍線部ⓐ～ⓔのカタカナを漢字に改めなさい。

問2　傍線部🄰「みんな～同調行為」🄵「集団の～服従すること」とあるが、それぞれを表す四字熟語・ことわざとして最適なものを次の中から一つずつ選び、番号を答えなさい。

🄰＝1　付和雷同　2　唯々諾々　3　一蓮托生　4　優柔不断
5　異口同音

🄵＝1　寄らば大樹の陰　2　泣く子と地頭には勝てぬ
3　出る杭は打たれる　4　郷に入れば郷に従え
5　長い物には巻かれろ

問3　傍線部🄱「人間は～ものだ」とあるが、どういう理由からか。本文の内容を踏まえて、端的に表す語句を十字以内で文章[Ⅰ]から抜き出しなさい。

問4　傍線部🄲「ナチスの『全体主義（権威主義）』を……支持したのか、その理由」についての説明として最適なものを次の中から選びなさい。

1　大きな集団として人々に安心を与える帝国が瓦解し、さらに大恐慌などの経済危機によって生活環境が悪化していた人々にナチスは自由と引き換えに経済的に自立する手段を提供したから。

2　帝国崩壊後自由を謳歌していた人々に経済危機による将来の不安が生じていたが、ナチスは心の奥底に抱え込む孤独感を必要以上に誇張することによって不安をさらに募らせたから。

3　経済危機による将来不安のなか、人間が何をしてもいいという自由によって逆に安心感が失われていた人々からナチスは自由を奪うことで負担感を取り除いたから。

4　帝国から解放され自由を得た人々が大きな責任を伴う自由の重荷に不安を抱えていたが、ナチスは人々に自由の放棄を求めて全体主義の下での「秩序」が持つ一体感を感じさせたから。

いいかえれば、自由の重荷からのがれることである。このねらいは、個人が圧倒的に強いと感じる人物や力に服従しようとするマゾヒズム的努力のうちにはっきりとあらわれる。〔略〕

ある条件のもとでは、Dこのマゾヒズム的追求は相対的に成功する。もし個人がこのようなマゾヒズム的努力を満足させる文化的な型をみつけることができれば（たとえばファシストのイデオロギーにおける「指導者」への服従のように）、かれはこの感情をともにする数百万のひとびとと結びついているように感じて、安定感をうるのである。

この分析は、日本人がなぜ同調圧力に弱いのか、自発的に同調する道を選ぶ人がなぜ多いのかを考える上でも、有益なヒントになると思います。

そして、我々が改めて考えるべきなのは、こうした「傾向」が国民の間に広まることを望むのは誰なのか、ということです。

同調圧力に弱い国民、個人として物事を考えず自発的に「多数派＝みんな」と同調することを選ぶ国民が増えれば増えるほど、利益を得るのは誰でしょうか。

【文章Ⅱ】

二〇一九年六月十九日、ＯＥＣＤ（経済協力開発機構――日本を含む三八か国が加盟する国際機関）は加盟各国の学校と教員の環境、学校での指導状況、教員が持つ意識などに関する調査結果をまとめた「国際教員指導環境調査（ＴＡＬＩＳ）」の２０１８年版を公表しました。

それによると、学校で「児童生徒の批判的思考をⓒウナガす」教育をしているかという問いについて、「非常に良くできている」と「かなりできている」、「いくらかできている」、「全くできていない」の四択で最初の二つと答えた教員の割合は、参加四八か国の平均では82・2％でしたが、日本の中学校では24・5％、小学校では22・8％でした。

また、生徒に「批判的に考える必要がある課題を与える」という問いでは、「いつも」と「しばしば」、「時々」、「ほとんどなし」の四択のうち最初の二つと答えた教員の割合は、参加四八か国の平均は61・0％でしたが、日本の中学校で12・6％、小学校では11・6％でした。この二つの問いの両方において、日本は参加四八か国中、四七位に大きく離された、ダントツで最下位の数字でした。

ここで問われている「批判的思考（クリティカル・シンキング）」とは、物事を鵜《う》呑《の》みにせず、上位者から与えられた説明や解釈がⓓダトウであるか否か、ウソをついていないかを自分の頭を使って、さまざまな角度から検証する思考能力を指す言葉です。

日本では、「批判」という言葉は「否定的」と混同して使われることも多いですが、批判的思考は必ずしも対象を否定的に捉《とら》える思考ではなく、論理的に問題点の洗い出しを行うことで、対象の完成度を高めるという効果が得られる場合もあります。

日本の小学校や中学校で、E批判的思考力を育てない理由はいくつか考えられます。

その一つは、集団に属する一人一人の人間が自立的に物事を考えて行動することよりも、むしろF集団の「秩序」を乱さず、集団内での地位が上の人間の言葉に疑問を抱かずに黙って服従することが、日本の社会では優先されやすい、という現実です。

全員が同じ歩調で同じ方向を向き、全体行進のようにⓔイッシ乱れ

【国　語】（五〇分）〈満点：一〇〇点〉

【注意】字数が指定されている場合は、句読点やカッコなども文字として数えること。設問等の都合で表記を改めた箇所がある。

一　次の文章Ⅰ・Ⅱを読んで後の問いに答えなさい。

【文章Ⅰ】

Aみんな、つまり「多数派」がそうしているから、自分もそうする、という同調行為は、視点を変えて見れば、思考や行動の「自由」を自ら手放す行為でもあります。

我々は、人は誰でも自由を望んでいるはずで、それを自ら手放すことは基本的にない、という前提で考えがちです。でも、それは本当に正しい前提でしょうか?

いや、B人間はしばしば、自発的に「自由」を手放すものだ。そこには理由がある。

そんな風に人間の心理を研究した人が、過去にいました。

エーリッヒ・フロムという、ユダヤ系ドイツ人の心理学者で、一九四一年に書き上げた著書『自由からの逃走』（日高六郎訳、東京創元社、初版一九五一年、新版一九六五年）は、刊行から八〇年以上が経過した今もなお、世界中で読まれている名著です。

フロムがこの本で考察した重要な論点は、自分たちユダヤ人を迫害しただけでなく、非ユダヤ人ドイツ人からも「自由」を取り上げるCナチスの「全体主義（権威主義）」を、ドイツ国民はなぜ自らの意思で支持したのか、その理由をさぐることでした。

彼は、第一次大戦の敗北により、帝国から民主主義の共和国（いわゆるワイマール共和国）へと政治体制が変革されたドイツで、国民の多くが自発的に「自由」を捨てた理由について、一般的に信じられている「ヒトラーとナチスのⓐ**ボウリャク**や強圧的支配によって自由を捨てることをⓑ**シいられた**」というイメージは間違いだと書いています。

フロムの心理分析によれば、ドイツの人々が自らの意思で「自由」を捨てて「全体の秩序」を選んだ大きな理由は、孤独感からの解放でした。

第一次大戦後、ドイツ国民は皇帝を頂点とする窮屈な国家体制から解放されて「自由」になり、人々はその「自由」を謳歌《おうか》しました。しかし、一人一人の人間が何をしてもいいという「自由」は、人々の心から「大きな集団に帰属している」という一体感や安心感を取り去り、孤独感や孤立感を味わわせるという、マイナスの心理的効果ももたらしました。

そんな中で、大恐慌やインフレなどの経済危機によって生活環境が悪化し、将来の見通しが立たなくなると、ドイツの人々は不安を解消する手段として「大きな集団に帰属している」という一体感や安心感をもう一度得たいと思うようになりました。

その結果、国民から「自由」を取り上げる代わりに「大きくて強い偉大な国家に自分も帰属している」という一体感や安心感をドイツの国民に与えてくれる、ナチ党（国民社会主義ドイツ労働者党）が絶大な支持を集めたのでした。

フロムは、自発的に自己を捨てて「力」や権威に服従する道を選び取る、こうした受動的な心理状態を「マゾヒズム的」と呼び、次のように説明しました。

　マゾヒズム的努力のさまざまな形は、けっきょく一つのことをねらっている。個人的自己からのがれること、自分自身を失うこと、

2024年度

解　答　と　解　説

《2024年度の配点は解答欄に掲載してあります。》

＜数学解答＞《学校からの正答の発表はありません。》

1 (1) ア　192000　(2) イ　4点，5点，6点，7点

2 (1) ウ　$\frac{7}{18}$　(2) エ　$\frac{5}{12}$

3 (1) オ　2　(2) カ　$25-\sqrt{37}$　キ　$25+\sqrt{37}$　(3) ク　$74-2\sqrt{37}$

4 (1) ケ　$\frac{7\sqrt{3}}{3}$　(2) コ　$\frac{7\sqrt{6}}{3}$　(3) サ　$\frac{7\sqrt{2}}{2}$

5 (1) シ　$\frac{32\sqrt{2}}{3}$　(2) ス　$3\sqrt{2}$　(3) セ　$\frac{5\sqrt{2}}{3}$

○推定配点○

1 各6点×2　2 各6点×2　3 各7点×4　4 各8点×3　5 各8点×3　計100点

＜数学解説＞

1 (数・式の計算，資料の活用)

基本 (1) 乗法公式$x^2-y^2=(x+y)(x-y)$を使って，$2024^2-1976^2=(2024+1976)\times(2024-1976)=4000\times48=192000$

やや難 (2) 7人の平均値が5点であることから，7人の合計点数は5×7＝35(点)であり，最頻値が7点であることから，7点の生徒は少なくとも2人いることがわかる。まず，7点の生徒が2人いる場合について考える。他の5人の生徒の合計点数は35－7×2＝21(点)であり，この5人の生徒には同じ点数の生徒はおらず，この5人の生徒は7点ではない。このような5人の点数の組み合わせは(0，1，2，8，10)，(0，1，3，8，9)，(0，1，4，6，10)，(0，1，5，6，9)，(0，2，3，6，10)，(0，2，4，5，10)，(0，2，4，6，9)，(0，2，5，6，8)，(0，3，4，5，9)，(0，3，4，6，8)，(1，2，3，5，10)，(1，2，3，6，9)，(1，2，4，5，9)，(1，2，4，6，8)，(1，3，4，5，8)である。次に，7点の生徒が3人いる場合について考える。他の4人の生徒の合計点数は35－7×3＝14(点)であり，この4人の生徒には同じ点数の生徒は2人までで，この4人の生徒は7点ではない。このような4人の点数の組み合わせは(0，0，4，10)，(0，0，5，9)，(0，0，6，8)，(0，1，3，10)，(0，1，4，9)，(0，1，5，8)，(0，2，2，10)，(0，2，3，9)，(0，2，4，8)，(0，2，6，6)，(0，3，3，8)，(0，3，5，6)，(0，4，4，6)，(0，4，5，5)，(1，1，2，10)，(1，1，3，9)，(1，1，4，8)，(1，1，6，6)，(1，2，2，9)，(1，2，3，8)，(1，2，5，6)，(1，3，4，6)，(1，3，5，5)，(1，4，4，5)，(2，2，4，6)，(2，2，5，5)，(2，3，3，6)，(2，3，4，5)，(3，3，4，4)である。以上の中で下線をつけたものの中央値は7点，二重下線をつけたものの中央値は6点，上線をつけたものの中央値は5点，無線のものの中央値は4点である。また，7点の生徒が4人以上いる場合は必ず中央値は7点になるので，中央値のとりうる値は4点，5点，6点，7点である。

基本 2 (1次関数，確率)

(1) サイコロを2回投げたとき，出た目の組み合わせは6×6＝36(通り)　$c=0$のとき，$ax-b=$

cの解は$x=\dfrac{b}{a}$となる。これが整数となる$(a,\ b)$の組み合わせは$(1,\ 1)$，$(1,\ 2)$，$(1,\ 3)$，$(1,\ 4)$，$(1,\ 5)$，$(1,\ 6)$，$(2,\ 2)$，$(2,\ 4)$，$(2,\ 6)$，$(3,\ 3)$，$(3,\ 6)$，$(4,\ 4)$，$(5,\ 5)$，$(6,\ 6)$の14通りである。よって，求める確率は$\dfrac{14}{36}=\dfrac{7}{18}$となる。

(2)　$c=18$のとき，$ax-b=c$の解は$x=\dfrac{b+18}{a}$となる。これが整数となる$(a,\ b)$の組み合わせは$(1,\ 1)$，$(1,\ 2)$，$(1,\ 3)$，$(1,\ 4)$，$(1,\ 5)$，$(1,\ 6)$，$(2,\ 2)$，$(2,\ 4)$，$(2,\ 6)$，$(3,\ 3)$，$(3,\ 6)$，$(4,\ 2)$，$(4,\ 6)$，$(5,\ 2)$，$(6,\ 6)$の15通りである。よって，求める確率は$\dfrac{15}{36}=\dfrac{5}{12}$となる。

3　(図形と関数グラフの融合問題)

(1)　$y=ax^2$に$x=3$，4をそれぞれ代入すると，$y=9a$，$y=16a$となるので，$\mathrm{M}(3,\ 9a)$，$\mathrm{N}(4,\ 16a)$となる。y座標の差は14であるから，$16a-9a=14$　　$7a=14$　　$a=2$

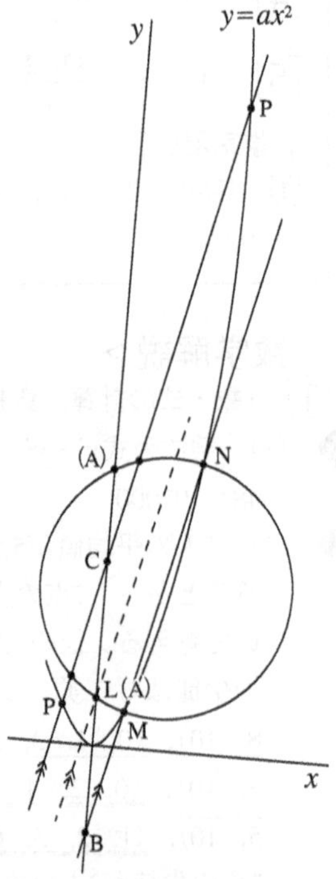

重要　(2)　(1)より，$\mathrm{M}(3,\ 18)$，$\mathrm{N}(4,\ 32)$である。線分MNを直径とする円とy軸との交点を$\mathrm{A}(0,\ t)$とする。円周角の定理より，直径に対する円周角は90°であるから，AM⊥ANとなる。線分AMの傾きは$\dfrac{18-t}{3-0}=\dfrac{18-t}{3}$，線分ANの傾きは$\dfrac{32-t}{4-0}=\dfrac{32-t}{4}$であり，垂直に交わる2直線の傾きの積は$-1$となるから，$\dfrac{18-t}{3}\times\dfrac{32-t}{4}=-1$

$(18-t)(32-t)=-12$　　$576-50t+t^2=-12$　　$t^2-50t+588=0$

$t=\dfrac{50\pm\sqrt{2500-2352}}{2}=\dfrac{50\pm\sqrt{148}}{2}=\dfrac{50\pm2\sqrt{37}}{2}=25\pm\sqrt{37}$　　よって，求める座標は$(0,\ 25-\sqrt{37})$，$(0,\ 25+\sqrt{37})$である。

やや難　(3)　(2)より，$\mathrm{L}(0,\ 25-\sqrt{37})$である。直線MNの傾きは$\dfrac{32-18}{4-3}=14$　直線MNの方程式を$y=14x+b$とおいて，$\mathrm{M}(3,\ 18)$を代入すると，$18=3\times14+b$より$b=-24$　　よって，直線MNの方程式は$y=14x-24$であり，直線MNの切片をBとすると，$\mathrm{B}(0,\ -24)$である。$\mathrm{LB}=25-\sqrt{37}-(-24)=49-\sqrt{37}$となり，$y$軸上に$\mathrm{LC}=\mathrm{LB}$となる点Cをとると，MN//PCとなる。LC＝LBより，点Cのy座標は$25-\sqrt{37}+49-\sqrt{37}=74-2\sqrt{37}$であるから，求める座標は$(0,\ 74-2\sqrt{37})$となる。

4　(正三角形と円)

基本　(1)　点O，Cを通り，線分ABに垂直な直線と線分ABとの交点をHとする。△ABCは1辺7cmの正三角形であり，△OAB，OBC，OCAは合同な二等辺三角形なので，∠OAB＝∠OBA＝30°となる。また，点Hは線分ABの中点であるから，$\mathrm{AH}=\mathrm{BH}=\dfrac{7}{2}$(cm)　　よって，三平方の定理より，△OAHはOH：OA：AH＝1：2：$\sqrt{3}$の直角三角形となるから，OA：AH＝2：$\sqrt{3}$　　OA：$\dfrac{7}{2}=2:\sqrt{3}$

$\mathrm{OA}=\dfrac{7\sqrt{3}}{3}$(cm)　　よって，円Oの半径は$\dfrac{7\sqrt{3}}{3}$(cm)である。

重要 (2) ∠BAP=15°のとき，∠CAP=∠BAC−∠BAP=60−15=45°である。また，円周角の定理より，$\overset{\frown}{AC}$に対する円周角は等しいから，∠APC=∠ABC=60°となる。ここで，点Cから線分APに下した垂線の足をIとする。△CAIにおいて，三平方の定理より，AI：CI：AC=1：1：$\sqrt{2}$であるから，CI：7=1：$\sqrt{2}$　CI=$\frac{7\sqrt{2}}{2}$(cm)　さらに，△CIPにおいて，三平方の定理より，PI：CP：CI=1：2：$\sqrt{3}$であるから，CP：$\frac{7\sqrt{2}}{2}$=2：$\sqrt{3}$　CP=$\frac{7\sqrt{6}}{3}$(cm)

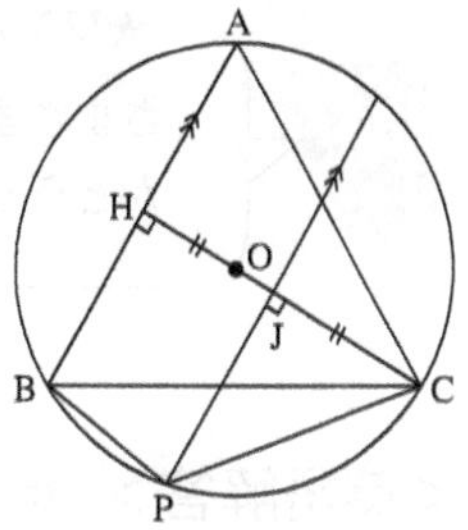

やや難 (3) 線分CHの中点をJとする。点Jを通り線分ABに平行な直線と$\overset{\frown}{BC}$との交点が点Pとなる。(1)より，OC=OP=$\frac{7\sqrt{3}}{3}$(cm)である。△CAHにおいて，三平方の定理より，AH：CA：CH=1：2：$\sqrt{3}$であるから，7：CH=2：$\sqrt{3}$　CH=$\frac{7\sqrt{3}}{2}$(cm)　CJ=$\frac{1}{2}$CHより，CJ=$\frac{7\sqrt{3}}{4}$(cm)なので，OJ=OC−CJ=$\frac{7\sqrt{3}}{3}-\frac{7\sqrt{3}}{4}=\frac{7\sqrt{3}}{12}$(cm)　△OPJにおいて，三平方の定理より，$JP^2=OP^2-OJ^2=\left(\frac{7\sqrt{3}}{3}\right)^2-\left(\frac{7\sqrt{3}}{12}\right)^2=(7\sqrt{3})^2\times\left\{\left(\frac{1}{3}\right)^2-\left(\frac{1}{12}\right)^2\right\}=\left(7\sqrt{3}\right)^2\times\left(\frac{1}{9}-\frac{1}{144}\right)=(7\sqrt{3})^2\times\frac{15}{144}$
また，△CPJにおいて，三平方の定理より，$CP^2=JP^2+CJ^2=(7\sqrt{3})^2\times\frac{15}{144}+\left(\frac{7\sqrt{3}}{4}\right)^2=(7\sqrt{3})^2\times\left\{\frac{15}{144}+\left(\frac{1}{4}\right)^2\right\}=(7\sqrt{3})^2\times\left(\frac{15}{144}+\frac{1}{16}\right)=(7\sqrt{3})^2\times\frac{24}{144}$　よって，CP=$7\sqrt{3}\times\frac{2\sqrt{6}}{12}=\frac{7\sqrt{2}}{2}$(cm)となる。

5 (正四角錐の切断)

基本 (1) 頂点Oから正方形ABCDに下した垂線の足をHとする。点Hは線分ACとBDの交点であり，それぞれの中点である。△BACにおいて，三平方の定理より，BA：BC：AC=1：1：$\sqrt{2}$であるから，4：AC=1：$\sqrt{2}$　AC=$4\sqrt{2}$(cm)　AH=CH=$\frac{1}{2}$ACより，AH=CH=$2\sqrt{2}$(cm)　△OAHにおいて，三平方の定理より，$OH^2=4^2-(2\sqrt{2})^2=16-8=8$　よって，OH=$2\sqrt{2}$(cm)であるから，正四角錐O−ABCDの体積は$\frac{1}{3}\times4\times4\times2\sqrt{2}=\frac{32\sqrt{2}}{3}$($cm^3$)となる。

重要 (2) QR⊥AB，QS⊥CDより，△QRS⊥正方形ABCDであり，AD//BC//RSである。よって，AD=BC=RS=4(cm)　また，点Qから正方形ABCDに下した垂線の足をIとすると，点Iは線分AC上にあり，△CQI∽△COHである。QI：OH=CQ：CO=3：4より，QI：$2\sqrt{2}$=3：4　QI=$\frac{3\sqrt{2}}{2}$(cm)　△QRS⊥正方形ABCDより，点Qから線分RSに下した垂線の長さは線分QIの長さに等しいので，△QRS=$\frac{1}{2}\times4\times\frac{3\sqrt{2}}{2}=3\sqrt{2}$($cm^2$)

やや難 (3) △OPQ∽△ODCであるから，PQ：DC=OP：OD=1：4より，PQ：4=1：4　PQ=1(cm)
立体PAD−QBCはPQ//AB//DCの断頭三角柱であり，線分PQ，AB，DCに垂直に切断したときの切断面の面積は△QRSに等しいので，$3\sqrt{2}$(cm^2)である。よって，三角柱PAD−QBCの体積は$3\sqrt{2}\times\frac{1+4+4}{3}=3\sqrt{2}\times3=9\sqrt{2}$($cm^3$)となるので，四角錐O−ABQPの体積は正四角錐O−ABCD−三角柱PAD−QBC=$\frac{32\sqrt{2}}{3}-9\sqrt{2}=\frac{5\sqrt{2}}{3}$($cm^3$)である。

★ワンポイントアドバイス★
さまざまな考え方が問われている問題文の条件から適切な解法を導くことができるかどうかがポイントとなる。

＜英語解答＞ 《学校からの正答の発表はありません。》

1 問1 1 84歳 2 1939年1月1日 3 3人 4 3番目 5 4回
問2 6 E 7 A 8 C 9 B 10 F

2 問1 1 with 2 like 3 that 4 sat 5 sang 6 playing 7 in 8 built 9 put 問2 A only B other

3 (1) (例) a city that is famous for its local dishes such as misokatsu
(2) How long have you been waiting for the bus(?) (3) (例) I would say "sorry" to the friend (4) (例) After that, you will be able to be friends again

4 問1 ① but I liked seeing my name ② The girls were more excited than the boys ④ trying to think of something interesting to say 問2 入賞者が会いにいくことになる作家は，実際はヘンショー氏ではなく，バジャー氏であるということ。
問3 (1) キ (2) ア (3) ウ (4) カ 問4 A エ B キ C ア
問5 作品を出した生徒たちは，現役の作家が自分たちの作品を読むとは思っていなかったが，作家のバジャー氏は実際作品を読み，しかも，リーの作品の題名を覚えていたから。
問6 ア，エ，オ

○推定配点○
1 各3点×10 2 各2点×10(問2完答) 3 各3点×4 4 問3・問4 各2点×7 他 各3点×8 計100点

＜英語解説＞

やや難 1 (リスニング)

問1 Robert Jones, one of the world's most popular rock singers, has died after a short illness. He died in New York on Christmas Day 2023, just one week before his 85th birthday. His early life was difficult, because not long after he was born in London on New Year's Day 1939, the city was being bombed almost every day. He and his two older brothers were sent to Wales to escape the bombs. They were later joined by his sister and younger brother.

In Wales, he learned to sing. On his 18th birthday he released his first album. It did not sell well, but his live shows were becoming more and more popular. His second album went on sale two years later and sold better, but his next album made him famous worldwide. It was the first solo album to sell over 10 million. It was the only one of his 13 albums to do so.

Although he was successful as a singer, his private life was more difficult. He married three times before he was 40, but each marriage ended in less than a year. Then, in 1988, he met the woman he loved most, Zara Majid. They married in Barbados in 1992 and had three children together. Unfortunately, two of their children were killed in a car accident in 2009.

A special concert for Robert Jones will take place this month. It was going to be held to celebrate Robert's 85th birthday, but will now be a memorial to his life.

Questions

1. How old was he when he died?
2. When was he born?
3. How many brothers did he have?
4. Which of his albums sold over 10 million copies?
5. How many times did he marry?

問1　世界で最も人気のあるロック歌手の1人であるロバート・ジョーンズが，病気を患ってすぐに亡くなった。彼はニューヨークで2023年のクリスマスに，85歳の誕生日のわずか1週間前に亡くなった。彼の幼少期は困難だった，なぜなら彼が1939年の元日にロンドンで生まれてからまもなく，その都市がほぼ毎日爆撃されていたからだ。彼と2人の兄は爆撃を避けるためにウェールズへ行かされた。後に妹と弟も加わった。

ウェールズで彼は歌うことを学んだ。彼は18歳の誕生日に最初のアルバムを発表した。それはあまり売れなかったが，彼のライブショーはだんだんと人気がでてきた。彼の2番目のアルバムは2年後に売り出され，前作より売れたが，彼の次のアルバムが彼を世界的に有名にした。それは1000万以上売れた最初のソロアルバムだった。それを成し遂げたのは彼の13のアルバムのうちで唯一だった。

彼は歌手として成功していたが，私生活はもっと困難だった。彼は40歳になる前に3回結婚したが，どの結婚も1年以内に終了した。そして1988年，彼は最愛の女性，ザラ・マージドと出会った。彼らは1992年にバルバドスで結婚し，3人の子供をもうけた。不幸なことに，彼らの子供のうち2人は2009年に自動車事故で亡くなった。

ロバート・ジョーンズのための特別コンサートが今月開かれる。それはロバートの85歳の誕生日を祝うために開催が予定されていたものだが，今となっては彼の生涯を追悼するものになる。

問題　1　彼は亡くなった時に何歳だったか。

2　彼はいつ生まれたか。

3　彼は何人兄弟がいたか。

4　彼のアルバムのうちどれが1000万部以上売れたか。

5　彼は何回結婚したか。

問2　A：What are you doing, Bob?

B：I'm trying to decide what to watch tonight. I love Webflix, but there are so many choices. Do you have any suggestions?

A：What about Small Fish? That comedian, Johnny Nevada is in it, so it should be funny.

B：I don't think Small Fish is a comedy, though. It's about the star of a minor rugby team joining a much bigger team and the difficulty he has.

A：Oh, you're right. That doesn't sound very funny.

B：How about Tom's House? It says here that it's "a laugh-a-minute story about professional bingo players". Dave said it's the best comedy he's seen this year.

A：Sounds amusing. How long is it? I can't stay up late. I have work tomorrow.

B：It's 116 minutes. That's not too bad. And I love bingo!

A：Hmmm, so maybe Tom's House is the one… but what about One Day, One Dog? I love movies about animals. I thought Under the Rainbow, you know, that animation about wild cats living in the forest, was excellent.

B：Yes, Under the Rainbow was a great animation, but One Day, One Dog isn't about animals, Sue. It's a documentary about selling fast food from a truck in New York. It doesn't sound fun, and it's almost 3 hours long.

A：3 hours? Are you sure it's just about one day? We could watch Elephant, the one about the jazz musician. I heard that's good.

B：Did you hear that from me? I watched it last week! And it is good, but the name Elephant is right because it's a huge movie, too − 153 minutes.

A：Sorry, I forgot you went to see it. I can't believe you sat in the movie theater that long.

B：Yeah, I wanted to see First Mountain, but there were no tickets left. I really enjoyed Elephant, though.

A：What's First Mountain? I don't know that one.

B：First Mountain? It's a horror movie. I heard it's really frightening. But it's not on Webflix yet. I really want to see it, but we can't watch it tonight.

A：Yes, you're right. So, I guess it's the comedy about bingo for us. Let's watch it now so I can go to bed early.

問2　A：ボブ，何をしているの？

B：今晩何を見るか決めようとしているんだよ。僕はウェブフリックスが大好きだけど，選択肢がとても多いからね。何か提案はある？

A：「スモール・フィッシュ」はどう？　コメディアンのジョニー・ネバダが出ているからおもしろいはずよ。

B：でも「スモール・フィッシュ」はコメディじゃないと思うよ。マイナーのラグビーチームのスター選手がもっと大きなチームに参加して，苦労するっていう話だよ。

A：ああ，そうね。あまりおもしろそうじゃないわ。

B：「トムズ・ハウス」はどうかな？　ここに「プロのビンゴ選手のとてもおもしろい話」って書いてある。デイブが今年見た中で最高のコメディだって言っていたよ。

A：楽しそうね。長さはどのくらい？　私は夜更かしできないわ。明日仕事があるから。

B：116分だ。そんなに悪くない。それに僕はビンゴが大好きだ！

A：うーん，じゃあ「トムズ・ハウス」で決まりかもね…　でも「ワン・デイ，ワン・ドッグ」はどうかな？　私は動物の映画が大好きよ。私は「アンダー・ザ・レインボー」が素晴らしいと思ったのよ，森にすんでいる野生の猫たちのアニメ，知ってるでしょ。

B：うん，「アンダー・ザ・レインボー」は素晴らしいアニメだったけど，「ワン・デイ，ワン・ドッグ」は動物の話じゃないよ，スー。それはニューヨークのキッチンカーのファストフード販売についてのドキュメンタリーだよ。楽しそうじゃないし，3時間くらいあるよ。

A：3時間？　それは本当にたった1日についての話なの？　私たちは「エレファント」を見てもいいわね，ジャズミュージシャンについての話よ。いいらしいわ。

B：君はそれを僕から聞いた？　僕はそれを先週見たよ！　良かったけど，「エレファント」という名前は正しいよ。だって巨大な映画だから。153分だ。

A：ごめん，あなたがそれを見に行ったことを忘れていたわ。あなたがそんなに長い時間映画館で座っていられたなんて，信じられない。

B：うん，僕は「ファースト・マウンテン」を見たかったんだけど，チケットが残っていなかった。でも「エレファント」は本当に楽しかったよ。

A：「ファースト・マウンテン」って何？　私はそれ，知らない。

B：「ファースト・マウンテン」？　ホラー映画だよ。すごく怖いらしいよ。でもまだウェブフリックスではやっていない。僕は本当にそれが見たいけれど，今晩見ることはできないよ。

A：うん，そうね。ということは，ビンゴについてのコメディが私たち向けね。私が早く寝られるように，今すぐ見ましょう。

基本 2 (長文読解問題・物語文：語句補充・選択，前置詞，関係代名詞，語形変化，時制，動名詞，分詞，熟語，言い換え・書き換え)

(全訳)　毎日放課後に子供たちは巨人の庭へ遊びに行った。それは大きな美しい庭で，柔らかい緑の草が生えていた。あちこちに星(2)のような美しい花がたくさんあった。春には小さなピンク色と白色の花をつける，12本の桃の木があった。秋にその木々にはたくさんのおいしい桃がなった。鳥たちは木に(4)とまって美しく(5)鳴き，時々子供たちはそれを聞くために(6)遊ぶのを中断した。

「ここにいてとても幸せだね」と彼らはお互いに言い合った。

ある日，巨人が帰ってきた。7年前，彼は友人のコーンウォールの人食い鬼を訪ねに行ったが，7年後にはもう話すこともなくなった。彼は自分の城に帰ることにした。彼が帰宅すると，子供たちが庭で(6)遊んでいるのが見えた。

「ここで何をしている？」と彼が非常に怒った声(7)で叫んだので，子供たちは逃げた。

「俺の庭は俺の庭だ」と巨人が言った。「誰でもわかることだ，そして俺だけがその中で遊べる」そして彼はその周りに大きな壁(8)を築き，標識(9)を設置した。

(10)彼は非常に自己中心的な巨人だった。

問1　(1)　with ～「～がある」　(2)　like ～「～のように」　(3)　主格の関係代名詞 that を入れる。　(4)　sit の過去形 sat を入れる。　(5)　sing の過去形 sang を入れる。　(6)　play を playing にする。stop ~ing「～するのをやめる」〈see ＋目的語＋～ing〉「－が～しているのを見る」　(7)　in a ～ voice「…な声で」　(8)　build の過去形 built を入れる。　(9)　put up ～「～を設置する」　put の過去形は put。

問2　(A)に only，(B)に other を入れ「彼は自分だけを気にかけて，他の人を気にかけない」とする。only は最後から2番目の段落の巨人の言葉 only I can play in it から抜き出す。other は第2段落の they said to each other から抜き出す。

重要 3 (条件英作文，和文英訳：関係代名詞，熟語，関係副詞，疑問詞，現在完了，進行形，仮定法，助動詞)

(1)　解答例は「ミソカツのような郷土料理が有名な都市」となる。同じような文意で，a city where you can eat delicious local dishes like misokatu「ミソカツのようなおいしい郷土料理をたべることのできる都市」としてもよいだろう。

(2)　How long「どのくらいの間」を文頭に置き，現在完了進行形の疑問文で have you been waiting for the bus? と続ける。wait for ～「～を待つ」

(3)　現在の事実に反することを仮定する，仮定法過去の文。If I were you「もし僕が君だったら」に続く部分なので I would ～「僕は～するだろう」とする。解答例は「僕はその友人に『ごめん』というだろう」となる。I would apologize to him「僕は彼に謝るだろう」なども可。

(4)　(3)で何らかの具体的行動を挙げる。(4)はその後の文なので，解答例のように「その後，君たちは再び友人同士になるだろう」などとする。

4　(長文読解問題・日記：語句整序，接続詞，動名詞，比較，進行形，熟語，不定詞，語句解釈，語句補充・選択，疑問詞，間接疑問，接続詞，関係代名詞，文補充・選択，内容吟味，内容一致)

(全訳)　3月26日，月曜日

今日は僕の人生の中で最高の日ではなかった。僕たちのクラスが図書室に入ると，僕はイヤーブック(文芸誌)を見つけた，そしてニーリー先生がそれを僕たちに配るのが待ちきれなかった。ようやく自分の分をもらえて最初のページを開くと，僕は1等賞を取れなかったとわかった。僕はページをめくり続けた。僕は2等賞も取れず，3等賞も4等賞も取れなかった。そしてさらに1ページめくると，選外佳作が目に入り，その下に『パパのトラックに乗った一日　リー・ボッツ作』とあった。

僕の作品名が，僕の名前が下に添えられて印刷されていた。僕は賞を取れなかったから，がっかりしなかったとは言えない。僕は実際がっかりした。僕は謎の有名作家に会うことができないのが本当にがっかりした①が，自分の名前が印刷されているのを見るのはよかった。

ニーリー先生は，入賞者が一緒に昼食を取る有名作家はアンジェラ・バジャーだと発表した。②女子たちのほうが男子たちよりも興奮していた，なぜならアンジェラ・バジャーは足が大きいとかニキビとかの悩みを持つ女の子について主に書いているからだ。僕はそれでも彼女に会いたい，なぜなら彼女は現役の作家だし，僕は今までに作家に会ったことがないから。僕は③ヘンショー氏が該当の作家じゃなくてよかった，なぜならもしそうだとしたら彼に会えないことを僕は本当にがっかりしただろうから。

3月30日，金曜日

今日はワクワクする日だった。2時間目の途中，ニーリー先生が僕をクラスから呼び出し，「あなたはアンジェラ・バジャーと一緒に昼食を食べたい？」と尋ねた。僕は「もちろんです，(1)どうして？」と言った。

ニーリー先生は，優勝した詩は本から盗用されたものでオリジナル作品ではないと教師たちによって明らかになったので，その少女は行けないのだと説明した。そしてニーリー先生は「あなたは彼女の代わりに行きたい？」と尋ねた。もちろん行きたい！

ニーリー先生は許可を取るため僕のママに電話した。それからニーリー先生は僕たちを車でホリデイ・インまで連れて行った。入賞者たちや他の学校の司書たちがそこで待っていた。そしてアンジェラ・バジャーが現れ，僕たちは皆ダイニングルームに行った。おそらく特別司書と思われる1人の司書が，入賞者たちに長テーブルに座るよう言った。アンジェラ・バジャーが真ん中に座り，何人かの少女たちは彼女の隣に座ろうと押し合った。僕は彼女の向かいに座った。特別司書が，昼食をサラダバーから選んでよいと説明した。

僕は豆をフォークで皿中追いかけまわしながら，バジャー氏に④言うべき何かおもしろいことを思いつこうと依然として頑張っていた。何人かの女子たちが話してばかりだった。彼女たちはバジャー氏に，自分が(2)いかに彼女のような本を書きたいと思っているかを語っていた。

バジャー氏は内気な人たちをしゃべらせようとしたが，あまりうまく行かず，僕は足が大きい女の子とかニキビのある女の子の本を書く女性に対し，言うべき言葉が依然として何も見つからなかった。とうとう，バジャー氏が僕をまっすぐに見つめて「あなたはイヤーブックに何を書いたの？」と尋ねた。

僕は自分が赤くなるのを感じて答えた。「[A]トラックに乗ることについてです」

「まあ！」とバジャー氏は言った。「じゃああなたは『パパのトラックに乗った一日』の作家ね！」

⑤みんながシーンとした。現役の作家が僕たちの作品を読むなんて誰一人思っていなかったが，彼女は実際に読んで，僕の題名も覚えていた。

「[B]僕は選外佳作をもらっただけです」と言ったが，彼女が僕を作家と呼んだぞ，と思っていた。

現役の作家が僕を作家と呼んだんだぞ。

「それが何の違いがあるっていうの？」とバジャー氏が言った。「審査員たちはなかなか一致しないものよ。私は『パパのトラックに乗った一日』が気に入ったわ，なぜならそれは，自分がよく知っていて思い入れの強いことについて正直に書く少年が書いたものだから。あなたのおかげで私は後ろにブドウを何トンも積んで急な坂道を下るのがどんなものなのか，感じることができたわ」

「Cでも僕はそれをストーリーにすることができませんでした」と僕は言った。僕はずっと勇気が出た。

「誰も気にしないわ」とバジャー氏が言った。「ストーリーを書く能力は後から来るわ，あなたがもっと長く生きてもっと多く理解した(3)時に。『パパのトラックに乗った一日』はあなたの年齢の少年の作品として素晴らしいわ。あなたはあなたらしく書いた。そして誰かの真似をしようとしなかった。これは良い作家の1つの証よ。それを続けなさい」

僕は，アンジェラ・バジャーのように本を書きたいと言った女子たちが困った様子で顔を見合わせるのに気付いた。

僕は「あ，ありがとう」と言うのが精いっぱいだった。

帰宅する車内で，誰もがバジャー氏についてあれこれ言った。僕は話したくなかった。僕はただ考えたかった。現役の作家が僕を作家と呼んだ。⑥現役の作家が僕に続けなさいと言った。

問1　①　like ~ing「～することが好きだ」 seeing my name in print は「僕の名前が印刷されているのを見ること」という意味。　②　直後の because 以下より，アンジェラ・バジャーは少女向けの作品を書く作家だとわかる。よって女子のほうが男子よりアンジェラ・バジャーに会えると知って興奮した。　④　文頭が I was still となっていることから，現在進行形の文だと気づくことが重要。〈try to ＋動詞の原形〉「～しようとする」 think of ～「～を思いつく」（やや難）

やや難　問2　イヤーブックの入賞者は有名作家と一緒に昼食を食べることになっていたが，その作家が誰かは前もって知らされておらず，ニーリー先生が発表して初めて生徒たちは知った。その作家はバジャー氏で，ヘンショー氏ではなかった。リーの作品は入賞できず選外佳作だったので，リーは作家と一緒に昼食を食べることができない。そのため，もしその作家が自分の憧れのヘンショー氏だったら，会えないことに対して非常に悔しく思うので，ヘンショー氏ではなくバジャー氏で良かったと思った。

問3　全訳下線部参照。(2)の how は「いかに，どれほど」の意味で how 以下は間接疑問である。(3)　when は時を表す接続詞。　(4)　who は主格の関係代名詞。

問4　全訳下線部参照。

重要　問5　下線部⑤の直後の文が下線部⑤の理由を表している。but she did「しかし彼女はそうした」とは she read our writing「彼女は私たちの作品を読んだ」の意味である。

重要　問6　空所Cの前後の段落の，バジャー氏の言葉を参照する。

★ワンポイントアドバイス★

4の長文読解は少年の書いた日記の文章。日記やエッセイは自分の思うところをつらつらと書くため独特の読みにくさがあり，注意が必要である。

＜理科解答＞《学校からの正答の発表はありません。》

1 (1) (酵素名) ペプシン　(分解する物質) タンパク質　(酵素名) リパーゼ (分解する物質) 脂肪　(2) (試薬名) ヨウ素液　(結果) 色の変化がない (試薬名) ベネジクト液　(結果) 青色から赤褐色に変化する　(3) 気体を容器に集め，近づけた線香の火が大きくなるか確認する　(4) 酵素ごとに反応する物質が決まっている性質　(5) だ液によって過酸化水素が分解される

2 (1) ×　(2) ○

3 (1) (4℃の液体) ウ　(100℃の水蒸気) カ　(2) ア，エ　(3) 2.9(％)

(4) ① $2CuO + C \rightarrow 2Cu + CO_2$

② $NaHCO_3 + HCl \rightarrow NaCl + H_2O + CO_2$

(5)

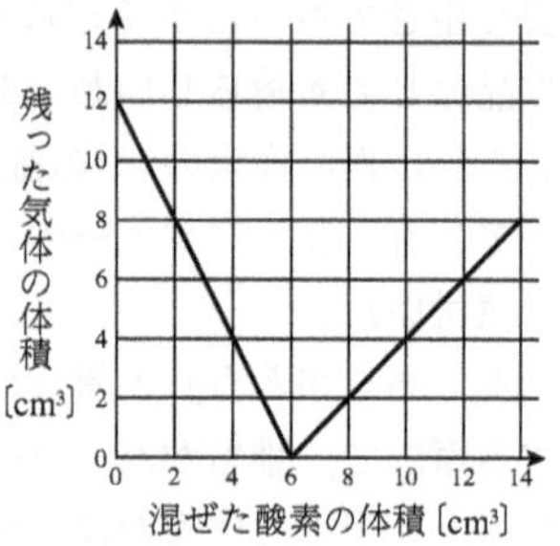

(6) ① A H_2　B O_2　C Cl_2

② 陽極

③ Ⅰ ア　Ⅱ エ

④ B：C＝1：2

4 (1) あ ア　い イ　う $\dfrac{AL}{A+L}$

(2) $f_1 = \dfrac{(F+D)L}{F+D+L}$(cm)　(3) F＝19(cm)

5 (1) $\dfrac{L}{3}$(m)　(2) 右図　(3) $\left(1-\dfrac{2H}{L}\right)U$(J)

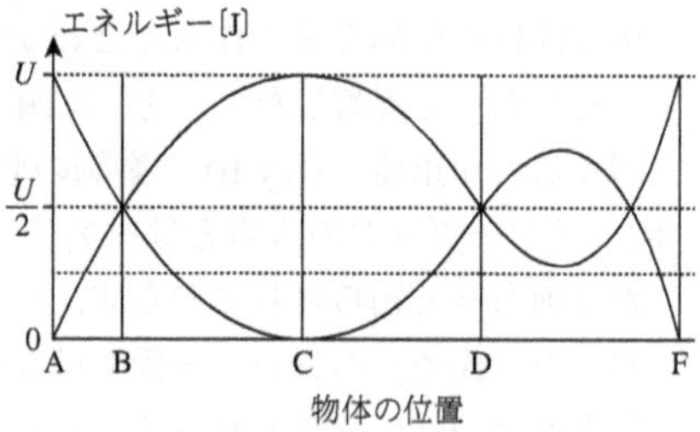

6 (1)

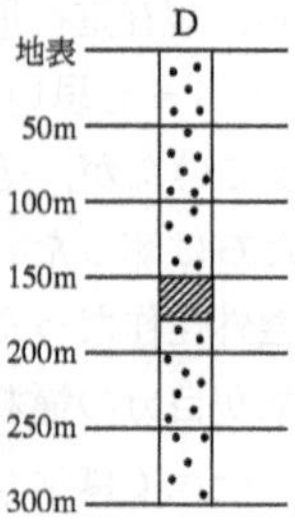

(2) 凝灰岩

(3) かぎ層

(4) ア，イ，エ

(5) キ

7 (1) ① カ　② イ　③ エ　(2) 54(km)　(3) ウ

○推定配点○

1 (1) 4点(完答)　他 各2点×4((2)完答)　2 各2点×2　3 (3)・(5) 各4点×2 他 各2点×12((2)完答)　4 (1)あ・い 各2点×2　他 各4点×3　5 各4点×3 6 (1) 4点　他 各2点×4((4)完答)　7 (2) 4点　他 各2点×4　計100点

＜理科解説＞

1 (ヒトの体のしくみ―消化と消化酵素)

重要 (1) 胃液に含まれているペプシンはタンパク質を分解する。また，すい液に含まれているリパーゼは脂肪を分解する。なお，すい液にはタンパク質を分解するトリプシンも含まれている。

重要 (2) デンプンがアミラーゼによって麦芽糖に分解されるので，ヨウ素液を加えても色の変化は起こらない。ただし，ベネジクト液を加えて加熱すると，ベネジクト液と麦芽糖が反応して，赤褐色の沈殿が生じる。

重要 (3) 火のついた線香を酸素の中に入れると，炎を出して燃える。

(4) すべての酵素は，反応する物質が決まっている。また，酵素は触媒のはたらきをしているの

で，反応の前後で自身には変化がなく，くり返し使うことができる。

(5)　過酸化水素水にだ液を加えたときは反応があったが，だ液のかわりに水を加えたときは反応が起こらなかったことから，だ液が過酸化水素を分解することがわかる。

2 （生物総合―植物の体，遺伝子，生態系，無脊椎動物）

(1)　ア　コケ植物には維管束がなく，根・茎・葉の区別もない。

イ　両親の遺伝子の組み合わせが，どちらもAaであった場合，子の遺伝子は，AA：Aa：aa＝1：2：1となり，Aaになる場合がある。

(2)　ア　ある場所に生息する生物とそれをとりまく環境をまとめて生態系という。

イ　節足動物と軟体動物はどちらも無脊椎動物の仲間であり，子のうみ方は卵生である。

3 （化学総合―水の状態変化，酸性雨，水溶液の濃度，水素と酸素の化合，電気分解）

やや難　(1)　0℃の氷の密度は0.92g/cm^3，4℃の水の密度は1.00g/cm^{3}なので，1gの0℃の氷が4℃の水になると，体積は，$\frac{1(g)}{1(g/cm^3)} \div \frac{1(g)}{0.92(g/cm^3)}=0.92$(倍)になる。

一方，100℃の水蒸気の密度は0.00060g/cm^{3}なので，1gの0℃の氷が100℃の水蒸気になると，体積は，$\frac{1(g)}{0.00060(g/cm^3)} \div \frac{1(g)}{0.92(g/cm^3)}=1533.3\cdots$(倍)より，約1530倍になる。

(2)　酸性雨はpHが5.6以下の雨をさす。また，オゾン層は上空の約10km～50kmにでき，酸性雨の影響を受けない。

やや難　(3)　塩化ナトリウムは25℃の水100gに36g溶けて，100(g)＋36(g)＝136(g)の飽和水溶液になる。一方，25℃の塩化ナトリウム水溶液100gに塩化ナトリウムを32gを加えると，100(g)＋32(g)＝132(g)の塩化ナトリウムの飽和水溶液になったので，132gの飽和水溶液に含まれている塩化ナトリウムは，$132(g)\times\frac{36(g)}{136(g)}=34.941\cdots(g)$より，34.94gである。したがって，100gの塩化ナトリウム水溶液に含まれていた塩化ナトリウムは，34.94(g)－32(g)＝2.94(g)なので，もとの塩化ナトリウム水溶液の濃さは，$\frac{2.94(g)}{100(g)}\times100=2.94(\%)$より，2.9％である。

重要　(4)　①　酸化銅と炭素の粉末を混ぜて加熱すると炭素は酸化して二酸化炭素になり，酸化銅は銅に還元される。

②　炭酸水素ナトリウムに塩酸を加えると，塩化ナトリウムと水と二酸化炭素になる。

重要　(5)　12cm^{3}の水素と過不足なく反応する酸素は，12(cm^3)÷2＝6(cm^3)なので，酸素を6cm^{3}加えると気体は残らない。また，酸素を6cm^{3}加えるまでは，酸素が不足するので水素が残る。さらに，酸素を6cm^{3}以上加えると，酸素が残る。

やや難　(6)　①・②　ビーカーⅠに水酸化ナトリウム水溶液を入れ，電気を流すと，水が電気分解して，陰極に水素(A)，陽極に酸素(B)が発生する。一方，ビーカーⅡに塩化ナトリウム水溶液を入れ，電気を流すと，陰極に水素(A)，陽極に塩素(C)が発生する。

③　ビーカーⅠでは，電気分解が進んでも，水酸化ナトリウムはそのまま残るので，水溶液全体のアルカリ性がしだいに強くなる。一方，ビーカーⅡでは，塩化ナトリウムが水酸化ナトリウムに変化するので，中性からアルカリ性になる。

④　発生する気体の体積比は，ビーカーⅠでは，水素(A)：酸素(B)＝2：1であり，ビーカーⅡでは，水素(A)：塩素(C)＝1：1＝2：2なので，気体(B)：気体(C)＝1：2である。

4 （光と音の性質―ヒトの目のレンズの役割）

やや難　(1)　あ・い　人の目の場合，物体までの距離aが変わっても，凸レンズ(水晶体)からスクリーン(網膜)までの距離が変わらないので，凸レンズ(水晶体)の厚みが変わることで，スクリーンに像がうつるようにする。したがって，レンズの式からもわかるように，Lが一定で，aが大きくなると，fも大きくなる。また，像の大きさは，$\frac{L}{a}$(倍)になるので，aが大きくなると，像の大きさは小さくなる。これは，遠くの物体を見ると，網膜にうつる像が小さくなることを意味している。なお，このとき，凸レンズの厚みはうすくなっている。

う　$\frac{1}{A}+\frac{1}{L}=\frac{1}{f_1}$より，$f_1=\frac{AL}{A+L}$である。

やや難　(2)　レンズの式において，a=F+Dなので，$\frac{1}{F+D}+\frac{1}{L}=\frac{1}{f_1}$より，$f_1=\frac{(F+D)L}{F+D+L}$である。

やや難　(3)　(1)(2)より，$\frac{AL}{A+L}=\frac{(F+D)L}{F+D+L}$として，A＝20cm，D＝1.0cmを当てはめると，Lが消えて，F＝19cmとなる。

5　(運動とエネルギー―ふりこと力学的エネルギー)

やや難　(1)　物体の位置エネルギーが運動エネルギーの2倍になっている位置の最下点Cからの高さは，力学的エネルギー保存の法則から，最も高い位置である，点Eの高さである$\frac{L}{2}$mの$\frac{2}{3}$の高さの$\frac{L}{2}$(m)×$\frac{2}{3}$＝$\frac{L}{3}$(m)である。なお，残りの$\frac{1}{3}$の高さの$\frac{L}{2}$(m)×$\frac{1}{3}$＝$\frac{L}{6}$(m)が運動エネルギーに相当する。(図a参考)

図a

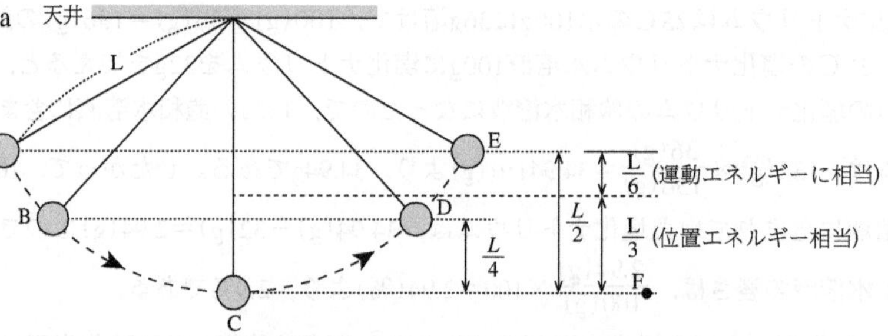

(2)　物体が持つ位置エネルギーと運動エネルギーの合計である力学エネルギーはUJのまま変わらない。

やや難　(3)　物体がDF間を通過するときに，最高点がHmなので，物体が持つ位置エネルギーをxJとすると，$\frac{L}{2}$(m)：U(J)＝H(m)：x(J)より，$x=\frac{2HU}{L}$(J)である。したがって，物体の運動エネルギーは，U(J)－x(J)＝U(J)－$\frac{2HU}{L}$(J)＝$U\left(1-\frac{2H}{L}\right)$(J)（図b参照）

図b

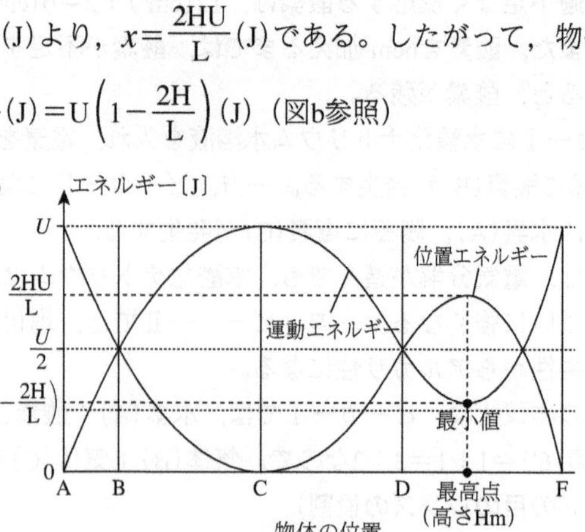

6 （地層と岩石―地層と柱状図）

やや難 (1)　南北に100m離れていて，標高が50m違う地点Aと地点Bの地層を比べると，地層は南に50m下がっていることがわかる。また，東西に100m離れていて，標高が50m違う地点Aと地点Cの地層を比べると，東西は水平であることがわかる。（図c参考）

したがって，地点Bから東に100m離れている地点Dの地層は水平になっていることがわかる。（図d参考）

図c

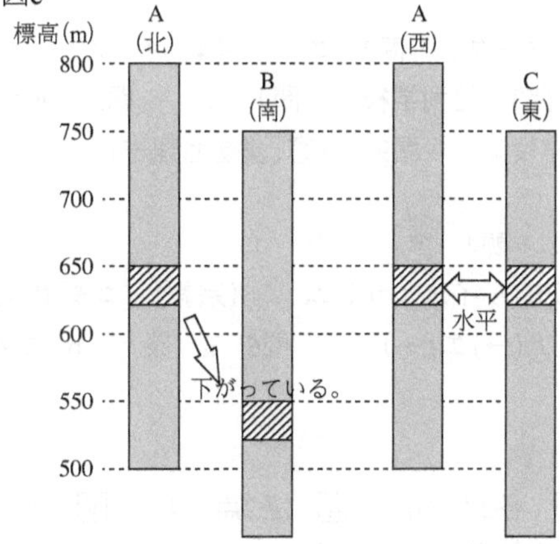

図d

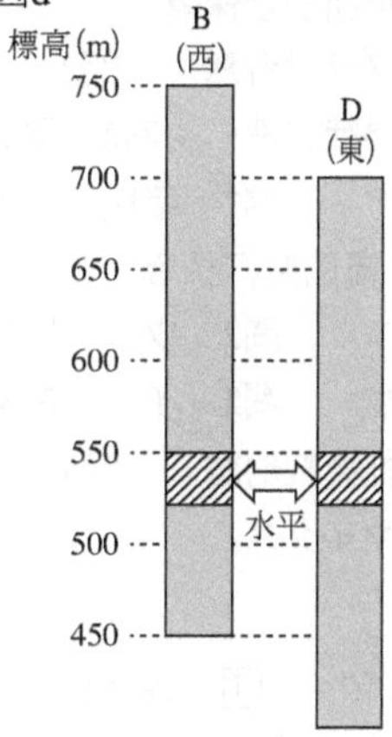

基本 (2)　主に火山灰が堆積してできた岩石を凝灰岩という。

基本 (3)　火山灰の層やアサリなどの化石を含む地層は，遠く離れた地点の地層を比べるのに利用されるので，かぎ層と呼ばれている。

基本 (4)　長石と石英は無色鉱物，黒雲母・磁鉄鉱・カンラン石などは有色鉱物である。

基本 (5)　ブナはやや寒冷な地域に生育する落葉広葉樹である。

7 （大地の動き・地震―地震による災害，緊急地震速報）

重要 (1)　①　大きな地震が起きて，水を多く含んだ砂の層がゆれると，地盤が液体のようにやわらかくなる。このような現象を液状化現象という。

②　大潮などのときに，台風が近づくと，気圧の低下によって海水が吸い上げられて，高潮が生じる。

③　海底を震源とする大きな地震が発生し，地殻変動が起きると，津波が発生する。

やや難 (2)　震源から12km離れたA地点にP波が届くのに，12(km)÷6(km/秒)＝2(秒)かかる。また，その1秒後に，地点Bに緊急地震速報が伝えられてから，15秒後にB地点にS波が届いたので，地点BにS波が届いたのは地震が発生してから，2(秒)＋1(秒)＋15(秒)＝18(秒)である。したがって，震源からの距離は，3(km/秒)×18(秒)＝54(km)である。

(3)　ハザードマップには避難場所が示されている。また，地震・津波・洪水・土砂災害など，災害ごとに作成されている。さらに，洪水に対するハザードマップには，近くに川などがあり，浸水しやすい低い土地が示されている。

★ワンポイントアドバイス★

教科書に基づいた基本問題をすべての分野でしっかり練習しておくこと。その上で，計算問題や思考力を試すさまざまな問題についてもしっかり練習しておこう。

＜社会解答＞ 《学校からの正答の発表はありません。》

Ⅰ 問1 d 問2 4 問3 1 問4 3 問5 4 問6 A ① C ⑦ E ④ G ⑤ I ⑥

Ⅱ 問1 （水力） ② （地熱） ⑤ 問2 （原油） サウジアラビア （石炭） オーストラリア 問3 メタンハイドレート

Ⅲ 問1 ウ 問2 イ 問3 縦割り行政 問4 朝鮮戦争 問5 ア 問6 集団安全保障

Ⅳ 問1 プラザ合意 問2 ヘルプマーク 問3 エ 問4 オーバーツーリズム

Ⅴ 問1 学徒出陣 問2 藩校 問3 足利学校 問4 イ 問5 津田梅子 問6 ア 問7 臣民 問8 志賀潔 問9 漢書［漢書地理志］ 問10 異国船打払令

Ⅵ 問1 エ 問2 ウ 問3 ウ 問4 ア 問5 エ

Ⅶ 問1 ウ 問2 イ 問3 （都市） イェルサレム （宗教） ユダヤ教，イスラム教 問4 社会契約論 問5 ウ(→)ア(→)エ(→)イ 問6 a 茶 b アヘン 問7 ア 問8 マルクス

○推定配点○

Ⅰ 各2点×10 Ⅱ 各2点×5 Ⅲ 各2点×6 Ⅳ 各2点×4 Ⅴ 各2点×10 Ⅵ 各2点×5 Ⅶ 各2点×10（問3の宗教完答） 計100点

＜社会解説＞

Ⅰ （世界地理―世界の国土と自然，アジア）

問1 赤道はインドネシアを通っていることから，c，dを通っていると判断できる。東経90度線はバングラデシュなどを通っているので，b，dを通っていると判断できる。よって，赤道と東経90度との交点にはdが該当する。

問2 A～I国のうち，人口が1億人以上の国は，A（インド），C（バングラデシュ），G（インドネシア），I（フィリピン）の4か国である。

問3 A～I国のうち，砂漠気候がみられるのはA（インド）の北西部のみなので，1か国である。

基本 問4 A～I国のうち，イスラム教徒が多数派の国は，C（バングラデシュ），F（マレーシア），G（インドネシア）の3か国である。

問5 ASEAN（東南アジア諸国連合）の設立当初からの加盟国（原加盟国）は，タイ（E），マレーシア（F），インドネシア（G），フィリピン（I），シンガポールの5か国で，A～I国のうちでは4か国である。

問6 A インド（A）は石油製品やダイヤモンドが上位に含まれることから，①とわかる。 C バングラデシュ（C）は衣類が輸出の大部分を占めていることから，⑦とわかる。 E タイ（E）は輸出品目の上位に自動車が入ることから，④とわかる。 G インドネシア（G）は輸出品目の上位にパーム油や石炭が含まれることから，⑤とわかる。 I フィリピン（I）は輸出上位に機械類のほかに野菜と果実が入ることから⑥とわかる。なお，B（スリランカ）は紅茶が含まれることから⑨，D（ミャンマー）は⑧，F（マレーシア）は③，H（ベトナム）は②となる。

Ⅱ （日本の地理―資源・エネルギー）

問1 ④は福井県のみで発電電力量が大きいことから原子力と判断できる。また，⑤は大分県と秋田県のみであることから地熱と考えられる。大分県には日本最大の地熱発電所が立地している。

秋田県と青森県は比較的風力発電が盛んであることから，③が風力と考えられる。①と②を比較すると，富山県以外では①の方が発電電力量は多いこと，富山県は水力発電が盛んであることから，①が火力，②が水力となる。以上より，水力が②，地熱が⑤となる。

重要 問2　日本の原油の最大の輸入相手国(2022年)はサウジアラビアであり，原油の大部分はサウジアラビア，アラブ首長国連邦などの中東地域からの輸入となっている。日本の石炭の最大の輸入相手国(2020年)はオーストラリアである。

問3　日本の排他的経済水域内の海底に大量に存在することが確認されている，メタンガスを含んだ氷状の物質は，メタンハイドレートという。

Ⅲ　(公民ー政治のしくみ，国民生活と福祉，国際政治)

問1　年金の国民負担率は，ウのアメリカのほうが日本よりも低い。アのフランス，イのドイツ，エのスウェーデンは，いずれも日本よりも年金の国民負担率は高い。

問2　事業主にセクシュアルハラスメントの防止対策が義務付けられているのは，男女共同参画社会基本法ではなく，男女雇用機会均等法であることから，イが誤っている。

問3　各省庁間の連絡調整が乏しいことなどから，行政全体の統一性が損なわれていることを，縦割り行政という。

問4　警察予備隊の設置は，1950年におきた朝鮮戦争がきっかけとなっている。

やや難 問5　難民条約では，難民は人種，宗教，国籍，政治的意見または特定の社会集団に属するという理由から，自国にいると迫害を受けるおそれがあるため他国に逃れた保護を必要とする人々のことと定義されており，戦争や武力紛争などのために他国へ逃れた人々も定義に該当すれば難民とされる。よって，イの政治的意見の違いによる迫害やウの宗教を理由とする迫害，エの紛争による生命の危機はいずれも難民の具体的事例としてあてはまるが，アの不況による失業や低所得は難民の定義にはあてはまらないといえる。

問6　安全保障体制参加国内のいずれかの国家が行う侵略等に対して他の参加国が協力して，その侵略等に対抗することを約し，国家の安全を相互に保障しようとすることを，集団安全保障という。

Ⅳ　(公民ー日本経済)

問1　1985年に対米ドルで円安から円高になるきっかけとなったG5での合意は，プラザ合意という。

問2　赤地をベースとし白い十字とハートのマークが描かれているのはヘルプマークである。ヘルプマークは，外見でわからなくても支援や配慮を必要とする人が周囲の人に支援や配慮が必要であることを知らせるためのマークである。

やや難 問3　名古屋市交通局は名古屋市が運営する公企業であり，地方公営企業であることから，エが適当。私企業とは株式会社や合同会社などの事であり，公企業とは国や地方公共団体が所有・経営する企業のことである。また，地方公営企業は，地方公共団体が経営する公営企業のことであり，独立行政法人は国が直接実施する必要はないが民間に委ねるのにも適さないものを実施する法人のことをいい，特殊法人は一般的には民間企業にできない事業を行うために設立された公団や公社などのことである。

問4　観光地に人が集中し過ぎたことによって発生する公共交通機関の混雑やごみ問題などは，オーバーツーリズムや観光公害などと呼ばれる。

Ⅴ　(日本の歴史ー中世～近代)

問1　1943年に実施された，戦争への学生の動員は，学徒出陣という。

問2　江戸時代に諸藩が武士の子弟を教育するために設けた教育機関は，藩校という。

問3　上杉氏に保護され，各地から武士や僧侶が学びにきた中世の教育機関は，下野国(現在の栃木県)にあった足利学校である。

重要 問4　日米修好通商条約では，箱館(函館)・新潟・神奈川・兵庫・長崎の5港の開港が定められており，イが誤っている。下田・箱館(函館)の開港を定めたのは，1854年に結ばれた日米和親条約である。

問5　岩倉使節団に同行した女子留学生のうち最年少で，のちに女子英学塾を開いたのは，津田梅子である。

問6　伊藤博文はヨーロッパへ留学し，ドイツやオーストリアで学び，帰国後は憲法草案作成の中心となったので，アが正しい。イについて，天皇の相談機関は元老院ではなく枢密院なので，誤り。ウについて，伊藤博文が初代内閣総理大臣となったのは1885年で，大日本帝国憲法が発布された1889年よりも前なので，誤り。エについて，大日本帝国憲法では，国民は法律の範囲内で居住・移転の自由，信教の自由，言論・出版・集会・結社の自由，私有財産の保護などが認められたので，誤り。

問7　大日本帝国憲法下における国民を指した言葉は，臣民である。

問8　赤痢菌を発見した細菌学者は，志賀潔である。

問9　紀元前1世紀ごろの倭に100余りの国があったと記した歴史書は，「漢書」地理志である。

問10　清がアヘン戦争でイギリスに敗れたことを知った江戸幕府は，異国船打払令を廃止した。

Ⅵ　(日本と世界の歴史―古代～近世)

問1　①について，マンモスやナウマンゾウなどの大型動物をとらえる槍の穂の先などに打製石器を用いたのは，縄文時代ではなく旧石器時代なので，誤り。②について，青森県にある三内丸山遺跡は弥生時代ではなく縄文時代の代表的遺跡なので，誤り。よって，エとなる。

基本 問2　①について，壬申の乱で勝利をおさめて即位したのは持統天皇ではなく天武天皇なので，誤り。②について，8世紀なかばの743年に朝廷は墾田永年私財法を出し，新たに開墾した土地の永久私有を認めたので，正しい。よって，ウとなる。

問3　①について，平等院鳳凰堂を建立したのは藤原道長の子である藤原頼通なので，誤り。②について，法然は，念仏を唱えればだれでも極楽浄土に生まれ変われると説き，浄土宗の開祖となったので，正しい。よって，ウとなる。

問4　①について，鎌倉時代には米の裏作として麦を作る二毛作が広まり，草や木の灰などが肥料とした使われたので，正しい。②について，室町時代には商人らは座と呼ばれる同業者組合を組織し，営業を独占する権利を確保したので，正しい。よって，アとなる。

問5　①について，「甲州法度之次第」は甲斐の戦国大名である武田氏の分国法なので，誤り。朝倉氏は越前の戦国大名である。②について，豊臣秀吉は太閤検地を実施し，田畑の面積や土地の良しあしを調査し，生産高を貫高ではなく石高で表すこととしたので，誤り。よって，エとなる。

Ⅶ　(世界の歴史―中世～近代)

問1　問題文の第1段落目には，「ジェンダー規範のような思い込みが，形成されてきたプロセスを歴史学的に研究し明らかにすること」は，「社会を変革する行動を起こす原動力となる」とあるので，歴史の研究は現実の社会運動に影響を与えるといえるため，ウが当てはまる。

問2　ナイティンゲールは，医師ではなく看護師として活躍した人物なので，イが誤っている。

問3　中世に西ヨーロッパから派遣された十字軍の目的地となったキリスト教の聖地は，イェルサレムである。イェルサレムは，キリスト教のほかに，ユダヤ教とイスラム教においても聖地とされている。

問4　ルソーが人民主権を唱えた著作は『社会契約論』である。

やや難 問5　ウのバスティーユ牢獄襲撃が起こったあと，国民議会がアの人権宣言を発表している。革命の混乱の中から軍人のナポレオンが登場し，やがて皇帝に即位した(エ)。ナポレオンはヨーロッパ諸国を戦争で破り，ヨーロッパの大部分を支配したが，離反したロシアへの遠征(イ)に失敗し，やがてナポレオンは退位を余儀なくされた。

問6　イギリスは清から大量の茶や陶磁器，絹などを輸入したため貿易赤字に陥り銀が流出したことから，赤字解消のためにインドでアヘンを栽培し，清へ輸出するという三角貿易を始めた。

問7　1850年代のインドでは，フランスではなくイギリスの支配に対して大反乱が起こったので，アが誤っている。イのガンディーは，「非暴力・不服従」を唱え，インドの独立運動において大きな役割を果たしたので，イは正しい。第一次世界大戦後の，朝鮮では三・一独立運動が起こったので，ウは正しい。パリ講和会議で山東省の権益について中国への返還が拒絶されると，中国では五・四運動が発生したので，エは正しい。

問8　社会主義運動に大きな影響を与え，『資本論』を著した思想家は，マルクスである。

★ワンポイントアドバイス★

教科書だけでなく資料集などについても読み込むようにしておこう。

＜国語解答＞ 《学校からの正答の発表はありません。》

一　問1　a　謀略　b　強　c　促　d　妥当　e　一糸　問2　🄰　1　🄵　5
問3　孤独感からの解放　問4　5　問5　4　問6　(例)　日本の社会では集団の「秩序」を優先する考え方が優先されやすい。教師にとっては，相手が従順な方がラクで仕事がやりやすい。　問7　2

二　問1　a　4　b　1　c　3　問2　5　問3　2　問4　(例)　祈禱のために男性が村を一周する間女性に会ってはいけないから。(30字)　問5　(例)　ご存じ　問6　(例)　幼い頃から言い聞かされた「女は汚れている」という考えをまったく意に介さない様子。
問7　4　問8　1

○推定配点○
一　問1・問2　各2点×7　問6　10点　他　各5点×4
二　問1　各2点×3　問4・問6・問8　各10点×3　他　各5点×4　計100点

＜国語解説＞

一　(論説文―大意・要旨，内容吟味，文脈把握，漢字の読み書き，熟語，ことわざ・慣用句)

問1　a　人を欺くための計略。「謀」の他の音読みは「ム」で，「謀反」という熟語がある。訓読みは「はか(る)」。　b　「強いる」は，相手の意向を無視して無理にさせること。　c　音読みは「ソク」で，「促進」「催促」などの熟語がある。　d　適切にあてはまっていること。　e　「イッシ乱れず」は，少しも乱れないで整然としていること。

問2　🄰　安易に他の説に賛成するという意味の1の「ふわらいどう」が最適。2の「いいだくだく」は言いなりになる，3の「いちれんたくしょう」は運命をともにするという意味。　🄵　権力のある者には逆らわない方がよいという意味の5が最適。1は同じ頼るならば勢力のある人が良い，2は道理の通じない相手には従うしかない，という意味なので，適当ではない。

問3　傍線部Bの「自発的に『自由』を手放す」ことについて，「フロムの心理分析によれば」で始まる段落で「自発的に『自由』を捨てて『全体の秩序』を選んだ大きな理由は，孤独感からの解放でした」と述べている。ここから理由を端的に表す語句を抜き出す。

問4　ドイツ国民の心理について，「第一次世界大戦後」で始まる段落で「何をしてもいいという『自由』は……孤独感や孤立感を味わわせるという，マイナスの心理的効果ももたらし」「『大きな集団に帰属している』という一体感や安心感をもう一度得たいと思うようになり」と説明し，「その結果」で始まる段落で「国民から『自由』を取り上げる代わりに『大きくて強い偉大な国家に自分も帰属している』という一体感や安心感をドイツ国民に与えてくれる，ナチ党……が絶大な支持を集めた」と説明を加えている。この説明に最適なものは5。孤独感を解消させたとあるので，「孤独感を……誇張した」とある2は適当ではない。ナチ党がドイツ国民に，1「経済的に自立する手段を提供した」り，3「負担感を取り除いた」ためではない。ドイツ人は自発的に「自由」を捨てたとあるので，「自由の放棄を求めて」とある4も適当ではない。

やや難　問5　傍線部D「このマゾヒズム的追求」について，一つ前の段落で「自発的に自己を捨てて『力』や権威に服従する……こうした受動的な心理状態を『マゾヒズム的』と呼び」と説明している。この「自発的に自己を捨てて」を「自発的な自己の放棄」に，「『力』や権威に服従」を「他への服従」と言い換えている4に着目する。4の「蔓延する」が，傍線部Dの「成功する」や「そして」で始まる段落の「国民の間に広まる」の言い換えにあたるので，4を選ぶ。「自発的に自己を捨てて『力』や権威に服従する」という説明に，1，2は合わない。3の「より積極的な方法」や，5の「やむをえず」に通じる叙述はない。

やや難　問6　直後の段落の冒頭に「その一つは」とあるので，この段落の内容を簡潔にまとめて一つ目の要約とする。一つ後の段落の冒頭に，並立の意味を表す「また」とあるので，この内容をまとめて二つ目の要約とする。

重要　問7　「教師や」で始まる段落の「統治者」は，2の「民主的な国の指導者」には当たらないので，本文の趣旨に合致していないのは2。同じ段落の趣旨に1が，「全員が」で始まる段落の趣旨に3と4が，「日本では」で始まる段落の趣旨に5が合致しない。

二　**(小説―主題・表題，情景・心情，内容吟味，文脈把握，脱文・脱語補充，語句の意味，敬語・その他)**

基本　問1　a「とうとつ(に)」と読む。同義語に「不意に」がある。　b「やつ(ぎ)ばや(に)」と読む。矢を次々に射る様子が元の意味になる。　c「しんみょう(な)」と読む。

問2　後の「小湊雛子です」で始まる段落以降の雛子の回想場面に着目する。雛子は「前の学校ではミナと呼ばれていました」と自己紹介をした後，「嘘だった。ミナなんて，一度も呼ばれたことはなかった」と続けている。雛子は，天に「ミナは……いい子だから」と言われたが，自分は嘘をついたので天が思っているような「いい子」ではないと思っていることが読み取れる。この内容を説明している5が最適。1「皆がそうするから従っている」，2「普段の行動を意識しているわけではない」ことが読み取れる描写はない。3の「練習に参加するのは面倒」は，冒頭の雛子の様子に合わない。この場面で天を「苦々しい存在」と思っていることは読み取れない。

やや難　問3　一つ後の段落の「自分の名前が好きじゃなかった……いつもひとりだった。いつも空想の世界で遊んでいた。その世界でわたしは『ミナ』と呼ばれていた。幼稚園に通っていた頃に読んだ，外国の絵本の主人公の名前だ。ちょっと生意気で，おしゃれなミナ」から，雛子が「ミナ」と名乗った理由を探る。ミナというおしゃれな名前で呼ばれることによって，友だちができるようになるのではないかと期待したからだとわかる。この心情を「自分が変わっていけたら」と表現して説明している2が最適。1「積極的に見られるよう演技した」ことや，4「誰もが知る絵本」であることが読み取れる描写はない。雛子は嘘をついているので，「『いい子の殻を破り』とある3も最適ではない。5の「転校前の辛い記憶を忘れ」たい，とは述べていない。

問4 「渋い顔をした」は不愉快な様子を表す。雛子が肘差天衝舞浮立に行くことを，母は不愉快に思っている。後で肘差天衝舞浮立について「ゴキトウする時は女の人に会うたらいかんことになってるけん，あの人たちがぐるっと村を一周するあいだ村の女の人はずっと家の中から出られんと」と語る天の言葉に着目する。肘差天衝舞浮立の風習をまとめて理由とする。

問5 雛子が神様に祈る場面である。前の「神さまはみんなのことを知ってるはずだから」という父の言葉を聞いて祈っているので，「知ってる」の尊敬語が入る。

やや難 問6 直前の「看板の文字を読み上げるように」や傍線部D「平べったい口調」からは，天が強い感情を表さず当たり前のことを述べている様子が読み取れる。幼い頃から言い聞かされていた「女は汚れているから」という考えを，天は「汚れてない。汚くない……女は，なんも汚くない」と言って，まったく気にしていない様子が読み取れる。この様子を簡潔にまとめる。

重要 問7 「女は汚れている」という言葉を全く気にしない天に対して，雛子は「嫌いになりたい」と言っている。直後の文の「わたしを苦しくさせる」から，周囲の常識にとらわれずに自分の意思をはっきり言葉にする天をうらやましいと思うと同時に，天のようにはなれないという雛子の苦しみが読み取れる。この雛子の「嫌いになりたい」という気持ちを「逃れたい」と言い換えている4を選ぶ。「嫌いになりたい」という表現に，1「天のようになりたい」は合わない。雛子は天をうらやましく思っているので，「嫌悪感」とある2や5も適当ではない。3の「劣等感」や「友人として不相応である」という考えは，雛子の言動からは読み取れない。

やや難 問8 「誰の隣に座ったとか」で始まる段落と「天はなぜか」で始まる段落の，転校後の雛子を取り巻く級友たちの様子に，1が最適。2の「倒置法」からは，浮立が普通の祭りではないことが伝わるが，「神秘性が強調」されているわけではない。「外国語みたいに聞こえた」という本文の表現に，3の「荘厳さ」は感じ取れない。4の「天が徐々に方言を用いなくなる経過」は書かれていない。本文は，雛子の回想場面が挿入されているので，「時間の流れに沿って」とある5も適当ではない。

★ワンポイントアドバイス★

字数指定のない記述問題では，1行30字程度でまとめることを意識しよう。

MEMO

大切なことはメモしておこうネ！

2023年度

★★★★★★★★★★★★★★★★★★★★★★★

入　試　問　題

2023年度

東海高等学校入試問題

【数　学】（50分）　＜満点：100点＞

各問題の □ の中に正しい答えを記入せよ。ただし，3の(2)は（証明）欄に証明を記入せよ。

なお，「その１」と「その２」の裏を計算用紙として使ってよい。

1 (1)　２次方程式 $2\sqrt{2}x^2-\sqrt{14}x-\sqrt{2}=0$ の解は $x=$ ［ア］である。

(2)　$a=2(\sqrt{13}-2)$ の整数部分を b，小数部分を c とする。

このとき，$(a+3b+1)(c+1)$ の値は［イ］である。

(3)　次のデータは100点満点のテストを受けた15人の生徒の得点のデータを，値の小さい順に並べたものである。

40，42，48，50，52，56，58，60，62，68，75，80，84，90，90（点）

このデータには，１つだけ誤りがあり，その誤りを修正すると修正前と比べて平均値は２点減少する。

また，修正前のデータと修正後のデータを箱ひげ図に表すと，それぞれ次のようになった。

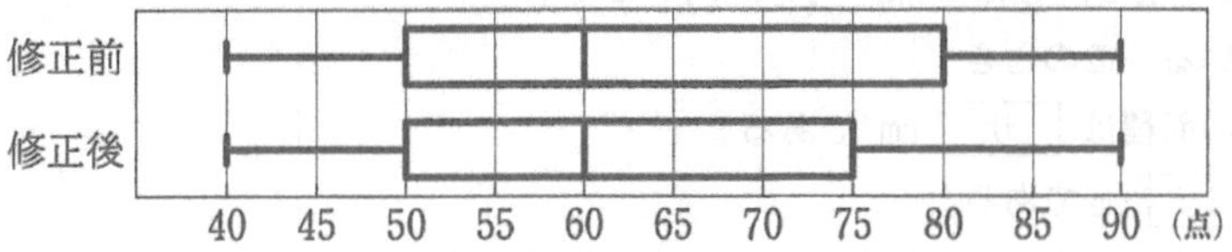

このとき，修正前のデータの［ウ］点を［エ］点に変えると，修正後のデータとなる。

2　自然数 N を１，２，３，…，N で割って，商と余りが何種類あるか考える。ただし，余り０も１種類と数える。

たとえば，$N=5$ のとき　$5\div1=5\cdots0$

$5\div2=2\cdots1$

$5\div3=1\cdots2$

$5\div4=1\cdots1$

$5\div5=1\cdots0$

となる。よって，商は１，２，５なので３種類，余りは０，１，２なので３種類である。

(1)　$N=15$ のとき，商は［オ］種類，余りは［カ］種類ある。

(2)　$N=2023$ のとき，商は［キ］種類，余りは［ク］種類ある。

[3] 図のように，放物線 $y=ax^2$（$a>0$）上に2点A，Bがあり，x 座標はそれぞれ2，-4 で△OABの面積は $6\sqrt{2}$ である。このとき，

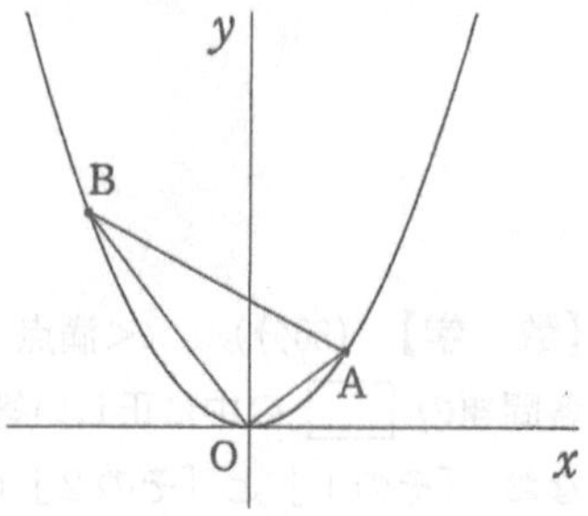

(1) $a=$ [ケ] である。

(2) △OABは直角三角形である。これを証明しなさい。

（証明）

(3) y 軸上に点Oと異なる点Pがあり，∠APB＝90° である。点Pの y 座標は [コ] である。

[4] 図のように，円O，円P，円Qが互いにそれぞれ接しており，これら3つの円の半径はすべて1㎝である。また，正方形ABCDの辺と円Oは2点，円P，円Qはそれぞれ1点で接している。このとき，

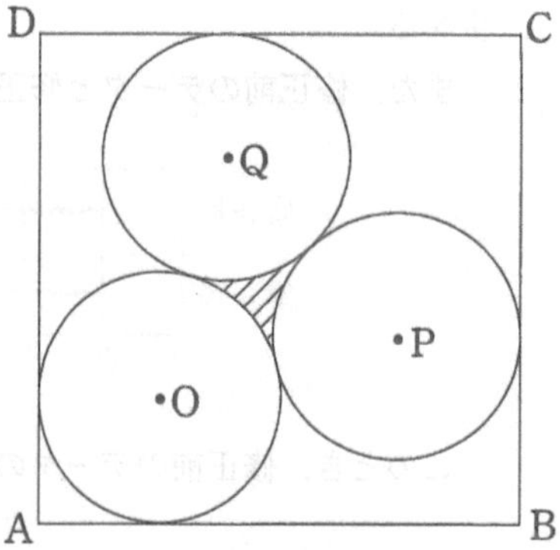

(1) 斜線部分の面積は [サ] cm^2 である。

(2) AC＝ [シ] ㎝である。

(3) 斜線部分を点Aを中心に1回転させてできる図形の面積は [ス] cm^2 である。

[5] 図のように，すべての辺の長さが4㎝の正四角錐O－ABCDがある。辺OA，辺OCの中点をそれぞれM，Nとする。また，点Oから底面ABCDに垂線OHをひく。この正四角錐を3点B，M，Nを通る平面で切ったとき，

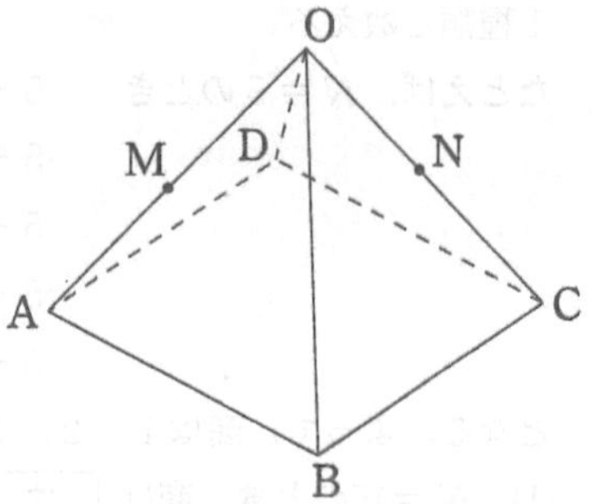

(1) OH＝ [セ] ㎝である。

(2) 切り口の図形の面積は [ソ] cm^2 である。

(3) 2つに分けた立体のうち，点Oを含む方の立体の体積は [タ] cm^3 である。

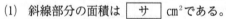

【英　語】（50分）　＜満点：100点＞　※リスニングテストの音声は弊社HPにアクセスの上，音声データをダウンロードしてご利用ください。

1 【リスニング問題】試験開始の約５分後に放送が始まります。
問題用紙の裏面にメモをとってもかまいません。

問１　これから英文を放送します。その後，話の内容に関して５つの質問をします。
答えは算用数字で解答用紙に記入しなさい。英文と質問は２回放送します。

問２　映画館で上映中の映画について話している２人の対話を聞き，以下の質問６～10に対する答えとして最も適切な映画の題名を，選択肢からそれぞれ選び，解答用紙にＡ～Ｆの記号で記入しなさい。対話は１回だけ放送します。

【質問】	【選択肢】
6．一番笑える映画は？	A．The F World（ザ・エフ・ワールド）
7．実話に基づいた映画は？	B．Dog Day Mourning（ドック・デイ・モーニング）
8．主人公が女性である映画は？	C．Night Life（ナイト・ライフ）
9．最も恐ろしい映画は？	D．Harry Putter（ハリー・パター）
10．アニメの映画は？	E．Gary Foulks Night（キャリー・フォークス・ナイト）
	F．Red Ghost III（レッド・ゴースト・スリー）

2 ESSクラブで国際交流の機会について話している生徒と教員の会話を読んで，下線部の空所❶～❺に，文脈に合う7語以上の英文を［　］内の語をすべて用いて補いなさい。ただし，使う語の順番は任意とし必要に応じて形を変えてよい。

Teacher A: As part of the international exchange program, we're going to have one day in Nagoya with the guest students from Singapore. You will have a lot of free time to enjoy the city. Please discuss what you're going to do with them.

Student A: Well, when I think of Nagoya, what comes to mind first is Nagoya Castle. It's a symbol of Nagoya. Especially, *Shachihoko*, the Golden Dolphins, are very famous. So ❶[see / to / why]? They will be impressed with the Golden Dolphins on top of the castle.

Student B: Good idea! I also suggest going to Higashiyama Zoo. It's home to over 500 species of animals. I'm sure they'll enjoy visiting there.

Student A: Sounds nice, but I'm afraid ❷[large / to / too] just one afternoon. We won't have much time after visiting Nagoya Castle.

Student B: You may be right. We'll need to take them somewhere for lunch, and they may be interested in our local dishes such as *misokatsu*. ❸[know / restaurant / serve], so let's take them there.

Student C: Wow, I'm already starting to get hungry. I think they will also want to buy some gifts for their families. My mother works at the city's tourist information center, so ❹[ask / gift / what] tourists from abroad.

Student A: That'll be helpful. I ❺[forward / look / to].

Student C: I am, too.

3 次の英文を読み，空所［1］～［8］に入る適語を下の語群から選び，必要に応じて適切な形に変えて補いなさい。ただし，同じ単語を繰り返して使用しないこと。

Many years ago there lived a man they [1] the Old Bamboo Cutter. Every day he [2] his way into the fields and mountains to gather bamboo which he made into all kinds of *wares. His name was Sanuki no Miyatsuko. One day he noticed among the bamboos a *stalk that *glowed at the base. He thought this was very strange, and when he went over to have a closer look, he [3] that a light was [4] inside the *hollow stem. He carefully looked at it, and there he found a lovely little girl about ten centimeters tall.

The old man said: "I have discovered you because you were here among these bamboos I watch over every morning and evening. You should become my child."

He took the little girl in his hands and [5] her back home. There he gave the child to his wife, for her to bring up. The girl was very beautiful, but still so small they put her in a little basket to [6] her.

It often [7] afterwards that when the Old Bamboo Cutter gathered bamboo he found a stalk filled with gold from *joint to joint, and in this way he gradually [8] very rich.

【注】 ware：製品　stalk：竹の幹　glow：光を放つ　hollow stem：くぼんだ幹　joint：節

【語群】 shine, happen, call, protect, become, see, bring, make

4 次の英文を読み，後の問いに答えなさい。

［主人公の少女マチルダ（Matilda）は意地の悪い父親（Mr. Wormwood）に仕返しをします。］

The next morning, just before her father left for his car garage, Matilda went quietly into the closet and took the hat he wore each day to work. She had to stand on her toes and reach up as high as she could with a walking stick to take the hat from a stand, and even then she only just made it. The hat itself was one of those hats with a feather stuck in the hat band and Mr. Wormwood was very proud of (あ)it. He thought ❶(cool / him / it / look / make), especially when he wore it at an angle with his checked jacket and green tie.

Matilda held the hat in one hand and a thin stick of Superglue in the other, and she put *glue very carefully all around the inner band of the hat. Then she carefully put the hat back on the stand with the walking stick.

Mr. Wormwood didn't notice (A) when he put the hat on, but when he arrived at the garage he couldn't get it off. Superglue is very powerful stuff, so powerful it will take your skin off if you pull too hard. Mr. Wormwood didn't want to be *scalped, so he had to keep the hat on his head the whole day long. To *save face, he was acting in a friendly way and hoping that his staff thought that he actually wanted to keep (い)it on all day long, like a movie star.

When he got home that evening he still couldn't get the hat off. "Don't be *silly," his wife said. "Come here. I'll take it off for you."

She pulled the hat hard. "Ow-w-w!" Mr. Wormwood screamed. "Don't do that! Let go! You'll take half the skin off my head!"

Matilda was sitting on her usual chair and watching with some interest.

"What's the matter, daddy?" she said. "Has your head suddenly become bigger or something?"

The father looked at his daughter with deep *suspicion but said nothing. Mrs. Wormwood said to him, "It must be Superglue. It couldn't be (A) else. ❷That'll teach you to go playing around with nasty stuff like that. I expect you were trying to stick another feather in your hat."

"I haven't touched that kind of stuff!" Mr. Wormwood shouted. He turned and looked again at Matilda who was looking back at him *innocently.

Mrs. Wormwood said to him, "You should read the label before you start using dangerous stuff. Always follow the instructions on the label."

"What are you talking about!?" Mr. Wormwood shouted, "❸Do you think I'm so stupid that I would glue this thing to my head on purpose?"

Matilda said, "There's a boy down the road who got some Superglue on his finger without knowing it and then he put his finger up his nose."

Mr. Wormwood jumped. "What happened to him?" he asked.

"The finger got stuck inside his nose," Matilda said, "and he had to go around like that for a week. People kept saying to him, 'Stop picking your nose,' and he couldn't do anything about it. He looked a fool."

"❹Serves him right," Mr. Wormwood said. "He should not put his finger up there in the first place. It's a nasty *habit. ❺If Superglue were put on their fingers, all children would soon stop doing it."

Matilda said, "Adults do it too, mummy. I saw you do it yesterday in the kitchen."

"That's quite (B) from you," Mrs. Wormwood said and her face turned red.

Mr. Wormwood had to keep his hat on all through dinner in front of the television. He looked funny and he stayed very quiet.

When he went up to bed he tried again to get the thing off, and his wife did that too, but it didn't work. "How am I going to have my shower?" he asked.

"You won't be able to have (う)it, will you?" his wife told him. And later on, as she watched her thin little husband walking around the bedroom in his purple-striped pajamas and the hat, she thought ❻(he / looked / stupid / how).

Mr. Wormwood discovered that the worst thing about having a *permanent hat on his head was having to sleep in (え) it. It was impossible to sleep well. "Now stop worrying," his wife said to him. "I expect it will come off easily in the morning."

But it didn't come off by the morning. So Mrs. Wormwood took a pair of scissors and cut the thing off his head, little by little, first the top and then the *brim. The inner band was stuck to the hair all around the sides and back, so she had to cut the hair off to the skin. He finished up with a hairless white ring around his head. And in the front, ❼there were pieces of brown stuff that you couldn't get off even if you washed it.

At breakfast, Matilda said to him, "You must try to get those pieces off your head, daddy. People will think you have got *lice."

"Be quiet!" the father shouted. "Just keep your mouth shut, will you!"

*All in all, it was a great exercise. But ❽it was surely too much to hope that it taught her father a lifelong lesson.

Adapted from *Matilda* by Roald Dahl

【注】 glue：のり　scalp：頭皮をはぐ　save face：面目を保つ　silly：愚かな　suspicion：疑い
innocently：無邪気に　habit：習慣　permanent：永続する　brim：へり　lice：シラミ
All in all：振り返ってみれば

問1　マチルダが父親に行った仕返しを40字以内の日本語で説明しなさい。

問2　下線部❶を並べかえて英文を完成させなさい。必要に応じて動詞の形を変えなさい。

問3　空所（A）に共通して入る単語を，本文中から1語抜き出しなさい。

問4　下線部❷の解釈として最も適切なものを1つ選び，記号で答えなさい。

ア　強力接着剤のような不快なものの正しい遊び方を教えてくれているのでしょう。
イ　強力接着剤のような不快なもので遊んではいけないと教えてくれているのでしょう。
ウ　強力接着剤のような不快なものを持って遊びまわってよいと伝えているのでしょう。
エ　強力接着剤のような不快なものを持ち歩くことはいけないと伝えているのでしょう。

問5　下線部❸を日本語にしなさい。ただし，this thing が指す内容を明らかにすること。

問6　下線部❹の解釈として最も適切なものを1つ選び，記号で答えなさい。

ア　自業自得だ。　イ　役立たずだ。　ウ　仕方のないことだ。　エ　あわれなことだ。

問7　下線部❺を日本語にしなさい。ただし，it が指す内容を明らかにすること。

問8　下線部❻を並べかえて英文を完成させなさい。

問9　空所（B）に入れるのに最も適切なものを1つ選び，記号で答えなさい。

ア　sad　イ　bright　ウ　hard　エ　enough

問10　下線部❼を日本語にしなさい。

問11　下線部❽の解釈として最も適切なものを1つ選び，記号で答えなさい。

ア　父親はもうマチルダをいじめることはしないだろう。
イ　父親はマチルダのことを許さないにちがいないだろう。

ウ 父親がマチルダをいじめると痛い目に遭うと理解しただろう。

エ 父親がこれで懲りることを期待することはできないだろう。

問12 下線部㋐～㋓の it の中で，指示している内容が異なるものを１つ記号で答えなさい。

問13 本文の内容と一致するものを，次の中から２つ選び，記号で答えなさい。

ア Matilda was clever enough to take the hat from a stand by herself.

イ Mr. Wormwood's staff thought he was a movie star because he wore a hat all day.

ウ A boy Matilda told her parents about was laughed at by others because of his habit.

エ Mrs. Wormwood asked her husband to read instructions because he is always in trouble.

オ Mrs. Wormwood's face turned red when Matilda saw her picking her nose the day before.

カ At the end of the story, Mr. Wormwood looked silly because some pieces of his hat were on his head.

【理　科】（50分）　＜満点：100点＞

1　次の文章を読み，下の各問いに答えなさい。

炭素は燃焼すると，一酸化炭素や二酸化炭素になる。いま，20gの炭素に酸素を加え燃焼させたところ，炭素はすべてなくなり，一酸化炭素と二酸化炭素と未反応の酸素の混合気体Ⅰが得られた。次に，この混合気体Ⅰを再度燃焼させたところ，体積が4L減少し，二酸化炭素と酸素の混合気体Ⅱが得られた。また，今回の実験はすべて同じ温度・同じ圧力で行われ，その条件下で，12gの炭素を酸素と反応させ，すべて二酸化炭素にすると，24L，44gの二酸化炭素が得られる。なお，気体の体積は，同じ温度・同じ圧力の条件下では，気体の種類に関係なく気体分子の数に比例する。

(1)　固体の二酸化炭素であるドライアイスは，液体の状態を経ずに直接気体になる。この状態変化を何というか。

(2)　解答欄に示す３つの気体について，①有色ならば「○」，無色ならば「×」，②臭いがあれば「○」，なければ「×」，③空気よりも重ければ「○」，軽ければ「×」を記しなさい。

（例）二酸化炭素　①×　②×　③○

(3)　一酸化炭素が酸素と反応して，二酸化炭素になる反応を化学反応式で表しなさい。

(4)　最初に燃焼させた20gの炭素のうち，酸素と反応して一酸化炭素になった質量は何gか。整数値で答えなさい。

(5)　以下の文中の（　）を指示に従って埋め，最初に炭素を燃焼させるために加えた酸素の体積を求めなさい。なお，混合気体Ⅱの質量は，同温・同圧・同体積の酸素の質量の1.15倍であった。

上の文中の下線部より，酸素24Lの質量は（ア：整数値）gである。ここで，加えた酸素の体積をV［L］とすると，この酸素の質量は（イ：Vを用いた式）［g］となる。２回の燃焼で，20gの炭素はすべて二酸化炭素になったので，混合気体Ⅱの質量は（ウ：Vを用いた式）［g］であり，その体積は（エ：Vを用いた式）［L］である。混合気体Ⅱの質量は，同温・同圧・同体積の酸素の質量の1.15倍だから，最初に加えた酸素の体積Vは（オ：整数値）Lとなる。

2　(1)　電池および電気分解に関する記述（ア～ウ）から正しいものを**すべて選び**，記号で答えなさい。ただし，正しいものがない場合は「×」をつけなさい。

ア　うすい塩酸に亜鉛板と銅板を入れ，極板にして電池をつくったとき，亜鉛板は－（マイナス）極，銅板が＋（プラス）極になるが，銅板をマグネシウム板に変えると，亜鉛板は＋極になる。

イ　自動車などのバッテリーに使われる鉛蓄電池や，携帯電話などに使われるリチウムイオン電池は，充電によって繰り返し使用することができる二次電池である。

ウ　塩酸と水酸化ナトリウム水溶液を混ぜ合わせて，過不足なく中和させた水溶液は中性なので，この水溶液を電気分解すると，陰極から水素が，陽極から酸素が発生する。

(2)　塩酸と硫酸がそれぞれ10mLある。この２つの酸の水溶液を，同じ濃度の水酸化ナトリウム水溶液で過不足なく中和したところ，ともに10mLが必要であった。この実験に用いた10mLの塩酸と10mLの硫酸に関する記述（ア～ウ）から正しいものを**すべて選び**，記号で答えなさい。ただし，正しいものがない場合は「×」をつけなさい。

ア　塩酸10mL中のCl^-と，硫酸10mL中のSO_4^{2-}の数は同じである。

イ　塩酸10mLと硫酸10mL中の総イオン数は同じである。

ウ　塩酸10mLと硫酸10mLにそれぞれ同じ質量の亜鉛を加えたとき，発生する気体の体積は，同温・同圧であれば同じである。

3　次の文章を読み，下の各問いに答えなさい。

干草や草原など，私たちが草をイメージする場合，単子葉類を思い浮かべることは多い。それは単純に草として目立つものに単子葉類が多いことがその要因であるが，そもそも単子葉類は基本的に木ではなく草として生きているものばかりで，草としての生き方に特化しているなかまとみることもできる。

一般に，地球上の生物は単細胞生物から多細胞生物に進化したと考えられているため，小さなものから大きなものができたという印象が強い。しかし，現在，草として地球上に広がっている単子葉類は，木として繁栄していた植物よりも後に出現したことが化石から分かっている。この事実は，光をいかに獲得するかという競争が重要な植物において，一見，不利なようにみえるが，現在の地球上で草が多様に存在していることは，決して不利ではなかったといえる。

(1)　単子葉類の特徴を示す次の文の（　）に適する語句を答えなさい。

単子葉類は，木のように高くなって確実に光を獲得するためにじっくり育つのではなく，ライフサイクルを短くして生き残った。ライフサイクルを短くするためには，素早く育つということが重要であり，形態的な特徴にも現れている。例えば，単子葉類の根は（　①　），葉脈は（　②　）という形である。単子葉類のこの形は，双子葉類の成長期に枝分かれ構造をとりながら縦にも横にも伸びるのではなく，余分な茎をつくらないで，発芽した場所を中心に真っ直ぐ根と葉をとにかく成長させることによって生き残ったものとみることができる。

(2)　単子葉類は被子植物のなかまである。被子植物とはどのような特徴をもつ植物か。簡潔に説明しなさい。

(3)　木として繁栄していた植物は，維管束を持つ植物である。次のうち，木として繁栄していた種があると考えられるものを**すべて選び**，記号で答えなさい。

ア　種子植物　　イ　コケ植物　　ウ　藻類　　エ　シダ植物

(4)　生物が現存していなくても，その化石から草食であることが推定できる。一般的に，化石から草食であることを推定するのに最も適しているのはどの部位かを答えなさい。

(5)　単子葉類は基本的に有性生殖で増える。「短いライフサイクル」で「有性生殖」をすることは，多様な環境が存在する地球で繁栄するのに，有利だったと考えられる。どのように有利だったと考えられるか。「　」の特徴に注目して，説明しなさい。

4　次の文章を読み，後の各問いに答えなさい。

月は地球から一番近いところにある天体で，地球から約38万 km の距離をまわる衛星である。<u>満ち欠けをくり返す天体で，昔から神秘的な存在として親しまれてきた</u>。1969年にアポロ11号によって人類が初めて月面着陸に成功し，持ち帰った岩石からその起源などが調査されているが，依然として多くはなぞにつつまれている。

(1)　月の自転周期と公転周期として，最も適当なものをそれぞれ1つずつ選びなさい。

ア　していない　　イ　1日　　ウ　15日　　エ　27日　　オ　365日

(2)　下線部について，飛鳥時代の歌人である柿本人麻呂は「東《ひんがし》の野に炎《かぎろい》の立つ見えて，かへり見すれば月かたぶきぬ」という短歌を詠んだ。このときの月の見え方として最も適当なものを次のア～エから1つ選びなさい。ただし，黒く塗られているところが明るい部分であり，下線は地平線を表している。　※　(注)「炎《かぎろい》の立つ」：日の出，「かへり見」：振り返ってみると

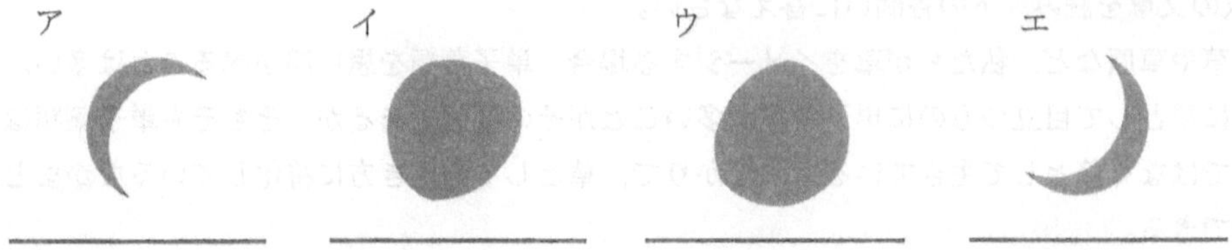

(3)　皆既月食について述べた文として，正しいものを次のア～エから１つ選びなさい。

ア　皆既月食は太陽，月，地球の順に並んでいるときに起こる。

イ　皆既月食のとき，月が赤銅色に見えるのは，火星が赤く見えるのと同じ理由である。

ウ　皆既月食のときは，必ず満月である。

エ　皆既月食のときに月から地球を観測すると，欠けていない地球（満地球）が見える。

(4)　月の半径は地球の４分の１，重さは地球の81分の１とすると，これから計算される月の密度は地球の密度の何倍か。小数第３位を四捨五入し，小数第２位まで求めよ。ただし地球も月も完全な球体であるものとする。

(5)　2022年11月に，442年ぶりに皆既月食と惑星食が同時に見られた。惑星食とは惑星が月の裏側に隠れる現象である。このとき起こった惑星食は太陽から７番目の惑星であった。この惑星の名称を答えなさい。また，この惑星の説明として最も適当なものを次のア～エから１つ選びなさい。

ア　地球とほぼ同じ大きさの惑星で，大気があり，衛星をもたない。温室効果により約480℃の気温になっている。

イ　地球の約９倍の直径をもつ惑星で，主に水素とヘリウムからなる。太陽系の惑星の中で最も密度が小さい。

ウ　地球の約４倍の直径をもつ惑星で，中心には氷と岩石の核があり，外側には数本の環をもつ。太陽系の惑星の中で最も公転周期が長い。

エ　主に大気は水素やヘリウムからなり，メタンが含まれているため青く見える。自転軸は公転面に対して垂直な方向から大きくかたむき，ほぼ横倒しで公転している。

5　次のそれぞれの文（ア，イ）の正誤を判断し，両方とも正しい場合には「○」，アのみ正しい場合には「ア」，イのみ正しい場合には「イ」，両方とも間違っている場合には「×」を記入しなさい。

(1)　ア　北緯35°の地点における夏至の太陽の南中高度は78.4°であり，冬至の太陽の南中高度は31.6°である。

イ　同じ観測点において，１月20日の午後９時に真南に見えるオリオン座は，２月20日の午後11時にはほぼ同じ場所に見える。

(2)　ア　異なる二層の地層の厚さの違いは，その地層が堆積した堆積期間とほぼ比例関係にある。

イ　地層の中に含まれる化石のうち，地層の堆積した年代を知る手がかりとなる化石を示相化石という。

(3)　ア　陸は海と比べて，あたたまりやすく，冷めやすいため，日中の暑いときは海から陸に向

かって風が吹く。

イ　台風の進行方向の左側に位置する地点Aでは，台風の移動に伴って地点Aの風向は反時計回りに変化する。

(4) ア　地震の揺れの大きさは地震計で観測され，0から9までの10段階に分けられる。

イ　震源の浅い地震は震央付近での揺れが大きく，その震度分布は震央を中心にほぼ同心円状になることが多い。

6　電熱線の抵抗値と電熱線での消費電力の関係を考えた以下の文章中の［ア］，［ウ］～［キ］，［ケ］には適切な数式または数値を入れ，［イ］，［ク］には解答欄中の選択肢から適切なものを選んで文章を完成させなさい。

抵抗値r〔Ω〕の電熱線を，電熱線以外の抵抗が無視できる理想的な回路（図1，電池の電圧V〔V〕）につないだとする。電熱線の消費電力は［ア］であり，電熱線の抵抗が［イ：(選択)］ほど電熱線の消費電力は大きくなる。

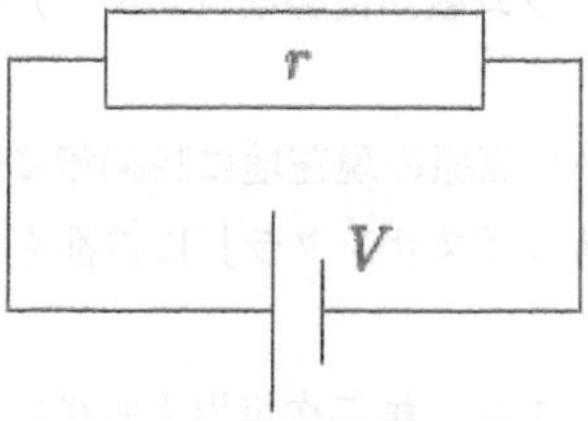

図1

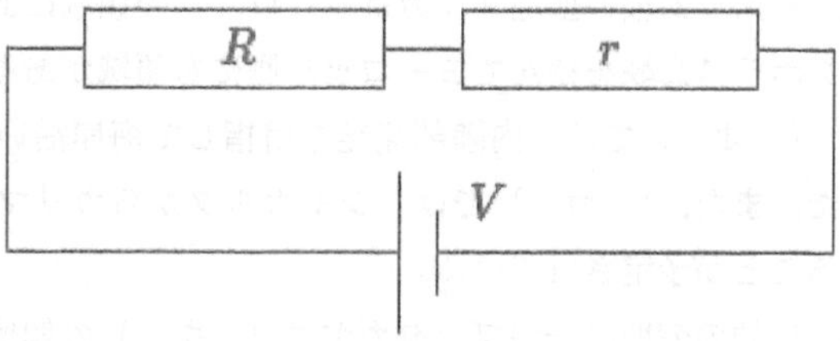

図2

電熱線の抵抗が小さい場合は，電熱線以外の抵抗を無視することができなくなる。以下では，電熱線以外の抵抗値をR〔Ω〕とし，$0<r\leqq 10R$の範囲で考える（図2，電池の電圧V〔V〕）。電熱線での消費電力P〔W〕，r，R，Vを用いて表すと［ウ］となる。$x\left(=\dfrac{r}{R}\right)$を用いて表すと，

$$\boxed{\text{ウ}} = \boxed{\text{エ（}x\text{のみを用いて表す）}} \times \frac{V^2}{R}\text{〔W〕} = \frac{1}{2+\boxed{\text{オ（}x\text{のみを用いて表す）}}} \times \frac{V^2}{R}\text{〔W〕}$$

となり，rを変える（xを変える）ことで，消費電力Pの値は変化することがわかる。ここで，rを範囲（$0<r\leqq 10R$）で変えたときの消費電力Pの最大値を求めたい。$x>0$において，$x+\dfrac{1}{x}$の最小値が2となることを用いると，消費電力Pの最大値は［カ］となり，このときのrは［キ］となる。

一方，回路全体での消費電力を$P_{全}$〔W〕とすると，rが［ク　：(選択)］方が電熱線で使われた消費電力の割合$\dfrac{P}{P_{全}}$が大きく，電熱線以外の抵抗で消費される電力が少なくなる。電熱線での消費電力が最大となる$r=$［キ］においては，$\dfrac{P}{P_{全}}=$［ケ］であり，電熱線以外の抵抗で消費される電力も大きいことがわかる。

【社　会】（50分）　＜満点：100点＞

Ⅰ　G20（Group of Twenty）とは，20か国・地域首脳会合および20か国・地域財務大臣・中央銀行総裁会議の参加国・地域を指す。これらのうちA～Sの19か国に関する下の問い（問1～7）に答えよ。

A．アメリカ合衆国　B．アルゼンチン　C．イギリス　D．イタリア
E．インド　F．インドネシア　G．オーストラリア　H．カナダ
I．韓国　J．サウジアラビア　K．中国　L．ドイツ
M．トルコ　N．日本　O．フランス　P．ブラジル
Q．南アフリカ共和国　R．メキシコ　S．ロシア

問1　次の各文で取り上げる空欄（ア）～（ク）に該当する国を記号で答えよ。

(1)（　ア　）の東部には（　イ　）によって開拓が進められたケベック州があり，（　イ　）語も公用語となっている。

(2) イスラム教の聖地メッカは（　ウ　）の領域にある。イスラム教が優勢な（　エ　）は，ボスポラス海峡を挟んでヨーロッパ側にも領域がある。

(3)（　オ　）では，内陸部開発を目指して海岸沿いの旧都から高原の現在地に1960年に遷都した。また，（　カ　）では，ジャカルタからカリマンタン島の「ヌサンタラ」に首都を移転することが予定されている。

(4) 仏教の聖地の一つブッダガヤは（　キ　）の領域にある。また，第二次世界大戦後に南北に分断された国家の一方で，半島の南部に位置する（　ク　）では，仏教徒よりもキリスト教徒の割合が高い。

問2　G20には欧州連合も参加している。2023年1月現在，欧州連合に加盟している国を記号で**すべて答えよ。**

問3　日本は周辺諸国と領土問題を抱えている。これらのうち日本固有の領土を占拠し続けている国を記号で**すべて答えよ。**

問4　領域（本土以外の海外領などを除く）が最も南に位置する国を選び，記号で答えよ。

問5　ロンドンの対蹠点に最も近い国（本土以外の海外領などを除く）を選び，記号で答えよ。

問6　G20の参加国のうちでは，アメリカ合衆国・インドネシア・オーストラリア・カナダ・韓国・中国・日本・メキシコ・ロシアが参加し，環太平洋地域で経済協力を進めている国際組織の名称を**アルファベット4字**で答えよ。

問7　次の表は，中国，ブラジル，インド，ロシアの4か国に関して1人当たりの国民総所得，原油産出量，石炭産出量を示したものである。このうちブラジルに該当するものを表中の①～④から一つ選べ。

	1人当たりの国民総所得（ドル）	原油産出量（万kL）	石炭産出量（万t）
①	10,160	23,179	384,633
②	9,927	63,512	35,756
③	6,667	17,336	541
④	1,910	4,330	73,087

統計年次は、1人当たりの国民総所得2020年、原油産出量2021年、石炭産出量2019年。　出典：『世界国勢図会』2022/23年度版

Ⅱ　日本には「海に面していない県」が８県ある。次のＡ～Ｄの各文はそのいずれかに該当する。下の問い（問１～３）に答えよ。

Ａ　北部は，なだらかな地形が広がり，人口の９割以上が集中し大都市圏へのベッドタウンとなっている。南部は，山地がほとんどで，吉野杉に代表される林業が基幹産業となっている。

Ｂ　日本最大の面積を持つ湖が県の面積の６分の１を占める。湖から流出する河川は１本のみで，府県境を越えると名前が変わる。河口のある府県では（　１　）川と呼ばれている。

Ｃ　北部には日光国立公園が広がる。「日光の社寺」は世界遺産にも登録されている。県庁所在地は県の中央部に位置し，人口は県の４分の１を占める。

Ｄ　利根川の上流域に位置する。自動車工業の太田市や織物業の桐生市などは人口が集中する南部に位置する。（　２　）市は，県内の人口最大都市で，上越・北陸新幹線の分岐点に位置している。

問１　ＡとＣの文に該当する県名を答えよ。

問２　空欄（１）と（２）にあてはまる語句を答えよ。

問３　次の表中のＥ～Ｈは，上のＡ～Ｄを除いた残りの「海に面していない」４県のいずれかに該当する。４県に関して面積，人口，県庁所在地の人口を示したものである。表中のＧに該当する県名を答えよ。

	面積（km^2）	人口（万人）	県庁所在地の人口（万人）
E	13,562	205.0	37.4
F	10,621	198.0	40.7
G	4,465	81.0	18.7
H	3,798	734.7	132.4

統計年次は、面積と人口2020年、県庁所在地の人口2021年。　出典：『データでみる県勢』2022年版

Ⅲ　2022年のできごとを示した次の表をみて，後の問い（問１～６）に答えよ。

1月	海部俊樹 元①内閣総理大臣が死去した。
4月	日本が②「子どもの権利条約」を批准してから28年目を迎えた。
5月	新潟県で③知事選挙が実施された。
8月	④NPTの再検討会議が最終文書案を採択できずに閉幕した。
10月	デジタル相が、紙やプラスチックカードの⑤健康保険証を2024年秋に廃止する方針を発表した。
12月	愛知県にある岡崎警察署の留置場で⑥勾留中の男性が死亡した。

問１　下線部①に関して，日本国憲法に定める内閣総理大臣の規定について，正しいものを次のア～エから**すべて選べ**。

ア．文民でなければならない　　イ．衆議院議員でなければならない

ウ．国会から任命される　　　　エ．国務大臣を任意に罷免できる

問２　下線部②に関して，「子どもの権利条約」の内容として**誤っているもの**を次のア～エから一つ選べ。

ア．人種，性別，宗教などによって差別されない

イ．考えや信じることの自由が守られ，自分らしく育つことができる

ウ．あらゆる種類の暴力や虐待から守られる

エ．少数民族の子どもであるということを理由として，特別に守られることはない

問３　下線部③に関連して，次の文は都道府県知事について述べたものである。文中の空欄ⅠとⅡに入る数字を答えよ。

『都道府県知事となるには日本国民で満［　Ⅰ　］歳以上でなければならない。任期は［　Ⅱ　］年である。』

問４　下線部④に関連して，次のＡ～Ｄのできごとを，年代の古い順に並び換えよ。

Ａ．キューバ危機　　Ｂ．アメリカによるビキニ環礁での水爆実験

Ｃ．ＮＰＴ調印　　Ｄ．アメリカとソ連のSTART調印

問５　下線部⑤に関連して，次の文章は社会保障について述べたものである。文中の空欄Ｘに入る語句を次のア～エから一つ選べ。

『［　Ｘ　］に占める税や社会保障負担の割合を国民負担率という。』

ア．国内総生産　　イ．国民総生産　　ウ．国民所得　　エ．歳入

問６　下線部⑥に関連して，次の文章は日本国憲法第38条の一文である。文中の空欄Ｙに入る語句を答えよ。

『何人も，自己に不利益な唯一の証拠が本人の［　Ｙ　］である場合には，有罪とされ，又は刑罰を科せられない。』

Ⅳ　次の会話文を読み，下の問い（問１～４）に答えよ。

勤君：西九州新幹線が開業したね。武雄温泉から長崎を結び，新幹線としては全国で最も短いそうだよ。

誠君：そうなんだ。名古屋駅には東海道新幹線が停まるけど，東海道新幹線の建設にあたっては，（　Ａ　）からの融資を受けて建設されたって授業で言ってたな。名古屋駅もモニュメントの「飛翔」が撤去されたり，リニアの工事も進んでいるよね。

勤君：リニアといえば，大井川の水資源の保全などをめぐって，開業が遅れるみたいだね。

誠君：①自然にどのような影響があるかは，工事をする前に十分調査する必要があるね。

勤君：そういえば，今度の修学旅行は福岡や長崎に行くことになっていたね。自由時間を効率的に使うためにも，おいしいカステラや，ちゃんぽんのお店を事前に十分調査する必要があるな。

誠君：長崎や博多は②貿易や商業で栄えた街だからね。見どころも，おいしいものもたくさんあるから，③時間や予算が限られている中で，どう過ごすかが悩ましいよね。あ，博多はラーメンもいいけど，ごぼ天うどんもオススメだよ。

問１　会話文中の空欄Ａには，国連のもとに設置されている機関名が入る。適切な語句を**漢字４字**で答えよ。

問２　下線部①のようなことは「環境［　Ｂ　］」とよばれる。空欄Ｂに入る語句を**カタカナ**で答えよ。

問３　下線部②に関して，貿易の自由化に加え，投資，人の移動，知的財産の保護や競争政策におけるルール作り，様々な分野での協力の要素等を含む，幅広い経済関係の強化を目的とする協定を何というか。**アルファベット**で答えよ。

問４　下線部③に関連して，人の限りない欲求に対して，消費することのできる資源に限りがあることを何というか。**漢字３字**で答えよ。

V 次の文章を読み，次のページの問い（問１～13）に答えよ。

もしも時間を何倍にも使えたなら……。英国の①H・G・ウェルズが1903年に発表したＳＦ小説「新加速剤」は，そういう夢のような薬品を発明した博士の物語である。時間が何倍にも使えたなら，遅刻を気にしなくてもすむはず。

江戸時代に日本国内でつくられた和時計の多くは針が１本しかなく，細かな時間の単位まで表示することができなかった。幕末に来日したイギリスの外交官②アーネスト・サトウは，日本人が約束の時刻より１時間早くても遅くてもまったく気にしていないことを書き留めている。時計が普及していなかった頃，時間はゆったりと流れていたのである。

明治以降，③鉄道や工場，④学校などが整ってくると，時間厳守が求められるようになった。たとえば鉄道の駅には，発車15分前に乗車券を買い，５分前を過ぎたら乗車できないというような決まりごとが掲示されていた。ゆるやかな時間しか知らない人々に，分刻みの時間を身につけさせることが，「文明」国の入口だったのである。

このように，自然界の時間に一定の刻みをつけることによって，社会的な「時間」がつくられてきたのであり，「時間」の成立は，時計の誕生と深く結びついていた。人類が「時間」の存在に気づいたのは，何千年も前のことである。たとえば⑤メソポタミアでは，月の満ち欠けをもとにした太陰暦が発明され，時間を60進法で計っていたという。古代中国でも⑥殷では水時計が使われていた。

日本での時計の歴史はどうか。1981年，奈良県明日香村の⑦飛鳥寺の一角で，古代の水時計である「漏刻」の一部が発見された。『日本書紀』には⑧天智天皇が皇太子時代に「漏刻」をつくらせたと記されており，発見された「漏刻」との関わりが推測される。平安時代，漏刻を管理する陰陽寮の近くで仕えていた（　⑨　）は，『枕草子』のなかで，夜中でも「漏刻」の係が時刻を告げていたことを記している。

話は横道にそれるが，文章（詞書）と絵が交互につなげられて場面が展開していく⑩絵巻物でも，時の流れはたくみに表現されている。人が一度に眺めわたせる範囲が１つの場面として描かれ，１つの場面を巻き取ると次の場面が現れるという仕組みになっているのである。

時代を江戸時代まで下ってみよう。（　⑪　）は東北地方を旅した紀行を『奥の細道』として残したが，その旅に随行し一部始終を記録した弟子の河合曾良は，時刻を克明に書き留めている。曾良が手がかりとしたのは，おそらくは寺院の鐘であろう。寺院では，香が一定の早さで燃焼することを利用した香時計が使われていたという。

日本に最初に機械時計をもたらしたのは，⑫フランシスコ・ザビエルであると言われている。ただし，ヨーロッパの時計は定時法に基づいていたため，不定時法を採用する日本では，そのままでは使えなかった。不定時法とは，日の出から日の入りまでと日の入りから翌朝の日の出までをそれぞれ６等分して時間の刻みとするもので，季節によって時間の刻みが伸縮することになる。この不定時法に適合させた日本独自の時計が和時計である。

独自の発展を遂げた和時計も，明治初期の（　⑬　）暦と定時法の導入によって姿を消していった。その後⑭1970年代にクォーツ時計が出現すると，時計は正確であることが当たり前となった。安価な時計の普及とともに時間は個人のものとなり，集合時間に遅れることは個人の責任の問題となった。いまだに変わらないのは，時の流れは平等であって，時間を何倍にも活用する秘薬は存在しないという事実である。

問1　下線部①は作家であるとともに社会活動家でもあり，第一次世界大戦中に，戦後の国際連盟にも通じる国際的な機構の設立を提唱していた。実際に設立された国際連盟は，ウェルズの構想とは異なるものであったが，国際連盟の本部が置かれた都市を次のア～エから一つ選べ。

ア．パリ　　イ．ジュネーブ　　ウ．ウィーン　　エ．ニューヨーク

問2　下線部②が来日したのは1862年のことであったが，その直後に薩摩藩士がイギリス人を殺傷する事件が起き，イギリスはその翌年に報復のため日本のある場所に砲撃を加えた。この殺傷事件と砲撃された場所の組み合わせとして正しいものを，次のア～エから一つ選べ。

ア．桜田門外の変／下関　　イ．桜田門外の変／鹿児島

ウ．生麦事件／下関　　エ．生麦事件／鹿児島

問3　下線部③について。1872年，日本で最初の鉄道が新橋～□□間で開通した。□□にあてはまる地名を漢字２字で答えよ。

問4　下線部④に関連して，明治初期の学校について述べた文として**誤っているもの**を，次のア～エから一つ選べ。

ア．1872年に近代的な学校制度を定めた法令である学制が制定された。

イ．学制により小学校の６年間が義務教育となった。

ウ．学制の制定後，数年のうちに全国で２万を超える小学校がつくられたが，なかには江戸時代の寺子屋をもとにしたものもあった。

エ．授業料が無償でなかったこともあり，実際には小学校に通えない子どもも多くいた。

問5　下線部⑤に関連して，ある２つの河川の流域でかつてメソポタミア文明が栄えた。これらの河川の名称をそれぞれ答えよ。

問6　下線部⑥に関連して，殷では戦争や農業などを行うにあたり，占いが行われることがあった。この結果を記す際に用いられた文字の名称を答えよ。

問7　下線部⑦に関連して，飛鳥文化について述べた文として**誤っているもの**を，次のア～エから一つ選べ。

ア．飛鳥寺は蘇我氏によって建てられた寺院である。

イ．法隆寺の五重塔や金堂は現存する世界最古の木造建築である。

ウ．この時代の仏像や工芸品の多くは渡来人の子孫によって製作された。

エ．遣唐使が派遣される前の文化であり，中国や朝鮮半島の文化の影響は見られない。

問8　下線部⑧は皇太子であった頃，□□□皇子と呼ばれていた。□□□にあてはまる**漢字３字**を答えよ。

問9　空欄⑨及び⑪にあてはまる人名をそれぞれ答えよ。

問10　下線部⑩の場面は「ア．右から左に展開していく」か「イ．左から右に展開していく」のいずれであるか。「ア」または「イ」の記号で答えよ。

問11　下線部⑫の所属していた修道会の名称を答えよ。

問12　空欄⑬にあてはまる語を**漢字２字**で答えよ。

問13　下線部⑭に関連して，1970年代の日本でのできごととして正しいものを次のア～エから一つ選べ。

ア．日米安全保障条約が改定された。　　イ．国際連合への加盟を認められた。

ウ．沖縄が返還された。　　エ．国鉄が分割・民営化された。

Ⅵ 次の文章を読み，後の問い（問１～９）に答えよ。

2021年に東京で①1964年以来の夏季オリンピックが開催されたことは記憶に新しいだろう。そこでオリンピックの歴史や歴代の開催国（開催都市）について，振り返ってみよう。

そもそもオリンピックは，古代ギリシアで神々に捧げる祭典として開催されたことに起源がある。古代オリンピックはギリシア世界が②古代ローマによって征服された後も開催され続けたが，４世紀の終わりに開かれた大会を最後に，終焉を迎えた。その後，長い空白の期間を経た③1894年に，フランスのピエール・ド・クーベルタンを中心に近代オリンピック開催の決議がなされ，1896年にギリシアのアテネで第１回近代オリンピックが開催されたのである。

オリンピックは，原則４年に１度開かれることとなっている。しかし，開催中止となった大会がこれまでに何度かある。例えば，1916年の④ベルリン大会は第一次世界大戦，1940年の東京大会とその返上を受けたヘルシンキ大会，1944年のロンドン大会は⑤日中戦争や第二次世界大戦の勃発を理由に開催が中止された。近年の主な開催都市には，1988年に韓国の⑥ソウル，2000年に⑦オーストラリアのシドニー，2008年に⑧中国の北京などがあり，そして2016年には⑨南アメリカでは初となるブラジルのリオデジャネイロでオリンピックが開催されている。

問１　下線部①に関連して，1960年代に日本や世界で起きたできごととして**誤っているもの**を，次のア～オから一つ選べ。

ア．東海道新幹線の開通　　イ．公害対策基本法の制定

ウ．日韓基本条約の締結　　エ．アジア・アフリカ会議の開催

オ．東南アジア諸国連合（ASEAN）の発足

問２　下線部②に関連して，古代ローマについて述べた文として**誤っているもの**を，次のア～エから一つ選べ。

ア．はじめは貴族を中心とする共和政だったが，紀元前１世紀ごろには皇帝を中心とする帝政になった。

イ．広大な領域や多くの民族を支配するために，道路網や水道を整備したり，法律を作成したりした。

ウ．はじめローマではキリスト教を国教として認めていたが，４世紀末にはその信仰が禁止された。

エ．ローマは紀元前１世紀ごろに地中海一帯を統一したが，４世紀末に東西に分裂した。

問３　下線部③に関する以下の問いに答えよ。

(1)　この年に朝鮮では，ある宗教を信仰していた人々が外国勢力の排除などを求めて反乱を起こした。この反乱を起こした人々が信仰していた宗教は何か。その名称を**漢字２字**で答えよ。

(2)　この年に始まった日清戦争について述べた文として**誤っているもの**を，次のア～エから一つ選べ。

ア．主な戦場は朝鮮や清の遼東半島であった。

イ．講和会議は翌年に下関で開催された。

ウ．講和条約で清は日本に対し，朝鮮半島の領有，遼東半島・台湾・澎湖諸島の譲渡，賠償金の支払いなどを認めた。

エ．ロシアはドイツ・フランスとともに，日本に対して遼東半島を清に返還するように要求し，日本もこれを認めた。

問4　下線部④に関連して，1871年にベルリンを首都としてドイツ帝国が成立した。ドイツの統一に際して，その中心となったプロイセン王国の首相の名を答えよ。

問5　下線部⑤に関連して，日中戦争について述べた文として**誤っているもの**を，次のア～エから一つ選べ。

ア．戦争の発端は，1937年7月，北京郊外の盧溝橋で日中両国軍が武力衝突したことにあった。

イ．日本はただちに中国に対して宣戦布告を行った。

ウ．戦闘は上海にも拡大し，日本軍は次々に兵力を増強した。

エ．日本軍は首都南京を占領する際に，捕虜のみならず多数の非戦闘員を殺傷する事件を起こした。

問6　下線部⑥でのオリンピックはソ連を中心とした東側諸国が参加した最後の大会であった。翌年の1989年には□□の象徴であったベルリンの壁が崩壊し，米ソの首脳が□□の終結を宣言，1991年にはソ連そのものが解体するに至った。この文中2か所の□□に共通してあてはまる語を**漢字2字**で答えよ。

問7　下線部⑦に関連して，イギリス人入植者による迫害を受けて人口が減少した，オーストラリア大陸の先住民の名称を答えよ。

問8　下線部⑧に関連して，20世紀はじめの中国で起きた次のア～ウのできごとを，年代の古い順に並び換えよ。

ア．帝国主義に反対する五・四運動が発生し，全国的に広がった。

イ．日本政府が中国政府に対して二十一か条の要求を提出した。

ウ．孫文を臨時大総統とする中華民国の建国が宣言された。

問9　下線部⑨に関連して，主に16世紀以降の南アメリカでは，ヨーロッパ系の白人と先住民との間で混血が進んだ。この混血した人々は何と呼ばれるか。その名称を答えよ。

問5　傍線部D「孤立した会話の一往復」について、これは何を指しているのか。二十字以上二十五字以内で答えなさい。

問6　傍線部E「少し腹を立てた」について、「僕」が「腹を立てた」のはどうしてか。「から。」につながるよう、四十字以内で答えなさい。

問7　傍線部F「――よく聴き取れなかったんだけど」について、ここでの「僕」の心情の説明として最適なものを次の中から一つ選び、番号を答えなさい。

1　母が〝自由死〟という形で自ら死を選んでしまった理由を聞いて、まったく理解できず、自分だけがひどく疎外されたように感じている。

2　母が死を決断して医師と相談し〝自由死〟の認可を貰ったという予想だにせぬことを聞いて、信じられず、ひどく動揺している。

3　どうして母が自分に何の相談もなく、十分生きたと思い、〝自由死〟を選ぶのか、その理由をどうしても確認したいと思っている。

4　母に〝自由死〟という形で生を放棄するよりも、死と闘って十分生きたと感じた上で自然な最期を迎えてほしいと感じている。

5　たった一人の家族である母に〝自由死〟という形で合法的な自死を勧めた医師に対して、ひどく驚いている。

問8　傍線部G「困惑したような…見つめていた」について、ここでの母の心情の説明として最適なものを次の中から一つ選び、番号を答えなさい。

1　〝自由死〟について息子に相談すればよかったと後悔しながらも、医師と相談して下した結論だからぜひ理解してほしいと思っている。

2　〝自由死〟の決断を強く拒絶する息子の態度を悲観しながらも、息子にだけは自分の考えを受け入れてほしいと思っている。

3　突然の〝自由死〟の告白を理解しない息子に戸惑いながらも、考えた末に下した結論だから何とか理解してほしいと思っている。

4　自分が決断するために息子を伊豆まで行かせたことを申し訳ないと思いながらも、この〝自由死〟の決断を尊重してほしいと思っている。

5　実際には行けなかったが息子のおかげで思い出の伊豆を見ることができて満足したので〝自由死〟を認めてほしいと思っている。

「どうして？　何かあったの？」
「ずっと考えてたことなのよ。この歳になれば、」
「この歳って、まだ七十前だよ？　何言ってるの？」
「もう十分なのよ。……もう十分。」
「とにかく、すぐに帰るから。それからゆっくり話し合おう。おかしいよ、急に。……早まったこと、しないでよ。とにかく、僕が帰るまで待ってて。……」

※リアル・アバター＝カメラ付きゴーグルを着用して、依頼人から依頼された場所に行き、映像を本人にリアルタイムで伝送して疑似体験を可能にする仕事。

問1　二重傍線部ⓐ～ⓒの文中での意味として、それぞれ最適なものを一つずつ選び、番号を答えなさい。

ⓐ陶然とした
1　あっけにとられた　2　うっとりとした　3　落ち着いた　4　動じなかった　5　驚いた

ⓑ咄嗟《とっさ》に
1　ひとりで　2　やはり　3　その瞬間に　4　予想外に　5　きっと

ⓒ欺瞞《ぎまん》的な
1　身勝手な　2　ひどく仰々しい　3　格好をつけた　4　差し出がましい　5　あざむくような

問2　傍線部A「僕は、はりきっていた」とあるが、これはどのような気持ちからか。それを示す一文を二十五字以内で抜き出し、最初の五字を答えなさい。

問3　傍線部B「東京から…残している」について、ここでの「僕」の心情の説明として最適なものを次の中から一つ選び、番号を答えなさい。

1　母の死んだ今になっても、東京から伊豆へ向かう間に母の思いがどのように変わっていったかが全く想像もつかず、気にかかっている。
2　車窓から見える伊豆半島の景色が感動的なものなのに、無表情のまま何も語らない母の親しみの持てないよそよそしさが気になっている。
3　沈黙したまま何も語らない母には、かつて伊豆の河津七滝で誰かとの間に朔也の出生にかかわる秘密があったのではないかと強く疑っている。
4　どのような思い出があって伊豆に行ってほしいと言ったのかを生前にしつこく尋ね、母の思い出を踏みにじってしまったと後悔している。
5　なぜ母は河津七滝に行ってほしいと言ったのか、また車窓を見てどんな思いをめぐらせていたのかが旅の間ずっと分からず悩んでいる。

問4　傍線部C「その通りね」について、これはどのようなことを示しているか。最適なものを次の中から一つ選び、番号を答えなさい。

1　急流を遡るように困難が待ち受けているということ。
2　人は一旦別れると再び逢うことは困難だということ。
3　死別した愛しい人とあの世で逢えるかもしれないということ。
4　別れた誰かに再び逢いたいと思うということ。
5　苦しいことがあってもいつかは幸せになれるということ。

滝は、見上げるような大きさで、僕たちは、轟音《ごうおん》の直中《ただなか》で、小さな静《せい》謐《ひつ》を分かち合っていた。

水は、緑に覆われた岩間から、宙に向けて勢い良く吹き出していた。ガラスの器に落ちてゆくかき氷のように白いその滝は、途中に迫《せ》り出した岩にぶつかり、更に大きく荒々しく開いた。

僕はⓐ陶然とした。

「滝壺に虹が架かってるの、見える？」

そう言おうとしたが、先に母が口を開いた。それで、その言葉は、一生外気に触れることがないまま、今も僕の中に、小さな虹の断片のように留《とど》まっている。

「やっと、朔也の仕事がわかった。あなたのお陰で助かる人がたくさんいるでしょうね。」と母は言った。

僕は、何と返事をしただろうか？　虹から視線をモニターの中の母に移した。

「疲れたね？　ご苦労様《くろうさま》。ありがとう。」

「ううん、僕も楽しかったから。」

「お母さん、本当に満足。これで安心。……ありがとう。もう十分。」

僕は、滝の前を離れて、道路に出るまでの長い急な階段を上り始めた。

「朔也にいつ言おうかと思ってたんだけどね、……」

母は、そう切り出したあと、躊躇《ためら》うように間を置いた。

「お母さん、もう十分生きたから、そろそろって思ってるの。」

「――何が？」

僕は、足を止めた。少し息が上がっていた。ⓑ咄嗟に母が、施設に入る決心をしたのではないかと考えた。――そんな余裕はないはずだったが。そしてそのことに、当惑しつつ、E少し腹を立てた。

しかし、次いで、母の口から洩《も》れたのは、まったく予期せぬ言葉だった。

「お母さん、富田《とみた》先生と相談して、〝自由死〟の認可を貰《もら》って来たの。」

僕は、動けなくなってしまった。何か言おうにも口が開かず、呼吸さえ止まっていた。苦しさからようやく一息吐き出すと、心臓が、棒で殴られた犬のように喚《わめ》き出した。

僕は明らかに、母の言葉を理解できていなかったが、体の方は既に恐慌に陥っていた。多分、母と僕の体は、その時一つだったから。……後ろに続いていた家族連れに声を掛けられ、僕は端に避《よ》けて先を譲った。

「F――よく聴き取れなかったんだけど。」

「ごめんね、急に。でも、お母さんも、じっくり考えてのことだから。」

「だから、何を？」

「自由……」

「どうして？」

僕は、モニターの全面に母を映し出した。G困惑したような、許しを請うような微笑で、こちらを見つめていた。僕は愕然《がくぜん》とした。それは、既に決断し、相手をどう説得するか、様々に想像しながら、時間を掛けて準備してきた人の顔だった。

そもそも僕は、〝自由死〟などというⓒ欺瞞的な言葉が大嫌いだった。それは、寿命による〝自然死〟に対して、言わば、無条件の安楽死であり、合法的な自死に他ならなかった。それを、よりによって母の口から聞かされるとは。――

椰子《やし》の木が並び、海が見え、民家が視界を遮り、伊豆高原近くになると、深い緑の木々に覆われた。しかし、その順番に見たのではない気がする。

近くに人が座っていたので、声を出して母と会話することは憚《はばか》られた。母もそれを承知していたが、晩春の光を浴びた海が煌《きら》めく先に、大《おお》島《しま》が見えた時には、思わず嘆声を漏らして、「ほら、見える?」と語りかけた。

B東京から、二時間近くかけて運ばれた母の沈黙が、今では僕の記憶に永い旅の荷物のような重みを残している。

距離に換算される沈黙という考え方は、きっと正しいのだと思う。なぜなら、その一五六・八キロを辿《たど》る間に、母のそれは、ゆっくりと変質していったであろうから。そして、母がその時、何を思っていたのかという僕の想像は、どんな一瞬にも辿り着けないのだった。

河津駅に着くと、バスで水垂《みずだれ》という停留所まで行き、そこからゆっくり山を下りつつ、七つの滝を見ていった。一キロ半の道のりだったが、途中で座って眺めたりと、一時間ほどかけたと思う。

木製の階段や橋が設置されていて、案内も親切だった。

それでも、ところどころ、木の根が隆起し、苔《こけ》が生《む》した足場の悪いところがあり、母は、やっぱり、自分ではここに来られなかったと思うと僕に言った。

「木下路《このしたみち》」という『伊豆の踊子』の言葉通り、山道は、鬱蒼《うっそう》とした木々に覆われていたが、川の真ん中にまでは、両岸からの枝が伸びきれず、その先端が触れ合えないまま開いていた。次々と視界に現れる滝に、空からまっすぐに光が注がれ、滝壺《たきつぼ》には、目を射るような煌めきが満たされ続けている。

間近で霧雨を浴びるような大きな滝もあれば、その激しさを足許《あしもと》に見下ろす滝もあった。

水は、底が見えるほどに透徹していたが、全体に分厚いガラスの断面のような深緑色をしていた。

少しあとになって、僕は、川端康成《かわばたやすなり》ではなく三島由紀夫《みしまゆきお》の初期短篇《たんぺん》の中に、こんな一節を見つけた。

「これほど透明な硝子《ガラス》もその切口は青いからには、君の澄んだ双《そう》の瞳も、幾多の恋を蔵《ぞう》すことができよう」

僕が思い出したのは、ガラスではなく、この滝の水の色だった。必然的に、「君」の役割は母に宛《あて》がわれることになった。実際、母は、歳を取って瞼《まぶた》が落ちてきてからも、目の綺麗《きれい》な人だった。

僕は母と、何を話しただろうか?

母は、「瀬を早み岩にせかるる滝川のわれても末に逢《あ》はむとぞ思ふ」という、百人一首の崇徳院《すとくいん》の和歌を、少し戯《おど》けた風に諳《そら》んじてみせて、Cその通りね、と言った。

「誰か、再会したい人がいるの?」と、僕は訊ねたが、母は笑って何も答えなかった。

奇妙にD孤立した会話の一往復だった。

岩間を抜けて流れる浅瀬の水は、川底の起伏をなめらかになぞって、周囲の岩のかたちと親和的だった。

水に近づけばひんやりと感じられ、離れれば如実《にょじつ》に気温が上がった。

七つ目の「大滝《おおだる》」と名づけられた滝がハイライトで、僕は母の勧めで、その傍らにある温泉宿で休んでから帰ることになっていた。

れは特に自動翻訳に限ったことではないので、読者自身が訳文以外の背景知識や多様なチャネルを使って配慮することが必要だ。

3　ＶＵＣＡの中で、世界から取り残されないためには、全ての日本人が多言語の情報を最小遅延で受信する手段の確保が喫緊の課題であり、ＡＩ技術に基づく新しい自動翻訳は課題もあるが、それをうまく利用するしかない。

4　相互につながった世界で想定を超える事案が頻発し、判断・対応が遅れると瞬く間に悲惨な状況に嵌まり込む現代では、世界の変化に敏感である必要があり、人命にかかわる情報は積極的に翻訳しなければならない。

5　全体主義国家でなされる情報統制を非難する民主主義国家においても、実は情報は暗黙のうちに巧妙に統制されているので、高精度化した自動翻訳をうまく活用して必要な情報をうまく取得しなければならない。

二　次の文章は平野啓一郎の小説「本心」の一部である。二〇四〇年代の初め頃、二九歳の主人公「石川朔也《さくや》」は、依頼人に代わって現地に行く※リアル・アバターの仕事をしている。「朔也」は母と二人暮らしであったが、半年ほど前、突然事故で母を亡くした。本文は、生前の母の依頼で伊豆《いず》を訪れた時のことを回想している場面である。これを読んで、後の問いに答えなさい。

あの日、母は初めて僕に、一人の依頼者として、仕事を頼みたいと言った。伊豆の河津七滝《かわづななだる》に行って、自分に見せてほしい、と。

「一度、朔也がどんな仕事してるのか、よく知りたいと思ってたのよ。お金も、他のお客さんと同じようにちゃんと払うから。」

僕は、喜んで応じた。母が、僕の生き方を認めてくれたようで嬉《うれ》しかった。

なぜ、河津七滝なのかは、訊《たず》ねても曖昧だった。ただ、滝が見たくなって、昔、『伊豆の踊子《おどりこ》』を読んだのを思い出したと言った。母は、趣味のはっきりした読書家だった。僕は、あの小説の主人公の起きては鎮められる性欲の波に、悪酔いした記憶しかなく、どこかに滝が出てきただろうかと曖昧だった。

それでも、僕自身の前後の予定も詰まっていて、日帰りできる距離は丁度良かった。どこに行くかということ自体は、あまり重要ではなかった。

[A]僕は、はりきっていた。初めての場所だったので、十分に下調べをして、プランを立てた。せっかくなら、母をアバターとしてではなく、手を引いて連れて行ってやりたい気持ちにもなったが、嬉しいけど、それだと意味がないと笑われた。

アバターになっている間は、話し相手になってほしい人もいれば、完全に自分の肉体であるかのように、ただ指示だけを出し、返事をされることさえ嫌がる人もいる。

母も最初は、僕と同化して遠隔操作することを試みていたが、熱海《あたみ》で新幹線から特急に乗り換える時に、僕に注意を促した辺りから我慢できなくなったらしく、いつもの口調になった。しかし、いかにも言葉少なだった。

車窓から眺めた伊豆半島の景色は、今ではもう、何度も遊んで印刷が擦《す》れ、順番がバラバラになってしまったカードのようになっている。

心層の存在が徐々に大きくなっているから。

問4　傍線部[C]「消費者にしてみれば『葦《よし》の髄から天井を覗《のぞ》く』ようなものである」とあるが、どういうことか。最適なものを次の中から一つ選び、番号を答えなさい。

1　ひどくまわりくどいことをしてかえって手間ばかりがかかるようなもので、消費者側では付加価値には気づかないで生産者側の苦労はまったく評価されることもないということ。

2　手間暇かけて苦労を重ねてもなかなか満足のいく結果が得られないようなもので、情報においては万人に共通な選択基準の存在は幻想にすぎず、思い通りにならなくてじれったいこと。

3　方針があってもどうしたらよいか迷うようなもので、大量生産時代の画一性は時流を外れて、溢れるほどの情報のなかでどうしてよいかわからなくなっているということ。

4　自分だけの狭い考えにとらわれて、広い立場でものごとを考えられないようなもので、無知であることが恥ずかしく感じられることもなく、一時の平和を楽しんでいるということ。

5　浅い知識や狭い見識をもとにして、大きな問題を判断しようとするようなもので、情報は生産者側によって暗黙のうちに巧妙に統制されていて全体状況を把握できないということ。

問5　傍線部[D]「やがて、何も知らないでボーッと暮らしていることの恐怖に怯《おび》える」とあるが、どういうことか。五十字以内で答えなさい。

問6　傍線部[E]「新型コロナウイルス感染症……報道状況」とあるが、その結果について述べたものとして最適なものを次の中から一つ選び、番号を答えなさい。

1　新型コロナウイルスやワクチンに関する海外の情報がごく一部しか翻訳されなかった結果、日本国内では対応が後手に回ることとなった。

2　注射器に関する情報の翻訳に時間かかかりすぎた結果、欧米では早くから判明していたワクチンのロスが、日本では長く見逃されてしまった。

3　新型コロナウイルスのワクチン情報の一部が誤っていた結果、ロシアや中国のワクチンを確保しようとする議論が無視されてしまった。

4　感染症の情報が新型コロナウイルスだけに集中した結果、未知の感染症への対策が取られず、取り返しのつかない結果を招いてしまった。

5　新型コロナワクチンの報道が欧米からのものに偏った結果、多様な方法でワクチンを確保する戦略が二転三転して混乱してしまった。

問7　傍線部[F]「欠点」とあるが、「自動翻訳」の欠点を表している語を本文中から抜き出して答えなさい。

問8　本文における筆者の主張に最も近いものを次の中から一つ選び、番号を答えなさい。

1　今や情報は一瞬で世界中に届くようになっているのだから、情報の生産者側が恣意的な取捨選択をしないで全て翻訳すれば、後は情報の消費者側が自分にとって必要な情報を勝手に取得するようになっていくはずだ。

2　全ての情報は完全には信頼できないので裏取りが必要であり、こ

と卵問題だが、費用に見合う売り上げがないと、情報の生産者側ではにっちもさっちもいかない。このため情報という商品がある基準の下に選択されて翻訳され、残りの情報は輸出されることがなく、**ドメスティック**にしか消費されない状態になる。

情報は一瞬で世界中に届くのだから、美味しくても足が早い魚は漁港でしか食べられないのと事情は違って、後は言葉の抵抗をなくすだけでよい。安くて速い翻訳手段があって情報の生産者側が全件翻訳すれば、情報の消費者側で、大多数の人が日常的に使っているⓔケンサク技術で必要な情報を取得すればよい。

（隅田英一郎著『ＡＩ翻訳革命――あなたの仕事に英語学習はもういらない』による）

※**リコメンデーション**＝顧客の好みを分析して、顧客ごとに適すると思われる情報を提供するサービスのこと。
アウトブレーク＝突発的発生。
実装＝何らかの機能や仕様を実現するための具体的な装備や方法を組み込むこと。Implementの訳語。
ドメスティック＝自国内。

問1　二重傍線部ⓐ～ⓔのカタカナを漢字に直しなさい。

問2　傍線部A「外国語の情報は一部のみ翻訳されていて大部分は翻訳されていない」とあるが、どうしてか。筆者が挙げている情報の生産者側の主な要因として最適なものを次の中から一つ選び、番号を答えなさい。

1　生産者は取捨選択したうえに説明を補足するなど一定の付加価値を加えて情報を提供することにより、単なる翻訳以上の利益を確保したいから。
2　情報過多になって受け手が混乱しないよう、多くの人が本当に必要なものに絞って翻訳することで情報の価値を一定水準以上に保ちたいから。
3　全ての情報を翻訳して無制限に流したら、通信インフラの整備されているエリアとそれ以外のエリアで情報格差が生じてしまいかねないから。
4　情報を翻訳する唯一の手段であった人間の翻訳者にコストがかかりすぎるために、生産者側で翻訳する情報を取捨選択せざるを得なかったから。
5　情報統制をしていない民主主義国家でも、実際は翻訳する情報を取捨選択することにより巧妙に統制するのが暗黙の了解事項になっているから。

問3　傍線部B「新聞離れ・テレビ離れが加速している」のはどうしてか。最適なものを次の中から一つ選び、番号を答えなさい。

1　時代遅れの伝達手段による情報提供では、目まぐるしく変化する世界情勢にとても追い付いていけないから。
2　情報の生産者側が、受け手のニーズを必ずしも満たしているとはいえない情報を一方的に提供しているから。
3　既存の媒体では、倫理規定など様々な制約に縛られて自由で踏み込んだ情報解釈が出来なくなっているから。
4　ネット情報が主流になっている現在、無料の情報が容易に入手できるのにあえて有料なものは必要ないから。
5　大量の情報が溢《あふ》れる世の中で、情報の必要性を感じていない無関

なった。この問題については1月前に外電では報じられていたが、日本で大きく取り上げられることはなかった。もししっかり伝わっていれば、新規に注射器を作るなり、大規模な接種で一定量起こるロスの一つとして容認せざるを得ないこととして前もって国民にきっちり説明するなり、対策を打てたはずだ。

●医学雑誌「ランセット」の論文で「臨床試験の最終段階で91・6%の効果が確認された」と発表されるまで、安全性に懸念が持たれたこともあり、ロシアのワクチンが世界各国で広がっていることが日本に広く伝わることはなかった。また、報道が欧米のワクチンに集中し詳細情報が繰り返される一方、中国のワクチンに関する報道もなされなかった。結果として、「ロシアや中国のワクチンを国内の生産施設でライセンス生産して早く国民に」といったようなワクチンを多様な方法で確保する戦略について議論はなされず、日本はⓓカンケツ的にワクチン不足に悩まされ続けた。

●終息したはずのエボラ出血熱がコンゴ民主共和国やギニアで再び**アウトブレーク**したというニュースが日本ではほぼ取り上げられなかった。アフリカの情報を必要としている人には困ったことであるし、別の感染症が他の地域から出てくる可能性もあり、感染症の情報の取捨選択にも不安を覚える。外電の10分の1の情報しか日本に入ってこないこと、つまり「葦の髄から天井を覗く」状況になっていることが、大きなリスクになっていることがわかる。ニュースだけでなくさまざまな文言で同様の傾向にある。

この状況は人間の翻訳者だけでは解消できない。

●必要な予算を10倍にすることは容易に正当化され得ないし、よしんば10倍の予算があっても10倍の翻訳者は存在しない。２０００億円規模の翻訳産業に2兆円投じても消化できないのである。

●また、翻訳者を養成して翻訳者数を10倍にすることは時間がかかり過ぎるので、現実解でない。

従って、「葦の髄から天井を覗く」ような状態から情報の消費者を解放するには自動翻訳の利用しかない。F欠点も理解したうえで、高精度化した自動翻訳をうまく活用する方法を**実装**していけばよい。

我々は、ＶＵＣＡ（ブーカ）の中で生きているといわれている。ＶＵＣＡとは**Volatility**（変動）、**Uncertainty**（不確実）、**Complexity**（複雑）、**Ambiguity**（曖昧《あいまい》）の頭文字をとった言葉で、「予測不能な状態」を意味し、２０１０年以降、世界のビジネスパーソンの間で広く使われるようになってきた時代を表す言葉である。同時多発テロ、リーマン・ショック、英国のＥＵ離脱、エボラ、新型コロナ、香港国家安全維持法、ロシアのウクライナ侵攻等、相互につながった世界で想定を超える事案が頻発し、判断・対応が遅れると瞬く間に悲惨な状況に嵌《は》まり込む。世界の変化に敏感でなければいけない。ＶＵＣＡの中で、世界から取り残されないためには、全ての日本人が多言語の情報を最小遅延で受信する手段の確保が喫緊の課題である。

また、逆に日本のたくさんの価値あるコトやモノを、日本人の誰もが世界に発信できる時代になった。しかし、語学を勉強している時間はない。ＡＩ技術に基づく新しい自動翻訳こそが最適の道具として現前しつつある。

情報の生産者側での取捨選択が行われる主因は、翻訳の唯一の手段であった人間の翻訳者にかかるコスト(費用と時間)が高いことである。鶏

【国　語】（五〇分）〈満点：一〇〇点〉

【注意】　字数が指定されている場合は、句読点やカッコなども文字として数えること。設問の都合で表記を改めた箇所がある。

一　次の文章を読んで、後の問いに答えなさい。

A外国語の情報は一部のみ翻訳されていて大部分は翻訳されていない。例えば、外国の通信社から入るニュース（外電）の英文記事のうち日本語に翻訳されるのはたかだか10分の1にすぎない。全部翻訳されても情報をⓐハンランさせて困るからという理由で選択的に翻訳される現状は速やかに過去のものとして変えられるべきだ。大量生産時代の画一性は時流を外れ、ニーズは各人各様で万人に共通な選択基準の存在は幻想にすぎないことから、選択的翻訳はデメリットが目立ち、B新聞離れ・テレビ離れが加速している。マスコミなどの情報の生産者は「情報を上手に選択し、更に、説明を補足するなど情報を加工して提供している」と付加価値が強調されることもあり、そのことに一理はあるのかもしれないが、「情報の9割を捨てている」という負の側面は否定しようがない。

この問題の打開策は全件を自動翻訳で処理してしまうことだ。昔と違って現在の自動翻訳の訳文はすらすら読める。自動翻訳に誤訳があることを読者が織り込めば新しいマーケットが広がる。その場合、誤訳があっても困らないように訳文以外の背景知識や多様なチャネルを使って読者自身が配慮することが必要だ。全ての情報は完全には信頼できないので裏取りが必要であり、これは特に自動翻訳に限ったことではない。

自動翻訳した記事と読者のマッチングは、電子通販の成功の要といえるリコメンデーション技術で個人に合わせて情報を提供するサービスや、日本語での情報取得でⓑキタえてきた本人の経験と技にⓒマカせればよい。

現代社会は全情報を翻訳して流しても障害が全く生じない太い通信路のインフラを利用できている。にもかかわらず、言葉の壁に起因する抵抗が大きく情報が生産者から消費者に全体の10分の1しか届かないのである。C消費者にしてみれば「葦の髄から天井を覗く」ようなものである。全体主義国家でなされる情報統制を非難する民主主義国家においても、実は情報は暗黙のうちに巧妙に統制されている。元国連職員のITコンサルタントである谷本真由美氏が、著書『世界のニュースを日本人は何も知らない』で指摘しているように、我々は知らないことが多すぎる。実際、この本に、英国、フランス、ドイツの実像、そしてEUの内情、何となくわかった気になっている米国、そして米国と同様と見なされがちなカナダ、超大国の中国、ウユニ塩湖とキヌアしか思いつかないボリビア、砂漠とサバンナの印象の遠いアフリカ大陸の国々などに関する目の覚める話が盛りだくさんである。谷本氏の言説は根拠が希薄に見えることもあるので批判も多々受けているが、この本を読むと、タイトル通りに自分が無知であることが恥ずかしく感じられ、Dやがて、何も知らないでボーッと暮らしていることの恐怖に怯える。

2回目の緊急事態宣言下であった２０２１年の2月に時間を巻き戻して、世界におけるE新型コロナウイルス感染症に関するニュース記事の、日本国内での報道状況について振り返ろう。

●米製薬大手ファイザーの新型コロナウイルスのワクチンについて、一般的な注射器だと1瓶あたりの接種回数が6回から5回に減ることに

MEMO

大切なことはメモしておこうネ！

2023年度

解　答　と　解　説

《2023年度の配点は解答欄に掲載してあります。》

＜数学解答＞

1 (1) ア $\dfrac{\sqrt{7}\pm\sqrt{15}}{4}$ (2) イ 16 (3) ウ 90 エ 60

2 (1) オ 6 カ 8 (2) キ 88 ク 1012

3 (1) ケ $\dfrac{\sqrt{2}}{4}$ (2) 解説参照 (3) コ $5\sqrt{2}$

4 (1) サ $\sqrt{3}-\dfrac{\pi}{2}$ (2) シ $1+2\sqrt{2}+\sqrt{3}$ (3) ス $(2+\sqrt{6})\pi$

5 (1) セ $2\sqrt{2}$ (2) ソ $\dfrac{8\sqrt{5}}{3}$ (3) タ $\dfrac{16\sqrt{2}}{9}$

○推定配点○

1 (1) 各5点×4　2 (1) 各5点×2 (2) 各6点×2　3 (1) 6点　他 各7点×2
4 (1) 5点　他 各7点×2　5 (1) 5点　他 各7点×2　計100点

＜数学解説＞

1 (平方根を含む2次方程式，式の値，資料の活用)

重要 (1) 2次方程式の両辺を$\sqrt{2}$で割って，$2x^2-\sqrt{7}x-1=0$　解の公式より，

$$x=\frac{\sqrt{7}\pm\sqrt{(\sqrt{7})^2-4\times2\times(-1)}}{2\times2}=\frac{\sqrt{7}\pm\sqrt{7+8}}{4}=\frac{\sqrt{7}\pm\sqrt{15}}{4}$$

重要 (2) $(3.60)^2=12.96$，$(3.61)^2=13.0321$より，$3.60<\sqrt{13}<3.61$なので$\sqrt{13}=3.60\cdots$　よって$\sqrt{13}-2=1.60\cdots$であり，$2(\sqrt{13}-2)=3.2\cdots$　したがって，$b=3$，$c=2(\sqrt{13}-2)-3=2\sqrt{13}-4-3=2\sqrt{13}-7$　このとき，$(a+3b+1)(c+1)=(2\sqrt{13}-4+9+1)(2\sqrt{13}-7+1)=(2\sqrt{13}+6)(2\sqrt{13}-6)=(2\sqrt{13})^2-6^2=52-36=16$

基本 (3) データを修正すると15人の平均値が2点減少するので，15人の合計点は15×2＝30(点)減少している。このデータには1つだけ誤りがあるので，そのデータは30点減少することになる。箱ひげ図を見ると，中央値(第2四分位数)以下には変更がないので，修正されたデータは修正後も中央値の60点以上である。よって，30点減少しても60点以上になるのは，90点だけであり，30点減少すると，90－30＝60(点)になる。

2 (自然数の除法における商と余り)

基本 (1) N＝15のとき，以下の表より，商は6種類，余りは8種類である。

割る数	1	2	3	4	5	6	7	8	9	10	11	12	13	14	15
商	15	7	5	3	3	2	2	1	1	1	1	1	1	1	1
余り	0	1	0	3	0	3	1	7	6	5	4	3	2	1	0

やや難 (2) N＝2023のとき，以下の表より，商は88種類である。

割る数	1	2	3	4	5	6	7	8	9	10	11	12	13	14	15
商	2023	1011	674	505	404	337	289	252	224	202	183	168	155	144	134

割る数	16	17	18	19	20	21	22	23	24	25	26	27	28	29	30
商	126	119	112	106	101	96	91	87	84	80	77	74	72	69	67

割る数	31	32	33	34	35	36	37	38	39	40	41	42	43	44	45
商	65	63	61	59	57	56	54	53	51	50	49	48	47	45	44

割る数	46−47	48	49	50	51	52−53	54	55−56	57	58−59
商	43	42	41	40	39	38	37	36	35	34

割る数	60−61	62−63	64−65	66−67	68−69	70−72	73−74
商	33	32	31	30	29	28	27

割る数	75−77	78−80	81−84	85−87	88−91	92−96	97−101
商	26	25	24	23	22	21	20

割る数	102−106	107−112	113−119	120−126	127−134	135−144	145−155
商	19	18	17	16	15	14	13

割る数	156−168	169−183	184−202	203−224	225−252	253−289	290−337
商	12	11	10	9	8	7	6

割る数	338−404	405−505	506−674	675−1011	1012−2023
商	5	4	3	2	1

また，余りは商が1の場合を考えればよいので，2023−1011＝1012(種類)である。

3 (2次関数，三平方の定理，円周角の定理，関数と図形の融合問題)

(1) $y=ax^2$に$x=2$，-4をそれぞれ代入すると，$y=4a$，$16a$となるので，A$(2,\ 4a)$，B$(-4,\ 16a)$である。よって，線分ABの傾きは，$\frac{4a-16a}{2-(-4)}=\frac{-12a}{6}=-2a$ 線分ABの切片の座標を$(0,\ b)$とおくと，線分ABの式は，$y=-2ax+b$となる。A$(2,\ 4a)$を代入すると，$4a=-4a+b$ $b=8a$となるので，線分ABの切片は$(0,\ 8a)$と表せる。△OAB$=6\sqrt{2}$なので，△OAB$=\frac{1}{2}\times8a\times6=6\sqrt{2}$ $a=\frac{\sqrt{2}}{4}$

重要 (2) (1)より，A$(2,\ \sqrt{2})$，B$(-4,\ 4\sqrt{2})$である。図1より，△OAHにおいて，三平方の定理より$OA^2=OH^2+AH^2=2^2+(\sqrt{2})^2=4+2=6$ △OBIにおいて，三平方の定理より$OB^2=OI^2+BI^2=4^2+(4\sqrt{2})^2=16+32=48$ △ABJにおいて，三平方の定理より$AB^2=AJ^2+BJ^2=6^2+(3\sqrt{2})^2=36+18=54$ $OA^2+OB^2=AB^2$が成り立つので，三平方の定理の逆より，$\angle AOB=90°$ よって，△OABは直角三角形である。

図1

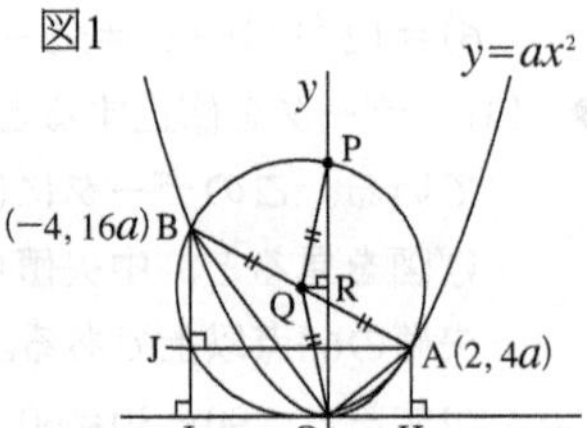

やや難 (3) (2)より，$\angle AOB=90°$であるから，線分ABの中点をQとすると，円周角の定理より，頂点O，A，Bは半径QO＝QA＝QBで中心Qの同一円周上にある。また，$\angle APB=90°$となるので，円周角の定理より，点Pも円Qの円周上にある。よって，点Pは原点Oと異なる円Qとy軸との交点となる。△OPQに注目すると，円Qの半径なのでQO＝QPであるから，△OPQは二等辺三角形である。よって，点Qからy軸に垂線を下し，y軸との交点をRとすると，OR＝RPとなる。点Qは線分ABの中点であるから，点Qの座標は$\left(\frac{2-4}{2},\ \frac{\sqrt{2}+4\sqrt{2}}{2}\right)=\left(-1,\ \frac{5}{2}\sqrt{2}\right)$ 点Rの座標は$\left(0,\ \frac{5}{2}\sqrt{2}\right)$ よって，RP＝OR$=\frac{5}{2}\sqrt{2}$となるから，OP$=\frac{5}{2}\sqrt{2}\times2=5\sqrt{2}$

4 (おうぎ形と円の面積，三平方の定理，相似な図形)

基本 (1) 図2のように，点R，S，Tを定める。円O，P，Qはすべて半径1cmの円なので$OP=PQ=QO=2$(cm)となる。よって，△OPQは1辺2cmの正三角形となるから，$\angle OPQ=\angle PQO=\angle QOP=60^\circ$，$OS\perp PQ$　三平方の定理より，$PS:OP:OS=1:2:\sqrt{3}$なので，$OS=\sqrt{3}$(cm)　よって，斜線部分の面積は，△OPQ－(おうぎ形ORT＋おうぎ形PSR＋おうぎ形QTS)＝△OPQ－(おうぎ形ORT×3)$=\frac{1}{2}\times2\times\sqrt{3}-1\times1\times\pi\times\frac{60}{360}\times3=\sqrt{3}-\frac{1}{2}\pi$ (cm^2)

図2

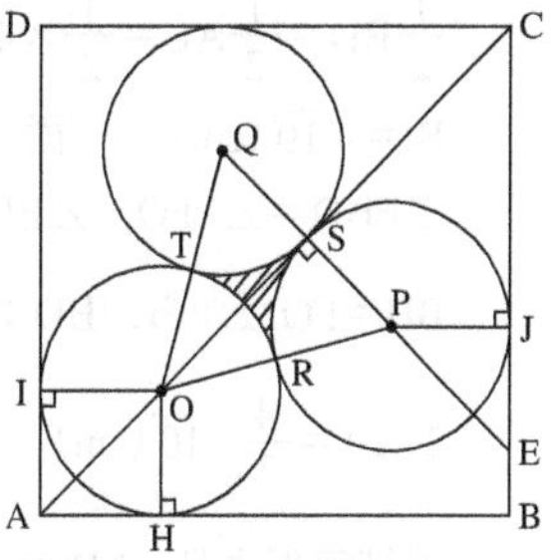

重要 (2) 図2のように，点E，H，I，Jを定める。点H，I，Jはそれぞれ円と接線との接点であるから，$\angle OHA=\angle OIA=\angle PJE=90^\circ$　円Oの半径なので，$OH=OI=1$(cm)　正方形ABCDより$\angle IAH=90^\circ$　よって，四角形AHOIは1辺1cmの正方形となる。$\angle OAH=\angle AOH=45^\circ$となり，△OAHにおいて三平方の定理より$OH:AH:AO=1:1:\sqrt{2}$より，$AO=\sqrt{2}$ cm　また，$\angle SCE=45^\circ$となるから，△SCEは直角二等辺三角形となるので，$\angle JEP=45^\circ$　よって，△JEPも直角二等辺三角形となり，円Pの半径なので$PS=PJ=1$cmなので，三平方の定理より$PJ:JE:PE=1:1:\sqrt{2}$より，$PE=\sqrt{2}$ cm　したがって，$SC=SE=SP+PE=1+\sqrt{2}$(cm)　$AC=AO+OS+SC=\sqrt{2}+\sqrt{3}+1+\sqrt{2}=1+2\sqrt{2}+\sqrt{3}$(cm)

重要 (3) 図3のように線を引き，点Kを定めると求める面積は中心A，半径ASの円の面積から，中心A，半径ARの円の面積を引いたものになる。$AS=AO+OS=\sqrt{2}+\sqrt{3}$(cm)だから，中心A，半径ASの円の面積は，$(\sqrt{2}+\sqrt{3})^2\times\pi=(2+2\sqrt{6}+3)\pi=5\pi+2\sqrt{6}\pi$ (cm^2)　また，△OPSは$OS=\sqrt{3}$(cm)，$PS=1$(cm)の直角三角形であり，中点連結定理より，$OK=\frac{1}{2}OS=\frac{1}{2}\sqrt{3}$(cm)，$RK=\frac{1}{2}PS=\frac{1}{2}$(cm)　よって，$AK=AO+OK=\sqrt{2}+\frac{1}{2}\sqrt{3}$(cm)なので，△ARKにおいて，三平方の定理より，$AR^2=AK^2+RK^2=\left(\sqrt{2}+\frac{1}{2}\sqrt{3}\right)^2+\left(\frac{1}{2}\right)^2=2+\sqrt{6}+\frac{3}{4}+\frac{1}{4}=3+\sqrt{6}$　中心A，半径ARの円の面積は，$AR^2\times\pi=(3+\sqrt{6})\times\pi=3\pi+\sqrt{6}\pi$　求める面積は，$(5\pi+2\sqrt{6}\pi)-(3\pi+\sqrt{6}\pi)=2\pi+\sqrt{6}\pi=(2+\sqrt{6})\pi$ (cm^2)

図3

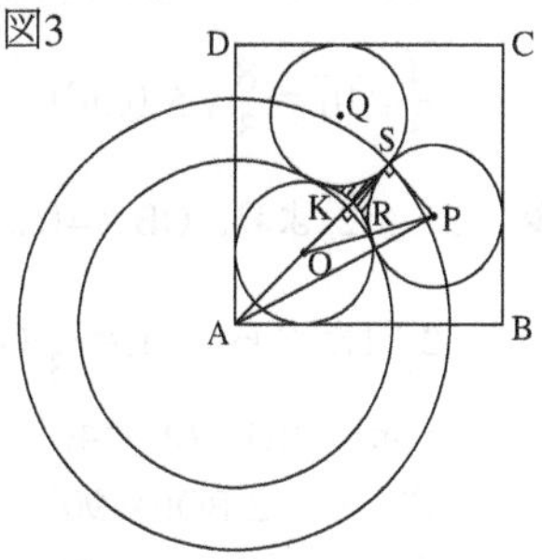

5 (正四角錐の高さ，切断した図形の切断面の面積と体積)

(1) △ABCは$\angle ABC=90^\circ$の直角二等辺三角形なので，三平方の定理より$AB:BC:AC=1:1:\sqrt{2}$だから，$AC=4\sqrt{2}$(cm)　点Hは線分ACの中点となるので，$AH=HC=\frac{1}{2}AC=\frac{1}{2}\times4\sqrt{2}=2\sqrt{2}$(cm)　△OAHは直角三角形であり，$AH:OA=2\sqrt{2}(cm):4(cm)=1:\sqrt{2}$なので，三平方の定理より$AH:OH:OA=1:1:\sqrt{2}$より，$OH=AH=2\sqrt{2}$(cm)

重要 (2) 切り口と線分OHとの交点をIとすると，点M，Nがそれぞれ辺OA，OCの中点であるので，点Iは線分OHの中点となる。また，切り口と辺ODとの交点をEとする。図4のように，△ODBにおいて，点Oを通り，辺BDに平行な直線と直線BIとの交点をFとする。△BHIと△FOIにおいて，$HI=OI$，$\angle BHI=\angle FOI=90^\circ$，$\angle BIH=\angle FIO$より，1組の辺とその両端の角がそれぞれ等しいので，△BHI≡△FOI　合同な図形の対応

図4

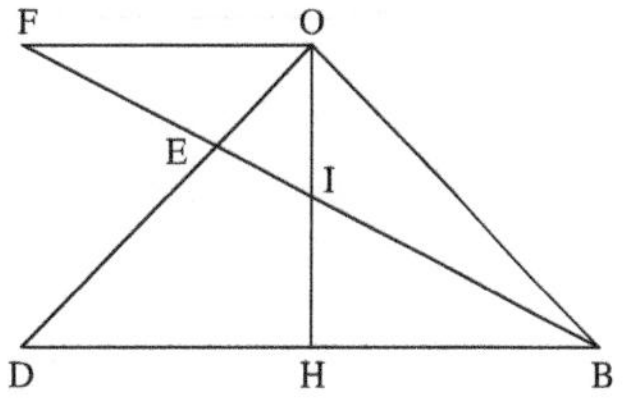

する辺は等しいので，BI＝FI　よって，BF＝2BI　IH＝$\frac{1}{2}$OH＝$\frac{1}{2}\times2\sqrt{2}=\sqrt{2}$(cm)，BH＝$\frac{1}{2}$BD＝$\frac{1}{2}$AC＝$\frac{1}{2}\times4\sqrt{2}=2\sqrt{2}$(cm)，∠BHI＝90°だから，△BHIにおいて，三平方の定理より BI＝$\sqrt{10}$(cm)　従って，BF＝2BI＝$2\times\sqrt{10}=2\sqrt{10}$(cm)　また，△BDEと△FOEにおいて，∠EBD＝∠EFO，∠EDB＝∠EOFより，2組の角がそれぞれ等しいので，△BDE∽△FOE　DH＝BH＝FOだから，BD：FO＝2：1なので，BE：FE＝BD：FO＝2：1　よって，BE＝$\frac{2}{3}$BF＝$\frac{2}{3}\times2\sqrt{10}=\frac{4}{3}\sqrt{10}$(cm)　点M，Nがそれぞれ辺OA，OCの中点であるので，△OACにおいて，中点連結定理より，MN＝$\frac{1}{2}$AC＝$\frac{1}{2}\times4\sqrt{2}=2\sqrt{2}$(cm)　△OMEと△ONEにおいて，OM＝$\frac{1}{2}$OA＝$\frac{1}{2}$OC＝ON，OE＝OE，∠MOE＝∠NOE＝60°より，2組の辺とその間の角がそれぞれ等しいので，△OME≡△ONE　合同な図形の対応する辺は等しいので，ME＝NE　また，△OAHと△OCHにおいて，中点連結定理よりMI＝$\frac{1}{2}$AH＝$\frac{1}{2}$CH＝NIだから，△EMIと△ENIにおいて，ME＝NE，MI＝NI，EI＝EIより，3組の辺がそれぞれ等しいので，△EMI≡△ENI　合同な図形の対応する角は等しいので，∠MIE＝∠NIE＝90°　よって，求める面積は，$\frac{1}{2}$×MN×BE＝$\frac{1}{2}\times2\sqrt{2}\times\frac{4}{3}\sqrt{10}=\frac{8}{3}\sqrt{5}$($cm^2$)

やや難 (3)　(2)より，OB＝4(cm)，BE＝$\frac{4}{3}\sqrt{10}$(cm)，DE：OE＝BD：FO＝2：1だから，OE＝$\frac{1}{3}$OD＝$\frac{1}{3}\times4=\frac{4}{3}$(cm)　また，OB＝OD＝4(cm)，BD＝AC＝$4\sqrt{2}$(cm)なので，△OBDにおいて，三平方の定理より，∠BOE＝90°　図5のように，頂点Oから辺BEに垂線OJを引く。△OBEと△JBOにおいて，∠BOE＝∠BJO＝90°，∠OBE＝∠JBOより，2組の角がそれぞれ等しいので，△OBE∽△JBO　また，△OBEと△JOEにおいて，∠BOE＝∠OJE＝90°，∠OBE＝∠JOEより，2組の角がそれぞれ等しいので，△OBE∽△JOE　よって，△OBE∽△JBO∽△JOE　OB：BE：OE＝4(cm)：$\frac{4}{3}\sqrt{10}$(cm)：$\frac{4}{3}$(cm)＝3：$\sqrt{10}$：1より，JB：BO：JO＝3：$\sqrt{10}$：1となるので，JO＝$\frac{2}{5}\sqrt{10}$(cm)　よって，(2)より，求める体積は，$\frac{1}{3}$×四角形EMBN×JO＝$\frac{1}{3}\times\frac{8}{3}\sqrt{5}\times\frac{2}{5}\sqrt{10}=\frac{16}{9}\sqrt{2}$($cm^3$)

図5

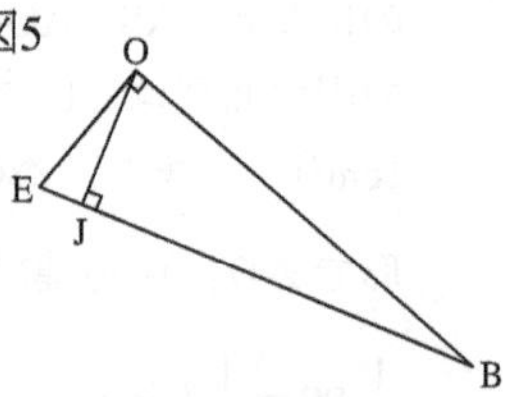

★ワンポイントアドバイス★

難易度が高くても典型的な問題が多い。1問に時間をかけ過ぎず，解ける問題から順番に解いていこう。

＜英語解答＞

1 問1　1　60km　　2　320,000人　　3　9つ　　4　10種類　　5　440人
問2　6　D　　7　E　　8　F　　9　C　　10　A

2 ①　why don't we take them to see it　　②　the zoo is too large to see everything in
③　I know a restaurant that serves delicious misokatsu　　④　I'll ask her what gifts are popular with　　⑤　am looking forward to walking around with them

3 1　called　　2　made　　3　saw　　4　shining　　5　brought　　6　protect
7　happened　　8　became

4 問1　父が毎朝かぶる帽子の内側に強力接着剤をつけ，かぶったときに取れなくした。
問2　it made him look cool　　問3　anything　　問4　イ　　問5　私がわざとこの帽子を頭に貼り付けるほど愚かだと思っているのか。　　問6　ア　　問7　もし強力接着剤が指に塗られたら，子どもはみなすぐに鼻をほじるのをやめるだろう。　　問8　how stupid he looked　　問9　エ　　問10　洗っても取ることができない茶色い部分があった。
問11　エ　　問12　㋒　　問13　ア，カ

○推定配点○
1・2　各3点×15　　3　各2点×8　　4　問6・問9・問12　各2点×3　　他　各3点×11
計100点

＜英語解説＞

やや難 1　（リスニング）

問1　You can find the mysterious island of Macchindo about 200 kilometers off the west coast of Peru. It's a very small island: only 125 kilometers long and 60 kilometers wide. Not many people live on the island. About 200,000 people live in the capital city, Mascarina, and there are probably about another 120,000 people living in the many small villages on the island. Sometimes tourists come to Macchindo, but the island does not have an airport, and it is difficult to reach by boat. What's more, even if tourists can get there, there are several big problems waiting for them. One of the problems is that there are very few hotels. Until last year there were only five in the capital, but last May a big new hotel, the Mascarina Hitlon, opened, and three smaller ones started up later in the year; so, that situation is slowly improving.
Another problem is that a lot of the island is still a jungle. Experts say that there are 40 different kinds of snake on the island, and a quarter of them are dangerous to humans. There is also danger from spiders and other insects. However, parts of the island are very beautiful, and the weather is usually fine and warm, so the number of tourists is increasing. In 2018 the island had only 220 visitors, but the following year, before the Coronavirus pandemic started, it was twice that number. People hope that the number of visitors will be even larger this year.

Questions
1. How many kilometers wide is the island?
2. How many people live on the island?
3. How many hotels are there on the island now?

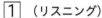

4. How many types of dangerous snake are there?
5. How many tourists visited the island in 2019?

問1 ペルーの西海岸からおよそ200kmのところに不思議な島，マシンドがある。それは非常に小さい島で，長さは125km，幅は60kmしかない。その島にはあまり多くの人が住んではいない。約20万人が首都のマスカリーナに住み，さらに約12万人が島にあるたくさんの小さな村に住んでいるだろう。時々観光客がマシンドに来るが，島には空港がなく，船ではたどり着くことが難しい。さらに，たとえ観光客が到着できたとしても，いくつかの大きな問題が彼らを待っている。問題の1つは，ホテルがほとんどないことだ。去年まで首都に5つしかなかったが，この前の5月に大きな新しいホテルのマスカリーナ・ヒトロンがオープンし，その後，同年にさらに3つの小さいホテルが開業したので，状況はゆっくりと改善している。
もう1つの問題はその島の大部分がいまだにジャングルであることだ。専門家によると，島には40種類のヘビがいて，その4分の1は人間にとって危険である。またクモや他の昆虫の危険もある。しかしながら，島のいくつかの部分は非常に美しく，ふつう天気が良くて暖かいので，観光客の数は増えている。2018年，島には220人しか訪問客がなかったが，翌年，コロナウィルスのパンデミックが始まる前に，その数が2倍になった。人々は今年，訪問客の数がさらに大きくなることを願っている。

問題
1. その島の幅は何キロメートルか。
2. その島には何人住んでいるか。
3. その島には，今いくつのホテルがあるか。
4. 危険なヘビは何種類あるか。
5. 2019年に何人の観光客がその島を訪問したか。

問2 A：Good morning, Mark. How's it going?
B：Not bad, Steph. Yourself?
A：Year, good, but I need your help. I'm thinking of going to the cinema on Friday, but don't know what to watch. You're a bit of a movie expert so I'd like some advice.
B：Sure, no problem. What's on?
A：These movies. Have you seen any of them?
B：Let me have a look… yeah, actually, I've seen them all. OK, first question… who are you going with?
A：Not sure yet. Maybe just me and Jo, but we might have to take the kids if we can't get their grandparents to look after them. I was thinking about this animation, "The F World". What's that like?
B：I see. Well, if you take the kids, don't go to see "The F World". It's an animation based on the series on TV. It's interesting, but the story is not OK for children. There is a lot of bad language and violence.
A：Oh, I see. What about "Dog Day Mourning"?
B："Dog Day Mourning"? That's the strange story of a pet dog that slowly becomes a little girl after the dog's owner gets killed in an accident.
A：A dog slowly becomes a girl? That sounds a bit scary.
B：It is, but it's not as scary as "Night Life".
A："Night Life"? What's that about, then?

B：It's about these things that come out of the ground at night and start attacking people.

A：Really? That sounds very scary. Aren't there any good comedies?

B：Well, there's "Harry Putter". It's about a young guy who wants to be a pro golfer, but one day he's riding his bicycle and he turns into a side street, and he finds himself in an incredible world of magic. It will make you laugh, and there's a lot of excitement, too. The only problem is that it's long: about 140 minutes.

A：Well, "Harry Putter" is long, but it looks like "Gary Foulks Night" is even longer. Have you seen that?

B：Yeah, it sounds like it should be a comedy, but "Gary Foulks Night" is an action movie about a plan to destroy the White House. It's very exciting, and it's based on a true story.

A：Oh yes, I seem to remember hearing about Gary Foulks.

B：It's a long movie, but there's lots of action, and it's got some great music.

A：Is the music better than the music in the new "Red Ghost" movie? Those movies always have great music.

B：Yes, I think so. Nothing about "Red Ghost Ⅲ" is as good as the first two. You know I have nothing against women being superheroes, but Sally Summer playing the character of Red Ghost just doesn't work. She's a comedy actor, not an action star.

A：Yes, I thought she was a strange choice for the lead role. OK, I think there are 3 good films we can choose from. It just depends on the babysitters and what Jo wants to watch. Thanks for your help!

問2　A：おはよう，マーク。調子はどう？

B：悪くないよ，ステフ。君は？

A：うん，いいわ，でも私はあなたの助けが必要なの。金曜日に映画に行くことを考えているんだけど，何を見たらいいかわからないの。あなたは映画に詳しいから，アドバイスがほしいわ。

B：もちろん，問題ないよ。何が上映中？

A：これらの映画よ。あなたはどれか見たことある？

B：見せて…ああ，実は僕は全部見たよ。よし，最初の質問。誰と一緒に行くの？

A：まだわからない。私とジョーだけかもしれないけれど，子どもたちの世話を彼らの祖父母にしてもらえなかったら，子どもたちを連れて行かなきゃいけないかもしれない。私はこのアニメ，「ザ・エフ・ワールド」を考えていたのよ。それはどんな感じ？

B：なるほど。えーと，もし子どもたちを連れて行くなら，「ザ・エフ・ワールド」を見に行ってはいけないよ。それはテレビシリーズに基づいたアニメだ。おもしろいけれど，ストーリーは子どもに大丈夫とは言えない。悪い言葉や暴力がたくさんある。

A：ああ，そうなの。「ドッグ・デイ・モーニング」はどう？

B：「ドッグ・デイ・モーニング」？　それは，飼い主が事故で亡くなった後，ペットの犬がだんだんと少女になるという奇妙な話だよ。

A：犬がだんだんと少女になる？　それはちょっと恐ろしいわね。

B：そうだね，でも「ナイト・ライフ」ほどは恐ろしくないよ。

A：「ナイト・ライフ」？　それは何についての話？

B：夜に地面の中から出てきて人間を襲い始めるやつだよ。

A：本当？　それはとても怖そう。よいコメディはないの？

B：えーと，「ハリー・パター」があるよ。プロゴルファーになりたい若者の話で，ある日彼が自転車に乗っていて横道に入ると，自分が信じられない魔法の世界にいることに気づくんだ。笑えるし，とてもワクワクするよ。唯一の問題は長いことだ。約140分。

A：「ハリー・パター」は長いけれど，「ギャリー・フォークス・ナイト」のほうがもっと長いみたい。見たことある？

B：うん，コメディみたいに聞こえるけれど，「ギャリー・フォークス・ナイト」はホワイトハウス破壊計画に関するアクション映画だよ。すごくワクワクするし，実話に基づいている。

A：ああ，そうね，ギャリー・フォークスについて聞いたことがあるわ。

B：長い映画だけれど，たくさんアクションがあって，良い音楽もあるよ。

A：その音楽は新しい「レッド・ゴースト」の映画の音楽よりも良い？　あの映画シリーズはいつも音楽が良いわ。

B：うん，僕もそう思う。「レッド・ゴースト・スリー」は先の2作にどの点も及ばない。女性がスーパーヒーローだってことに僕は何の反感も持っていないけれど，サリー・サマーがレッド・ゴーストの役をするのはうまく行かないよ。彼女はコメディ俳優で，アクションスターではない。

A：うん，私は，彼女は主役としておかしな選択だって思ったわ。よし，選択候補の3つの良い映画があるわね。ベビーシッター次第だし，ジョーが何を見たいか次第ね。助言ありがとう。

重要 2 （会話文問題・条件英作文：口語表現，不定詞，前置詞，関係代名詞，助動詞，間接疑問，熟語，進行形）

（全訳）　教師A：国際交流プログラムの一部として，私たちはシンガポール出身の招待生徒たちと名古屋で1日過ごすことになっています。街を楽しむためにたくさんの自由時間があります。彼らと一緒に何をするかについて話し合ってください。

生徒A：えーと，名古屋について考えると最初に思い浮かぶのは名古屋城です。それは名古屋のシンボルです。特に，金のしゃちほこはとても有名です。だから①それを見るために彼らを連れて行きませんか？　彼らは城の頂上の金のしゃちほこに感銘を受けるでしょう。

生徒B：良いアイデアですね！　私は東山動物園に行くことも提案します。そこは500種以上の動物がいます。彼らはそこを訪問して楽しむと思います。

生徒A：良さそうですね，でも②その動物園は大きすぎて午後だけですべてを見ることができないと思います。名古屋城の訪問の後にあまり時間がないでしょう。

生徒B：そうかもしれません。私たちは彼らをどこか昼食に連れて行く必要があります。彼らはミソカツのような私たちの郷土料理に興味があるかもしれません。③私はおいしいミソカツを出すをレストランを知っています。だからそこに彼らを連れて行きましょう。

生徒C：わあ，僕はもうお腹が空き始めました。彼らは家族にいくつかお土産も買いたいだろうと思います。僕の母はその街の観光案内所で働いているから，④僕は彼女に何のお土産が外国人観光客に人気があるか聞いてみます。

生徒A：それは役に立つでしょうね。私は⑤彼らと一緒に散策するのが楽しみです。

生徒C：僕もです。

① 文脈から「しゃちほこを見に行きませんか」という内容が適切。Why don't we ～?「～しませんか」 解答例の他に Why don't we go there to see it?「それを見るためにそこへ行きませんか」などもよい。

② too … to ～「…すぎて～できない，～するには…すぎる」の構文にする。in just one afternoon

は「たった1日の午後で」という意味。

③ serve は「(食事など)を出す」という動詞で，この動詞をうまく使えるかがポイント。まず I know a restaurant「私はレストランを知っている」とし，その後ろに主格の関係代名詞を使って that serves delicious misokatu「おいしいミソカツを出す」と続ける。delicious の代わりに nice や good も可。

④ まず I'll ask her「私は彼女に尋ねる」とし，その後ろに間接疑問を続ける。解答例は what gifts are popular with tourists from abroad「何のお土産が外国人観光客に人気か」という意味。他に what is a good gift for tourists from abroad「何が外国人観光客に良いお土産か」なども可。

⑤ look forward to ~ing「~するのを楽しみにする」 この表現はよく進行形で用いられるので，I am looking forward to ~ing という文にする。この後の生徒Cも I am, too. と応じており，これは I am の後ろに looking 以下が省略されたものである。解答例では to の後ろが walking around with them「彼らと散策すること」となっているが，meeting them「彼らに会うこと」や enjoying the city with them「彼らと街を楽しむこと」などもよいだろう。

基本 **3** **(長文読解問題：語句補充・選択，語形変化，時制，熟語，進行形，不定詞)**

(全訳) 昔，人々が竹取の翁[1]と呼んだ男がいた。毎日，彼は野山[2]に入り，竹を集めてあらゆる種類の製品にした。彼の名は讃岐造だった。ある日，彼は竹の中で，底から光り輝いている幹に気づいた。彼は，これはとても奇妙だと思い，もっとよく見ようと近寄ると，彼は光がくぼんだ幹の中で[4]輝いていると[3]わかった。彼は注意深く中をのぞき，そこに10センチメートルほどの愛らしい小さな女の子を見つけた。

その老人は言った。「お前は私が毎日朝晩見ている竹の中にいたから，私はお前を見つけた。お前は私の子供になるべきだ」

彼はその少女を手で抱え，家に[5]連れて帰った。彼はその子供を育ててもらうため，妻に渡した。その少女はとても美しかったが，非常に小さかったので，彼らは彼女[6]を守るために小さなカゴに入れた。

その後，竹取の翁が竹を集めている時，節から節まで金が入った幹を見つけることが頻繁に[7]起こり，このようにして彼は次第にとても裕福に[8]なった。

1 call「~を…と呼ぶ」 他の文と時制を合わせ，過去形にする。

2 make one's way into ~「~に入る」 他の文と時制を合わせ，過去形 made にする。

3 see「~と(見て)わかる」の過去形 saw を入れる。

4 shine「輝く」 直前に was があることから過去進行形 was shining とする。

5 bring ~ back home「~を連れて家に戻る」 文の時制が過去なので brought にする。

6 前に to があるので，原形 protect を入れて不定詞にする。この不定詞は「守るために」という目的を表す副詞的用法の不定詞。

7 happen「起きる」 他の文と時制を合わせ，過去形にする。主語 It は形式主語で，真主語は that 以下であり，It often happened afterwards that ~ は「その後，(that 以下の内容)ということがしばしば起きた」という意味である。

8 〈become +形容詞〉「~になる」 文の時制が過去なので became にする。

4 **(長文読解問題・物語文：内容吟味，語句整序，構文，語句補充，語句解釈，英文和訳，指示語，仮定法，受動態，間接疑問，関係代名詞，接続詞，内容一致)**

(全訳) 翌朝，父親が車のガレージに向かう直前に，マチルダは静かにクローゼットの中に入り，彼が毎日仕事にかぶっていく帽子を取り出した。彼女はスタンドからその帽子を取るため，つま先立ちになって杖を使ってできるだけ高くに手を伸ばさなくてはならならず，その時彼女はなんとかそうすることができた。その帽子は，帽子の帯に1枚の羽根飾りが刺さっているもので，ワームウッド氏は(あ)それを非常に自慢に思っていた。彼は①それが自分を格好良く見せてくれると思っていた。特にチェック柄のジャケットと緑色のネクタイと合わせて，斜めにかぶった時には。

マチルダは片手にその帽子を，もう片手に強力接着剤の細い棒を持った，そして彼女はその帽子の内側の帯にぐるっと，接着剤を非常に丁寧に塗った。そして彼女は杖を使ってその帽子をスタンドに戻した。

ワームウッド氏はその帽子をかぶった時には，(A)何も気がつかなかったが，彼がガレージに着いた時にそれを脱ぐことができなかった。強力接着剤はとても強力で，非常に強力なためあまり強く引っ張ると皮膚がはがれてしまう。ワームウッド氏は頭皮をはがされたくなかったので，その日一日中帽子を頭に乗せたままにしておかなくてはならなかった。面目を保つため，彼はにこやかにふるまい，スタッフたちが彼は映画スターのように，実際に(い)それを一日中かぶったままでいたいのだと思ってくれることを願っていた。

その晩彼が帰宅した時もまだ彼はその帽子を脱ぐことができなかった。「ふざけないで」と彼の妻が言った。「こっちにきて。私がそれを取ってあげるわ」

彼女は帽子を強く引っ張った。「おおー！」 ワームウッド氏は悲鳴を上げた。「そうするな！ 放せ！ 私の頭の皮膚が半分取れてしまう！」

マチルダはいつもの自分のイスに座り，興味を持って眺めていた。

「どうしたの，パパ」と彼女は言った。「頭が突然大きくなったとか？」

父は娘を深い疑いの目で見たが，何も言わなかった。ワームウッド夫人は彼に言った。「それは強力接着剤ね。(A)何か別のものということはありえない。②あれはあなたに，あれみたいに不快なもので遊びなさいって教えてくれているのよ。あなたは帽子にもう1つ羽を貼り付けようとしていたのね？」

「あんなものに触っていない！」とワームウッド氏は叫んだ。彼は振り向き，無邪気に彼を見つめ返しているマチルダを再び見た。

ワームウッド夫人は彼に言った。「危険なものを使い始める前にラベルを読むべきよ。いつもラベルに書かれた指示に従いなさいよ」

「何を言っているんだ？」とワームウッド氏は叫んだ。「③私がわざとこの帽子を頭に貼り付けるほど愚かだと思っているのか？」

マチルダは言った。「道路を下ったところに，知らずに指に強力接着剤を付けてしまって，その指を鼻に入れてしまった男の子がいるわ」

ワームウッド氏は飛び上がった。「彼はどうなった？」と彼は尋ねた。

「指は鼻の中にくっついたの」とマチルダは言った。「そして彼はそんな風にして1週間過ごさなくてはならなかった。人々は彼に『鼻をほじるをやめなさい』と言い続けたけれど，彼はどうすることもできなかった。彼はバカみたいに見えたわ」

「④自業自得だ」とワームウッド氏が言った。「そもそも指を入れるべきじゃないんだよ。それは不快な習慣だ。⑤もし強力接着剤が指に塗られたら，子どもはみなすぐに鼻をほじるのをやめるだろう」

マチルダは言った。「大人もするよね，ママ。私はママが昨日キッチンでそうするのを見たよ」

「もうやめて」とワームウッド夫人が言い，顔が赤くなった。

ワームウッド氏は夕食の間中，テレビの前で帽子をかぶったままでいなければならなかった。彼はおもしろおかしく見え，とてもおとなしくしていた。

上に行って寝ようとした時，彼は再びそれを取ろうとし，妻もそうしたが，うまく行かなかった。「どうやってシャワーを浴びるんだ？」と彼は尋ねた。

「⑤それはできないでしょうね」と妻が彼に言った。そしてその後，彼女は自分のやせた小さな夫が紫色のストライプのパジャマと帽子を着て寝室を歩き回っているのを見た時，⑥彼は何と愚かに見えるのか，と思った。

ワームウッド氏は，頭に帽子をずっとかぶっていることの最悪な点は(え)それをかぶって寝なくてはならない，ということだとわかった。ぐっすり眠るのは不可能だった。「もう心配するのはやめなさいよ」と妻は彼に言った。「朝にはすんなりと取れると思うわ」

しかしそれは朝までに取れなかった。そこでワームウッド夫人ははさみを取ってそれを彼の頭から切り取った。少しずつ，最初は頭のてっぺん，それから頭のへりの部分を。内側の帯が髪の毛に横から後ろまでぐるっとくっついていたので，彼女は髪の毛を地肌の際まで切らなくてはならなかった。彼は頭の周りに毛のない白い輪がある状態に仕上がった。そして前の部分は，⑦洗っても取ることができない茶色い部分があった。

朝食の時，マチルダは彼に言った。「パパ，なんとかして頭からそれを取りなよ。シラミがついている，って人々は思うよ」

「うるさい！」と父親は叫んだ。「黙っていろ！」

振り返ってみれば，それは大変な苦労だった。しかし，⑧それが彼女の父親に一生の教訓を教えたと望むのは過剰なことだった。

重要 問1　第1，2段落参照。「父親の帽子の内側に強力接着剤を塗り，かぶると取れないようにした」というのが要点。それに「毎日かぶる」「お気に入りの」などの言葉を足して40字以内に収めるよいだろう。

問2　it made him look cool「それ(帽子)が彼を格好良く見えさせる」 使役動詞構文〈make ＋人＋動詞の原形「(人)に～させる」 ここでは時制の一致で make を made にする。〈look ＋形容詞〉「～に見える」

問3　anything は否定文で「何も(～ない)」を表す。anything else は「他の何か，何か他に」を表す。It couldn’t be anything else. は「それは他の何かであるはずがなかった」という意味で，それは絶対に強力接着剤だった，という文意になる。

やや難 問4　主語 That は帽子がとれなくなってしまった今の状況を指す。〈teach ＋人＋ to ＋動詞の原形〉は「(人)に～するよう教える」という意味で，直訳すると「それはあなたに，そのような不快のもので遊びまわるように教えてくれるだろう」となる。しかしこれは反語で，本当に言いたい内容はその反対の「そんな不快なもので遊ぶなと教えてくれている」という意味になる。

重要 問5　so … that ～「とても…なので～する」の構文。直訳すると，「あなたは，私がとても愚かなので，わざとこれ(＝帽子)を頭に貼り付けると思うのですか」となる。解答のように「私がわざとこの帽子を頭に貼り付けるほど愚かだと思っているのか」と訳したほうが自然だろう。glue「(のりで)～を貼る」 on purpose「わざと」

問6　〈serve ＋人＋ right〉「(人)にとって当然の報いとなる，(人の)自業自得だ」 下線部④では状況を表す主語 It が省略されている。

重要 問7　現在の事実に反することや実現の困難な仮定を表す，仮定法過去の文。〈If ＋主語＋動詞の過去形～，主語＋助動詞の過去形＋動詞の原形…〉という形で「もし～なら，…だろう」となる。If節の動詞がbe動詞の場合，主語が何であっても were を用いる。were put on their fingers は受動態で「指の上に置かれたら(指に塗られたら)」という意味。stop doing it は下線部④の2つ前の文の stop picking your nose を言い換えたもので，it は「鼻をほじること」を表す。

問8　ここは間接疑問で〈疑問詞＋主語＋動詞〉の語順になる。how の後ろに stupid を置き，「どれほど愚かか」を表す。

問9　空所(B)を含む文は，That's enough.「もう十分だ，やめなさい，いい加減にしなさい」という口語表現を少し変えたものである。

重要 問10　that は目的格の関係代名詞で，that you couldn't get off「取ることができない」が pieces of brown stuff「茶色の部分」を修飾している。even if ～「たとえ～しても」

やや難 問11　この文は It is … to ～「～することは…だ」という形式主語構文である。too … to ～「とても…なので～できない」の構文だと間違いやすいので注意が必要。to 以下の「それ(この出来事)が父親に一生の教訓を教えたと望むこと」が文の真主語であり，それが too much「過剰なこと，無理なこと」だと言っているので，文意は「それで父親が学んだと願うのは無理だ」となる。lesson「教訓，学び」とはここでは，「マチルダをいじめるとと痛い目に遭う」ということで，「父親がこのことを学んだとは期待できない」，つまりエ「父親がこれで懲りることを期待することはできない」となる。

問12　㋒は shower を指す。他は the hat を指す。

問13　ア「マチルダは自分でスタンドから帽子を取ることができるほど賢かった」(〇)　カ「話の最後で，ワームウッド氏は頭に帽子の一部が付いていたので間抜けに見えた」(〇)

★ワンポイントアドバイス★

3の語句補充・語形変化問題の英文は『竹取物語』の英訳文である。最も解きやすい問題なので確実に正解しておきたい。

＜理科解答＞

1　(1)　昇華　(2)　アンモニア　①　×　②　〇　③　×　塩素　①　〇　②　〇　③　〇　二酸化硫黄　①　×　②　〇　③　〇　(3)　$2CO+O_2 \rightarrow 2CO_2$　(4)　4g
(5)　ア　32　イ　$\frac{4}{3}V$　ウ　$\frac{4}{3}V+20$　エ　V　オ　100

2　(1)　ア，イ　(2)　ウ

3　(1)　①　ひげ根　②　平行脈　(2)　花の雌しべにある胚珠が子房に包まれている。
(3)　ア，エ　(4)　歯　(5)　有性生殖では親と子の遺伝子の組合せが異なり，短いライフスタイルで有性生殖を繰り返すと，多様な遺伝子を持つ個体ができて，環境が変化したときに種が残りやすい。

4　(1)　(自転周期)　エ　(公転周期)　エ　(2)　イ　(3)　ウ　(4)　0.79倍
(5)　(名称)　天王星　(説明)　エ

5　(1)　ア　(2)　×　(3)　〇　(4)　イ

6　(ア)　$\frac{V^2}{r}$　(イ)　小さい　(ウ)　$\frac{rV^2}{(R+r)^2}$　(エ)　$\frac{x}{(1+x)^2}$　(オ)　$x+\frac{1}{x}$
(カ)　$\frac{V^2}{4R}$　(キ)　R　(ク)　大きい　(ケ)　$\frac{1}{2}$

〇推定配点〇

1　各3点×11((2)各完答)　2　各3点×2　3　各2点×6　4　各2点×7　5　各2点×4
6　各3点×9　計100点

＜理科解説＞

1 （酸化－燃焼に関わる気体の体積）

(1)　物質の状態が，液体を経ずに固体から気体，あるいは気体から固体に変化することを昇華という。

(2)　アンモニアは，無色で特有の刺激臭があり，空気よりも軽い。塩素は，うすい黄緑色でツンとする刺激臭があり，空気よりも重い。二酸化硫黄は，無色で刺激臭があり，空気よりも重い。

(3)　一酸化炭素COと酸素O_2から二酸化炭素CO_2ができる。化学式を並べると$CO+O_2 \rightarrow CO_2$だが，左右のO原子の数が合わない。そこで，COとCO_2の数を増やして$2CO+O_2 \rightarrow 2CO_2$とすると数が合うので完成である。

やや難　(4)　12gの炭素Cから44gの二酸化炭素CO_2ができるとき，結びついた酸素O_2は$44-12=32$gである。よって，炭素12gからできる一酸化炭素は$12+32\div2=12+16=28$gである。また，気体の種類によらず，分子数が同じなら気体の体積は同じなので，28gの一酸化炭素と，44gの二酸化炭素と32gの酸素の体積は，どれも24Lである。

混合気体Ⅰから混合気体Ⅱへの変化では，二酸化炭素はそれ以上変化せず，(3)で書いた化学反応式のように，2体積の一酸化炭素と1体積の酸素から2体積の二酸化炭素ができる。このとき体積が4L減っていることから，8Lの一酸化炭素と4Lの酸素から8Lの二酸化炭素ができたことがわかる。以上のことから，混合気体Ⅰに含まれていた一酸化炭素の質量は，$28:24=x:8$より，$x=\frac{28}{3}$gであり，その一酸化炭素となった最初の炭素の質量は，$12:28=y:\frac{28}{3}$より，$y=4$gとなる。

(5)　(ア)　分子数が同じなら気体の体積は同じなので，(4)で考えた通り，32gの酸素の体積は，44gの二酸化炭素の体積と同じで，24Lである。

(イ)　酸素の体積がV〔L〕のとき，質量は，$32:24=x:V$より，$x=\frac{4}{3}V$〔g〕である。

(ウ)　$\frac{4}{3}V$〔g〕の酸素と20gの炭素を反応させたので，反応前の全体の質量は，$\frac{4}{3}V+20$〔g〕であり，質量保存の法則から，反応後の混合気体Ⅱの全体の質量も，$\frac{4}{3}V+20$〔g〕である。

やや難　(エ)　炭素は固体なので，気体の体積に含めない。最初にあった炭素20gは，混合気体Ⅱではすべて二酸化炭素になっている。$C+O_2 \rightarrow CO_2$の反応では，O_2の体積が減ったぶんだけ，CO_2の体積が増えるので，全体の体積の増減はない。最初の酸素の体積がV〔L〕だから，最後の混合気体Ⅱで，できた二酸化炭素と余った酸素の体積の合計もV〔L〕のままである。

(オ)　酸素V〔L〕の質量は(イ)の$\frac{4}{3}V$〔g〕であり，混合気体ⅡのV〔L〕の質量は(ウ)の$\frac{4}{3}V+20$〔g〕である。体積が変わらず，質量は(ウ)が(イ)の1.15倍だから，$\frac{4}{3}V\times1.15=\frac{4}{3}V+20$より，$V=100$〔L〕となる。

2 （イオン－電池，中和）

(1)　ア：正しい。二種類の金属を使った電池では，イオンになりやすい金属の方がマイナス極になる。ZnとCuを組み合わせた場合は，Znがマイナス極である。ZnとMgを組み合わせた場合は，Mgがマイナス極である。　イ：正しい。一度使い切ったらもう使えない電池は一次電池である。逆の反応を起こして充電し何度も使うことができる電池は二次電池である。　ウ：誤り。塩酸と水酸化ナトリウム水溶液を過不足なく中和させると，塩化ナトリウム水溶液になる。これを電気分解すると，陰極から水素H_2が，陽極から塩素Cl_2が発生する。

重要 (2) ア：誤り。問題文から，塩酸10mL中のH^+の数と，硫酸10mL中のH^+の数と，水酸化ナトリウム水溶液10mL中のOH^-の数はすべて等しい。ここで，塩酸の電離は$HCl \rightarrow H^+ + Cl^-$だから，塩酸10mL中の$H^+$の数と$Cl^-$の数は等しい。ところが，硫酸の電離は$H_2SO_4 \rightarrow 2H^+ + SO_4^{2-}$だから，硫酸10mL中の$H^+$の数に比べ$SO_4^{2-}$の数は半分である。以上のことから，塩酸10mL中のCl^-の数に比べ，硫酸10mL中のSO_4^{2-}の数は半分である。　イ：誤り。アのことから，両水溶液のH^+の数は同じだが，Cl^-の数よりもSO_4^{2-}の数が少ない。よって，塩酸10mL中の総イオン数よりも，硫酸10mL中の総イオン数は少ない。　ウ：正しい。アのことから，塩酸10mL中のH^+の数と，硫酸10mL中のH^+の数は等しい。このH^+がH_2に変化するので，発生するH_2の体積も等しい。

3 (植物の種類―単子葉類の特徴)

(1) 単子葉類は被子植物のうち子葉が1枚のものであり，根はひげ根で，葉の葉脈は平行脈のものが多い。一方，子葉が2枚の双子葉類は，主根と側根があり，網状脈のものが多い。

(2) 種子植物の花の雌しべには，のちに種子になる胚珠がある。その胚珠が，被子植物では子房に包まれているが，裸子植物では子房がなくむき出しである。

重要 (3) 種子植物の森林は，現在の地球上に広く存在する。今から約3億年前の古生代末には，シダ植物が森林を形成し，現在の石炭のもとになった。コケ植物や藻類は，水や養分を全身に通すしくみである維管束がないため，あまり大きくはなれない。

(4) 動物化石から草食であると推定できる根拠としては，歯が有力である。歯は骨格とともに化石に残りやすい。草食動物では，消化しにくい植物をすりつぶすために臼歯が発達している。また，頭部全体の化石が見つかれば，目のつき方が横向きであることからも，草食と推定できる。消化管の構造からも推定できそうだが，有機物でできている消化管は，死後にすぐ分解されるので，化石として残存しにくい。

(5) 種が生存し繁栄するためには，気温や降水量など環境の急激な変化があっても生き残ることが必要である。分裂や栄養生殖のような無性生殖の場合，同じ遺伝子の個体ばかりが増えるので，環境の急激な変化で全滅する可能性がある。しかし，有性生殖では，父母から半分ずつ遺伝子を受け継ぐため，親と子でも遺伝子の組合せが異なる。また，短いライフスタイルでは，毎年有性生殖が行われるため，数年経つと個体ごとに多様な遺伝子を持つことになる。すると，環境の急激な変化があったとしても全滅することはなく，種が生存できる可能性が高まる。

4 (太陽系―皆既月食の観察)

(1) 月の自転周期と公転周期は等しく27.32日である。そのため，地球から見た月はいつもほぼ同じ面が見えている。

(2) 東の地平線に日の出が見えようとしているときに，振り返ってみると西の地平線に沈みそうな月が見えている。日の出前の早朝に見える月なので，下弦の月と満月の間の形である。

(3) ア：誤り。月食は，月が地球の影に入るときに起こり，太陽・地球・月の順に並ぶ。
イ：誤り。皆既月食が赤く見えるのは，地球の大気を通るときに太陽光のうちの青色の光が散乱し，赤色の光だけが屈折して月に当たるためである。一方，火星が赤く見えるのは，火星表面に酸化鉄などの赤い物質が多くあるためである。　ウ：正しい。月食は，満月が欠けて見える現象である。　エ：誤り。満月のときは，地球のうち光の当たっていない部分が月に向いている。

(4) 地球に比べて月は，半径の$\frac{1}{4}$だから，体積は$\left(\frac{1}{4}\right)^3=\frac{1}{64}$である。質量は$\frac{1}{81}$である。密度は質量÷体積で表されるから，$\frac{1}{81}\div\frac{1}{64}=\frac{64}{81}=0.790\cdots$で，四捨五入により0.79倍である。

(5) 惑星は，太陽から近い順に，水星，金星，地球，火星，木星，土星，天王星，海王星であり，

7番目は天王星である。アは金星，イは土星，ウは海王星，エは天王星の説明である。なお，ウとエのそれぞれ第1文は，天王星，海王星に共通の内容である。第2文で区別できる。

5 （地学総合―地学分野の各現象）

(1)　ア：正しい。夏至は$90-35+23.4=78.4°$，冬至は$90-35-23.4=31.6°$である。
イ：誤り。星は1か月後には約2時間早く南中する。そのため，2月20日には午後7時にほぼ同じ場所に見える。

(2)　ア：誤り。1年あたりに堆積する砂や泥などの厚さは，場所や時代によりさまざまだから，地層の厚さと堆積期間はふつう比例しない。　イ：誤り。年代が分かる化石を示準化石という。示相化石では環境がわかる。

(3)　ア：正しい。暖められた陸の空気が上空へ動き，地表では海から陸へ空気が流れる。
イ：正しい。地点Aでは，北風→西風→南風の順に反時計回りに変化する。

(4)　ア：誤り。0，1，2，3，4，5弱，5強，6弱，6強，7の10階級である。
イ：正しい。震央から離れるにつれ，震度は徐々に小さくなることが多い。

6 （電流回路―消費電力の最大値）

（ア）　図1で回路を流れる電流は$\frac{V}{r}$〔A〕である。消費電力は，電圧×電流で，$V\times\frac{V}{r}=\frac{V^2}{r}$〔W〕である。

（イ）　（ア）から，分母のrが小さいほど消費電力は大きい。これは，電池の電圧Vが一定の場合，rが小さいほど流れる電流が大きいためである。

（ウ）　回路では，導線や電池の内部などにもわずかに電気抵抗Rがある。このRは避けられないもので，変化しない一定の値と考える。電熱線rの抵抗がRよりもはるかに大きい場合には，通常の練習問題のようにRを無視して考えてよいが，電熱線rの抵抗が小さくRに近い場合（本問ではrがRの10倍以内）では，無視することができない。

図1で回路全体の抵抗は$R+r$〔Ω〕だから，回路を流れる電流は$\frac{V}{R+r}$〔A〕である。電熱線にかかる電圧は，抵抗×電流で，$r\times\frac{V}{R+r}$〔V〕である。電熱線での消費電力Pは，電圧×電流で，$P=r\times\frac{V}{R+r}\times\frac{V}{R+r}=\frac{rV^2}{(R+r)^2}$〔W〕となる。

やや難　（エ）　$x=\frac{r}{R}$から，$r=xR$となり，（ウ）に代入すると，$P=\frac{xRV^2}{(R+xR)^2}=\frac{xRV^2}{R^2(1+x)^2}=\frac{x}{(1+x)^2}\times\frac{V^2}{R}$となる。

やや難　（オ）　（エ）の式で，$\frac{x}{(1+x)^2}$の分子を1にしなければならない。$\frac{x}{(1+x)^2}=\frac{x}{1+2x+x^2}$で，分母と分子をどちらも$x$で割ると，$\frac{1}{\frac{1}{x}+2+x}$となる。問題文の形にあわせて，$\frac{1}{2+x+\frac{1}{x}}$となる。

（カ）　$x+\frac{1}{x}$の最小値が2なので，$x+\frac{1}{x}$が分母にある$\frac{1}{2+x+\frac{1}{x}}$の最大値は$\frac{1}{2+2}=\frac{1}{4}$である。よって，（ウ）～（オ）のことから，電力Pの最大値は$P=\frac{1}{4}\times\frac{V^2}{R}$〔W〕となる。

（キ）　$x+\frac{1}{x}$のとき，両辺にxを掛けると$x^2+1=2x$となり，変形すると$(x-1)^2=0$だから，$x=1$である。$x=\frac{r}{R}$なので，$1=\frac{r}{R}$であり，$r=R$となる。つまり，電熱線の抵抗rが，それ以外の抵抗R

と等しいときに，電熱線の消費電力が最大になる。

(ク)　Rとrに流れる電流は同じなので，rが大きい方が，rにかかる電圧も大きく，電熱線で使われた消費電力の割合が大きい。なお，rを大きくすると，消費電力の割合は大きくなるものの，電流が減ってしまうため，消費電力そのものは増えていかない。消費電力を大きくしようとするのが，次の(ケ)の設問である。

(ケ)　Rとrが等しいとき，両者にかかる電圧も等しく消費電力は等しい。よって，電熱線の消費電力は回路全体の消費電力の半分である。なお，計算で求めるならば，(ウ)で考えた通り，回路を流れる電流は$\frac{V}{R+r}$[A]だから，回路全体での消費電力$P_{全}$は，電圧×電流で，$P_{全}=V\times\frac{V}{R+r}=\frac{V^2}{R+r}$[W]となる。(キ)のように$r=R$の場合，$P_{全}=\frac{V^2}{R+R}=\frac{V^2}{2R}$となる。(カ)を使うと，$\frac{P}{P_{全}}=\frac{V^2}{4R}\div\frac{V^2}{2R}=\frac{1}{2}$となる。

★ワンポイントアドバイス★

1や6のように文字式で考える設問にも恐れず，数値の場合の計算を思い浮かべて同様に解き進めよう。

<社会解答>

Ⅰ　問1　ア　H　イ　O　ウ　J　エ　M　オ　P　カ　F　キ　E　ク　I
問2　D，L，O　問3　I，S　問4　B　問5　G　問6　APEC　問7　③

Ⅱ　問1　A　奈良(県)　C　栃木(県)　問2　1　淀　2　高崎　問3　山梨(県)

Ⅲ　問1　ア，エ　問2　エ　問3　Ⅰ　30　Ⅱ　4　問4　(古)B(→)A(→)C(→)D(新)
問5　ウ　問6　自白

Ⅳ　問1　世界銀行　問2　アセスメント　問3　EPA　問4　希少性

Ⅴ　問1　イ　問2　エ　問3　横浜　問4　イ　問5　チグリス[ティグリス](川)，ユーフラテス(川)　問6　甲骨(文字)　問7　エ　問8　中大兄(皇子)
問9　⑨　清少納言　⑪　松尾芭蕉　問10　ア　問11　イエズス(会)
問12　太陽(暦)　問13　ウ

Ⅵ　問1　エ　問2　ウ　問3　(1)　東学　(2)　ウ　問4　ビスマルク　問5　イ
問6　冷戦　問7　アボリジニ[アボリジニー]　問8　(古)ウ(→)イ(→)ア(新)
問9　メスチソ[メスチーソ]

○推定配点○

Ⅰ　問1　各1点×8　他　各2点×6(問2・問3各完答)　Ⅱ　各2点×5
Ⅲ　各2点×7(問1完答)　Ⅳ　各2点×4　Ⅴ　各2点×14　Ⅵ　各2点×10　計100点

＜社会解説＞

Ⅰ（地理―世界の国々，資源・エネルギー）

問1　ア　ケベック州はカナダにある州であり，Hがあてはまる。　イ　ケベック州はフランスによって開拓が進められた地域であり，Oがあてはまる。なお，カナダは英語のほかにフランス語も公用語となっている。　ウ　イスラム教の聖地メッカはサウジアラビアの領域にあるので，Jがあてはまる。　エ　ボスポラス海峡はトルコのアジア部分とヨーロッパ部分を隔てている海峡なので，Mがあてはまる。　オ　1960年に海岸沿いの旧都から高原の現在地に遷都した国はPのブラジル。ブラジルの現在の首都はブラジリアである。　カ　ジャカルタはインドネシアの2023年2月時点での首都なので，Fがあてはまる。　キ　ブッダガヤはインド北東部に位置するので，Eがあてはまる。仏教はインドで始まった宗教である。　ク　第二次世界大戦後に南北に分断され，現在も分断されている国家には朝鮮半島の韓国と北朝鮮(朝鮮民主主義人民共和国)があり，朝鮮半島の南部に位置する韓国では，仏教徒よりもキリスト教徒の割合が高いので，Iがあてはまる。

問2　2023年1月時点で欧州連合(EU)に加盟している国は，Dのイタリア，Lのドイツ，Oのフランスがあてはまる。なお，Cのイギリスは2020年に欧州連合を離脱している。

問3　日本固有の領土を占拠し続けている国としては，択捉島や国後島などの北方領土を占拠しているSのロシアと，竹島を占拠しているIの韓国があてはまる。

問4　A～Sの19か国のうち，海外領などを除く本土領域が最も南に位置する国は，南アメリカ大陸の最南端が含まれているBのアルゼンチンである。

やや難　問5　イギリスの首都であるロンドンは経度0度の本初子午線が通るので，対蹠点の経度は180度となる。また，ロンドンは北半球に位置していることから，ロンドンの対蹠点は南半球に位置していると判断できる。南半球にあり，経度180度線に最も近い国としては，A～Sの19か国のなかではGのオーストラリアが適当である。

問6　G20の参加国の内，アメリカ合衆国・インドネシア・オーストラリア・カナダ・韓国・中国・日本・メキシコ・ロシアが参加している，環太平洋地域で経済協力を進めている国際組織は，APEC(アジア太平洋経済協力)である。

問7　中国，ブラジル，インド，ロシアの4か国のうち，石炭産出量が最も多い①は中国，原油産出量が最も多い②がロシアと判断できる。残る③と④のうち，1人当たりの国民総所得が多い方の③がブラジル，少ない方の④がインドと考えられる。よって，ブラジルに該当するのは③となる。

Ⅱ（日本の地理―日本の地形，都道府県の特徴）

問1　A　吉野杉は奈良県の吉野地域が産地なので，奈良県とわかる。奈良県は海に面しておらず，人口の9割以上が北部に集中している。　C　「日光の社寺」は栃木県日光市にある日光東照宮などが構成資産となっている，1999年に登録された世界文化遺産である。栃木県は海に面していない。

基本　問2　1　日本最大の面積を持つ湖は琵琶湖で，滋賀県にある。琵琶湖から流出する河川は，河口にある大阪府では淀川と呼ばれている。　2　太田市や桐生市は群馬県に位置している。群馬県で人口最大の都市は県庁所在地の前橋市ではなく，上越新幹線から北陸新幹線が分岐する高崎駅がある高崎市である。

問3　「海に面していない県」のうち，Aの奈良県，Bの滋賀県，Cの栃木県，Dの群馬県以外の県としては埼玉県，山梨県，長野県，岐阜県の4県がある。4県のなかで人口が最も少なく，県庁所在地の人口も最も少ないGは山梨県(県庁所在地は甲府市)と判断できる。なお，4県のなかで面積が最も大きいEは長野県，人口が最も多く県庁所在地の人口が100万人を超えているHは埼玉県と判断できるので，Fは岐阜県となる。

Ⅲ (公民―日本国憲法，基本的人権，地方自治，国民生活と福祉，平和主義)

問1 日本国憲法は第6条第1項で「天皇は，国会の指名に基いて，内閣総理大臣を任命する。」，第66条第2項で「内閣総理大臣その他の国務大臣は，文民でなければならない。」と規定しているほか，第67条第1項に「内閣総理大臣は，国会議員の中から国会の議決で，これを指名する。」という規定があり，第68条第2項は「内閣総理大臣は，任意に国務大臣を罷免することができる。」と規定している。よって，アとエが正しいと判断できる。内閣総理大臣は国会議員でなければならないが，衆議院議員でなければならないという規定はないので，イは誤りとわかる。また，内閣総理大臣は国会が指名し天皇が任命するので，ウは誤りとわかる。

問2 子どもの権利条約では，「種族的，宗教的若しくは言語的少数民族又は原住民である者が存在する国において，当該少数民族に属し又は原住民である児童は，その集団の他の構成員とともに自己の文化を享有し，自己の宗教を信仰しかつ実践し又は自己の言語を使用する権利を否定されない。」として少数民族の子どもに関する規定があり，エが誤っていると判断できる。子どもの権利条約では，人種，性別，宗教などによって差別されないことや，考えや信じることの自由が守られ，自分らしく育つことができること，あらゆる種類の暴力や虐待から守られることなどが規定されているので，ア・イ・ウはいずれも適当。

重要 問3 Ⅰ 都道府県知事となるには，日本国民で満30歳以上でなければならない。 Ⅱ 都道府県知事の任期は4年である。

問4 Aのキューバ危機は1962年のできごとで，Bのアメリカによるビキニ環礁での水爆実験は1954年，CのNPT(核兵器不拡散条約)は1968年に調印されており，Dのアメリカとソ連がSTARTⅠ(第一次戦略兵器削減条約)に調印したのは1991年である。よって，年代の古い順に並び換えるとB→A→C→Dとなる。

問5 国民負担率とは，国民所得に占める税や社会保障の負担割合のことなので，ウが入る。

問6 日本国憲法第38条は，第3項で「何人も，自己に不利益な唯一の証拠が本人の自白である場合には，有罪とされ，又は刑罰を科せられない。」と規定している。

Ⅳ (公民―国際政治，国際経済)

問1 東海道新幹線の建設にあたっては，世界銀行から融資を受けている。

基本 問2 大規模開発などの事業を行う前に，事業が自然などの環境にどのような影響があるかを調査することを，環境アセスメント(環境影響評価)という。

問3 貿易の自由化に加え，投資，人の移動，知的財産の保護や競争政策におけるルール作り，様々な分野での協力の要素等を含む，幅広い経済関係の強化を目的とする協定を，EPA(経済連携協定)という。

問4 人の限りない欲求に対して，消費することのできる資源に限りがあることを，希少性という。

Ⅴ (日本と世界の歴史―古代，近現代)

問1 国際連盟の本部は，スイスのジュネーブに置かれたので，イが適当。なお，国際連合の本部はアメリカ合衆国のニューヨークに置かれている。

問2 1862年に起こった，薩摩藩士がイギリス人を殺傷した事件は，生麦事件である。生麦事件の報復のために翌年にイギリスが砲撃を加えた場所は鹿児島で，この出来事は薩英戦争という。よって，エの組み合わせが正しい。なお，桜田門外の変は，1860年に大老井伊直弼が暗殺された出来事。

問3 1872年，日本で最初の鉄道が新橋と横浜の間で開通している。

問4 1872年に出された学制は学校制度を定めた法令であるが，義務教育を6年と規定したのは1907年なので，イが誤っており，アは適当とわかる。学制の制定後に全国に多くの小学校がつくられたが，なかには江戸時代の寺子屋をもとにしたものもあったので，ウは適当。学制が制定された当初は，授業料は無償でなかったこともあり，実際には小学校に通えない子どもも多くいたので，エは適当。

問5　メソポタミア文明は，ティグリス川(チグリス川)とユーフラテス川の2つの河川の流域で栄えた。

問6　殷において占いの結果を記す際に用いられた文字は，甲骨文字という。甲骨文字は，現在の漢字の基となっている。

問7　飛鳥文化には，中国や朝鮮半島の文化の影響がみられるので，エが誤っている。飛鳥寺は蘇我氏によって建てられた寺院なので，アは適当。法隆寺の五重塔や金堂は，現存する世界最古の木造建築とされるので，イは適当。飛鳥文化の頃の仏像や工芸品の多くは，渡来人の子孫によって製作されたと考えられているので，ウは適当。

問8　天智天皇は，即位前は中大兄皇子と呼ばれていた。

基本　問9　⑨　『枕草子』を著したのは，平安時代の国風文化の頃の女流作家である清少納言。　⑪　『奥の細道』を著したのは，江戸時代の俳人である松尾芭蕉。

問10　絵巻物は，一部だけを広げ，右から左へと巻きながら展開していくものなので，アが適当。

問11　フランシスコ＝ザビエルは，イエズス会に所属する宣教師である。

問12　日本は明治初期に太陽暦を導入している。

問13　ウの沖縄返還が1972年で，1970年代の日本のできごととして正しい。アの日米安全保障条約は1960年に改定され，日米新安全保障条約となった。イの国際連合への加盟は1956年。エの国鉄の分割・民営化は1987年。

Ⅵ　(日本と世界の歴史―古代，近現代)

問1　アの東海道新幹線の開通は1964年。イの公害対策基本法の制定は1967年，ウの日韓基本条約の締結は1965年，エのアジア・アフリカ会議の開催は1955年，オの東南アジア諸国連合(ASEAN)発足は1967年である。よって，エが1960年代の日本や世界で起きたできごととして誤っている。

問2　ローマ帝国では，はじめはキリスト教は禁止されていたが，4世紀にはキリスト教が公認されたので，ウが誤っている。古代ローマは，はじめは貴族を中心とする共和政であったが，紀元前1世紀ごろには皇帝を中心とする帝政となったので，アは適当。古代ローマでは広大な領域や多くの民族を支配するために，道路網や水道が整備されたり，法律が作成されたりしたので，イは適当。ローマは紀元前1世紀ごろに地中海一帯を統一しており，4世紀末に西ローマ帝国と東ローマ帝国に分裂しているので，エは適当。

重要　問3　(1)　1894年に朝鮮で東学を信仰していた人々が反乱を起こしている。この反乱は甲午農民戦争と呼ばれる。　(2)　日清戦争の講和条約である下関条約では，清は朝鮮の独立を認めているが，日本による朝鮮半島の領有は認めていないので，ウが誤っている。なお，下関条約では，清は遼東半島・台湾・澎湖諸島を日本に譲渡することや，賠償金を日本に支払うことなども認めている。日清戦争の主な戦場は朝鮮や清の遼東半島などであったことから，アは適当。日清戦争の講和会議は1895年に下関で行われたので，イは適当。下関条約が結ばれた後に，ロシアはドイツ，フランスとともに，日本に対して遼東半島を清に返還するように要求する三国干渉を行い，日本もこれを認めて遼東半島を清に返還したので，エは適当。

問4　ドイツの統一に際して，その中心となったプロイセン王国の首相は，ビスマルクである。

問5　日中戦争は宣戦布告なく始まっており，日本からの宣戦布告は行われていないので，イが誤っている。日中戦争は，1937年に北京郊外の盧溝橋で日中両国軍が衝突したことから始まっており，アは適当。日中戦争が始まると，戦闘は上海にも拡大し，日本軍は次々に兵力を増強したので，ウは適当。日中戦争において，日本軍は中国の首都南京を占領する際に，捕虜のみならず多数の非戦闘員を殺傷する事件を起こしており，エは適当。

問6　1989年にはマルタ会談で米ソ首脳が冷戦の終結を宣言している。

問7　オーストラリア大陸の先住民は，アボリジニ(アボリジニー)である。

問8　アの五・四運動は第一次世界大戦終結後の1919年に起こっている。イの日本政府が中国政府に対して二十一か条の要求を提出したのは，第一次世界大戦中の1915年。ウの孫文を臨時大総統とする中華民国の建国が宣言されたのは，1912年である。

問9　南アメリカにおける，ヨーロッパ系の白人と先住民との混血は，メスチソ(メスチーソ)と呼ばれる。なお，南アメリカにおけるヨーロッパ系の白人とアフリカ系の混血は，ムラートと呼ばれる。

★ワンポイントアドバイス★

日本と世界の地理・歴史・政治経済について，バランスよく学んでおこう。

＜国語解答＞

一　問1　a　氾濫　b　鍛　c　任　d　間欠　e　検索　問2　4　問3　2　問4　5
問5　(例)　無知であることによって大きなリスクを負っているのではないかということに後から気づくということ。(47字)　問6　1　問7　(例)　誤訳　問8　3

二　問1　a　2　b　3　c　5　問2　母が，僕の　問3　1　問4　4
問5　(例)　自分の問いに母は笑っただけで何も答えなかったこと。(25字)
問6　(例)　我が家には余裕がないはずなのに，母がひとりで施設に入ることを決めたと考えた(から。)(37字)　問7　2　問8　3

○推定配点○

一　問1　各2点×5　問5　10点　他　各5点×6
二　問1　各2点×3　問5・問8　各7点×2　問6　10点　他　各5点×4　計100点

＜国語解説＞

一　(論説文―大意・要旨，内容吟味，文脈把握，漢字の読み書き，ことわざ・慣用句)

問1　a　事物があふれるほど多く出回ること。「濫」を使った熟語には，他に「濫用」などがある。b　音読みは「タン」で，「鍛練」などの熟語がある。　c　音読みは「ニン」で，「責任」「任務」などの熟語がある。　d　一定の時間を置いて，物事が起こったりやんだりすること。　e　調べて探し出すこと。「索」を使った熟語には，「索引」「詮索」などがある。

問2　直後の文で「外国の通信社から入るニュース(外電)のうち日本語に翻訳されるのはたかだか10分の1にすぎない」と例を挙げ，その後で「全部翻訳されても情報をハンランさせて困るから」という理由を述べているが，実際に人間の翻訳者だけで全部翻訳することはできないので，これが本当の理由ではない。したがって，「単なる翻訳以上の利益を確保したい」とある1や，「多くの人が本当に必要なものに絞って」とある2は適当ではない。「情報の生産者側での」で始まる段落の「情報の生産者側での取捨選択が行われる主因は……人間の翻訳者にかかるコスト(費用と時間)が高いこと」に最適なのは4。3の「情報格差」については述べていない。「現代社会は」で始まる段落の「民主主義国家においても，実は情報は暗黙のうちに巧妙に統制されている」は日本人が得られる情報が少ないことを言っており，5にあるように「暗黙の了解事項」になっているわけではない。

問3　同じ文の「大量生産時代の画一性は時流を外れ，ニーズは各人各様で万人に共通な選択基準の存在は幻想にすぎない」から，「新聞離れ・テレビ離れが加速している」理由を読み取る。「ニーズが各人各様」は，新聞やテレビなどの一方的な情報は受け手のニーズを満たさないということになるので，2が最適。この同じ文の内容に，1の「世界情勢にとても追い付いていけないから」，3の「制約に縛られて」，4の「有料」，5の「無関心層の存在」は適当ではない。

基本　問4　「葦(よし)の髄(ずい)から天井(てんじょう)を覗(のぞ)く」は，葦の細い管を通して天井を見ても，全体を見渡すことはできないという意味を表す。直前の文の「情報が……10分の1しか届かない」状況に5が最適。他の選択肢は，「葦の髄から天井を覗く」ということわざや，直前の文の内容に合わない。

やや難　問5　同じ段落の「現代社会は……言葉の壁に起因する抵抗が大きく情報が生産者から消費者に全体の10分の1しか届かない」や「我々は知らないことが多すぎる」，「自分が無知であることが恥ずかしく感じられ」という叙述から，傍線部Ⓓの内容を読み解く。「無知である」ことの「恐怖」に気づく，という内容をまとめる。「恐怖」を大きなリスクを背負っていることに気づく，などの具体的な表現に置き換える。

やや難　問6　一つ目の●「米製大手ファイザーの新型コロナウイルスのワクチン」の問題が「日本では大きく取り上げられることはなかった」ために前もって対策を打てなかった，二つ目の●ロシアや中国のワクチンに関する報道がなされなかったために日本ではワクチン不足に悩まされ続けた，という内容に，1が最適。2の「情報の翻訳に時間がかかりすぎた」，3の「情報が一部誤っていた」，4の「取り返しのつかない結果」，5の「二転三転して混乱」に通じる内容はない。

問7　「この問題の」で始まる段落の「自動翻訳に誤訳があることを読者が織り込めば新しいマーケットが広がる」から，「自動翻訳」の「欠点」を抜き出す。

重要　問8　「我々は」で始まる段落の「VUCAの中で，世界から取り残されないためには，全ての日本人が多言語の情報を最小遅延で受信する手段の確保が喫緊の課題である」という筆者の主張に3が最も近い。最終段落に1の内容が書かれているが，筆者の主張の根拠であって，主張ではない。2も情報を得た後の補足にあたる。4の「人命にかかわる」に通じる叙述はない。5も読者側の心得であって，筆者の主張ではない。

二　(小説一情景・心情，内容吟味，文脈把握，脱文・脱語補充，語句の意味)

問1　a　「陶然(とうぜん)」と読む。酒に酔ってよい気持ちになることからできた言葉。　b　「咄嗟」は極めて短い時間のこと。　c　「欺」も「瞞」」もともにあざむく，だますという意味。〝自由死〟という言葉は聞こえが良いが「合法的な自死に他ならなかった」とする「僕」の考えからも意味を推察することができる。

問2　傍線部Ⓐ「僕は，はりきっていた」のは，母からの依頼を受けたためである。母からの依頼を受けた時の「僕」の気持ちを述べている部分を探すと，「僕は，喜んで応じた」で始まる段落に「母が，僕の生き方を認めてくれたようで嬉しかった」とある。

問3　傍線部Ⓑの「永い旅の荷物のような重み」という表現からは，「僕」が今になっても母の沈黙が気にかかっていることが読み取れる。直後の段落の「距離に換算される沈黙という考え方は……その一五六・八キロを辿る間に，母のそれは，ゆっくりと変質していったであろうから。そして，母がその時，何を思っていたのかという僕の想像は，どんな一瞬にも辿り着けない」という「僕」の心情の説明に1が最適。この「僕」の心情に，他の選択肢の内容はそぐわない。

問4　同じ段落の「瀬を早み岩にせかるる滝川のわれても末に逢はむとぞ思ふ」は，浅瀬の流れが速いので，岩にせきとめられる急流は二つに分かれてしまうがまた下流で合う，そのように私たちも別れてもまたいつか逢うだろうという意味なので，4が最適。歌の意味がわからなくても，後の「誰か，再会したい人がいるの？」という「僕」の言葉から推察することができる。

問5　母が「瀬を早み」の歌を諳んじて「その通りね」と言った後，「僕」は「誰か，再会したい人がいるの？」と訊ねたが，「母は笑って何も答えなかった」という二人の会話を指している。「僕」の問いに母は笑っただけで「何も答えなかった」こと，などと簡潔に述べる。

やや難　問6　傍線部Ⓔの直前の「そのこと」は，同じ段落の「母が，施設に入る決心をした」ことを指している。「そんな余裕はないはずだったが。」の「余裕」は，経済的な余裕を意味していることをふまえて，「～から。」に続くようにまとめる。

問7　直前の段落の「僕は明らかに，母の言葉を理解できていなかったが，体の方は既に恐慌に陥っていた」の「母の言葉」は，「お母さん，冨田先生と相談して，〝自由死〟の認可をもらって来たの。」を指している。「母の言葉」を聞いた後の「僕は，動けなくなってしまった。何か言おうにも口が開かず，呼吸さえ止まっていた……心臓が，棒で殴られた犬のように喚き出した」からは，「僕」の動揺と衝撃が読み取れ，この心情を述べている2を選ぶ。この時点で母は死んでいないので，1は適当ではない。「僕」の様子に，3の「確認したい」や4の「自然な最期を迎えてほしい」という冷静さは合わない。「医師」に対する驚きではないので，5も適当でない。

重要　問8　傍線部Ⓖの「困惑したような」からは「〝自由死〟」をしたいという自分の決心に対して「どうして？」と訊ねる息子に対する戸惑いが，「許しを請うような」からは何とか理解して欲しいと願う母の心情が読み取れる。この心情の説明として3が最適。同じ段落の「既に決断し」という描写に，1の「息子に相談すればよかった」という後悔や2の「悲観」はそぐわない。「時間を掛けて準備してきた」という母の表情に，4の「自分が決断するために息子を伊豆まで行かせた」や5の「思い出の伊豆を見ることができて満足したので」も合わない。

★ワンポイントアドバイス★

漢字の書き取りや語句の意味は，正確さが求められる。ふだんから，書き方や意味があやふやな場合には調べて確認するという作業を怠らないようにしよう。

2022年度

★★★★★★★★★★★★★★★★★★★★★★★

入　試　問　題

2022年度

東海高等学校入試問題

【数　学】（50分）　<満点：100点>

各問題の □ の中に正しい答えを記入せよ。なお，「その１」と「その２」の裏を計算用紙として使ってよい。

1　連立方程式 $\begin{cases} \dfrac{1}{\sqrt{5}}x+\dfrac{1}{\sqrt{7}}y=1 \\ \sqrt{5}\,x+\sqrt{7}\,y=1 \end{cases}$ の解は $(x,\ y)=($ ア $,$ イ $)$ である。

2　2022のすべての正の約数の第３四分位数は ウ ，平均は エ である。

3　図のように，各辺が x 軸と y 軸に平行な正方形ABCD，CEFG，FHIJがある。点Aは y 軸上にあり，関数 $y=ax^2$，$y=x^2$，$y=\dfrac{1}{9}x^2$ のグラフは，それぞれ点C，F，Ｉを通る。３つの正方形の面積がすべて等しいとき，

(1)　$a=$ オ である。

(2)　点Bを通る傾き－２の直線上にあり，x 座標が正である点Pについて，△PBJの面積が四角形ABIJの面積に等しくなるとき，点Pの座標は カ である。

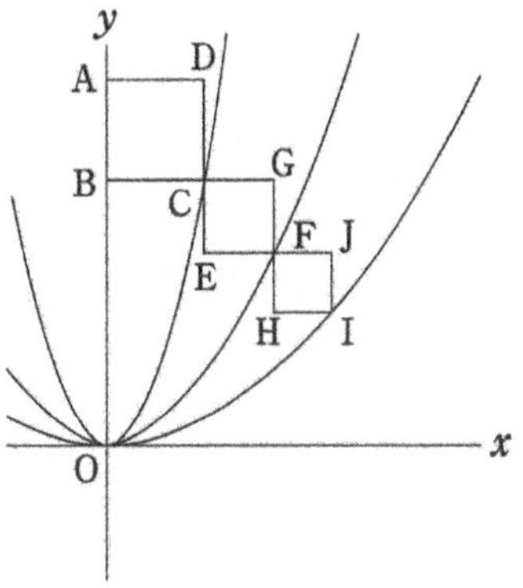

4　図のように１辺の長さが６ cm の正六角形ABCDEFがあり四角形ABCDの内部に点Pをとると，△PAB，△PBCの面積がそれぞれ$10\sqrt{3}\,\mathrm{cm}^2$，$8\sqrt{3}\,\mathrm{cm}^2$であるとき，

(1)　△PDAの面積は キ cm^2である。

(2)　点Pを通り，対角線ADに平行な直線と辺ABの交点をQとするとき，線分AQの長さは ク cm である。

(3)　辺BC上の点Rを，線分PRが辺BCに垂直となるようにとったとき，線分BRの長さは ケ cm である。

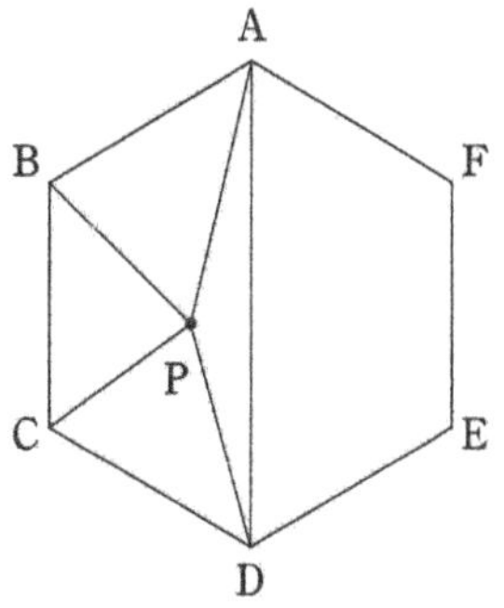

5　図のように，長さが６cm の線分ABを直径とする円Cと，円Cに点Bで内接する半径２ cm の円C′がある。点Aから円C′に引いた接線を ℓ，線分ABと円C′の点Ｂ以外の共有点をＳ，接線 ℓ と円C′の接点をＴとするとき，

(1)　円C，円C′，接線 ℓ で囲まれた斜線部の面積は コ cm^2である。

(2)　直線STと円Ｃの２つの交点を結んだ線分の長さは サ cm である。

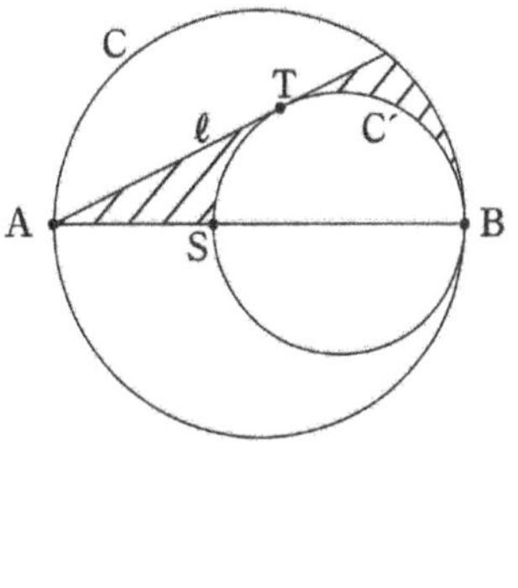

6 図のように，1辺の長さが $2\sqrt{3}$ cmの正四角錐OABCDにおいて辺OA，OB，OC，ODの中点をそれぞれA′，B′，C′，D′とし，辺AB，BC，CD，DAの中点をそれぞれK，L，M，Nとする。右図の太線のように正四角錐OABCDから四面体A′ANK，B′BKL，C′CLM，D′DMNを除いて得られる立体Xを考えるとき，

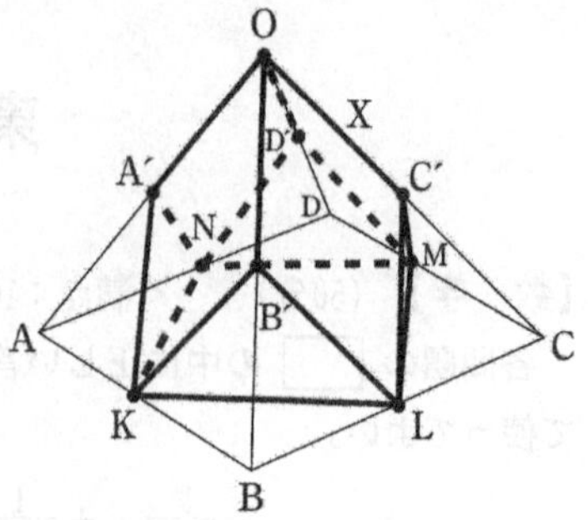

(1) 立体Xの体積は シ cm^3 である。

(2) 立体Xの表面積は ス cm^2 である。

(3) 立体Xの辺OD′，A′N，NK，ML，LC′，OB′上にそれぞれ点P，Q，R，S，T，Uをとる。
D′P＝1cm，B′U＝1cm であるとき，折れ線の長さPQ＋QR＋RS＋ST＋TUの最小値は セ cmである。

【英　語】（50分）　＜満点：100点＞　※リスニングテストの音声は弊社HPにアクセスの上，音声データをダウンロードしてご利用ください。

1 【リスニング問題】試験開始の約５分後に放送が始まります。

問１　これから５つのものについて英語で説明します。何についての説明かを答えなさい。ただし，答えは英語ではなく，日本語で書きなさい。説明はそれぞれ２回ずつ放送されます。

問２　２つの会話を聞き，以下のそれぞれの質問の答えを，数字または簡潔な日本語で書きなさい。会話はそれぞれ２回ずつ放送されます。

【会話Ａ】 6. ボブのお母さんの身長は何cmですか。
7. ボブの身長は何cmですか。

【会話Ｂ】 8. バンドは，東京で何回演奏する予定ですか。
9. バンドは，福岡で何曜日に演奏しますか。

2 次の会話文中の空所①～⑤に入れるのに適切な内容を，空所の前後をよく読んで考え，指示にしたがって英語で書きなさい。カンマなどの記号は語数に含めません。

Teacher: Today we will talk about how to protect ourselves from *COVID-19 in our daily lives. First, when we go out, there is something important to do. Do you know what it is?

Student A: [① **remember** を用いて６語以上の英語を書きなさい].

Teacher: Exactly. You should take it off only when you eat. Next, think about our classroom. We need to make sure it has a lot of fresh air all the time. How can we do that?

Student B: I think that [② keep を用いて６語以上の英語を書きなさい].

Teacher: You're right. If you do that, the air can move around. Next, let's turn to lunch time. What should we do before we eat?

Student C: [③ soap を用いて６語以上の英語を書きなさい].

Teacher: That's right. And don't forget to use a clean towel to dry them. Also, we usually have big *gatherings and ceremonies in the gym, but in this school year, we have canceled all of them. Do you know why?

Student D: We mustn't stand too close to each other, but [④ enough を用いて６語以上の英語を書きなさい].

Teacher: You got it. Unfortunately, our gym is too small. Finally, there is a lot of information about COVID-19 and other things on the Internet. But some information is not true. So [⑤ **believe** を用いて６語以上の英語を書きなさい]. Everyone, stay safe and stay healthy.

【注】COVID-19：新型コロナウイルス感染症　gatherings and ceremonies：集会や式典

3 次の英文を読み，空所①～⑥に入れるのに最も適切な語を語群から選び，必要があれば正しい形に直して書きなさい。ただし，同じ語を２度用いてはいけません。

Before traveling to Ferguson, Alicia, Patrisse, and Opal were already making their voices [①]. Opal set up the social media accounts. She encouraged Twitter users to share stories [②] why Black lives mattered. Alicia made protest signs and [③] them in the window of a local shoe shop. Patrisse marched down Rodeo Drive in Beverly Hills with a placard that [④] #BlackLivesMatter. She encouraged the people shopping or [⑤] lunch to take a moment of silence to [⑥] the Black lives taken by police violence.

［Adapted from *What Is Black Lives Matter?* by Lakita Wilson］

【語群】 explain / have / hear / put / read / remember

4 次の英文を読み，後の問いに答えなさい。

Norman Perceval Rockwell was born on February 3, 1894, in New York City. He was the second child of Nancy Hill Rockwell and Jarvis Waring Rockwell. Their first-born son, Norman's brother, Jarvis, was a year and half older [①] Norman. When Norman was born, the Rockwells lived on the fifth floor of a brownstone building on the Upper West Side of Manhattan.

The kids in the Rockwells' neighborhood spent a lot of time playing games, like tag and touch football. Jarvis was athletic and good at sports. He got picked for teams all the time. But Norman was thin and weak, and he did not get chosen to be on the team. Fortunately, Norman was good at something else: He could draw.

The Rockwell home was a quiet, serious place. Some nights Norman's father sketched copies of pictures from magazines. Norman often sat and watched him, and tried to copy things his father drew. Norman's father also read aloud to the family at night. As his father read, Norman drew the characters in the story. He tried to imagine [②] they looked like and how they acted. Some of the books he read were by the famous British author Charles Dickens.

Norman's mother was often sick, and she stayed in bed a lot. So Norman and Jarvis ③ were often left to look after themselves. Norman's father was always worried about his ill wife and took care of her. But he didn't pay much attention to his sons. Because of this, Norman did not always feel loved at home, and he sometimes felt very alone. Those feelings stayed with Norman throughout his life.

At least Norman had his drawing. He was able to find joy and happiness while he was sketching. And he was good at it. ④ Norman began to wonder, "Maybe this is something that I can do for a living."

Norman's eighth-grade teacher saw that he had talent. She encouraged him to draw pictures to go along with his reports. Norman loved doing this. He drew soldiers and *covered wagons for his history reports, and bears, lions, and elephants for his science reports. Norman's teacher even allowed him to fill the blackboards with drawings. The other students were impressed by Norman's work. And Norman was proud and excited when people ⑤ appreciated it.

Every summer, the Rockwell family left New York City to spend time in the countryside. It was a big change for Norman and Jarvis. In the countryside, they swam in ponds, fished in lakes, and looked for frogs. Norman loved this time away from the city. He loved the fresh air, green grass, and peace and quiet. Plus, he didn't have to worry about being attacked in the street. Later in life, the memories of these summers played a big part in his career as an illustrator.

⑥ As he got older. Norman made up his mind to realize his dream of becoming an artist. He decided that the best way to do this was to go to art school. Norman's parents didn't really support his choice, but they did not stop him. Norman got part-time jobs to make money to pay for school. ⑦[he / made / the money / with]. Norman was able to attend classes at the New York School of Art. After some time there, he switched to the National Academy of Design.

In 1906, when Norman was twelve, the Rockwells moved out of New York City to a nearby area called Mamaroneck. Twice a week, Norman traveled by bus, train, and subway to get to his classes in New York City. It took him two hours each way. Norman often ⑧[felt / make / the journey / tired / to / too]. But he really wanted to become an artist, and that was the thing he needed to do. [⑨], Norman loved his classes. He was with other students who were interested in the same things as he was. It was not a problem anymore that Norman was tall and thin, with spaghetti arms. All anyone cared about ⑩[could / draw / he / how / was / well].

However, Norman soon realized that he would not be able to keep up with this schedule. It was too hard to go to high school in Mamaroneck, work part time, and take art classes in New York City. [⑪] at the end of this junior year, Norman dropped out of high school. He decided to attend full time an art school called the Art Students League. It was one of the most famous art schools in the country. [⑪], at the age of seventeen, Norman went back to New York City.

Norman started classes at the Art Students League in October 1911. For the next three years, Norman learned ⑫[about / as / as / could / he / much] drawing and illustrating. Every day, Norman and the other students packed into rooms with their pads of paper and *charcoal. Norman and his classmates students sketched models and studied the human form.

The Art Students League was started by a group of art students, including Howard Pyle. He was one of the most famous illustrators of the "Golden Age of Illustration" at the end of the 1800s. Norman thought Howard Pyle was one of the greatest illustrators ever. Illustrators are artists whose work appears in books, magazines, and sometimes calendars and greeting cards, instead of in museums or art galleries. ⑬ They draw with pencils and crayons, and paint as well. Norman admired the work these illustrators did. In their pictures, the characters came to life and you felt like you were yourself in the picture. Norman felt that being an illustrator was "a profession with a great tradition, a profession I could be proud of." ⑭ Norman took his classes at the art school so seriously that his classmates called him "the *Deacon." The other students often went out to enjoy the sights, sounds, and nightlife of New York City. Many worked when they felt like it, sometimes in the middle of the night. But Norman never missed lunch, and he never worked through the night. He had very strict habits, and ⑮ he didn't let anything draw him away from them.

【注】 covered wagon：幌馬車　charcoal：木炭　Deacon：執事（キリスト教で，神に仕える者のこと）

[Adapted from *Who Was Norman Rockwell?* by Sarah Fabiny]

問1　空所①②に入れる上で最適な英語1語をそれぞれ答えなさい。

問2　下線部③⑤⑮の意味の説明として最適なものをそれぞれ選び，記号で答えなさい。

③ ア　兄弟でお互いの姿をしばしば見つめ合っていた
　 イ　自分探しの旅に出かけることがよくあった
　 ウ　たいてい自分のことは自分でやらねばならなかった
　 エ　ふだん自分の自由に使える時間がたくさんあった

⑤ オ　ノーマンが黒板に描いた絵を高く評価した
　 カ　ノーマンが黒板に落書きしたことを叱った
　 キ　ノーマンがレポートに描いた絵が好きだった
　 ク　ノーマンにレポートの題材に沿った絵を描かせた

⑮ ケ　決まりきった習慣の中に絵の題材を見出すことはなかった
　 コ　自分が持つ厳格な習慣から逸脱することは決してなかった
　 サ　美術学校で学ぶ他の学生から絵の着想を得ることはなかった
　 シ　美術学校で共に学ぶ仲間から決して離れることはしなかった

問3　下線部④⑥⑬⑭をそれぞれ日本語に直しなさい。ただし，下線部④⑬はそれぞれ代名詞の指す内容を明らかにした上で訳すこと。

問4　下線部⑦⑧⑩⑫のカッコ内の語句を，それぞれ文脈に合う意味になるよう並べ替えなさい。ただし文頭に来るべき語も小文字で示されています。

問5　空所⑨⑪にそれぞれあてはまる語を1つ選び，記号で答えなさい。空所⑪は2箇所とも同じものが入ります。

ス　Besides　　セ　For example　　ソ　However　　タ　So

問6　本文の内容に一致する英文を2つ選び，記号で答えなさい。

チ　At the age of 12, Norman moved out of New York City to a farm in the countryside. This experience later helped his career as an illustrator.

ツ　Norman's older brother, Jarvis, was athletic and good at sports, so he paid no attention to his younger brother and played games all the time.

テ　Norman's mother was often in poor health, and his father always had to nurse her. So Norman could not spend any time with his father in his childhood.

ト In 1906, when Norman commuted to his art school in New York City, he had to spend four hours on several different types of public transport.

ナ At the Art Students League, Norman was a hard-working student, but he tried to keep regular hours and did not work until late at night.

ニ Howard Pyle drew interesting characters in books and magazines, and Norman thought this classmate of his was one of the best illustrators of his age.

【理　科】（50分）　＜満点：100点＞

大問１～５の解答欄は「理科　その２」の紙に，大問６～８の解答欄は「理科　その３」の紙にある。

1　同じ種類の電池と，同じ種類の豆電球を使って図１のＡ～Ｄのように配線したところ，それぞれ豆電球ア～オが光った。

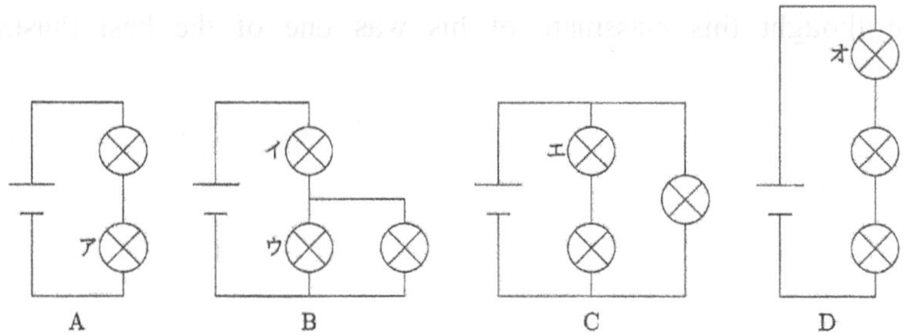

図１

⑴　電池から流れる電流が大きいものから順に配線Ａ～Ｄを並べ，下の例のように不等号「＞」を用いて大小関係を表しなさい。

例：（Ａの電池から流れる電流が最も大きく，Ｂ，Ｃ，Ｄの順に電池から流れる電流が小さくなる場合は，Ａ＞Ｂ＞Ｃ＞Ｄと書く。）

⑵　豆電球アとイ，アとエ，ウとエ，ウとオのそれぞれについて，どちらが明るいか。明るい方を答えなさい。ただし，明るさが同じ場合は解答欄に「同じ」と記入しなさい。

2　図２のように，１Ｎの力を受けると３㎝伸びるばねの一端を天井に固定し，他端に重りＡをつるした時のバネの伸びと，重りＢをつるした時のバネの伸びはそれぞれ３㎝，６㎝であった。図３のように，このばねに重りＡを，重りＡに重りＢをつなげてつるした時のバネの伸びは９㎝となるが，その理由を考えたい。以下の文章の空欄の⑴～⑸にはＰ：「作用反作用の法則」もしくはＱ：「力のつり合い」のどちらかが入る。適切な方を選んで，ＰまたはＱの記号で答えなさい。

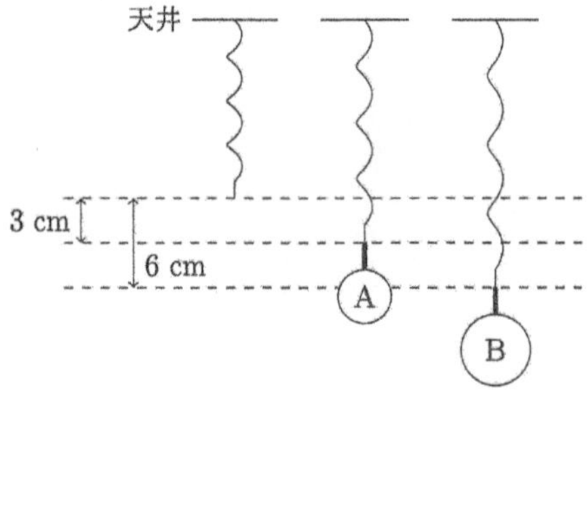

図２

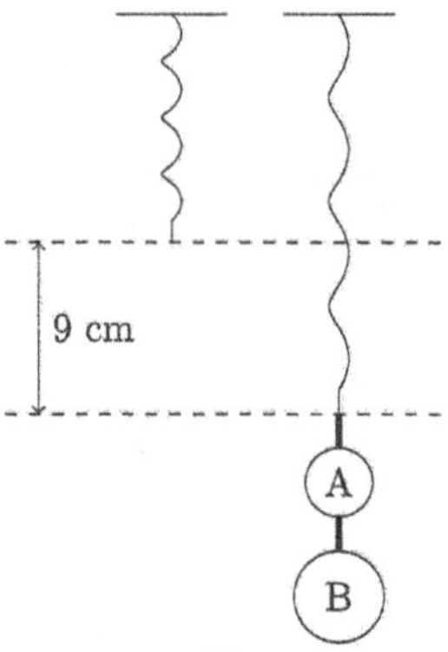

図３

図２において，Ｂがばねから受ける力の大きさは２Ｎである。よって（　１　）より，Ｂが受ける重力の大きさは２Ｎであることがわかる。

図３において，Ｂが受ける重力の大きさは２Ｎなので，（　２　）より，ＢがＡから受ける力の

大きさは2Nとなる。すると，AがBから受ける力の大きさは（　3　）より，2Nとなる。Aが受ける重力の大きさは1Nなので，（　4　）より，Aがばねから受ける力の大きさは3Nとなることがわかる。よって，（　5　）より，ばねがAから受ける力の大きさは3Nとなるので，ばねの伸びが9㎝となる。

3　以下は，石炭火力発電の仕組みとエネルギーの移り変わりとの関係についての文である。空欄(1)～(4)に最も適切な語を下の語群から選んで答えなさい。ただし，空欄(1)～(4)には異なる語が入る。

石炭火力発電は，（　1　）エネルギーを持っている石炭を燃やして，（　1　）エネルギーを（　2　）エネルギーに変え，さらにそれを水蒸気の（　3　）エネルギーにしてタービンを回し，発電機で（　4　）エネルギーに変換している。

語群	位置　運動　音　化学　核　再生可能　自然　省　弾性　電気　熱　光

4　紀元前3500年以前は，人類は石器や木材を道具として扱っていた。その後，金属の発見とその道具としての利用は「ヒト」文明を飛躍的に発展させた。武器や道具に用いられた金属は時代とともに青銅器から鉄器へと変化し，今では生活に欠かせないものとなっている。

金属は天然金属として出土するものもあるが，ほとんどは黄銅鉱（主成分は$CuFeS_2$）や鉄鉱石（赤鉄鉱Fe_2O_3や磁鉄鉱Fe_3O_4）などの鉱石として採掘され，高度な火の利用によって還元することで得られてきた。

鉄は現在，最も広く利用されている金属である。日本での鉄の歴史は弥生時代までさかのぼることができ，古来より「たたら製鉄」として，その製錬方法が受け継がれてきた。現在は，高炉や転炉で炭素の分量を調整することにより，硬さやねばりけの異なる鉄がつくられたり，マンガンやタングステンなど種々の金属を混ぜて，多様な特性を持った特殊鋼にしたりしている。

(1)　下線部について，鉄器よりも青銅器の方が先に広まった理由として最も適当なものを，選択肢ア～エから1つ選び，記号で答えなさい。

ア．鉄を含む鉱物よりも，銅を含む鉱物の方が地殻中の存在量が多かった。

イ．当時の人々は宗教上の理由から，鉄よりも青銅の方に神が宿ると考えていた。

ウ．鉄よりも青銅の方が融点が低く，加工が容易であった。

エ．鉄よりも青銅の方が安価であり，流通しやすかった。

(2)　青銅は銅とスズの合金である。スズの元素記号として適するものを，選択肢ア～カから1つ選び，記号で答えなさい。

ア．K　　イ．Ag　　ウ．Al　　エ．Sn　　オ．Si　　カ．Zn

(3)　鉄の酸化物について，(　)にあてはまる最も簡単な整数比と化学式を入れ，文を完成させなさい。

> 酸化鉄にはFeO，Fe_2O_3，Fe_3O_4 があるが，同じ質量の鉄と化合している酸素の質量比は（　　）:（　　）:（　　）であることから，鉄1原子あたり最も酸化されている酸化鉄は（　　）である。

黄銅鉱から銅を製錬する過程は次の通りである。

まず鉱石にケイ砂SiO_2を加え，燃料としてコークスを用いて溶鉱炉で溶かす。

$2CuFeS_2+(\ x\ )O_2+(\quad)SiO_2 \rightarrow Cu_2S+(\quad)FeSiO_3+(\quad)SO_2$……①

この反応で，硫化銅Cu_2Sは炉の下層に沈み，上層に浮いたケイ酸鉄$FeSiO_3$と分離する。得られた硫化銅を転炉に移し，空気を吹き込むと，銅が遊離する。

$Cu_2S+O_2 \rightarrow 2Cu+SO_2$……②

この銅はわずかながら不純物を含み，これを粗銅と呼ぶ。

(4) 化学反応式①中の係数（x）を整数値で答えなさい。

鉄原子と銅原子の質量比は7：8であり，銅原子と酸素原子の質量比は4：1である。また硫黄を燃焼させると生じる二酸化硫黄に含まれる硫黄と酸素の質量比は1：1である。以下の問いに答えなさい。

(5) 硫化銅の銅と硫黄の質量比はいくらか。最も簡単な整数比で答えなさい。

(6) 920gの純粋な$CuFeS_2$に含まれている銅をすべて還元したとき，純度98%の粗銅が何g得られるか。小数第1位を四捨五入して，整数値で答えなさい。

5 電解質A～Eは，下の陽イオンと陰イオンか一種類ずつ組み合わせてできている。

陽イオン		陰イオン	
ナトリウムイオン	カルシウムイオン	炭酸イオン	水酸化物イオン
水素イオン	銅イオン	炭酸水素イオン	塩化物イオン

電解質A～Eについて，次のⅰ～ⅵのことがわかっている。

ⅰ A～Eは水溶性であり，(あ)Bの水溶液のみが有色であった。

ⅱ A～Eの水溶液のうち2つを混ぜたところ，気体を発生したのはAとC，AとDの組み合わせであり，発生した気体をEの水溶液に通したところ白濁した。

ⅲ 白金線にA～Eの水溶液をつけ，炎の中に入れたところ，A以外は炎色反応が起こり，(い)C，Dは同じ色の炎が観察できた。

ⅳ (う)Cの固体を加熱したところ，気体を発生しながらDへと変化した。

ⅴ DとEの水溶液を混ぜたところ，白色沈殿を生じた。

ⅵ Aの水溶液を電気分解したところ，陽極からは気体X，陰極からは気体Yが発生した。気体XはBの水溶液を電気分解したときにも陽極から発生した。

(1) 下線部(あ)，(い)の色を次の選択肢からそれぞれ選びなさい。

選択肢：青色，無色，紫色，青緑色，褐色，黄色，紅色

(2) 下線部(う)の反応を化学反応式で表しなさい。

(3) 気体X，Yをそれぞれ化学式で表しなさい。

(4) 電解質B，Cの名称を答えなさい（化学式は不可）。

6 次の文を読み，あとの問いに答えなさい。

ダーウィンは23歳のときにビーグル号と呼ばれる観測船に乗り，世界一周をする中でガラパゴス諸島などに立ち寄って，様々な生物を観察した。そして，後に「種の起源」という著書の中で，それまでヨーロッパで支配的であった生物の種は不変であるという考えとは異なる考えを提示し，大

きな影響を与えた。

それは，(あ)長い時間を経る間に生物が変化して，新たな生物の種が現れたという考えである。

このような，サクラ，シイタケ，ヒトなど，形や生活様式が大きく異なる生物も，共通の祖先から，長い歴史の中でそれぞれの道を進んで，現在のそれぞれの種に至ったという新しい視点は，現代の生物学にも大きな影響を与えている。

このような視点を持って，(い)カエルの前あし，スズメの翼，クジラの胸びれ，そしてヒトの腕の骨格を比較すると，いずれの部位も，共通の祖先となる生物の同じ部分から変化してできたと考えられる。

ダーウィンの時代には分からなかったことだが，同じ視点で現代技術を用いて生物を調べると，(う)DNAにも，長い年月を経る間に生物が変化してきたと見られる状況証拠がきざまれている。

ダーウィンは，上記の著書で有名だが，(え)ミミズに関しても40年にわたってじっくりと観察や実験を重ね，「ミミズによる腐植土の形成」という著書を書いている。

(1) 下線部(あ)のような考えを漢字２字で何といいますか。

(2) 下線部(あ)の状況証拠の１つともいえる，下線部(い)の共通祖先の同じものから変化したと考えられる体の部分を何といいますか。

(3) 下線部(う)のDNAに関するア～キの選択肢のうち，明らかに誤っているものを２つ選び，記号で答えなさい。

ア．DNAは物質ではない。

イ．DNAは核に含まれる。

ウ．DNAは染色体に含まれる。

エ．DNAを変化させる技術によって，今まで時間をかけて作っていた農作物に適した生物が作りやすくなった。

オ．家畜の個体を判別するのに，DNA鑑定が用いられている。

カ．父親１個体に含まれる全DNAの半分の量が，精子１個に含まれる。

キ．DNAをブロッコリーの花芽から取り出すために食塩水やエタノールを用いるが，あらかじめ細胞を壊しておいてから，それらを用いないと，ほとんどDNAを取り出すことはできない。

(4) 下線部(え)のミミズについて，以下の文を読み，(a)，(b)に答えなさい。

ミミズは，土の中の（　A　）機物を取り込んで，呼吸によって生活に必要なエネルギーを得ているという点では（　B　）者であるが，落ち葉などの生物の死がいやふんを取り込んで（　C　）機物にかえる役割の一部を担っているという点では（　D　）者であるといえる。後者の役割によって，ミミズは，土に植物の肥料が作られるのを促しているとみることもできる。

(a) （A）～（D）に当てはまる語を答えなさい。

(b) ダーウィンの著書では，１ヘクタールに生息するミミズの数が133,000匹であるという報告が紹介されている。そこで，T君は，自宅近くの手入れされていない草原$100\,\mathrm{m}^2$には同じくらいの数のミミズがいるか，そしてK牧場の牧草地には，どれくらいの数のミミズがいるかが気になったので調べることにした。

『調べたのは，ミミズが生息していると考えられる30㎝の深さ（これまでの知見から30㎝以上深い土壌には，ミミズはいないとする）までとした。ある$1\,\mathrm{m}^2$の区画を１カ所だけ掘って，その土をふるいにかけ，ミミズの成体の数を数えたところ15匹いた。このことから，自宅近くの草原100m²には1,500匹のミミズがいると推定した。』

これまでの経緯をI先生に報告し，同様の方法で，K牧場の牧草地にいるミミズの数を調べようとしたところ，I先生から適切でないところを指摘してもらった。

① 生息するミミズの概数を調べる方法として適切でないところを文中の『 』から抜き出しなさい。(適切でない部分が分かる箇所が抜き出してあればよい。)

② 生息するミミズの概数を適切に調べるためには，どのように変えればよいですか。

7 太陽と月は天球上で特に大きく明るい二天体であり，古代からその性質について調べられてきた。太陽および地球，月は球体であるとして，以下の問いに答えなさい。

(1) 古代ギリシャのアリスタルコスは皆既月食にかかる時間を用いて，地球と月の大きさのおおよその比を見積もった。図4を参考に，月の一部が地球の影に入る直前から月の全てが地球の影に入るまでの時間 t〔秒〕と，月の全てが地球の影に入っている時間 T〔秒〕を用いて，月の半径は地球の半径の何倍であるか答えなさい。ただし，太陽光は平行光であるとする。また，地球の公転面と月の公転面が一致しているものとし，月食の間，月は一定の速さで図のように真っ直ぐ動いたとする。

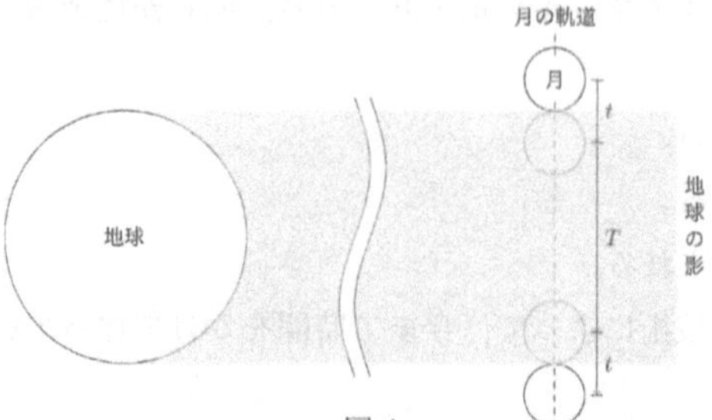

図4

(2) 月の大きさがわかれば月までの距離を見積もることができる。C君は晴れた満月の夜に，半径0.01mの円1つとC君と円までの距離 d〔m〕および月の半径 r〔m〕を用いて，C君と月の距離を見積もった。このとき，円をC君から見てどのように配置するのか説明し，その方法で測定したC君と月の距離を d, r を用いて表しなさい。

(3) 月までの距離がわかれば太陽までの距離を見積もることができる。アリスタルコスは半月のときの太陽Sと地球Eと月Mのなす角度（∠SEM）θ〔°〕を用いて，地球から太陽までの距離を見積もった。図5を参考に，地球から太陽までの距離を，地球と月との距離 D〔km〕，θ を用いて表しなさい。ただし，θ〔°〕は90°に近い値なので，EMの長さは円弧EM'（Sを中心としたSEを半径とする円の一部）の長さと等しいとみなして見積もりなさい。

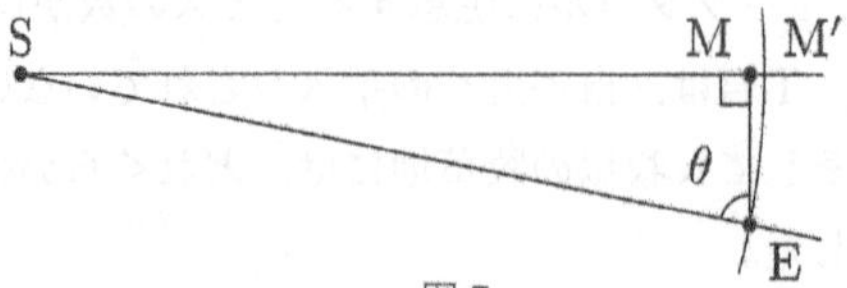

図5

(4) 太陽に関するア～エの選択肢のうち，誤っているものを1つ選び，記号で答えなさい。

ア．太陽の主成分は水素とヘリウムで，中心部では水素がヘリウムに変わる核融合反応が起こっている。

イ．黒点は周囲に比べて温度の低い領域で，太陽活動が弱まっているときは黒点の数が多い。

ウ．黒点の位置が時間とともに変化することから太陽の自転の速さを測定できる。

エ．天体望遠鏡を用いて太陽を観察するときは，本体のレンズや付属のファインダーを直接のぞかないようにする。

8 以下の問いに答えなさい。

(1) 地表面が太陽から受け取るエネルギーを考えると気候の大まかな傾向がわかる。夏に気温が上がる要因の１つとして，可照時間（地形の起伏が全くないと仮定した場合の太陽が昇ってから太陽が沈むまでの時間）の増加が考えられる。このことについて，次の(a)，(b)に答えなさい。

(a) 夏に気温が上がる理由のうち，可照時間の増加以外の要因として最も適当なものを選択肢ア～エから１つ選び，記号で答えなさい。

ア．地表面が太陽に近づき，地表面が受ける太陽光が強くなるため。

イ．地表面が太陽に対してより正対し，地表面が受ける太陽光の総量が増えるため。

ウ．太陽光が通過する大気の層が薄くなり，オゾン層で吸収される太陽光の量が減るため。

エ．強い風によって温室効果ガスの量が減少し，温室効果で吸収される太陽光の総量が減るため。

(b) 可照時間は位置によって異なる。夏至の日の(ア)名古屋（北緯35度東経137度），(イ)ドバイ（北緯25度東経55度），(ウ)クアラルンプール（北緯３度東経102度）の三都市を，可照時間の長い順に並べ，記号で答えなさい。

(2) 惑星について，次の(a)，(b)に答えなさい。

(a) 日没直後，東の空に現れることがない惑星を以下のうちからすべて選びなさい。

ア．火星　　イ．水星　　ウ．木星　　エ．金星　　オ．土星

(b) 太陽系内の惑星は地球型惑星と木星型惑星に分類される。地球型惑星は木星型惑星に比べて直径，密度，衛星の数についてどのように異なるか。それぞれ解答欄の選択肢から正しいものを○で囲んで答えなさい。

【社　会】（50分）　＜満点：100点＞

Ⅰ　次の表のA～Hは，世界の面積上位8か国を示している。下の問い（問1～5）に答えよ。

	1人あたりGNI（ドル）	面積（万km^2）	人口（万人）
A	65,897	983	33,100
B	53,620	769	2,550
C	45,935	998	3,774
D	11,281	1,710	14,593
E	9,980	960	143,932
F	9,680	279	4,519
G	8,523	851	21,255
H	2,092	329	138,000

統計年次は、1人あたりGNI2019年、面積2019年、人口2020年。『世界国勢図会』2021/22年度版による。

問1　次の各文(1)～(4)は，表中のA～Hのいずれかの国に該当する。適当なものを一つずつ選べ。

(1)　首都の周辺にはパンパと呼ばれる草原が広がり，南部には乾燥帯が広がっている。

(2)　経済開放政策の進展により，沿岸の都市部と内陸の農村部との経済格差が広がっている。政府は西部大開発を進めている。

(3)　数学の教育水準の高さや英語を話せる技術者が多いことを背景に，時差を生かしたソフトウェアの開発が進んでいる。

(4)　内陸部は降水量が少なく乾燥帯が広がり人口は少ない。温帯が分布する東岸や南岸に人口が多く，二大都市の中間点に首都が位置する。

問2　北米自由貿易協定は失効し，代わりに2020年7月に新協定が発効した。この協定を構成する3か国について，A～Hの中から加盟国を記号で答え，A～Hに該当国がない場合は国名を答えよ。

問3　A～Hの中で，人口密度が最も低い国を記号で答え，人口密度（人／km^2）を小数点以下で切り捨てた整数で答えよ。

問4　A～Hの中で，アジアとヨーロッパに国土がまたがる国を記号で答え，両地域を東西に分界する山脈名を答えよ。

問5　A，D，Gの国の首都名を答え，それぞれの位置が入る領域を下の図ア～タの中から記号で答えよ。

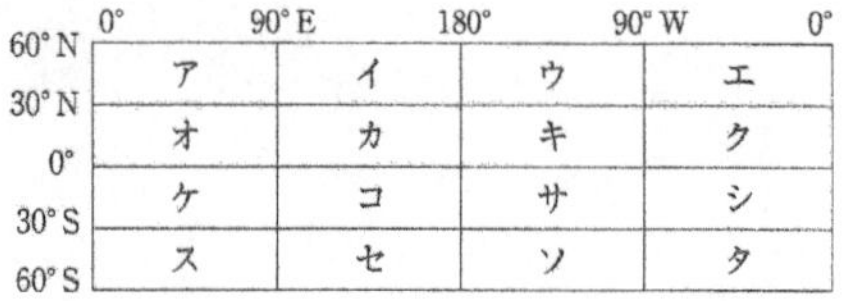

Ⅱ　次の文(1)～(3)は，日本海に注ぐ河川について述べたものである。下の問い（問1～4）に答えよ。

(1)　隣県に水源を発する。県庁所在地を流れて日本海に注ぐ。上流にある神岡鉱山から出された廃液に含まれた（　A　）が原因となりイタイイタイ病とよばれる公害病が流域で発生した。

(2)　一つの県で源流から河口まで流れる。日本三大急流の一つに数えられる。上流域の盆地では果物の栽培が盛んで，下流域の平野では稲作が盛んである。

(3)　隣県にほとんどの水源があり，隣県の旧国名（　B　）が河川名となっている。政令指定都市を流れて日本海に注ぐ。下流域は稲作地帯が広がり，米を原料とした米菓やもちなどの食品工業も盛んである。

問１　(2)の文に該当する河川名を答えよ。

問２　文中の空欄（Ａ）と（Ｂ）にあてはまる語句を答えよ。

問３　秋田市から福井市へ日本海沿いに向かう際，(1)~(3)の河川を越える順に並び換えよ。

問４　下の表は，(2)の河川が流れる県に接する４つの県の県庁所在地の人口，農業産出額に占める米の割合，製造品出荷額等を示したものである。**エ**に該当する県名を答えよ。

	ア	イ	ウ	エ
県庁所在地の人口（千人）	1,065	784	305	275
農業産出額に占める米の割合（％）	43.4	60.1	58.3	39.0
製造品出荷額等（億円）	45,590	50,113	12,998	51,232

統計年次は、県庁所在地の人口は2021年、農業産出額・製造品出荷額等は2019年。『データでみる県勢』2022年版による。

Ⅲ　2021年のできごとを示した次の表をみて，下の問い（問１～６）に答えよ。

1月	ジョー＝バイデン氏が第46代①アメリカ大統領に就任した。
9月	②自由民主党の総裁選挙で岸田文雄氏が第27代総裁に選出された。
10月	③最高裁判所裁判官国民審査が実施され、対象となった11人全員が信任された。
11月	経済対策として、④子育て世帯に対する給付を実施することが閣議決定された。
12月	国土交通省による⑤基幹統計の書き換えが問題となった。
12月	岸田政権初の⑥憲法審査会が開かれた。

問１　下線部①に関連して，アメリカ独立宣言の内容として，もっとも適当なものを次のア～エから一つ選べ。

ア．基本的人権の保障　　イ．社会権の保障　　ウ．奴隷制度の撤廃　　エ．女性の社会参加

問２　下線部②に関連して，政党交付金について述べた文として，誤っているものを次のア～エから一つ選べ。

ア．政党交付金は，基準を満たした政党の申請に対して与えられる。

イ．政党交付金の総額は，人口に250円を乗じた額が基準とされる。

ウ．政党交付金の使途は，報告が義務付けられている。

エ．政党交付金によって，政党と特定の企業の結びつきが強まった。

問３　下線部③に関連して，今日の日本の司法制度について述べた文として，もっとも適当なものを次のア～エから一つ選べ。

ア．取り調べの際は，いかなる場合でも黙秘権が認められる。

イ．判決の確定後は，いかなる場合でも裁判のやり直しは認められない。

ウ．警察の被疑者への取り調べは，すべて録音される。

エ．裁判員に選ばれた場合は，いかなる場合でも辞退できない。

問４　下線部④に関連して，育児・介護休業法の内容として**誤っているもの**を次から一つ選べ。

ア．労働者は，その養育する７歳に満たない子について，その事業主に申し出ることにより，育児休業をすることができる。

イ．事業主は，労働者からの介護休業申出があったときは，当該介護休業申出を拒むことができない。

ウ．事業主は，労働者が育児休業申出をしたことを理由として，当該労働者に対して不利益な取り扱いをしてはならない。

エ．事業主は，労働者が育児休業をしたことを理由として，当該労働者に対して不利益な取り扱いをしてはならない。

問５　下線部⑤に関連して，以下の文はＧＤＰについて述べたものである。以下の文の空欄（A）～（C）にあてはまる語句の組み合わせとして，もっとも適当なものを次のア～クから一つ選べ。

GDPとは一定期間内に（　A　）生産された（　B　）の（　C　）の合計額である。

ア．A－国内で　B－中間生産物　C－原材料費
イ．A－国内で　B－中間生産物　C－付加価値
ウ．A－国内で　B－財・サービス　C－原材料費
エ．A－国内で　B－財・サービス　C－付加価値
オ．A－国民により　B－中間生産物　C－原材料費
カ．A－国民により　B－中間生産物　C－付加価値
キ．A－国民により　B－財・サービス　C－原材料費
ク．A－国民により　B－財・サービス　C－付加価値

問６　下線部⑥に関連して，日本国憲法では国民が国家に対して一定の利益を受けることを要求する権利として国務請求権（受益権）が保障されている。この具体例として，**誤っているもの**を次のア～エから一つ選べ。

ア．請願権　イ．裁判を受ける権利　ウ．国政調査権　エ．国家賠償請求権

Ⅳ　次の文章を読み，下の問い（問１～３）に答えよ。

今日ではＩＣＴを通じて多くの人が様々な情報を入手できるようになっている一方，年齢や立場にとらわれず，世界に向けて情報を発信する主体となることも容易になっている。また，ICTは，①モノの売買や仕事の受注の機会も飛躍的に拡大させた。

ネット上の売買では（　Ａ　）カードが利用されることがあるが，消費者は商品やサービスの提供を受けた後にカード会社への支払いをすることになるため，計画的に利用する必要がある。また，ICTによる恩恵はすべての人が享受できるわけではない。（　Ｂ　）とよばれる，情報機器の所持の有無や，ICTを活用できる能力や機会を持つ人と持たない人の間に存在する②不平等や不公平にも留意する必要がある。

問１　文章中の空欄（Ａ）と（Ｂ）に入る語句を答えよ。

問２　下線部①に関連して，寡占市場の構成企業が相互に連絡を取り合い，本来各事業者が自主的に決めるべき商品の価格や生産数などを共同で取り決める行為をなんというか答えよ。

問３　下線部②に関連して，所得の少ない人ほど税の負担率が高くなることをなんというか答えよ。

Ⅴ　次の文章を読み，下の問い（問１～６）に答えよ。

1603年，徳川家康は征夷大将軍に任命され，江戸幕府が開かれた。徳川氏はそののち豊臣氏を滅ぼし，全国支配を確立した。幕府は大名に領内の民衆を支配させた。幕府は大名の反抗を警戒して①武家諸法度を定めた。

家康は貿易を勧めたが，海外との往来が活発になるとキリシタンが増え，家康ははじめ黙認していたが，キリシタンが幕府に抵抗することを恐れて弾圧に転じた。その後②オランダ商館は出島に移され，のちに鎖国と呼ばれる体制が成立した。

鎖国体制下においても，朝鮮とは対馬の宗氏の仲立ちにより国交が回復し，朝鮮からは将軍の代替わりごとに（　A　）が派遣された。琉球王国からは，将軍や国王の代替わりごとに使節が江戸に送られた。蝦夷地では，渡島半島南部を領地とした松前藩かアイヌの人々との交易を独占する権利を認められ，アイヌに不利な取引が強いられた。

幕藩体制において，村では土地を持ち年貢を納める本百姓のうち，有力な者が③村役人として運営にあたった。江戸・④大坂（大阪）・京都や各地の城下町では，町人が業種ごとに住む場合が多く，町役人が町の運営にあたった。

江戸時代には新田開発がさかんに行われ，進んだ農業技術が広まって生産力が向上し，林業や漁業など諸産業も発達した。鉱山開発も進んで，金座・銀座・銭座などで作った金貨・銀貨・⑤銅貨などが全国に流通した。

問１　下線部①に関して，最初に参勤交代の制度を定めた将軍を答えよ。

問２　下線部②に関して，オランダ商館長が世界情勢を書いて幕府に提出したものを答えよ。

問３　空欄（A）にあてはまる語句を答えよ。

問４　下線部③に関して，村方三役と呼ばれる役職に**あてはまらないもの**を次のア～エから一つ選べ。

ア．名主　　イ．百姓代　　ウ．惣年寄　　エ．組頭

問５　下線部④に関して，各藩が年貢米や産物を販売するために，とりわけ大坂（大阪）に多数建てた，倉庫を備えた邸宅を答えよ。

問６　下線部⑤に関して，江戸時代に造られて流通じた銅貨を次のア～エから一つ選べ。

ア．永楽通宝　　イ．寛永通宝　　ウ．和同開珎　　エ．天正大判

Ⅵ　次の問い（問１～５）において，ア～ウのうち記述内容が**誤っているもの**を一つ選び，記号で答えよ。

問１　ア．ヤマト政権は，高句麗と結んで百済や伽耶（加羅）諸国と対立した。

イ．ヤマト政権の大王は，朝鮮半島南部に影響力を持つことを示す称号を求め，中国の南朝に使者を送った。

ウ．ヤマト政権において，蘇我氏が対立する物部氏らをおさえ，仏教の導入につとめた。

問２　ア．末法思想が広まると，阿弥陀仏にすがって極楽浄土に生まれ変わることを願う浄土信仰が広まった。

イ．遣唐使に任命された菅原道真の提案により遣唐使が停止され，その後の文化の発達に影響を及ぼした。

ウ．かな文字を用いた文学が盛んになり，藤原定家らが『古今和歌集』を編さんした。

問３　ア．種子島に漂着したポルトガル人によって鉄砲が伝えられ，新兵器として普及し，戦術に変化がもたらされた。

イ．室町幕府では，将軍の補佐役として管領が置かれ，赤松氏・斯波氏・山名氏が就いた。

ウ．山城の国一揆がおこり，約８年間にわたり土着の武士や農民らによる自治が行われた。

問4　ア．お雇い外国人として来日したフェノロサは，東京美術学校の設立に尽力した。

イ．西田幾多郎は，西洋と東洋の哲学の融合を試みて，『善の研究』を著した。

ウ．福沢諭吉は，『社会契約論』を翻訳して，フランスのルソーの思想を紹介した。

問5　ア．衆議院議員であった渋沢栄一は，足尾銅山から出される鉱毒による被害からの救済を訴えた。

イ．日清戦争の賠償金をもとに官営八幡製鉄所が設立され，鉄鋼の生産を開始した。

ウ．天皇暗殺を計画した容疑で社会主義者が多数逮捕され，幸徳秋水らが処刑された。

Ⅶ　次の問い（問1～4）において，ア～ウのできごとを年代が古い順に並べ換えよ。

問1　ア．口分田が不足すると，朝廷は，新たに開墾した土地の所有を永久に認める墾田永年私財法を発した。

イ．壬申の乱で勝利をおさめて即位した天武天皇は，唐にならって律令国家の建設を進めた。

ウ．律令国家の支配下に入っていない人々は蝦夷と呼ばれ，朝廷が派遣した坂上田村麻呂がその拠点を攻撃した。

問2　ア．北条泰時は，裁判の基準や守護・地頭の役割，武士の慣習などを御成敗式目にまとめた。

イ．元軍を撃退した後，生活が苦しくなった御家人を救済するために，幕府は徳政令を発した。

ウ．後鳥羽上皇は，幕府を倒すために兵をあげたが，幕府軍に敗れた。

問3　ア．海軍の青年将校が首相官邸を襲って犬養毅首相を暗殺し，政党政治の時代は終わりを告げた。

イ．満州国が承認されず，占領地からの引き上げが勧告されたため，日本は国際連盟から脱退した。

ウ．陸軍の青年将校らが大臣らを殺害し，東京の中心部を占拠したが，間もなく鎮圧された。

問4　ア．日ソ共同宣言に調印して国交回復し，同年に国際連合への加盟が承認された。

イ．日米安全保障条約が結ばれ，独立後も引き続きアメリカ軍が日本に駐留することが決められた。

ウ．極東国際軍事裁判が東京で行われ，戦争指導者らが裁かれた。

Ⅷ　次の文章を読み，下の問い（問1～7）に答えよ。

アルプスの山麓地帯に位置する①スイスは，歴史的に諸勢力が錯綜して小邦分立の傾向が強かった。このような状況の中で，この地域に支配の手を伸ばした②ハプスブルク家の勢力に対して住民は同盟を締結し，自治を求めて結束を図った。

（　A　）世紀になると，③カトリックに対するドイツの（　B　）の批判を発端として始まった宗教改革の波が，このスイスの地にも及んでくる。とりわけ，カルバンは予定説を唱えて多くの信奉者を獲得した。

スイスが永世中立国として国際法上認められることになったのは，④フランス革命を終わらせて権力を握ったナポレオンの権威失墜後の1815年に調印されたウィーン議定書によってである。⑤その100年後に第一次世界大戦が起きたが，スイスは中立を保ち，ベルサイユ条約によってスイスの永世中立は再度確認された。第一次世界大戦後，国際平和維持のために設立された国際連盟には，軍事制裁には加わらないことを条件に加盟し，国際連盟の本部はスイスの（　C　）に置かれた。しかし，1933年にドイツが国際連盟を脱退し，またイタリアが（　D　）に侵入した後に国際連盟を脱退した。そうした中でスイスは，ナチスの強い圧力にもかかわらず，第二次世界大戦下においても中立を保ち続けた。しかし，国際連盟に加盟した際の経験から国際連合にはその発足時には加盟せず，⑥東西冷戦の中でアメリカを中心に結成された北大西洋条約機構やヨーロッパの地域統合を目指すヨーロッパ連合にも参加していない。

問1　下線部①に関して，スイスと国境を接していない国を，次のア～エから一つ選べ。
ア．フランス　　イ．ドイツ　　ウ．オランダ　　エ．イタリア

問2　下線部②に関連して，ハプスブルク家出身のスペイン王の援助を受け，本人は途中で亡くなったものの，率いていた船隊が，世界初の世界周航を成し遂げた人物を答えよ。

問3　下線部③に関して，カトリック教徒として**誤っている人物**を，次のア～エから一つ選べ。
ア．山田長政　　イ．天草四郎　　ウ．大友宗麟　　エ．ザビエル

問4　下線部④に関して，フランス革命について述べた文として正しいものを次のア～エから一つ選べ。
ア．マルクスの三権分立やロックの人民主権などの啓蒙思想が，フランス革命に大きな影響を与えた。
イ．フランス革命の影響を受けてアメリカでは，イギリスからの独立運動が盛んになった。
ウ．三部会の平民議員は，国民議会の中で国民主権・言論の自由などを唱える権利章典を発表した。
エ．革命政府は，戦争が始まると，敵国への協力が疑われた国王を廃位し，共和政を始めた。

問5　下線部⑤に関して，ウィーン議定書の締結から第一次世界大戦開戦にいたる期間に起きたできごととして**誤っているもの**を，次のア～カから**二つ**選べ。
ア．アメリカ南北戦争　　イ．太平天国の乱　　ウ．ペリー来航
エ．ラクスマン来航　　オ．インド大反乱　　カ．シベリア出兵

問6　下線部⑥に関して，東西冷戦下で起きた次のア～エのできごとを年代が古い順に並べ換えよ。
ア．キューバ危機　　イ．朝鮮戦争　　ウ．第1次石油危機　　エ．アジア・アフリカ会議

問7　空欄（A）～（D）にあてはまる語句を答えよ。

間接照明や録音の琴の音などによるモダンな雰囲気に合っていないところ。

2 古い京町家のような作りでも、録音の琴の音を流したり、家具が安っぽかったりして、リーズナブルなホテルであることを感じさせるところ。

3 十年間住んでいた外国人の自分の方が、古い京町家に似せた新築のホテルよりも、京都の街に似つかわしいと思われるところ。

4 表側は古い京町家のようであっても、ドアを通った長い廊下の先は現代的な雰囲気のホテルであり、古都らしさを感じさせないところ。

5 明らかに新築のホテルなのに、いかにも古い京町家のようにしつらえることによって、観光地として京都の街を演出しているところ。

問5 傍線部**D**「そんな若々しい情熱はもはや、きみの胸に湧いてこない」とあるが、かつてあった「若々しい情熱」とはどのような情熱か。**【文章Ⅰ】**にある言葉を使って、三〇字以内で説明しなさい。

問6 傍線部**E**「それを見たきみに違和感はない」とあるが、「違和感」がない理由を、**【文章Ⅱ】**の内容を踏まえて、五〇字以内で説明しなさい。

問7 空欄**F**にあてはまる語を、次の1～5のうちから一つ選び、番号で答えなさい。

1 解放　2 自信　3 苦痛　4 疎外　5 緊張

問8 傍線部**G**「突き詰めれば、これは全ての人にとって重大な受容と言えるだろう」とあるが、その理由として最も適当なものを、次の1～5のうちから一つ選び、番号で答えなさい。

1 人間は、海外に住むとなったら母語と異なる言語を使わざるをえず、多かれ少なかれその苦しさから逃れられない、はかない存在だから。

2 人間は、言語によって自分をある程度まとまった形に定義する一方、言葉にできない自分の一部を持つという、もともと曖昧な存在だから。

3 人間は、言語によって自分をある程度まとまった形に定義するが、それがかえって自らの部分を曖昧な存在にするという、元来複雑な存在だから。

4 人間は、海外に住む経験を通して自分の存在の曖昧さを知ると同時に、母語以外の言葉では表せないことに気づくという能力を有する存在だから。

5 人間は、母語でない言語では定義できないものがあると知っていながら、それを曖昧なままにすることを許さない、融通のきかない存在だから。

3 出町柳――京都市左京区の地名。鴨川の左岸。

4 木屋町――京都市中京区・下京区を貫通する高瀬川東側地域の通称。

5 春琴抄――谷崎潤一郎（一八八六～一九六五年）による中編小説。句読点や改行を大胆に省略した独自の文体が特徴。

6 レジュメ――研究報告や講演などの内容を手みじかにまとめたもの。

7 町家――商人や庶民が住む店舗併設の住宅。通りに面して比較的均等に建ち並ぶ。京都には格子戸と瓦屋根を持つ京町家《きょうまちや》が数多く残っている。

8 モノローグ――登場人物が相手なしにひとりで言うせりふ。

問1 波線部a「回答に窮する」、b「ぎこちなく」、c「白々しい」の本文中における意味として最も適当なものを、次の各群の1～5のうちからそれぞれ一つずつ選び、番号で答えなさい。

a
1 回答するのをためらう
2 回答するのが恥ずかしい
3 回答するのにあらがう
4 回答するのを先送りする
5 回答するのに困る

b
1 自信なく
2 緊張気味に
3 せわしなく
4 とまどいつつ
5 たどたどしく

c
1 不自然な
2 うしろめたい
3 興ざめな
4 たわいない
5 むだな

問2 傍線部A「きみはまるで他人の言葉のように、自分が発している言葉を聞く」とあるが、これはどういうことか。【文章Ⅰ】にある言葉を使って「ということ。」に続くように、二〇字以内で説明しなさい。

問3 傍線部B「富田先生はそっと笑った」とあるが、その理由として最も適当なものを、次の1～5のうちから一つ選び、番号で答えなさい。

1 アメリカからの留学生が、最初の研究発表で取り上げることにした日本の小説のあまりの難しさのため、作業をなかなか進められないでいる様子に、微笑ましさを覚えたから。

2 アメリカからの留学生が、最初の研究発表でわざわざ難解な日本の小説を取り上げたものの、すぐに理解できないことに気づいて後悔しているのを知り、おかしさを感じたから。

3 アメリカからの留学生が、最初の研究発表で有名な日本の小説を取り上げたものの、なかなか単語の意味を理解できなくて悩んでいる姿に、小気味よさを感じたから。

4 アメリカからの留学生が、最初の研究発表で難解な日本の小説を取り上げ、一つ一つの単語を辞書で引くなどして意味の面から理解しようと苦労している姿に、いじらしさを感じたから。

5 アメリカからの留学生が、最初の研究発表で取り上げるには難しすぎる日本の小説に悪戦苦闘している様子に、初心者らしい意気込みを感じ、影ながら励まそうと思ったから。

問4 傍線部C「きみは笑いを堪《こら》える」とあるが、どんなところに笑いを感じたのか。その説明として最も適当なものを、次の1～5のうちから一つ選び、番号で答えなさい。

1 古い京町家の雰囲気を醸し出そうとした新築のホテルの作りが、

でいるスタッフの指先をぼうっと眺める。きみは突然、彼女に伝えたくなる。

それは今の住所だけど、十年間この街に住んでたよ。

出町柳辺り、豆餅のふたばの近くにな。

本当は、ここは僕の街でもあるんだよ。

だがきみはもちろん黙ったまま、ただ鍵を渡してくれるのを待つ。

新しいがリーズナブルなホテルだけに、客室はオシャレな、しかしどこか安っぽい家具が設置されている。デザイナーズ、という謎の流行語が浮かぶ。片手でカーテンを開けて細長い窓から眺めを確認してみるが、隣の建物の壁と、その上で徐々に暗くなりつつある空しか見えない。

きみは荷物を下ろす。身体の突然の身軽さを味わう。

手渡された領収書を取り出して、確認する。上の欄にきみの名前は全角のローマ字と、その上にカタカナで記されている。どちらもシステムに長過ぎたらしく、途中までしか印刷されていない。残りの文字はその隣にフロントスタッフの手で書かれた。さまざまなパーツが合わない、継ぎ接《は》ぎの名前だ。Eそれを見たきみに違和感はない。

（グレゴリー・ケズナジャット「鴨川《かもがわ》ランナー」）

【文章Ⅱ】

外国語で一人称を使う時、何かを演じているような、C白々しい気持ちになったことのある人は多いのではないだろうか。表題作、「鴨川ランナー」の主人公はその、カタカナで書かれた自分の名前への違和感に吸い込まれるように日本語を習得し、日本にやってきたアメリカ人だ。全編を貫く「きみ」という二人称には、主人公の「僕」にも「俺」にも「私」にもなれなさが表れている。

大学卒業後、日本で英語教師を始めた主人公だったが、本質的な会話のできない同僚、英語で話しかけてくる日本人、浅い文化論を披露する外国人教員たちにもうんざりし、本を読む時にだけ［F］を感じている。

本書に収められたもう一つの短編「異言（タングス）」には、外国人である自分に課せられた滑稽な役割に絶望した主人公からこんなモノローグ（注8）が出てくる。「自分は中身のない容器に過ぎない」。人は自分で選んだ訳でもない母語を詰め込み、多かれ少なかれ言葉に頼って自己を形成していく。母語以外の言語を習得するということは、己を解体し、再構築することに似ている。

つまり海外に住むということは、自分自身が言葉によって成り立っている曖昧《あいまい》な存在であることを受け入れることなのかもしれない。しかしG突き詰めれば、これは全ての人にとって重大な受容と言えるだろう。私たちは言語によって、己をある程度まとまった形に定義してしまう。複雑で、曖昧な存在であり続けることは苦しいからだ。だが言葉にするということは、言葉にできないものを削《そ》ぎ落とすということでもある。

しかし著者は、母語ではない日本語で本書を書くことにより、削ぎ落とされ、零《こぼ》れ落ちてしまう、言葉にできないものの輪郭を浮かび上がらせることに成功している。言葉とは、むしろ言葉では表せないものを表すために存在しているのだ。本書はそんな儚《はかな》く重々しい確信に、読者を導いてくれる。

（金原ひとみ「言葉にできないものを非母語で」朝日新聞二〇二一年一二月一八日）

（注）1　下北沢――東京都世田谷区北東部の地域名。

2　八木――京都府中部に位置する南丹市《なんたんし》にある地名。

夕方まで数時間があり、木屋町《きやまち》（注4）に面する居酒屋やバーはまだ閉まっている。きみは通りながらその看板や提灯《ちょうちん》を見る。初めてこの道を歩いたとき、こうした店の文字が読めなかった。読めるようになった今は、何かが変わったのだろうか。変かったような、変わっていないような矛盾した感じがする。

きみは大学院に入って最初の研究発表で、谷崎の「春琴抄《しゅんきんしょう》」（注5）を取り上げることにしたが、その小説を読み始めた瞬間にすぐに後悔した。文法も古くて、言葉遣いも難しい。それに句読点がほとんどなく、一文がどこに始まるか、どこに終わるか、きみによく分からなかった。院生が使う共同研究室に引き籠もって一つ一つの単語を電子辞書で引こうとしたが、たとえ一語の意味が分かっても、一文の意味がすぐに消えてしまった。

きみがその手作業に没頭しているところを見て、B富田先生はそっと笑った。

――そんな細かいものを調べる前に、落ち着いていっぺん文章を素直に感じてみて。

――言葉の意味が分からなかったら、読めないじゃないですか？

――意味は後でいいから、まずは言葉を声に出してそのまま読み上げて。音、リズム。そこが第一。

きみは納得がいかなかったものの、富田先生に言われる通りに「春琴抄」を最初から最後まで朗読してみた。最初の数ページはbぎこちなく進み、喉がからからで、やはり意味がないと感じたものの、読み続けるとそのうち何かが変わった。理解不可能な箇所は相変わらずあった。しかし全体にあるリズムみたいなものが、微かだが自分の中に浸透してくる感覚はあった。

それから講義に出てくる作品や、研究資料や、先輩が配付するレジュメ（注6）に載っている文字が確かに違うように見えた。それは解くべき問題でもなく、謎の意味を秘めるものでもない。まずは目の前にあるものをそのまま受け入れて、無理に理解しようとせずに慣れていく。不思議なことだった。力むよりも、いったん力を抜いて落ち着いたほうが、文字を読めたような気がした。

しばらく歩くとホテルに着く。古い町並みに合わせて改装された町《まち》家《や》（注7）のような表だが、ドアを通って長い廊下を歩くと、明らかに新築の和モダンなフロントが広がっている。壁の後ろから間接照明が漏れて薄暗い雰囲気を醸《かも》し出し、どこからともなく琴の録音が流れる。

Cきみは笑いを堪える。こうして京都らしさを演じる京都も、この街の一部だったな。

きみは受付に近づく。自分より若いスタッフが慌てて英語で喋《しゃべ》りかけてくる。きみははにかんで、日本語で答えると、彼女はほっとした表情で、あ、失礼しました、と言い、日本語に切り替える。

このようなやり取りが気になっていた時期もあった。英語を頼りにせず、必死に日本語を喋ろうと努力していたのに、相手がきみの顔を見て英語で喋りかけてくると、侮辱されたような気持ちになった。しかしDそんな若々しい情熱はもはや、きみの胸に湧いてこない。考えてみると、良くも悪くも、いろんなことがどうでもよくなったような気がする。差し出された用紙に住所を書き込み、その情報をパソコンに打ち込ん

――なるほど。確かに良し悪しはありますね。

Aきみはまるで他人の言葉のように、自分が発している言葉を聞く。いつか、こんな話しぶりが自然に出るようになるのだろうか。

――何かアドバイスはありますか？

――アドバイス？

――やはり海外留学は、就活が一年間遅れてもいいほどの価値はありますか？

きみはいきなり、教員らしいa回答に窮する。留学の「価値」って、いったいどうやって測ればいいだろう。

その晩、下北沢《しもきたざわ》（注1）の近くで一人暮らししている部屋に戻る。帰りにコンビニに寄って缶ビールを買う。レジの後ろに並ぶタバコを見ると、久しぶりに吸いたいという強い衝動に駆られるが、禁煙したのはもう何年も前だし、きみは買わずに店を出る。

部屋に入ると鍵をカウンターに落として、電気をつけないままソファに座り込む。ビールを開けて、一口飲む。ベランダのドアにきみの顔はうっすらと反映している。

学部生の頃からさほど変わっていない。いや、それは錯覚だろう。毎日この顔を目にするため徐々の変わりに気がつかないだけだ。一部一部をよく見ると確実な変化が見えてくる。生え際は微《かす》かながら後退してきている。白髪も増えている。頬の肉は昔ほど張りがない。

海外留学の「価値」とは。

あの子は何を得るだろう。そして何を失うだろう。そもそもその総決算は、不可能ではないか。

きみが初めて自分の言葉と文化の外へ出て、海外へ渡ったのはもう十五年前のことだ。あの頃は確か、いつかこちらの言葉と文化の全体像をものにすることを望んでいた。努力さえすれば、この世界は自分に開くと思っていた。自分の物語はまっすぐに、すべてに意味を与える壮大な結末に向かって進んでいると信じていた。だが現実はずっと複雑で、ちぐはぐなものだった。

ベランダのドアを開けて、世田谷《せたがや》の住宅地の夜景を眺める。近くのマンションの合間に渋谷の明かりと、遠くに東京タワーが見える。故郷にも、八木（注2）にも、出町柳《でまちやなぎ》（注3）にもない光景だ。真っ黒になり切らない東京の夜空に浮かんだ満月のためなのか、きみはいきなり寂寥《せきりょう》感に襲われる。

京都に帰りたい。

ふと頭に浮かんだ言葉はこれだった。

すかさず、常に自分の日本語を監視している脳の一部が警鐘を鳴らし出す。帰る、のではない。京都はきみにとって故郷でもなければ、現在の居住地でもない。かつて、一時的に住んでいた街に過ぎない。

それでも仕方がない。文法的にそうとはいえ、きみの頭に浮かんだのは「帰りたい」だった。他にきみの気持ちを正確に表現できる言葉が、きみには分からない。

きみは学会へ出かけることにする。金曜の朝に、いつも肩からぶら下げている仕事用の鞄《かばん》に着替えと歯ブラシを詰め込む。鍵と財布を拾い上げて玄関に向かって、思いとどまる。ジョギング用のアシックスが視野に入った。キッチンから近所のスーパーのビニール袋を取ってきて、そのシューズを丁寧に包んでから、鞄に入れ込む。普段より多い中身で鞄が少し嵩張《かさば》っているけれど、ぎりぎり閉まる。

自分にとって重要なのかを常に気にしており、他者がどの集団に属しているかについても意識しないではいられないんだね。

2　その一方、人間は新たに所属した集団で共感の度合いが高まると、既存の集団における同一性はすぐに新しい集団の同一性に置き換わり、これまでとまるで違う言動に出ることだってめずらしくないんだよ。

3　そのことをジェイ・バン・ベイベルが実験で明らかにしたんだよ。白人と黒人を集めてタイガーズとレパーズというチームに分け、自分がどちらのチームに所属しているかを徹底的に意識させるようにしむけたんだ。

4　よそ見運転の車にひかれて娘を失った人の悲しみや怒りに、娘を持つ人が共感を抱くのはごく自然なことだけど、これは図らずも共感というものが同じ集団に属しているかどうかと関係なく作用することを表しているね。

5　いくら共感したからといって、インターネット上の匿名掲示板で不特定多数と連帯して加害者の個人情報をさらし、追いつめていくなんてことはどう考えたってやりすぎだし、正義とはとても言えないぞ。

6　確かに当事者の声は重視されなきゃいけないんだろうけれど、当事者間では解決できないことだってあるんだから、被害感情や報復感情に共感して過激な行動に出ることにはやはり慎重でなくっちゃ。

7　インターネットの普及で、誰もが自分の意見を発信できるようになった世の中だからこそ、理性的な判断のできる第三者が積極的に介入して問題の解決を図ることが求められているんだよ。

8　団結や連帯を呼びかける人にうさんくささを感じるのは、集団内の同調圧力の強さと、集団の外にいる観衆の無関心に気づいたからで、閉鎖的な集団の息苦しさは共感の喜びの反動じゃないかな。

二　次の【文章Ⅰ】は、アメリカから日本に来た青年の日常を、「きみ」という二人称を用いて描いた小説の一節である。【文章Ⅱ】は、【文章Ⅰ】が収録された本の書評である。これらを読んで、後の問いに答えなさい。

【文章Ⅰ】

ある日、授業が終わったら一人の学生が教室に残り、クラスメートがみんな外へ出たあと、きみに話しかけてくる。彼女は静かな学生で、授業中にあまり発言しないものの、課題にいつもしっかりと取り組んでいる。英訳で谷崎の小説を読むという授業で、帰国子女や英語が堪能《たんのう》な学生が多いが、彼女の発音からすると、帰国子女ではないようだ。必死な勉強でこの授業に入れた学生の一人に違いない。きみはその努力を尊敬する。

――プロフェッサー？　一つ、質問してもいいですか？

――はい、何でしょう？

学生と話しているとなぜか無意識に出てくる、富田先生のパロディーのような、改まった口調で答える。

――実は英語をもっと勉強したくて、来年度、アメリカへ留学しようと思っています。でも留学するとなると就活が遅れるし、ちょっと迷っています。

立的な表現や用語を用いること。一九八〇年代ごろから、偏見・差別のない表現は政治的に妥当であるという考えのもと、アメリカで使われるようになった。言葉にとどまらず、社会から偏見・差別をなくすことを意味する場合もある。

問1 波線部a～eのカタカナを漢字に改めなさい。

問2 空欄Xに一字、Zに二字の漢字をあてはめて慣用句を完成させなさい。

問3 傍線部A「自分の芝をデコレーションしまくる他者たち」とあるが、その具体例として**適当でないもの**を、次の1～5のうちから一つ選び、番号で答えなさい。

1 過度な自己承認欲求のために、自分の持ち物を見せびらかし、他人の所有物にけちを付ける。

2 SNS上で不特定多数から「いいね！」がもらえるように、嘘《うそ》をついたり、見栄を張ったりする。

3 他人の気を引こうと、行ってもいない外国の写真をネットから集め、自分が撮ったかのように装う。

4 認められたいと思う気持ちが強く、一度握手しただけの有名芸能人が自分の古い知り合いだと吹聴する。

5 人からうらやましがられたいと思い、借金を重ねて高級車を購入し、乗り回してみせる。

問4 傍線部B「まさに、繋がっていくから、分断していくのです」とあるが、その説明として最も適当なものを、次の1～5のうちから一つ選び、番号で答えなさい。

1 内集団で心地よい空間を見つけると、外集団とかかわる頻度が相対的に減り、交流に不安を感じるようになるということ。

2 内集団で居場所を得るとともに、外集団の苦しみに喜びを感じ、ネガティブな感情が高まって攻撃的になるということ。

3 内集団での関係が深まるとともに、そこでの自分の居場所を守ることばかり考え、外集団の存在に無関心になるということ。

4 内集団での行動を繰り返すことによって、外集団を敵と見なし、集団を離れた行動に恐れを抱くようになるということ。

5 内集団への帰属意識が強まるとともに、そこでのルールに慣れ、外集団にもそれを強要するようになるということ。

問5 傍線部C「人間とはなんとおっかないものかと驚いた」とあるが、その理由を、四〇字以内で説明しなさい。

問6 空欄Yにあてはまる言葉を、次の1～5のうちから一つ選び、番号で答えなさい。

1 その変化に機動的に対処する必要がある

2 そのリスクに寛容的である必要がある

3 その危うさに自覚的である必要がある

4 その誤りを積極的に正す必要がある

5 その集団に受容的である必要がある

問7 傍線部D「社会的なものとは決して思えません」とあるが、これはどういうことか。「～を、～するのは、～だ」という形で「ということ。」に続くように、五〇字以内で説明しなさい。

問8 本文の内容についてのコメントとして**適当でないもの**を、次の1～8のうちから**二つ**選び、番号で答えなさい。

1 人間というのは、自分がどの集団に属しているのか、どの集団が者、もしくは社会などの役割が大切になるのにもかかわらず、共感に焚《た》きつけられた暴力的で過激な自衛団が生まれてしまうのです。

こうしたことはTwitterなどでも日常的であり、「ポリコレ（注2）棍棒」というワードで話題にもなりました。何か間違いを見つけたら、公衆の面前に引っ張り出して、みんなで大いにボコボコにする。

政治の問題などにおいては、時には何か問題解決の入り口になるかもしれません。

ただ私からすれば、ほとんどがリンチと同じです。「弱い者いじめはダメ！」と言いながら不特定多数でボコボコにしていくdヨウソウは、ただただ恐ろしいですし、D社会的なものとは決して思えません。

また、どうも「当事者が全て」「当事者が尊い」という節が散見されるのですが、そんなことはありません。当事者の声は紛れもなく重要ですが、それが全てではないのです。

私は紛争解決や平和構築などに関わっているので、その重要性は仕事上でも重々意識しています。でも、それ以上に「当事者でない人がどうあるべきか」ということを考えます。当事者だけでは解決できないことがあるのです。

例えば喧嘩《けんか》一つとっても、当事者同士だけではどうにもならないことがあります。そんなとき、理性的な友だちや先生、時には地域の人が不可欠な役割を果たしたりするのです。

当事者の声に同調することは簡単です。しかしそれだけではその問題をさらに強化してしまったり、さらなる問題を生み出すことだってあります。そして、往々にして問題の解決には当事者以外の第三者が必要なのです。

そんな世の中で、もうおなか一杯ですとなる人も多数います。ＳＮＳはもう見たくないという人もいれば、「絆《きずな》」や「One Team」といった団結や連帯を呼びかけるスローガンにeショクショウ気味になる人もいるのではないでしょうか。それこそ新型コロナウイルス感染症が猛威を振るう中、「絆」だとか「団結」といったワードを使いつつ東京オリンピック・パラリンピックの開催を断固として推し進める姿を見て、心底嫌気がさす人も多かったと思います。

私自身、美しい言葉を主張しながら内集団にいない他者に攻撃的だったり閉鎖的だったりする無自覚な人々を目の当たりにして、やるせない気持ちになることが多々あります。先述したとおり、どこもかしこも共感を目掛けた工夫が飛び交っているため、共感の嫌な性質や共感していった果ての反動などで疲れてくるのです。

トラウマや悲しい出来事に共感しすぎることで生まれる「共感疲れ」や「共感疲労」といったことも、近年問題として取り上げられるようになりました。昔に比べてあまりに情報量が多くなり、共感が反応する物事と接することは間違いなく増えています。

（永井陽右《ようすけ》『共感という病』）

（注）1　SEALDs――シールズ。「自由と民主主義のための学生緊急行動」が正式名称。集団的自衛権の行使を可能にする安全保障関連法案に反対する関東の学生たちが、二〇一五年五月に設立した。ラップ音楽に合わせて声を上げるデモや、デザインに工夫をこらした広報物などで若者をひきつけた。二〇一六年七月の参議院選挙を活動の区切りとし、その翌月に解散した。

2　ポリコレ――ポリティカル・コレクトネス（political correctness）の略。人種・宗教・性別などの違いによる偏見・差別を含まない、中

その結果、自分と同じチームに属する人の顔と、そうではない人の顔を見たときで、好感に関与する眼窩《がんか》前頭皮質の活発具合が明確に異なり、前者のときに活発になることが示されました。黒人と白人という既存の集団同一性を瞬時に塗り替えたわけです。

内集団では、良くも悪くも共感が強く作用しています。特に共感が怒りや憎しみにリンクするとき、既存の内集団の性質を一瞬で変えるほどの力を持ち、それによって過激な行動へ繋がることもあります。私たちは意図せずそうした環境の中にいることがあり、コミュニティの時代においてそのリスクは常に存在しています。

私が最初にこのことを〝自分事〟として感じたのは、実はデモ活動をしていたSEALDs（注1）との絡《から》みでした。

当時、彼らは私と同世代であり、知人も多数賛同・参加していたので、定期的にデモやスピーチに誘われていました。私なりに考えることがあり、誘いを断っていたのですが、その中で「永井さんは案外右派で、安倍政権支持派で、戦争肯定派なんですね」と複数人に言われたことを今も鮮明に覚えています（SEALDsを批判しているわけでは全くありません）。また、とある取材の際に、「これまで多くのNGOにお話を聞いてきましたが、NGOで安保法制に明確に反対しないのは初めてですね」と X で笑われたこともありました。

彼らと私は世界を良くしたいという素朴な思いも含め、実に多くの同一性を共有していましたが、それらは軽々と凌駕《りょうが》されてしまったのです。当時私は、C人間とはなんとおっかないものかと驚いたのを鮮明に覚えています。しかしこのように集団同一性なんてものは、コロコロと変わりうるものなのです。だからこそ、 Y のです。

さらに、共感しすぎて攻撃的になってしまうこともあります。過度な共感からの暴走として私が思うことは、被害者の報復感情などに寄り添うあまり、関係がない第三者であるにもかかわらず、被害者の代理としての意識を持ち始め、被害者の悲しみや怒りを勝手に代弁、そして代行していくことです。

これも紛争地から日本まで言えるのですが、例えばよそ見運転による交通事故でとある親子を轢《ひ》いてしまい、重度の障がいが残ったという出来事が起きたとき、親子側の悲しみや怒りはあまりにも耐えがたいものであると思います。

しかし被害者へのケアはまだまだ十分ではなく、どうしても加害者の権利のほうが守られがちというか、被害者には報われない想いや見捨てられる想いというものが強くある、ということは長く指摘され続けてきました。

そういう中で、強い感情に多くの善良な市民がそれこそSNSを含むインターネット上で深く共感し、反応をするわけです。「日本の司法制度はcクサってる。これでは被害者があまりにもかわいそうで報われない。自分にも娘がいるが、もし娘が殺されたら殺し返すだろう。だからせめて加害者は社会的に抹殺させなきゃ」などと考え、加害者の名前、SNS、経歴、実家、写真などをリサーチし、 Z の下にさらし、社会的に殺すといったように。

ここでは連帯が生まれることもあり、インターネット上の匿名掲示板などで知らない者同士が手分けして情報を調べていくことも多々あります。被害感情や報復感情に強烈に共感した結果、「被害者の代わりに」という大義名分を胸に堂々と棍棒《こんぼう》を振りかざす。こういうときこそ第三

【国　語】（五〇分）〈満点：一〇〇点〉

【注意】字数が指定されている場合は、句読点やカッコなども文字として数えること。

一　次の文章を読んで、後の問いに答えなさい。

現代の繋《つな》がりすぎとも言えるくらい繋がっている世界で、A自分の芝をデコレーションしまくる他者たちを見つつ、自らに自信を持てていない人が大勢います。自信があろうがなかろうが私は私でしかないにもかかわらず、究極的に自分の存在がふわふわしてきてしまい、自分はなんなのか、自分はなんのために生きているのかわからなくなっていく。

そんなときに何かしらの共感を得ると（それは意図されて引き出される可能性も大きい）、それは劇薬のごとく作用し、高い依存性を持つ麻薬へとaヘンボウしていきます。カルトや謎のサークルや怪しいオンラインサロンなど、一概に悪いとは全く思いませんが、ずるずると引き込まれていく可能性だってあるわけです。

詰まるところ、自分の人生が自分のものでなくなっていくのです。

私が大学生の頃、共にＮＰＯの活動をしていた後輩が、自分の価値をbハッキしきれず、学歴コンプレックスなども相重なり劣等感を抱えて悩んでいたのですが、ある日、姿を消したと思ったら、ねずみ講まがいのビジネスをやっている派手な社会人サークルに加入していました。私にもさまざまな儲《もう》け話を投げかけてきたのですが、「いろいろ漂流しましたが、居場所を見つけました」と言っていたのはとても印象的でした。

コミュニティなる内集団は、内には優しくまるで探していた自分の居場所のようですが、外集団にはネガティブな感情を表すことが多いとされています。外集団のメンバーの苦しみにはシャーデンフロイデ（他者の不幸や苦しみを知ったときに湧き上がる喜びやうれしさ）を感じ、幸せには舌打ちをすることはなんら珍しいことではなく、これが格差や差別、対立や分断を招いたりします。

Bまさに、繋がっていくから、分断していくのです。このグローバル化が進んだ大きな社会において、一人ひとりが自分に心地よい空間を選び取ろうとした結果、繋がるものもありつつも、分断や対立もまた拡大しています。

内集団がもたらす影響で、私が最も問題意識を感じているのは、一つの内集団において特定の同一性が前面に出ることで、他の同一性を度外視する作用が働くこと。「前面に出る特定の同一性」とは、例えば外集団への憎悪や嫌悪といった感情です。ネガティブな価値観は内集団で共感を生み、その中での結束を強める要素となりえます。

そして、共感の度合いが極めて高い地点に到達したとき、その点だけが突出して出現し、価値観から外れた対象に向かって猛威を振るうことがあります。ちなみに、たとえ内集団のメンバーであっても、突出した価値観から外れていると見なされた者は外集団と認識され、攻撃の対象ともなります。

また、そうした集団における同一性において、新しい集団同一性は古い集団同一性とすぐに置き換わるともいわれています。

ニューヨーク大学の神経科学者ジェイ・バン・ベイベルの実験では、白人と黒人をそれぞれ数十名集め、彼らにタイガーズとレパーズという２つのチームのどちらかに自分が所属しており、他の誰がどちらのチームに所属しているかを叩《たた》き込みました。

MEMO

大切なことはメモしておこうネ！

2022年度

解　答　と　解　説

《2022年度の配点は解答欄に掲載してあります。》

<数学解答>

1　ア　$3\sqrt{5}$　　イ　$-2\sqrt{7}$

2　ウ　842.5　　エ　507

3　(1)　オ　7　　(2)　カ　$\left(\frac{2}{5},\ -\frac{1}{45}\right)$

4　(1)　キ　$2\sqrt{3}$　　(2)　ク　$\frac{2}{3}$　　(3)　ケ　4

5　(1)　コ　$\frac{9\sqrt{3}-2\pi}{4}$　　(2)　サ　$\sqrt{33}$

6　(1)　シ　$3\sqrt{6}$　　(2)　ス　$12+6\sqrt{3}$　　(3)　$4+2\sqrt{3}$

○推定配点○

1　各6点×2　　2　各7点×2　　3　(1)　7点　　(2)　8点　　4　(1)，(2)　各7点×2　(3)　8点　　5　(1)　7点　　(2)　8点　　6　(1)，(2)　各7点×2　　(3)　8点　　計100点

<数学解説>

1　(連立方程式，平方根)

$\frac{1}{\sqrt{5}}x+\frac{1}{\sqrt{7}}y=1$の分母を有理化して，$\frac{\sqrt{5}}{5}x+\frac{\sqrt{7}}{7}y=1$　　両辺を35倍すると，$7\sqrt{5}x+5\sqrt{7}y=35$…①　　$\sqrt{5}x+\sqrt{7}y=1$の両辺を5倍して，$5\sqrt{5}x+5\sqrt{7}y=5$…②　　①－②から，$2\sqrt{5}x=30$　　$x=\frac{30}{2\sqrt{5}}=\frac{15}{\sqrt{5}}=\frac{15\sqrt{5}}{5}=3\sqrt{5}$　　②に代入すると，$5\sqrt{5}\times3\sqrt{5}+5\sqrt{7}y=5$　　$5\sqrt{7}y=-70$　　$y=-\frac{70}{5\sqrt{7}}=-\frac{14}{\sqrt{7}}=-2\sqrt{7}$

2　(自然数の性質，素因数分解，約数，資料の整理，箱ひげ図)

2022を素因数分解すると，$2022=2\times1011=2\times3\times337$　　2022の約数は，1，2，3，2×3，　337，2×337，3×337，$2\times3\times337$の8個ある。中央値は小さいほうから4番目の数と5番目の数の平均値であり，中央値より大きい4個の数の真ん中が第3四分位数となる。つまり，6番目の2×337と3×337の平均値が第3四分位数である。よって，$(2\times337+3\times337)\div2=2.5\times337=842.5$　　平均値は，$(1+2+3+2\times3+337+2\times337+3\times337+2\times3\times337)\div8=\{(1+2+3+6)+337\times(1+2+3+6)\}\div8=\{(1+2+3+6)\times(1+337)\div8=12\times338\div8=3\times169=507$

3　(関数・グラフと図形―yがxの2乗に比例する関数，直線，正方形)

重要　(1)　面積が等しい正方形は辺の長さが等しい。3つの正方形の面積が等しいのだから，BC＝EF＝HI　　点Cのx座標をmとすると，点Fのx座標は$2m$，点Iのx座標は$3m$と表される。点C，点F，点Iはそれぞれ$y=ax^2$，$y=x^2$，$y=\frac{1}{9}x^2$のグラフ上にあるので，それぞれの点のy座標は$y=am^2$，$y=4m^2$，$y=\frac{1}{9}\times9m^2=m^2$となる。CE＝FHなので，$am^2-4m^2=4m^2-m^2$　　$am^2=7m^2$　　$m^2(a-$

7)＝0　m^2は0ではないので，$a=7$

やや難 (2)　AB//IJ，AB＝IJなので，四角形ABIJは平行四辺形であり，対角線BJによって，合同な△ABJと△IBJに分けられる。△PBJの面積が△IBJの面積の2倍になるときに△PBJの面積が四角形ABIJの面積と等しくなる。IJ＝$4m^2-m^2=3m^2$　IJ＝HI＝mだから，$3m^2=m$　$m=\frac{1}{3}$　よって，$C\left(\frac{1}{3},\ \frac{7}{9}\right)$　$B\left(0,\ \frac{7}{9}\right)$，$J\left(1,\ \frac{4}{9}\right)$なので，BJの傾きは$-\frac{1}{3}$　点Iを通るBJに平行な直線とy軸との交点をKとすると，BK＝IJ＝$\frac{1}{3}$　よって，$K\left(0,\ \frac{4}{9}\right)$　y軸上に点$L\left(0,\ \frac{1}{9}\right)$の点をとってLを通るBJに平行な直線$\ell$を引くと，直線$\ell$上の点からBJまでの距離は点IからBJまでの距離の2倍になる。点Bを通る傾き-2の直線の式は，$y=-2x+\frac{7}{9}$　直線ℓの式は，$y=-\frac{1}{3}x+\frac{1}{9}$　点Pはその2直線の交点である。$-2x+\frac{7}{9}=-\frac{1}{3}x+\frac{1}{9}$　$-18x+7=-3x+1$　$-15x=-6$　$x=\frac{2}{5}$　$y=-2\times\frac{2}{5}+\frac{7}{9}=-\frac{1}{45}$

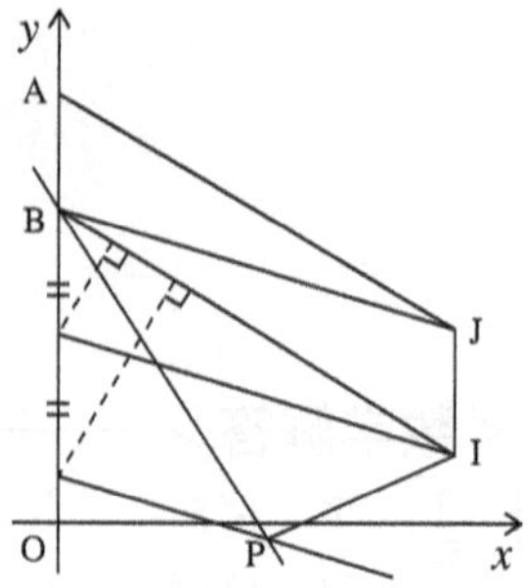

4 (平面図形―正六角形，正三角形，三平方の定理，線分の比，面積の比，相似，面積，長さ)

(1)　正六角形の対角線は1点で交わり，その点を1つの頂点とする6個の合同な正三角形に分けることができる。対角線の交点をOとすると，点OとBCとの距離，つまり，ADとBCとの距離は1辺が6の正三角形の高さだから，$6\times\frac{\sqrt{3}}{2}=3\sqrt{3}$　△PBCの高さをhとすると，$\frac{1}{2}\times6\times h=8\sqrt{3}$から，$h=\frac{8\sqrt{3}}{3}$　よって，点PからADまでの距離は，$3\sqrt{3}-\frac{8\sqrt{3}}{3}=\frac{\sqrt{3}}{3}$　△PDAの面積は，$\frac{1}{2}\times12\times\frac{\sqrt{3}}{3}=2\sqrt{3}$

(2)　PQ//DA//BCなので，AQ：ABは点PからADまでの距離と点OからBCまでの距離の比に等しい。よって，AQ：AB＝$\frac{\sqrt{3}}{3}$：$3\sqrt{3}$＝1：9　AQ：6＝1：9　AQ＝$\frac{2}{3}$

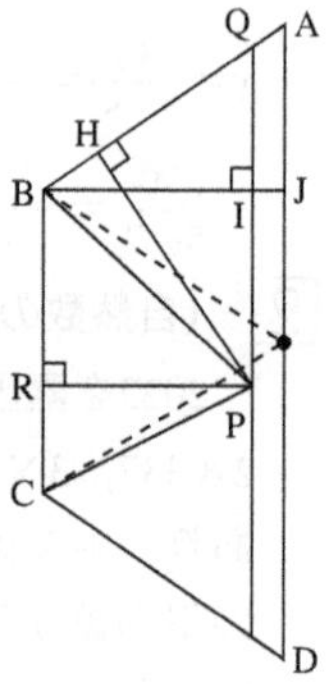

やや難 (3)　点P，点BからそれぞれQB，PQに垂線PH，BIを引くと，△PQHと△BQIは2組の角がそれぞれ等しいので相似であり，PQ：BQ＝PH：BI　BI＝PRであり，PH，PRはそれぞれ底辺が6の三角形の高さだから，その比は△PBQと△PBCの面積の比に等しい。よって，PH：BI＝$10\sqrt{3}$：$8\sqrt{3}$＝5：4　BQ＝$6-\frac{2}{3}=\frac{16}{3}$だから，PQ：$\frac{16}{3}$＝5：4　PQ＝$\frac{20}{3}$…①　BIの延長線とADとの交点をJとすると，AJ＝3，QI：AJ＝BQ：BA＝8：9から，QI＝$\frac{8}{3}$…②　①，②から，BR＝PI＝PQ－QI＝$\frac{20}{3}-\frac{8}{3}=4$

5 (平面図形―円，三平方の定理，角度，三角形，おうぎ形，面積，長さ)

重要 (1)　円C，円C′の中心をそれぞれO，Pとする。また，ATと円Cの円周との交点のうち，Aでない方をDとする。斜線部分の面積は，△AODとおうぎ形OBDを合わせた面積から半円Pの面積を引いて求めることができる。△APTにおいて，∠ATP＝90°，AP＝4，PT＝2　三平方の定理を用い

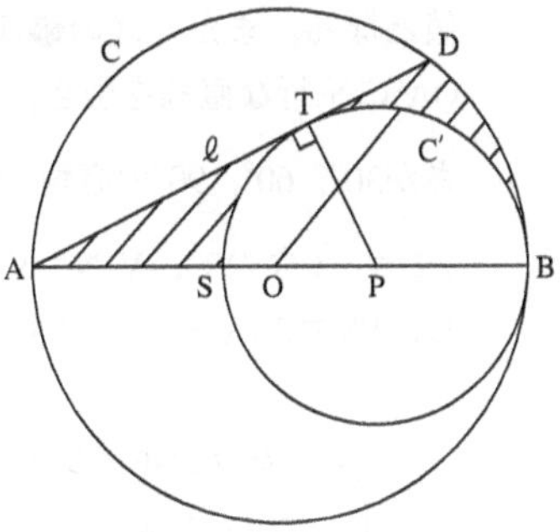

ると，AT＝$\sqrt{4^2-2^2}=2\sqrt{3}$　△APTは3辺の比が2：1：$\sqrt{3}$の直角三角形なので，内角の大きさが30°，60°，90°である。よって，∠OAD＝∠ODA＝30°，∠DOB＝60°　△OBDは頂角が60°の二等辺三角形なので正三角形である。DからABまでの距離は1辺が3の正三角形の高さだから$\frac{3\sqrt{3}}{2}$　よって，$\frac{1}{2}\times3\times\frac{3\sqrt{3}}{2}+3\times3\times\pi\times\frac{60}{360}-2\times2\times\pi\times\frac{1}{2}=\frac{9\sqrt{3}}{4}+\frac{3}{2}\pi-2\pi=\frac{9\sqrt{3}-2\pi}{4}$

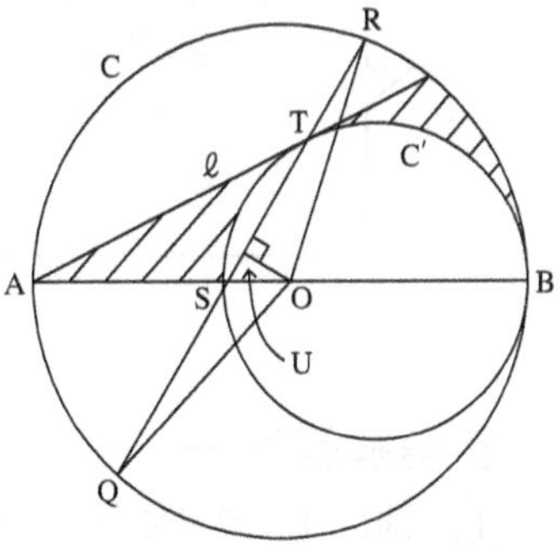

(2)　直線STと円Cとの交点をQ，Rとし，点OからQRに垂線OUを引くと，△OQRは二等辺三角形だから，UはQRの中点である。また，△OSUは内角の大きさが30°，60°，90°の直角三角形であり，OS＝4−3＝1だから，OU＝$\frac{\sqrt{3}}{2}$　△OURで三平方の定理を用いると，UR＝$\sqrt{3^2-\left(\frac{\sqrt{3}}{2}\right)^2}=\sqrt{\frac{33}{4}}=\frac{\sqrt{33}}{2}$　したがって，QR＝2UR＝$\sqrt{33}$

6　（空間図形―相似，三平方の定理，体積，表面積，最短距離）

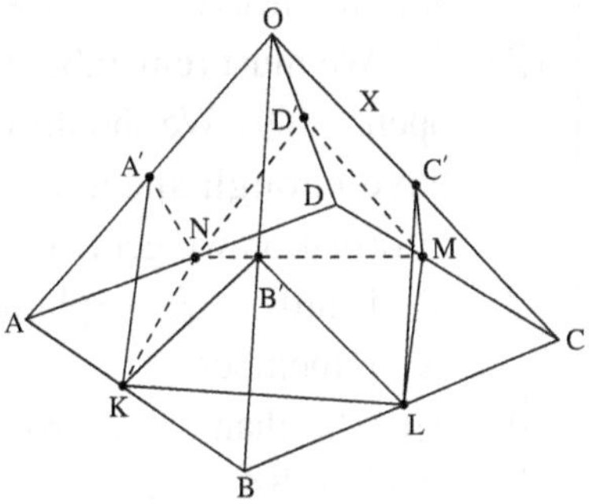

(1)　正四角錐OABCDの底面を正方形ABCDとみると，高さは点Oと底面の対角線の交点を結ぶ線分となる。ACとBDの交点をHとすると，AC＝$\sqrt{2}$AB＝$\sqrt{2}$OA＝$\sqrt{2}$OCなので，△OACは直角二等辺三角形となり，OH＝AH＝CH＝$2\sqrt{3}\times\sqrt{2}\times\frac{1}{2}=\sqrt{6}$　したがって，正四角錐OABCDの体積は，$\frac{1}{3}\times2\sqrt{3}\times2\sqrt{3}\times\sqrt{6}=4\sqrt{6}$　三角錐A′AKNは三角錐OABDと相似であり，相似比が1：2なので，体積の比は$1^3:2^3=1:8$　よって，三角錐OABDの体積は，$4\sqrt{6}\times\frac{1}{2}\times\frac{1}{8}=\frac{\sqrt{6}}{4}$　三角錐B′BKL，三角錐C′CLM，三角錐D′DMNについても同様なので，立体Xの体積は，$4\sqrt{6}-\frac{\sqrt{6}}{4}\times4=3\sqrt{6}$

(2)　四角形OA′KB′，OC′LB′，OC′MD′，OD′NA′はいずれも1辺の長さが$\sqrt{3}$の正三角形を2つ合わせたひし形なので，$\sqrt{3}\times\frac{(\sqrt{3})^2}{4}\times2\times4=6\sqrt{3}$　△A′KN，△B′KL，△C′LM，△D′MNはいずれも，等辺が$\sqrt{3}$，底辺が$\sqrt{6}$の直角二等辺三角形だから，$\frac{1}{2}\times\sqrt{3}\times\sqrt{3}\times4=6$　四角形KLMNは1辺の長さが$\sqrt{6}$の正方形なので，$\sqrt{6}\times\sqrt{6}=6$　したがって，立体Xの表面積は，$12+6\sqrt{3}$

やや難　(3)　右図は立体Xの展開図の一部である。正方形NKLMの対角線の交点をVとすると，この図は点Vについて点対称な図形であり，D′OとB′Oは対称の位置にあって，D′P＝B′Uだから，点Pと点Uも点Vについて対称の位置にある。よって，線分PUは点Vを通り，その長さが，PQ＋QR＋RS＋ST＋TUの最小

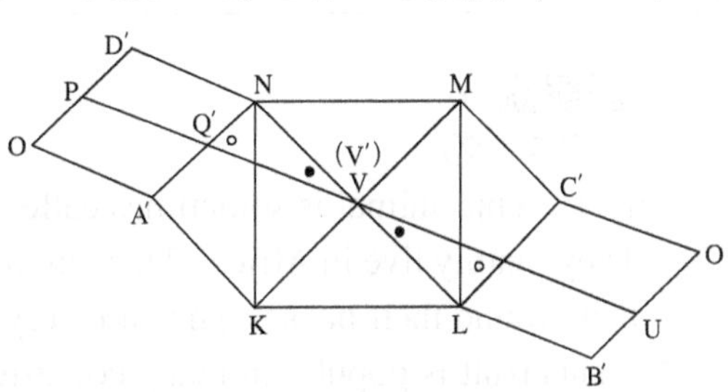

値となる。また，図の●印の角は30°，○印の角は60°であることからOA′//LB′である。点PからOA′に平行な直線を引き，A′N，NLとの交点をそれぞれQ′，V′とすると，△V′Q′Nは内角の大きさが30°，60°，90°の直角三角形であり，NQ′＝D′P＝1だから，$V'N=\sqrt{3}$　$VN=\frac{1}{2}NL=\frac{1}{2}\sqrt{6}\times\sqrt{2}=\sqrt{3}$なので，V′N＝VN　よって，点V′と点V，点Q′と点Qは一致する。VQ＝2QN＝2だから，$PV=2+\sqrt{3}$　UVについても同様なので，$PU=4+2\sqrt{3}$

★ワンポイントアドバイス★

[1]は分母の有理化から始めるとよい。[2]は素因数分解から。[3]は3つの正方形の辺の長さが等しいことから，点C，F，Iの座標を文字で表す。[4]は6個に分けた正三角形をもとに考える。[5]は2円の中心を明らかにする。[6](3)は点対称の図形の性質を用いる。

＜英語解答＞

[1]　問1　1．ライオン　2．リンゴ　3．月　4．砂漠　5．馬
問2　6．163cm　7．178cm　8．4回　9．月曜日

[2]　① We must remember to wear a mask　② it is important to keep the windows open　③ We should wash our hands carefully with soap　④ our gym doesn't have enough space for all the students　⑤ we should not believe all the information we get from the Internet

[3]　① heard　② explaining　③ put　④ read　⑤ having
⑥ remember

[4]　問1　① than　② what　問2　③ ウ　⑤ オ　⑮ コ　問3　④ ノーマンは「絵を描くことは，私が生計を立てるためにできることかもしれない」と思い始めた。
⑥ 年を取るにつれて，ノーマンは芸術家になるという夢を実現する決心をした。
⑬ イラストレーターは鉛筆やクレヨンで絵を描き，また色塗りもする。　⑭ ノーマンは美術学校の授業をとても真剣に受けたので，同級生は彼を「執事」と呼んだ。
問4　⑦ With the money he made　⑧ felt too tired to make the journey
⑩ was how well he could draw　⑫ as much as he could about　問5　⑨ ス
⑪ タ　問6　ト，ナ

○推定配点○

[1]～[3]　各3点×20　[4]　問3・問6　各3点×6　他　各2点×11　計100点

＜英語解説＞

[1]（リスニング）

問1　1. This animal is sometimes called the King of The Animals. It is a kind of big cat. They mainly live in Africa. They are light brown in color, and males have a lot of brown hair around their necks. They are very powerful, and great hunters.

2. This fruit is popular in many countries. It grows on trees and is usually ready to pick

in the autumn. Each fruit is usually a little bigger than a tennis ball. They feel hard, and they are green or red in color. In America, people like to bake them in pies.

3. This is something we can see when we look into the sky at night. It sometimes looks like a big, bright ball but, at other times, it's smaller and looks like part of a circle. In this part of Japan, it looks brightest on clear winter nights.

4. This is an area of land in which there is little or no water, so no plants can grow. It is usually a hot and dry place where there is only sand. The largest area is in North Africa, but there are also large areas in China and Australia.

5. These are big animals with four legs which were very important in Japan in the past, because they were used to carry people and things to faraway places. These animals can run very fast and, even now, many people like to go to special stadiums to watch them racing around a track.

問1 (1) この動物は「動物の王」と呼ばれることがある。大型の猫の一種だ。彼らは主にアフリカにすむ。色は明るい茶色で，オスは首の周りに茶色の毛が多くある。非常に力が強く，すばらしいハンターだ。

(2) この果物は多くの国で人気がある。木に育ち，ふつうは秋に収穫できる。実はテニスボールより少し大きい。硬い感触で，色は緑か赤だ。アメリカではそれをパイに入れて焼くのが好まれる。

(3) これは夜，空を見ると見えるものだ。大きくて明るいボールに見えることもあるが，別の時にはもっと小さく，円の一部に見える。日本のこの地域では晴れた冬の空に一番明るく見える。

(4) これは水がほとんど，もしくはまったくなく，植物が育つことのできない地域だ。それはふつう，暑くて乾いた場所で砂しかない。最大の地域は北アフリカにあるが，中国やオーストラリアにも大きな地域がある。

(5) これは4本足の大型動物で，かつて日本では非常に大切だった，なぜなら人やものを遠くの場所に運ぶのに使われたからだ。これらの動物は非常に速く走ることができ，今でも多くの人が，彼らがトラックの周りをレースしているのを見るために特別なスタジアムに行くのを好む。

問2 会話A

Alan : Hello Bob. Wow, you're getting tall. Are you taller than your father now?

Bob : No, not yet. My dad's still the tallest in our family. He's 183 centimeters tall.

Alan : Yes, that's really tall. And who's the shortest in your family?

Bob : It's my mum these days. She's 20 centimeters shorter than my dad. My sister was shorter than her until she was 14, but now she's 15 centimeters taller than mum.

Alan : Wow, she's really grown. And who is taller, you or your sister?

Bob : That's a good question. The last time we were measured we were both the same height.

会話B Jane : You're always looking at your smartphone, Brian. What are you checking?

Brian : It's my favorite band's Twitter page. They start a short tour of Japan next week.

Jane : Really? Where are they playing?

Brian : They start their tour with a concert in Tokyo on Sunday and they will also play there on the next two nights. I plan to see them on the second night, the Monday.

Jane : Where are they going after Tokyo?

Brian : Well, after their concerts in Tokyo they go to Kyoto. They have a night off there, before playing their fourth concert there the night after that.

Jane　：And where do they go after that?

Brian：To Osaka - they'll play two nights there, then have another night off. The night after that they play in Fukuoka. After that they'll come back to Tokyo for one final concert. I want to go to that, too - it'll be fantastic.

問2　会話A

アラン：やあ，ボブ。わあ，君は背が高くなってきたね。もうお父さんより高い？

ボブ　：いいや，まだだよ。父さんは今でもうちの家族で一番背が高い。彼は身長183cmだ。

アラン：うん，それは本当に背が高いね。じゃあ，家族で一番背が低いのは誰？

ボブ　：最近は母さんだよ。彼女は父さんよりも20cm背が低い。妹は14歳まで彼女よりも背が低かったけれど，今は母さんよりも15cm背が高いんだ。

アラン：わあ，彼女は本当に成長したね。では，君と妹はどちらが背が高いの？

ボブ　：それはいい質問だね。最後に測った時，僕たちは二人とも同じ身長だったよ。

会話B

ジェーン　：ブライアン，あなたはいつもスマートフォンを見ているわね。何をチェックしているの？

ブライアン：僕の大好きなバンドのツイッターのページだよ。彼らは来週，短い日本ツアーを始めるんだ。

ジェーン　：本当？　どこで演奏するの？

ブライアン：彼らは日曜日に東京のコンサートでツアーを開始する。そして次の二晩もそこで演奏する。僕は2日目の夜，月曜日に彼らを見る予定だ。

ジェーン　：彼らは東京の後にどこへ行くの？

ブライアン：東京のコンサートの後に彼らは京都へ行く。彼らはそこで一晩休みを取るんだ，その次の夜にそこで4番目のコンサートをする前に。

ジェーン　：その後はどこへ行くの？

ブライアン：大阪だよ。彼らはそこで二晩で演奏して，その後もう一晩休みを取る。その次の夜は彼らは福岡で演奏する。その後，彼らは東京に戻ってきて，最後のコンサートを1回する。僕はそれにも行きたい。すばらしいだろうね。

重要 **2**　（会話文問題・条件英作文：助動詞，不定詞，構文，前置詞，関係代名詞）

（全訳）　教師　：今日は，毎日の生活の中で新型コロナウィルスから身を守る方法について話しましょう。まず，外出時にはやらなければならない大切なことがあります。それが何かわかりますか。

生徒A：①私たちは忘れずにマスクを着用しなくてはいけません。

教師　：その通り。食事をする時だけそれを外すべきです。次に教室について考えます。常に新鮮な空気がたくさんあるようにする必要があります。どうしたらそうできますか。

教師B：②窓を開けておくのが大切だと思います。

教師　：そうですね。そうすれば空気が動きます。次に昼食時間に目を向けましょう。食べる前には何をすべきですか。

生徒C：③私たちは石鹸で手を丁寧に洗うべきです。

教師　：その通りです。そして手をふくには清潔なタオルを使うことも忘れずに。また，私たちはふつう体育館で大きな集会や式典をしますが，今年度はすべて中止しました。なぜかわかりますか。

生徒D：私たちはお互いに密接して立ってはいけません，しかし④体育館は生徒全員のために十分なスペースがありません。

教師　：正解です。残念ですが我々の体育館はとても狭いのです。最後に，インターネット上には新型コロナウィルスや他のことについて，たくさんの情報があります。でも本当ではない情報もあります。だから⑤インターネットから得られる情報のすべてを信じるのはよくありません。みなさん，安全かつ健康でいてください。

① 次に教師が You should take it off only when you eat.「食事をする時だけそれを外すべきです」と言っていることから，「マスクを着けなくてはならない」という文が入るとわかる。〈remember to ＋動詞の原形〉「～することを覚えておく，忘れずに～する」 wear a mask「マスクを着ける」

② 「教室に新鮮な空気を入れる」という文脈から「窓を開けておく」という文を入れるとわかる。keep the windows open で「窓を開けておく，開けたままにする」となる。〈keep ＋目的語＋形容詞〉「～を…のままにする」〈It is … to ＋動詞の原形〉「～するのは…だ」

③ 前文で What should we do before we eat? と質問されているので We should ～ と答えるとよい。wash our hands「手を洗う」 with soap「石鹸で」

④ 「体育館には生徒全員に十分なスペースがない」という文にする。解答例以外にも〈There is ＋単数名詞〉「～がある」の構文を使って，There is not enough space for all of us in the gym. としてもよい。

⑤ not all は部分否定で「すべてを～するわけではない」という意味。解答例では all the information の後ろに (that) we get from the Internet「私たちがインターネットから得る」という関係代名詞の節が置かれる形になっている。この部分を単純にして all the information on the Internet「インターネット上のすべての情報」としてもよい。

やや難 **3** **(長文読解問題：語句補充・選択，語形変化，分詞，時制，不定詞)**

（全訳） ファーガソンに行く前，アリシア，パトリッセ，オパールはすでに自分たちの意見を①聞いてもらっていた。オパールはソーシャルメディアのアカウントを開設した。彼女はツイッターのユーザーたちになぜ黒人の命が大切なのか②を説明するストーリーをシェアするよう促した。アリシアは抗議の看板を作り，それを地元の靴屋のウィンドーに③掲げた。パトリッセは #Black LivesMatter と④読めるプラカードを持ってビバリーヒルズのロデオドライブを行進した。彼女は買い物をしている人々や昼食⑤を食べている人々に，警察の暴力によって奪われた黒人の命を⑥覚えておくためしばし黙祷することを促した。

① 〈make ＋目的語＋過去分詞〉「－を～された状態にする」 ここでは their voices「彼女たちの意見」を heard「(人に)聞かれる」状態にする，ということ。つまり「自分たちの主張を聞いてもらう」ということである。

② explain「～を説明する」を現在分詞にして explaining why Black lives mattered が stories を後ろから修飾する形にする。

③ put「～を置く」の過去形 put を入れる。put－put－put

④ 〈read ＋引用文〉「～と読める，～と書いてある」 文章全体の時制が過去なので，read の過去形 read を入れる。read－read－read

⑤ have lunch「昼食を食べる」 現在分詞句 having lunch にして，shopping or having lunch が people を後ろから修飾する形にする。

⑥ 前に to があるので，原形 remember を入れて不定詞にする。この不定詞は「覚えておくために」という目的を表す副詞的用法の不定詞。

4 （長文読解問題・伝記：語句補充・選択，前置詞，疑問詞，語句解釈，受動態，熟語，指示語，構文，英文和訳，不定詞，関係代名詞，接続詞，動名詞，語句整序，間接疑問，助動詞，内容一致）

（全訳） ノーマン・パーシヴァル・ロックウェルはニューヨーク市で1894年2月3日に生まれた。彼はナンシー・ヒル・ロックウェルとジャーヴィス・ウェアリング・ロックウェルの第二子だった。彼らの長男でノーマンの兄のジャーヴィスはノーマン①より1歳半年上だった。ノーマンが生まれた時，ロックウェル家はマンハッタンのアッパーウェストサイドの茶色の石造りの建物の5階に住んでいた。

ロックウェル家の近所の子供たちは多くの時間をタグ・フットボールやタッチ・フットボールなどの試合をして過ごした。ジャーヴィスは筋骨たくましくスポーツが得意だった。彼はいつもチームのメンバーに選ばれた。しかしノーマンはやせていて弱く，チームに選ばれなかった。幸運にもノーマンは別のことが得意だった。彼は絵が描けたのだ。

ロックウェル家は静かで真面目なところだった。夜にはノーマンの父が雑誌の写真をスケッチすることもあった。ノーマンは座って彼を見て，父親が描くものを真似しようとした。ノーマンの父はまた，夜に家族に読み聞かせをした。父親が読む時，ノーマンはその話の中の登場人物の絵を描いた。彼は彼らが②どんな風に見えるか，どのように行動するかを想像しようとした。彼が読んだ本のいくつかは有名なイギリスの作家チャールズ・ディケンズによるものだった。

ノーマンの母はよく病気になり，ベッドにいることが多かった。そこでノーマンとジャーヴィスは③しばしば自分たちの面倒を見るよう放っておかれた。ノーマンの父はいつも病身の妻を心配し，世話をした。しかし彼は息子たちにはあまり注意を払わなかった。このため，ノーマンは家で愛されていると常に感じたわけでなく，とても孤独に感じることもあった。この感情は生涯を通じ，ノーマンにつきまとった。

少なくともノーマンには絵があった。彼はスケッチをしている間，喜びと幸せを見つけることができた。そして彼はそれが得意だった。④ノーマンは「絵を描くことは，私が生計を立てるためにできることかもしれない」と思い始めた。

ノーマンが8年生の時の先生が，彼に才能のあることを見抜いた。彼女は彼にレポートに合う絵を描くように促した。ノーマンはこうすることが大好きだった。彼は歴史のレポートには兵士と幌馬車を描き，理科のレポートにはクマ，ライオン，ゾウを描いた。ノーマンの先生は彼が黒板いっぱいに絵を描くことも許可した。他の生徒たちはノーマンの作品に感銘を受けた。そしてノーマンは人々が⑤それを評価すると，誇らしくてドキドキした。

毎夏，ロックウェル家はニューヨークを離れて田舎で過ごした。それはノーマンとジャーヴィスにとって大きな変化だった。田舎で，彼らは池で泳ぎ，湖で魚釣りをし，カエルを探した。ノーマンは街から離れたこの時間が大好きだった。彼は新鮮な空気，緑の草，平和と静けさが大好きだった。それに彼は通りで襲われることを心配する必要がなかった。後の人生で，これらの夏の記憶は彼のイラストレーターとしてのキャリアにおいて大きな役割を果たした。

⑥年を取るにつれて，ノーマンは芸術家になるという夢を実現する決心をした。彼は，こうするための最善の方法は美術学校に通うことだと決心した。ノーマンの両親は彼の選択をあまり応援しなかったが，彼を止めることはしなかった。ノーマンは学校に払うお金を稼ぐため，アルバイトを得た。⑦自分が稼いだお金で，ノーマンはニューヨーク美術学校の授業に出ることができた。そこでしばらく過ごした後，彼は国立デザインアカデミーに移った。

1906年，ノーマンが12歳の時，ロックウェル家はニューヨーク市を出て，近くのママロネックと呼ばれる地域に引っ越した。週に2回，ノーマンはニューヨーク市内の授業に行くために，バス，電車，地下鉄で移動した。それは片道2時間かかった。ノーマンはよく，⑧疲れすぎて移動は無理だと感じた。しかし彼は本当に芸術家になりたかったし，それは彼がやる必要のあることだった。⑨それに，ノーマンは授業が大好きだった。彼は自分と同じものに興味のある他の生徒たちと一緒だった。ノーマンが細くて弱い腕をした長身痩躯であることは，もはや問題ではなかった。皆が気にすることは⑩彼がどのくらい上手に描けるかということだった。

しかしノーマンは，このスケジュールにはついていけなくなるだろうと，すぐに実感した。ママロネックの高校に通い，アルバイトをして，ニューヨーク市で美術の授業を受けるのは大変すぎた。⑪そこで，この高校2年の終わりに，ノーマンは高校を中退した。彼はアート・スチューデント・リーグと呼ばれる美術学校に終日出席する決心をした。それは国内で最も有名な美術学校の1つだった。⑪そのため，17歳の時，ノーマンはニューヨーク市に戻った。

ノーマンは1911年10月にアート・スチューデント・リーグで授業を開始した。続く3年間，ノーマンは絵を描くことやイラストを描くこと⑫についてできるだけたくさん学んだ。毎日，ノーマンと他の学生たちは紙と木炭を持って教室に押しかけた。ノーマンとクラスメートたちはモデルをスケッチし人間の体形を学んだ。

アート・スチューデント・リーグはハワード・パイルを含む美術学生のグループによって創立された。彼は1800年代終盤の「イラスト黄金期」におけるもっとも有名なイラストレーターの1人だった。ノーマンは，ハワード・パイルは史上最も素晴らしいイラストレーターの1人だと思った。イラストレーターとは，その作品が美術館やアートギャラリーに置かれるのではなく，本，雑誌，カレンダーやグリーティングカードなどで使われる芸術家だ。⑬彼らは鉛筆やクレヨンで絵を描き，また色塗りもする。ノーマンはこれらのイラストレーターの作品を賞賛した。彼らの絵の中で，キャラクターたちは命を得て，あなたは自分がその絵の中に入ったような気がする。ノーマンはイラストレーターになることは「素晴らしい伝統のある職業，自分が誇れる職業」だと感じた。

⑭ノーマンは美術学校の授業をとても真剣に受けたので，同級生は彼を「執事」と呼んだ。他の学生たちはよく，ニューヨーク市の風景，音，ナイトライフを楽しむために外出した。多くの学生は自分が作業したいと感じた時に作業し，時には真夜中のこともあった。しかしノーマンは決して昼食を抜くことはなく，徹夜して作業することもなかった。彼は非常に厳格な習慣を持ち，⑮何事にも彼をそれらの習慣から逸脱させることを許さなかった。

重要 問1　①　直前に比較級 older があるのに着目し，than「～よりも」を入れる。　② what they looked like は「彼らがどのように見えるか」という意味。like は「～のように」を表す前置詞。

重要 問2　直訳は全訳下線部を参照すること。　③　were left は leave「～を放っておく」の受動態で，「放っておかれた，ほったらかしにされた」という意味。look after themselves は「自分たち自身の世話をする」ということ。　⑤　appreciate「～を評価する」 it は Norman's work を指す。　⑮　使役動詞構文〈let ＋目的語＋動詞の原形〉「－に～させる」〈draw ＋目的語＋ away from ～〉「－を～から引き離す」 them は very strict habits を指す。

重要 問3　④　this は drawing「絵を描くこと」を指す。that は目的格の関係代名詞で that I can do が something を後ろから修飾し，「私ができること」を表す。for a living「生計を立てるために」　⑥　〈as ＋主語＋ get ＋比較級〉「－が～になるにつれて」 get old「年を取る」〈make up one's mind to ＋動詞の原形〉「～することを決心する」 realize「～を実現する」 of は「～という」という意味で同格を表し，his dream of becoming an artist は「芸術家になるという彼の夢」という意味。　⑬　主語の They は前文の主語の Illustrators を指す。paint は動詞で「色を塗る」という意味。as well「～も」　⑭　take classes「授業を受ける」 so … that ～「とても…なので～」 call AB「AをBと呼ぶ」

重要 問4　⑦　with the money he made　he の前に目的格の関係代名詞が省略されており，he made が money を後ろから修飾する。make money は「お金を稼ぐ」という意味で the money he made は「彼が稼いだお金」となる。　⑧　felt too tired to make the journey　〈too … to ＋動詞の原形〉「…すぎて～できない」　make the journey「旅行する，移動する」　ここでは引っ越し先の自宅からニューヨーク市まで通うことを表す。　⑩　was how well he could draw　how 以下は間接疑問で〈疑問詞＋主語＋動詞〉の語順。　⑫　as much as he could about　〈as … as ＋主語＋ can〉「できるだけ…」　about ～「～について」

問5　⑨　besides「さらに」　⑪　so「そこで，そのため」

重要 問6　ト「1906年，ノーマンがニューヨーク市の美術学校に通った時，様々な種類の公共交通機関で4時間を過ごさなくてはならなかった」（○）　ナ「アート・スチューデント・リーグでノーマンは勤勉な学生だったが，規則正しい生活を心がけ夜遅くまで作業することはなかった」（○）

★ワンポイントアドバイス★

4の長文読解問題はアメリカの画家・イラストレーターであるノーマン・ロックウェルの伝記。伝記や歴史に関する文章は，年号（年齢）と起きた出来事を把握し，時系列に沿って整理することが必要である。

＜理科解答＞

1　(1)　C＞B＞A＞D
(2)　（アとイ）　イ　　（アとエ）　同じ　　（ウとエ）　エ　　（ウとオ）　同じ

2　(1)　Q　　(2)　Q　　(3)　P　　(4)　Q　　(5)　P

3　(1)　化学　　(2)　熱　　(3)　運動　　(4)　電気

4　(1)　ウ　　(2)　エ　　(3)　（整数比）　6：9：8　　（化学式）　Fe_2O_3　　(4)　4
(5)　（Cu：S＝）　4：1　　(6)　327(g)

5　(1)　（あ）　青色　　（い）　黄色　　(2)　$2NaHCO_3 \rightarrow Na_2CO_3 + CO_2 + H_2O$
(3)　X　Cl_2　　Y　H_2　　(4)　B　塩化銅　　C　炭酸水素ナトリウム

6　(1)　進化　　(2)　相同器官　　(3)　ア，カ　　(4)　(a)　(A)　有　　(B)　消費
(C)　無　　(D)　分解　　(b)　①　ある$1m^2$の区画を1カ所だけ掘って
②　（例）　ランダムな複数の区画を合計$1m^2$掘って

7　(1)　$\frac{t}{T+t}$　　(2)　（説明）　（例）　（円の位置を）月と同じ大きさに見えるようにする
（距離）　100rd(m)　　(3)　$\frac{180D}{(90-\theta)\pi}$　　(4)　イ

8　(1)　(a)　イ　　(b)　ア，イ，ウ
(2)　(a)　イ，エ　　(b)　（直径）　小さい　　（密度）　大きい　　（衛星の数）　少ない

○推定配点○

1　各3点×5　　2　各2点×5　　3　各1点×4　　4　各3点×6((3)完答)
5　各3点×5((3)・(4)各完答)　　6　各3点×6((4)(a)完答)　　7　各3点×4((2)完答)
8　各2点×4((2)(b)完答)　　計100点

＜理科解説＞

1 （電流と電圧―電球と回路）

重要 (1)　豆電球の抵抗をRΩ，電池の電圧をEVとする。　(A)　電球を直列につなぐと抵抗は直列につないだ個数に比例するので，回路全体の抵抗は2R(Ω)　よって，回路全体を流れる電流は，E(V)÷2R(Ω)=$\frac{E}{2R}$(A)　(B)　電球を並列につなぐと抵抗は並列につないだ個数に反比例するので，豆電球2個を並列につないだ部分の抵抗は$\frac{1}{2}$R(Ω)だから，回路全体の抵抗はR+$\frac{1}{2}$R=$\frac{3}{2}$R(Ω)　よって，回路全体を流れる電流は，E(V)÷$\frac{3}{2}$R(Ω)=$\frac{2E}{3R}$(A)　(C)　豆電球2個を直列につないだ部分の抵抗は2R(Ω)なので，この部分を流れる電流の大きさは，E(V)÷2R(Ω)=$\frac{E}{2R}$(A)，豆電球1個の部分に流れる電流は，E(V)÷R(Ω)=$\frac{E}{R}$(A)　よって，回路全体を流れる電流は，$\frac{E}{2R}$+$\frac{E}{R}$=$\frac{3E}{2R}$(A)　(D)　電球を直列につなぐと抵抗は直列につないだ個数に比例するので，回路全体の抵抗は3R(Ω)　よって，回路全体を流れる電流は，E(V)÷3R(Ω)=$\frac{E}{3R}$(A)　したがって，回路全体を流れる電流を大きいものから順に並べると，C＞B＞A＞Dとなる。

(2)　豆電球の明るさは豆電球を流れる電流が大きいほど明るくなる。(1)より，（アとイ）　アに流れる電流は$\frac{E}{2R}$(A)，イに流れる電流は$\frac{2E}{3R}$(A)　よって，イの方が明るい。　（アとエ）　アに流れる電流は$\frac{E}{2R}$(A)，エに流れる電流は$\frac{E}{2R}$(A)　よって，明るさは同じである。　（ウとエ）　ウに流れる電流は，イに流れる電流の半分なので，$\frac{E}{3R}$(A)，エに流れる電流は$\frac{E}{2R}$(A)　よって，エの方が明るい。　（ウとオ）　ウに流れる電流は$\frac{E}{3R}$(A)，オに流れる電流は$\frac{E}{3R}$(A)　よって，明るさは同じである。

重要 2 （力・圧力―作用反作用の法則と力のつり合い）

作用・反作用，つり合う2力はどちらの場合も，2つの力は同じ大きさで，逆向きに一直線上ではたらくが，作用・反作用は異なる2つの物体の間ではたらき，つりあう2力は同じ物体にはたらく。

(1)　Bがばねから受ける力とBが受ける重力は，Bにはたらく2力なのでつり合いの関係にある。

(2)　Bが受ける重力とBがAから受ける力は，Bにはたらく2力なのでつり合いの関係にある。

(3)　Bが受ける力とAが受ける力は，AとBの間にはたらく2力なので作用・反作用の関係にある。

(4)　AがBから受ける力，Aが受ける重力，Aがばねから受ける力は，いずれもAにはたらく力で，AがBから受ける力とAが受ける重力の合力と，Aがばねから受ける力がつり合いの関係にある。

(5)　Aがばねから受ける力とばねがAから受ける力は，Aとばねの間にはたらく2力なので作用・反作用の関係にある。

基本 3 （エネルギー―石炭火力発電）

石炭火力発電は，石炭のもつ化学エネルギーを燃焼によって熱エネルギーに変え，熱エネルギーによって水蒸気を発生させる。発生した水蒸気のもつ熱エネルギーを運動エネルギーに変えてタービンを回し，発電機で最終的に電気エネルギーに変換している。

4 （化学変化と質量―鉄や銅の化学変化）

(1)　青銅は鉄に比べるとやや強度が劣るが，融点が低いことなど加工が容易であることから，鉄の製造技術が発達するまではよく用いられた。

基本 (2)　スズの元素記号はSnである。Kはカリウム，Agは銀，Alはアルミニウム，Siはケイ素(シリコン)，Znは亜鉛の元素記号である。

(3)　FeO，Fe_2O_3，Fe_3O_4の鉄の原子数が等しくなるのは，6FeO，$3Fe_2O_3$，$2Fe_3O_4$としたときで，このとき酸素原子の数の比は，6：(3×3)：(4×2)＝6：9：8となる。よって，同じ個数の鉄原子と最も多くの酸素と結びついているのは，Fe_2O_3であることがわかる。

重要 (4)　①の化学反応式において，$CuFeS_2$の係数が「2」であることから，両辺の鉄原子Feが2個，硫黄原子Sが4個であることがわかる。このことから，$FeSiO_3$の係数は「2」，SO_2の係数は「4」とわかる。$FeSiO_3$の係数が「2」であることから，両辺のケイ素原子Siが2個とわかり，SiO_2の係数が「2」とわかる。左辺の酸素原子の個数は，xO_2+2SiO_2から$(2x+2)$個，右辺の酸素原子の個数は，$2FeSiO_3+4SO_2$から10個とわかる。左辺と右辺で酸素原子の個数は等しくなるので，$2x+2=10$　$x=4$

(5)　質量比は，鉄原子Fe：銅原子Cu＝7：8，銅原子Cu：酸素原子O＝4：1＝8：2より，Fe：Cu：O＝7：8：2…㋐とわかる。また，二酸化硫黄の化学式はSO_2より，硫黄原子Sと酸素原子Oが，1：2の個数の比で結びついていることがわかる。二酸化硫黄にふくまれる硫黄と酸素の質量比は1：1であることから，硫黄原子Sと酸素原子Oの質量は，(1÷1)：(1÷2)＝2：1＝4：2…㋑である。よって，㋐，㋑より，質量比は，銅原子Cu：硫黄原子S＝8：4＝2：1とわかる。硫化銅の化学式はCu_2Sより，ふくまれる銅と硫黄の質量比は，銅：硫黄＝(2×2)：(1×1)＝4：1

(6)　(5)より，原子の質量比は，Cu：Fe：S＝8：7：4より，純粋な$CuFeS_2$にふくまれるCuの割合は，$\frac{8}{8+7+4}=\frac{8}{23}$であるから，920gの純粋な$CuFeS_2$にふくまれるCuの質量は，920(g)×$\frac{8}{23}$＝320(g)である。よって，920gの純粋な$CuFeS_2$にふくまれる銅をすべて還元したとき，純度98%の粗銅は，320(g)÷0.98＝326.5…より，約327g得られる。

5　(電気分解とイオン―イオン・水溶液・電気分解)

ⅰより，表のイオンをふくむ水溶液のうちで有色であるものは，銅イオンをふくむものだけなので，Bの水溶液中の陽イオンは銅イオンであることがわかる。ⅱより，AとC，AとDの水溶液を混ぜて発生した気体をEの水溶液に通して白濁したことから，Eの水溶液は石灰水(水酸化カルシウム水溶液)とわかり，発生した気体は二酸化炭素とわかる。ⅲより，Aの水溶液をつけた白金線では炎色反応が見られなかったことから，Aの水溶液には，ナトリウムイオン，カルシウムイオン，銅イオンのいずれもふくまれていないことがわかる。ⅳより，Cの固体を加熱すると気体を発生しながらDへ変化したことと，ⅱより，AとC，AとDの水溶液を混ぜて二酸化炭素が発生したことから，Cは炭酸水素ナトリウム，Dは炭酸ナトリウム，Aの水溶液は塩酸であることがわかる。ⅴより，Aの水溶液である塩酸を電気分解すると，陽極からは塩素，陰極から水素が発生し，Bの水溶液を電気分解したときにも陽極から塩素が発生することから，Bは塩化銅であることがわかる。

重要 (1)　(あ)　銅イオンをふくむ水溶液の色は青色である。　(い)　Cは炭酸水素ナトリウム，Dは炭酸ナトリウムであることから，炎色反応はナトリウムによるもので，その色は黄色である。

基本 (2)　炭酸水素ナトリウム$NaHCO_3$を加熱すると，炭酸ナトリウムNa_2CO_3と二酸化炭素CO_2と水H_2Oに分解される。

基本 (3)　塩酸を分解したとき，陽極から発生する塩素の化学式はCl_2，陰極から発生する水素の化学式はH_2である。

(4)　Aの水溶液は塩酸であることからAは塩化水素である。Bは塩化銅，Cは炭酸水素ナトリウム，Dは炭酸ナトリウム，Eは水酸化カルシウムである。

6 （生物の進化―遺伝・進化）

基本 (1) 生物が長い時間をかけて変化することを進化という。

基本 (2) 現在の形やはたらきは異なるが，もとは同じ器官であったと考えられるものを相同器官という。

重要 (3) ア…DNAは，デオキシリボ核酸と呼ばれる物質である。 カ…生殖細胞である精子には，父親の個体の1つの細胞に含まれるDNAの半分の量がふくまれている。

基本 (4) (a) 水や二酸化炭素から光合成によって有機物をつくり出す生物を生産者，有機物を取り入れ，呼吸によってエネルギーを取り出す生物を消費者，生物の死がいやふんなどを無機物に分解する生物を分解者という。 (b) $100m^2$の草原全体に対して$1m^2$の1区画だけの調査では，特定の区画における結果しか得られず，草原全体に対して違いが生じる可能性が高い。できるだけ草原全体に近い結果を得るために，草原からランダムに複数の区画を選び，合計が$1m^2$になるようにして調査する。

7 （天体―太陽と月，地球）

(1) 月食の間，月は一定の速さでまっすぐ動いたとすると，月が移動した距離と，移動するのにかかった時間は比例する。また，太陽光が平行光であるとすると，地球の大きさと地球の影の大きさは等しくなる。右の図より，月の半径と同じ距離を移動するのにかかる時間はt秒，地球の影にあたる距離を移動するのにかかる時間は(t+T)秒なので，月の半径：地球の半径＝t：(t+T) よって，月の半径は，地球の半径の$t \div (T+t) = \frac{t}{T+t}$(倍)とわかる。

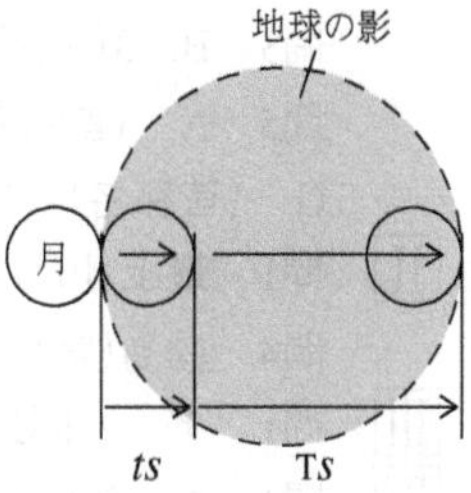

重要 (2) C君から見た円と月が同じ大きさになるようにすると，右の図のように考えることができ，C君と月の距離をxmと考えると，$d : 0.01 = x : r$ $0.01x = rd$ $x = 100rd$

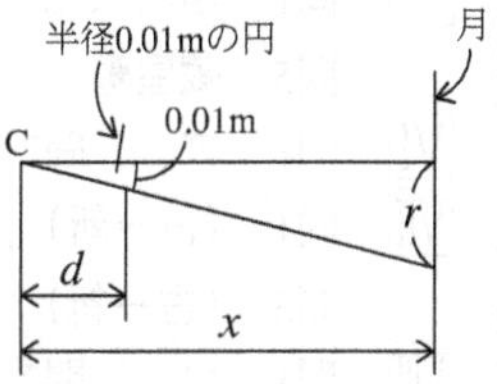

(3) 下の図のように，太陽Sと地球Eの間の距離をR〔km〕とすると，円弧EM′は，半径R〔km〕，中心角90−θ〔°〕のおうぎ形の弧の長さとなるので，円弧$EM' = 2\pi R \times \frac{90-\theta}{360}$ また，EMの長さは円弧EM′の長さと等しいとみなせるので，$2\pi R \times \frac{90-\theta}{360} = D$ よって，$R = \frac{180D}{(90-\theta)\pi}$

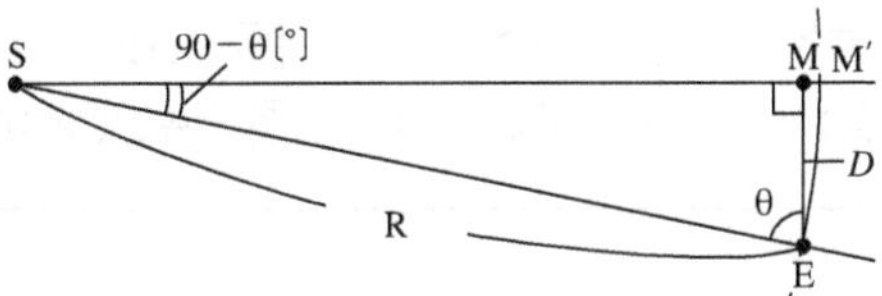

基本 (4) イ…黒点は太陽活動が活発になるとその数が多くなる。

8 （天体―太陽系）

(1) (a) 地表面に対して太陽光が垂直に近い角度で入射するほど，地表面が受ける太陽光は強くなる。 ア…現在，地表面と太陽の間の距離は冬に最も近く，気温には関係しない。 ウ…オゾン層では太陽光のうち，人体に有害な紫外線を吸収しているが，夏に気温が上がる理由ではない。エ…温室効果ガスの量は風によって大きく変化することはない。また，温室効果は，地球から宇宙へ向かう熱が温室効果ガスによって吸収される現象である。 (b) 夏至の日の可照時間は北極に近いほど(緯度が高いほど)長くなる。

基本 (2) (a) 地球よりも内側を公転している惑星は，日没直後の東の空に現れることはない。

基本 (b) 地球型惑星は主に岩石や金属でできていて，主に気体でできている木星型惑星に比べて直径は小さく，密度が大きい。また，地球型惑星の衛星は少ない。

★ワンポイントアドバイス★

あまり見慣れない題材を用いて，しっかりとした理科の理解を問う問題が多く出題されているので，単なる知識の暗記ではなく，理由や目的，理論などをきちんと理解するような学習を重ねておこう。

＜社会解答＞

Ⅰ 問1 (1) F (2) E (3) H (4) B 問2 A，C，メキシコ
問3 B，3(人／km^2) 問4 D，ウラル(山脈)
問5 A (首都名) ワシントン (位置) エ D (首都名) モスクワ (位置) ア
G (首都名) ブラジリア (位置) シ

Ⅱ 問1 最上(川) 問2 A カドミウム B 信濃 問3 (2)(→)(3)(→)(1)
問4 福島(県)

Ⅲ 問1 ア 問2 エ 問3 ア 問4 ア 問5 エ 問6 ウ

Ⅳ 問1 A クレジット B デジタルデバイド 問2 カルテル 問3 逆進性

Ⅴ 問1 徳川家光 問2 オランダ風説書 問3 (朝鮮)通信使 問4 ウ
問5 蔵屋敷 問6 イ

Ⅵ 問1 ア 問2 ウ 問3 イ 問4 ウ 問5 ア

Ⅶ 問1 (古→新) イ，ア，ウ 問2 (古→新) ウ，ア，イ
問3 (古→新) ア，イ，ウ 問4 (古→新) ウ，イ，ア

Ⅷ 問1 ウ 問2 マゼラン 問3 ア 問4 エ 問5 エ，カ
問6 (古→新) イ，エ，ア，ウ 問7 A 16(世紀) B ルター C ジュネーブ
D エチオピア

○推定配点○

Ⅰ 各2点×10(問2～問5各完答) Ⅱ 各2点×5 Ⅲ 各2点×6 Ⅳ 各2点×4
Ⅴ 各2点×6 Ⅵ 各2点×5 Ⅶ 各2点×4 Ⅷ 各2点×10(問5完答) 計100点

＜社会解説＞

Ⅰ (地理―世界の国々，地形，人口)

問1 面積上位8か国は最も多い国から順に，ロシア連邦，カナダ，アメリカ合衆国，中国，ブラジル，オーストラリア，インド，アルゼンチンとなる。表のA～Hについて，面積が最も大きいDはロシア連邦，人口が最も多いEが中国，人口が2番目に多いHがインド，面積が2番目に大きいCがカナダ，面積が3番目に大きく1人あたりGNIが最も多いAがアメリカ合衆国，人口が2億人を超えているGがブラジルと判断できる。オーストラリアとアルゼンチンを比較すると，1人あたりGNIはオーストラリアのほうが高いと考えられるので，Bがオーストラリア，Fがアルゼンチンとなる。(1)は「パンパ」がアルゼンチンなどに広がる草原であることから，Fとわかる。(2)は「沿

岸の都市部と内陸の農村部との経済格差が広がっている」ことから中国と考えられ，Eとわかる。(3)は「数学の教育水準の高さ」「英語を話せる」「時差を活かしたソフトウェアの開発」などからインドと考えられ，Hとわかる。(4)は「内陸部は降水量が少なく乾燥帯が広がり人口は少ない」「温帯が分布する東岸や南岸に人口が多く」からオーストラリアと考えられ，Bとわかる。

問2　北米自由貿易協定(NAFTA)に代わり，2020年7月にUSMCA(米国・メキシコ・カナダ協定)が発効した。この協定を構成する3か国は，アメリカ合衆国(A)，メキシコ，カナダ(C)である。

問3　A～Hの各国について，人口密度をみていくと，Aの人口密度は約33.7人／km^2，Bの人口密度は約3.3人／km^2，Cの人口密度は約3.8人／km^2，Dの人口密度は約8.5人／km^2，Eの人口密度は約149.9人／km^2，Fの人口密度は約16.2人／km^2，Gの人口密度は約25.0人／km^2，Hの人口密度は419.5人／km^2となり，Bが人口密度が最も低い。また，Bの人口密度は小数点以下を切り捨てると3人／km^2となる。

問4　A～Hの中で，アジアとヨーロッパに国土がまたがる国は，D(ロシア連邦)である。ロシア連邦にある，アジアとヨーロッパを東西に分界する山脈は，ウラル山脈である。

やや難　問5　Aはアメリカ合衆国なので，首都はワシントンである。ワシントンは北緯38度西経77度付近に位置しているので，図の位置はエに入る。Dはロシア連邦なので，首都はモスクワである。モスクワは北緯55度東経37度付近に位置しているので，図の位置はアに入る。Gはブラジルなので，首都はブラジリアである。ブラジリアは南緯15度西経47度付近に位置しているので，図の位置はシに入る。

Ⅱ　(日本の地理ー日本の国土と自然，公害・環境問題，農業，工業)

問1　日本三大急流は，最上川，富士川，球磨川である。このうち，日本海に注いでいるのは最上川だけなので，(2)は最上川とわかる。最上川は山形県で源流から河口まで流れ，上流域の山形盆地などで果樹栽培が盛んであることからも，(2)は最上川とわかる。なお，富士川は山梨県や静岡県などを流れ太平洋にそそぎ，球磨川は熊本県を流れ八代海に注ぐ。

基本　問2　A　イタイイタイ病の原因物質は，カドミウムである。　B「政令指定都市を流れて日本海に注ぐ」「下流域は稲作地帯が広がり」から，稲作が盛んな越後平野に位置する政令指定都市の新潟市で日本海に注ぐ信濃川(千曲川)と考えられる。なお，信濃川(千曲川)は，長野県側では千曲川，新潟県側では信濃川と呼ばれる。

問3　(1)は流域でイタイイタイ病が発生したことから富山県で富山湾に注ぐ神通川，(2)は山形県で日本海に注ぐ最上川，(3)は新潟県で日本海に注ぐ信濃川(千曲川)である。よって，秋田市から福井市へ日本海沿いに向かう際は，最上川(2)→信濃川(千曲川)(3)→神通川(1)の順になる。

問4　最上川が流れる山形県と接しているのは，秋田県，宮城県，福島県，新潟県の4県である。県庁所在地の人口が100万人を超えているアは，政令指定都市であり東北地方の地方中枢都市である仙台市が県庁所在地の宮城県とわかる。県庁所在地の人口が70万人台のイは，政令指定都市である新潟市が県庁所在地の新潟県とわかる。ウとエを比べると，エのほうが製造品出荷額等が多いことから，福島市や郡山市，いわき市など工業が盛んな都市が多い福島県がエと判断でき，ウは秋田県となる。

Ⅲ　(公民ー基本的人権，政治のしくみ，社会保障，日本経済)

問1　アメリカ独立宣言では，「われらは，以下のことを自明の真理であると信じる。すべての人間はみな平等につくられ，ゆずりわたすことのできない権利を造物主によってあたえられていること，その中には，生命，自由および幸福の追求がふくまれていること，である。」と述べており，「ゆずりわたすことのできない権利」が基本的人権と考えられることから，アの基本的人権の保障が適当となる。

問2　政党交付金は，企業や団体による政治献金を厳しく制限する代わりに，国から人口に250円を乗じた額を基準とした政党交付金が基準を満たして申請した政党に交付されるもので，使途は報告が義務付けられている。よって，政党交付金の導入によって企業の政治献金は厳しく制限されたことから，政党と特定企業の結びつきが強まったとは言えないので，エが誤っている。

問3　日本国憲法第38条第1項が「何人も，自己に不利益な供述を強要されない。」として黙秘権を認めているので，アが適当。判決の確定後でも，一定の重大な欠陥を理由として再度裁判をやり直す再審制度があるので，イは適当でない。裁判員裁判の対象となる事件については，逮捕後の被疑者への取り調べを録音・録画することが義務化されているが，警察の被疑者への取り調べがすべて録音されるわけではないので，ウは適当でない。裁判員は病気や70歳以上などの理由では辞退することが可能なので，エは適当でない。

問4　育児休業は，原則として子が1歳(最長2歳)まで取得可能であり，「7歳に満たない子」が対象ではないので，アが誤っている。

重要　問5　GDP(国内総生産)とは，一定期間内に国内で生産された財・サービスの付加価値の合計額なので，エの組み合わせが適当。なお，GDPに外国からの純所得を加えると，GNP(国民総生産)となる。

問6　国政調査権は国民がもつ権利ではなく国会がもつ権限なので，ウが国務請求権(受益権)の具体例として誤っている。

Ⅳ　(公民―経済のしくみ)

問1　A　消費者が，商品やサービスの提供を受けた後にカード会社に支払いをする方法は，クレジットカードの利用である。　B　情報機器の所持の有無や，ICTを活用できる能力を持つ人と持たない人の間に存在する不平等・不公平を，デジタルデバイドという。

問2　寡占市場において構成企業が相互に連絡を取り合うなどして，商品の価格や生産数などを共同で取り決める行為を，カルテルという。現代の日本においては，カルテルは独占禁止法で原則として禁止されている。

問3　所得の少ない人ほど税の負担率が高くなることを，逆進性という。消費税などは逆進性が指摘されている税である。また，所得が増えるほど税率が高くなる制度を累進課税制度といい，所得税などで導入されている。

Ⅴ　(日本の歴史―江戸時代)

問1　参勤交代は1635年に江戸幕府3代将軍徳川家光が制度化した。

問2　オランダ商館長が，オランダ船が長崎に入港するたびに世界情勢を書いて幕府に提出したものは，オランダ風説書である。

問3　江戸時代に，朝鮮から将軍の代替わりごとに派遣された使節は，朝鮮通信使である。

問4　江戸時代の村方三役は，アの名主(庄屋)，エの組頭，イの百姓代であり，ウの惣年寄が村方三役にあてはまらない。

基本　問5　江戸時代に各藩が年貢米や産物を販売するために，とりわけ大坂に多数建てた倉庫を備えた邸宅を，蔵屋敷という。大坂は諸藩の蔵屋敷が建ち並び，「天下の台所」と呼ばれた。

問6　江戸時代には，イの寛永通宝などが造られ，流通している。なお，アの永楽通宝は中国の明の時代に鋳造された銅銭で，室町時代に日明貿易などで日本に輸入され，流通した。ウの和同開珎は708年に鋳造された貨幣，エの天正大判は豊臣秀吉が鋳造させたもの。

Ⅵ　(日本と世界の歴史―古代・中世・近代)

問1　ヤマト政権は任那(加羅)や百済との交流が深く，高句麗や新羅と戦うことがあったので，アが誤っている。

問2　藤原定家は『古今和歌集』ではなく『新古今和歌集』の編さんに携わっており，ウが誤っている。『古今和歌集』は紀貫之らによって編さんされている。

問3　室町幕府では，将軍の補佐役として管領が置かれたが，管領には細川氏・斯波氏・畠山氏が就いたので，イが誤っている。

問4　『社会契約論』を翻訳して『民約訳解』として刊行するなどして，フランスのルソーの思想を紹介したのは中江兆民であり，ウが誤っている。福沢諭吉は『学問のすゝめ』を著したことなどで知られる。

問5　足尾銅山から出される鉱毒による被害からの救済を訴えたのは，衆議院議員であった田中正造なので，アが誤っている。渋沢栄一は第一国立銀行などの関わった実業家である。

Ⅶ　(日本の歴史―古代・中世・近代・現代)

問1　アの墾田永年私財法は奈良時代の743年に制定された。イの壬申の乱は672年に起こった皇位をめぐる争いである。ウの坂上田村麻呂は平安時代初期の797年に征夷大将軍に任命されている。よって，年代が古い順に並べるとイ→ア→ウとなる。

問2　北条泰時は鎌倉幕府3代執権で，御成敗式目は1232年に制定された。イの徳政令は，元寇後の1297年に出された永仁の徳政令である。ウの後鳥羽上皇が幕府を倒すために兵をあげたが幕府軍に敗れたできごとは，1221年の承久の乱である。よって，年代が古い順に並べるとウ→ア→イとなる。

重要　問3　アの海軍の青年将校らが犬養毅首相を暗殺したできごとは，1932年の五・一五事件。イの日本が国際連盟から脱退したのは1933年。ウの陸軍の青年将校らが大臣を殺害し，東京の中心部を占領したできごとは，1936年の二・二六事件。よって，年代が古い順に並べるとア→イ→ウとなる。

問4　アの日ソ共同宣言が調印され，日本が国際連合へ加盟したのは1956年。イの日米安全保障条約が結ばれたのは1951年。ウの極東国際軍事裁判は1946年から1948年にかけて行われた。よって，年代が古い順に並べるとウ→イ→アとなる。

Ⅷ　(日本と世界の地理，歴史―世界の国々，近世～現代)

問1　スイスはフランス(ア)，ドイツ(イ)，イタリア(エ)，オーストリアと国境を接しているが，ウのオランダとは国境を接していない。

問2　本人は途中で亡くなったものの，率いていた船隊が世界初の世界周航を成し遂げた人物は，マゼランである。マゼランの船隊は1519年にスペインを出発し，世界周航を成し遂げ1522年にスペインに帰港している。

問3　アの山田長政は江戸時代初期にタイのアユタヤにあった日本人町の長であった人物で，キリシタンではないので，アがカトリック教徒として誤っている。イの天草四郎は1637年に起こった島原の乱の首領であり，キリシタンである。島原の乱はキリシタンの農民らによる一揆である。ウの大友宗麟は天正少年遣欧使節を派遣したことなどで知られる豊後のキリシタン大名である。エのザビエルはキリスト教カトリックの宣教師である。

問4　三権分立を唱えたのはマルクスではなくモンテスキューであり，人民主権を唱えたのはロックではなくルソーなので，アは誤り。フランス革命は1789年の出来事であるが，アメリカ独立戦争は1775年から1783年にかけての出来事なので，フランス革命よりも前にアメリカは独立しており，イは誤り。権利章典はイギリスの名誉革命の際に出された文章なので，ウは誤り。フランス革命の際には，フランス人権宣言が出されている。フランス革命において，革命政府は戦争が始まると，敵国への協力が疑われた国王を廃位し，共和制を始めたので，エが正しい。

やや難　問5　アのアメリカ南北戦争は1861年から1865年にかけてのできごと。イの太平天国の乱は1851年から1864年にかけてのできごと。ウのペリーが最初に日本に来航したのは1853年。エのラクスマン来航は1792年。オのインド大反乱は1857年から1859年にかけてのできごと。カのシベリア出兵は1918年から1922年にかけてのできごとである。ウィーン議定書は1815年に締結されており，第一次世界大戦は1914年に勃発しているので，ウィーン議定書の締結から第一次世界大戦開戦にいたる期間に起きたできごととして誤っているのは，エとカとわかる。

問6　アのキューバ危機は1962年のできごと。イの朝鮮戦争は1950年に勃発し，1953年に休戦協定が結ばれた。ウの第1次石油危機は1973年の第四次中東戦争がきっかけで起こっている。エのアジア・アフリカ会議は1955年に開催された。よって，年代が古い順に並べ換えると，イ→エ→ア→ウとなる。

問7　A・B　宗教改革は，ドイツのルターが16世紀前半の1517年にローマ教皇が免罪符を販売したことを批判したことから始まっているので，Aには16，Bにはルターがあてはまる。　C　国際連盟の本部は，スイスのジュネーブに置かれた。　D　イタリアは，1935年にエチオピアに侵攻し，1937年に国際連盟から脱退している。

★ワンポイントアドバイス★

教科書の細部までしっかりと理解しておこう。

＜国語解答＞

一　問1　a　変貌　b　発揮　c　腐　d　様相　e　食傷　問2　X　鼻　Y　白日　問3　1　問4　2　問5　(例)　共感するものが変わると，たちまち既存の集団同一性を共有しなくなることがあるから。　【別解】　集団内の価値観から外れると，仲間だった人間がとたんに敵に見えるようになるから。　問6　3　問7　(例)　間違いを犯した人を，社会正義の下に公衆の面前に引っ張り出して不特定多数で攻撃するのは，個人的な制裁だ(ということ。)　問8　4・8

二　問1　a　5　b　5　c　3　問2　(例)　脳の一部が常に自分の日本語を監視している(ということ。)　問3　4　問4　5　問5　(例)　いつか日本の言葉と文化の全体像をものにしようという情熱。　問6　(例)　複雑でちぐはぐな自分自身を無理に理解しようとしないで，そのまま受け入れることが重要だと気づいたから。　問7　1　問8　2

○推定配点○

一　問1・問2　各2点×7　問5・問7　各10点×2　他　各4点×5

二　問1　各2点×3　問5・問6　各10点×2　他　各4点×5　計100点

＜国語解説＞

一　(論説文一大意・要旨，内容吟味，文脈把握，脱文・脱語補充，漢字の読み書き，ことわざ・慣用句)

問1　a　姿や様子が変わること。「貌」を使った熟語には，他に「全貌」などがある。　b　持っている能力などを十分に働かせること。「揮」を使った熟語には，他に「指揮」「揮発」などがある。　c　音読みは「フ」で，「腐心」「陳腐」などの熟語がある。　d　物事の様子。「相」の他の音読みは「ショウ」で，「首相」などの熟語がある。　e　何度も同じことに接し，嫌になること。「傷」の訓読みは「きず」「いた(む)」。

基本　問2　X　「X で笑う」で，軽蔑して鼻先で笑う様子を表す。　Y　「Y の下(もと)にさらす」で，隠されていた物事を世間に知らせるという意味を表す。

問3　「芝」を用いたことわざに，他人の物は何でもよく見えるという意味の「隣の芝は青い」がある。この意味で，傍線部Aの「芝」はその人物の所有物を喩えており，「自分の芝をデコレーションしまくる」は，自分や自分の物を飾ってよく見せることを表す。1の「他人の所有物にけちをつける」ことは含まれないので，適当ではない。直後の文脈から，それを見た人が自信を持てなくなるものであることも確認する。

問4　選択肢の内容から，内集団が「繋がっていく」にしたがって，外集団に対してどのように感じるようになるのかを読み取る。傍線部Bの直後の段落で「一つの内集団において特定の同一性が前面に出ることで，他の同一性を度外視する作用が働く……例えば外集団への憎悪や嫌悪といった感情です」と説明し，さらに，一つ後の段落でこの「憎悪や嫌悪」から外集団が「攻撃の対象」となると述べている。この内容を述べている2が適当。1の「交流に不安を感じる」，3の「存在に無関心」，4の「恐れを抱く」，5の「外集団に」ルールを強要する，の部分が適当ではない。

やや難　問5　直前の「彼らと私は……実に多くの同一性を共有していましたが，それらは軽々と凌駕されてしまった」ことに対して，筆者は「なんとおっかないものかと驚い」ている。何が変わると「凌駕されてしま」うのか，また，この「軽々と凌駕されてしまった」を具体的な内容に置き換えて説明する。「また，そうした」で始まる段落の「集団における同一性において，新しい集団同一性は古い集団同一性とすぐに置き換わる」という説明や，その根拠となる「ニューヨーク大学の神経科学者ジェイ・バン・ベイベルの実験」，直前の段落の筆者の経験に着目して，多くの集団同一性を共有していても共感するものが変わると，たちまち古い集団同一性が共有されなくなるから，などの形にまとめる。

問6　直前の「集団同一性なんてものは，コロコロと変わりうる」ことをふまえて，どうする必要があると言っているのか，筆者の考えを読み取る。「私自身」で始まる段落の「美しい言葉を主張しながら内集団にいない他者に攻撃的だったり閉鎖的だったりする無自覚な人々を目の当たりにして，やるせない気持ちになることが多々あります」から，集団同一性がすぐに変わることを人々が「自覚」する 必要があるという筆者の考えをとらえる。この内容を述べる3があてはまる。1の「機動的に」はすばやく対応する，という意味なのであてはまらない。2の「リスクに寛容的」，4の「積極的に正す」，5の「集団に受容的」は，筆者の考えにそぐわない。

やや難　問7　筆者は，同じ文の「『弱い者いじめはダメ！』と言いながら不特定多数でボコボコにしていく」ような，インターネット上の反応に対して，「社会的なものとは決して思えません」と否定している。このインターネット上の反応と同じ内容を，「こうしたことは」で始まる段落で「何か間違いを見つけたら，公衆の面前に引っ張り出して，みんなで大いにボコボコにする」と述べており，この表現をもとに「～を」と「～するのは」の部分をまとめる。最後の「～だ」は，筆者の「社会的なものとは決して思えません」に相当する部分なので，「社会的」に対する個人的な制裁だ，などの表現に置き換えてまとめる。

重要　問8　「よそ見運転の車にひかれて娘を失った人の悲しみや怒り」について述べている部分に着目する。「これも紛争地から」で始まる段落以降で，「被害者があまりにもかわいそうで報われない」と考える人々の「連帯が生まれる」とあるが，4の「共感というものが同じ集団に属しているかどうかと関係なく作用する」ことを言うためのものではない。「私自身」で始まる段落に「美しい言葉を主張しながら内集団にいない他者に攻撃的だったり閉鎖的だったりする無自覚な人々を目の当たりにして，やるせない気持ちになる」とあるが，8の「集団の外にいる観衆の無関心に気づいたから」とは述べていない。

二　(小説―情景・心情，内容吟味，文脈把握，脱文・脱語補充，語句の意味)

基本　問1　a 「窮」は「キュウ」と読む。「窮する」は行き詰まって困る様子の意味。　b 「ぎこちない」は，動作や話し方がなめらかでない様子。筆者の朗読の様子にふさわしいものを選ぶ。　c 「しらじら(しい)」と読み，うそであることが見え透いている，興ざめな，知っているのに知らないふりをする，という意味がある。ここでは，直前の「何かを演じているような」ことに対して言っていることから判断する。

問2　冒頭の注釈や【文章Ⅱ】から，「きみ」は「アメリカから日本に来た青年」で英語教師を務めていることを読み取る。直前の「――なるほど。確かに良し悪しはありますね。」という日本語を「他人の言葉のように」「聞いている」と同様の内容を述べている部分を，【文章Ⅰ】から探す。「すかさず」で始まる段落の「常に自分の日本語を監視している脳の一部が警鐘を鳴らす」という言葉を使ってまとめる。「脳の一部が」を主語にするとまとめやすい。

問3　富田先生が「そっと笑った」のは，「きみ」が『春琴抄』の「一つ一つの単語を電子辞書で引こうとしたが，たとえ一語の意味が分かっても，一文の意味がすぐに消えてしま」うような作業に没頭している様子に対してである。後の「意味は後でいいから」などの助言から，富田先生は難解な外国語は意味から理解するのではなく，音やリズムが第一だと考えていることが読み取れ，この内容を述べている4が適当。1の「作業をなかなか進められないでいる」や，3の「単語の意味を理解できなくて悩んでいる」ことを微笑ましく思ったわけではない。富田先生の人柄から，2の「おかしさを感じた」は適当ではない。5は後の富田先生の助言につながらない。

問4　「きみ」は，直後の文の「こうして京都らしさを演じる京都」に対して「笑いを感じ」ている。「こうして」とあるので，「京都らしさを演じる京都」の具体的な内容を直前の段落から読み取る。「明らかに新築の和モダン」なホテルなのに「古い街並みに合わせて改装された町家のような表」で，「間接照明が漏れて薄暗い雰囲気を醸し出し，どこからともなく琴の録音が流れる」とあり，この内容を述べている5が適当。1の雰囲気に合っていないところに笑いを感じたのではない。他は「京都らしさを演じる京都」という描写に合わない。

問5　直前の文の内容から，「きみ」の「若々しい情熱」は，日本語という外国語の習得に向けられたものだと読み取れる。若い時代に「きみ」が外国語に対して抱いた心情を述べている部分に着目すると，「きみが初めて」で始まる段落に「あの頃は確か，いつかこちらの言葉と文化の全体像をものにすることを望んでいた」とある。この内容を「～情熱。」に続ける形でまとめる。

やや難　問6　傍線部Eの「それ」は，同じ段落のローマ字とカタカナで途中まで印刷され，残りは手書きの「きみ」の「継ぎ接ぎの名前」を指し示している。この「継ぎ接ぎの名前」に通じるものを【文章Ⅱ】から読み取る。【文章Ⅱ】の冒頭の段落に「主人公はその，カタカナで書かれた自分の名前への違和感に吸い込まれるように日本語を習得し，日本にやって来た」とあり，「母語以外の言語を習得する」過程において「自分自身が言葉によって成り立っている曖昧な存在であることを受け入れる」重要さに気づいたのである。このことが，「継ぎ接ぎの名前」ひいては複雑でちぐはぐな存在である自分自身に対しても「違和感はない」理由にあたる。【文章Ⅰ】の「まずは目の前にあるものをそのまま受け入れて，無理に理解しようとせずに慣れていく」という富田先生の助言の語を用いてまとめるとよい。

問7　直前の「うんざり」に対して，「本を読むときにだけ」「感じている」のであるから，肯定的な意味を表す語があてはまる。つくづくいやになるという意味の「うんざり」と対照的な1の「解放」を選ぶ。2の「自信」からは日常的な劣等感が推察され，同僚や日本人，外国人教員たちに

「うんざり」する主人公にはそぐわない。

重要 問8　直後の文以降の「私たちは言語によって，己をある程度まとまった形に定義してしまう。複雑で，曖昧な存在であり続けることは苦しいからだ。だが言葉にするということは，言葉にできないものを削ぎ落とすということでもある」という内容を，理由として述べている2が適当。この内容に，1の母語と異なる言語を使う苦痛，4の「母語以外の言葉では表せないことに気づくという能力，5の「曖昧なままにすることを許さない，融通のきかない存在」は適当ではない。3の「言語によって自分をある程度まとまった形に定義する」ことが「自らの部分を曖昧な存在にする」わけではない。

★ワンポイントアドバイス★

選択肢には紛らわしいものが多い。本文と照らし合わせて，それぞれの選択肢の語句の言い換えが正当かどうかという視点で慎重に判断しよう。

MEMO

大切なことはメモしておこうネ！

2021年度

入試問題

2021年度

2021年度

東海高等学校入試問題

【数　学】（50分）　＜満点：100点＞

各問題の [　] の中に正しい答えを記入せよ。

[1] ⑴　2次方程式 $\frac{1}{5}(x+2)^2-\frac{1}{3}(x+1)(x+2)=-\frac{1}{3}$ の解は，$x=$ [ア] である。

⑵　点数が0点以上10点以下の整数である小テストを7人の生徒が受験したところ，得点の範囲が7点，平均値と中央値がともに6点であり，最頻値は1つのみで7点であった。このとき，7人の得点を左から小さい順に書き並べると [イ] である。

[2] ⑴　$\sqrt{171a}$ の値が整数となるような自然数 a のうち，小さいものから2番目の数は [ウ] である。

⑵　$\sqrt{171+b^2}$ の値が整数となるような自然数 b をすべて求めると [エ] である。

[3] 図のように，関数 $y=ax^2\ (a>0)$ のグラフ上に点Aをとる。ただし，点Aの x 座標は正とする。点Aを，y 軸を対称の軸として対称移動した点をBとすると，△OABが1辺の長さが1の正三角形になった。また，OA＝OCとなる点Cを y 軸の正の部分にとる。このとき，

⑴　$a=$ [オ] である。

⑵　点Aを通る直線 ℓ によって四角形OACBが面積の等しい2つの図形に分けられるとき，直線 ℓ と辺OBとの交点の座標は [カ] である。

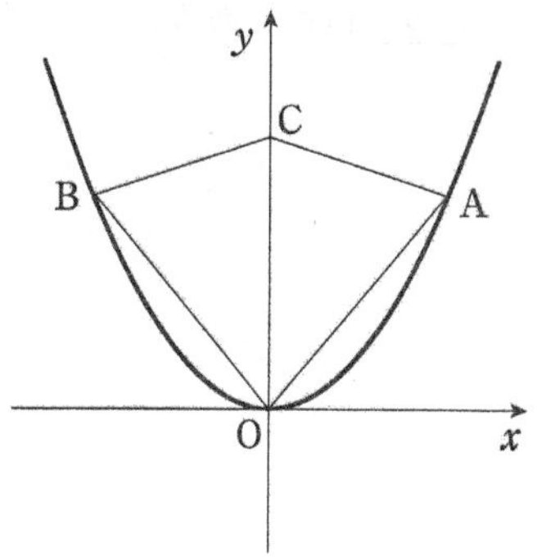

[4] 図のように，1辺の長さが3の正方形ABCDがある。辺AB上にBE＝1となる点Eがあり，四角形EFCGはCEを対角線とする正方形である。このとき，

⑴　CF＝ [キ] である。

⑵　BCとEFの交点をPとすると，BP＝ [ク] ，EP＝ [ケ] である。

⑶　BF＝ [コ] である。

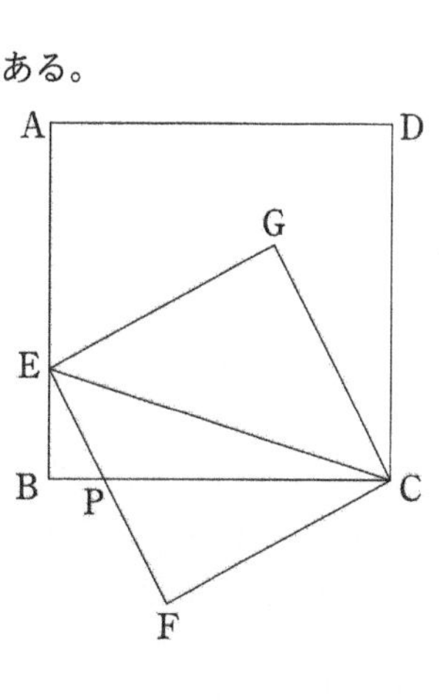

5　図のように，円Oの周上に4点A，B，C，Dがあり，点Aを通る円Oの接線上に点Pをとる。円Oの半径が2㎝，CB // AP，∠PAB=75°，∠ABD=45°のとき，

⑴　AD= [サ] ㎝である。

⑵　△BCDの面積は [シ] cm^{2}である。

⑶　四角形ABCDの面積は [ス] cm^{2}である。

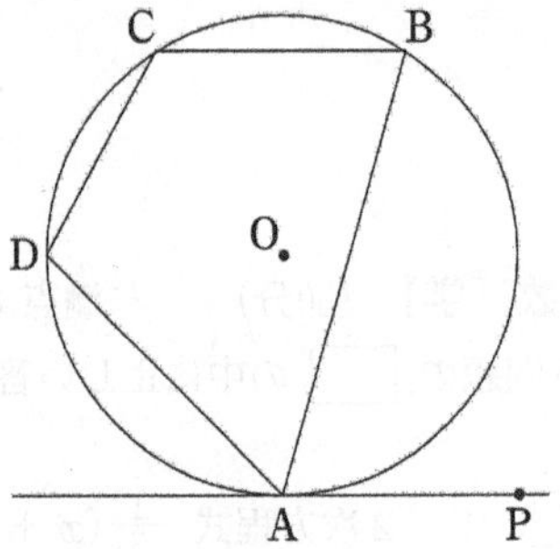

6　図のように，1辺がすべて8㎝の正四角錐OABCDがあり，辺OBの中点をPとする。この正四角錐を3点A，D，Pを通る平面で切ったとき，

⑴　正四角錐OABCDの体積は [セ] cm^{3}である。

⑵　切り口の図形の面積は [ソ] cm^{2}である。

⑶　2つに分けた立体のうち，点Oを含む方の立体の体積は [タ] cm^{3}である。

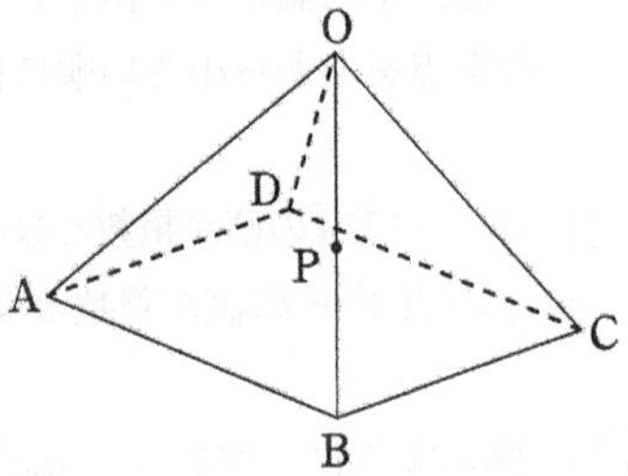

【英　語】（50分）　＜満点：100点＞　※リスニングテストの音声は弊社HPにアクセスの上，音声データをダウンロードしてご利用ください。

1 【リスニング問題】試験開始の約５分後に放送が始まります。

問１　これから，５つの物やことについて英語で説明します。それぞれが何の説明であるか，日本語で答えなさい。説明は，２回ずつ流れます。

問２　これから流れる１つの対話を聞き，以下の文①～④の空所に数字を入れ，文を完成させなさい。対話は，２回流れます。

①彼は３月に東京で（　　　）泊します。

②彼は３月（　　　）日に大阪へ行きます。

③彼は（　　　）月（　　　）日に北海道へ行きます。

④彼は2021年に（　　　）回東京へ行きます。

2 次の英文を読んで，空所（A）～（G）に補うのにもっとも適切な語を語群から選び，必要があれば正しい形に直して書きなさい。ただし，文頭に来る語も小文字で始めてあります。また，同じものを複数回用いてはいけません。

The Great Chicago Fire

The worst *disaster in the history of the city of Chicago began in a farm building on the night of Sunday, October 8, 1871. A woman (A) Mrs. O'Leary was milking her cow when the cow kicked over a *lantern and (B) a fire. It is said that a combination of bad planning and dry weather (C) the fire to destroy the city. While firefighters were fighting the fire downtown, the wind (D) it across the river. (E), the city was burning on both sides of the river! The firefighters didn't have enough men or necessary items to fight the fire. Chicago was still burning when rain finally (F) on Tuesday and the fire stopped. In the end, 2,000 *acres of land and 18,000 buildings burned — all because of a cow. (G), Mrs. O'Leary's house survived!

【注】 *disaster：災害　*lantern：ランタン　*acre：エーカー（１エーカーは約4,047平方メートル）

【語群】

amazingly	easily	suddenly	especially
want	come	go	allow
blow	give	start	name

3 イギリスに住むOwenは，名古屋に住むTakeshiの家でホームステイを始めます。Owenが初めてTakeshiの家の居間に入る場面で，2人は次のような対話をしています。この対話が適切に完成するように，空所（A）～（D）に対してそれぞれ５語以上10語以下の英語を書きなさい。答案は，複数の文に分かれてもかまいません。

Owen:　Oh, such a nice room! ... but I've never seen one of these before. Is it a table?

Takeshi: It looks like an ordinary table, but it isn't. It's called a *kotatsu*.
Owen: What's it used for?
Takeshi: We use ____(A)____.
Owen: Really? So can you tell me how to use it?
Takeshi: When we use it, we ____(B)____.
Owen: But if you stand up and move around, you won't feel warm.
Takeshi: Yes, that's true. Because of that, many ____(C)____.
Owen: Actually, I didn't know it got so cold in winter in Japan. But I guess you don't need a *kotatsu* all year round here in Nagoya?
Takeshi: No, of course not. We don't need any heating at all in the summer. In fact, it's so hot that ____(D)____.

4 次の英文を読んで，あとの問いに答えなさい。最初の部分は，物語の説明です。

> Jiya（ジヤ） lived with his family in a small fishing village, but lost his family in a big *tsunami* that hit his village. His friend Kino（キノ） and his family were farmers and they took Jiya to their house on the side of a mountain. One day, a man known as Old Gentleman visited them. He was a rich man living in a castle near Kino's house.

"We must think of Jiya's *good," Kino's father said. Then he turned to Old Gentleman. "Sir, it is very kind of you to *propose this for Jiya. I was planning to take him for my own son because he has lost his parents, but I am only a poor farmer and I cannot *pretend that my house is as good as yours, or that I can send Jiya to a fine school. Tomorrow when he wakes, I will tell him of your kind *offer. He will decide."

"Very well," Old Gentleman said. "But let him come and tell me himself, and I will know how he feels."

"Of course," Kino's father answered *proudly. "Jiya will speak for himself."

Kino was (A) to think that Jiya might leave his house and go to live in the castle. "If Jiya goes away, I won't have a brother," he told his father.

"You must not be so *selfish, Kino," his father said. "Jiya has to make his own choice. It would be (B) to *persuade him. Kino, you must not speak to Jiya of ❶this matter. When he wakes I will speak to him myself."

When his father was so *stern there was nothing Kino could do, and so he went sadly to bed. He thought when he drew his *quilt over him that he would not sleep all night, but he slept almost at once because he was young and (C).

❷However when **he** woke in the morning **he** remembered Jiya and the choice **he** had to make. He got up and washed and dressed and *folded his quilt and put it into the closet. His father was already out in the field, and there Kino went and found him. It was a beautiful morning and a mist covered the ocean, so no water could be seen.

"Has Jiya gotten up yet?" Kino asked his father after they *exchanged morning greetings.

"No, but he will wake up soon, I think," his father said. He was *weeding the cabbage bed carefully and Kino *knelt down to help him.

"Must you tell him about Old Gentleman today?" Kino asked.

"I must tell him just after he wakes up," his father answered. "It would not be fair if Jiya starts thinking of this as his home. He must make the choice today, before he has time to ❸put down his new roots."

"[X] him?" Kino asked next.

"No, my son," his father answered. "I will talk to him alone and tell him all the *benefits that a rich man like Old Gentleman can give him and how (D) poor people like us can give him."

Kino could not stop his tears. He thought his father was being very hard. "But Jiya will want to go away for sure!" he cried.

"Then he must go," his father said.

They went into the house to have breakfast, but Kino could eat only a little. After breakfast he went back to the field because he did not want to play. His father stayed in the house, and he waited for Jiya to get up.

For a long time Kino stayed in the field and worked alone. The (E) tears dropped from his eyes upon the ❹earth, but he kept working because he decided to stay there until he was called. Then when the sun was getting to its highest point, he heard his father's voice. He got up at once and walked along the *path between the *terraces until he got to the *doorway. There his father stood with Jiya. Jiya's face was pale and his eyes were red. Kino was surprised because Jiya was crying.

"Jiya, do not worry about your tears." Kino's father said kindly. "Until now you could not cry because you were not fully alive. You were hurt too much. But today you are beginning to live, so you have begun to cry. ❺It is good for you. Let your tears come and do not stop them."

Then he turned to Kino. "I have told Jiya that he must not decide until he has seen the inside of the castle. I want him to see all that Old Gentleman can give him for a home. Jiya, you know how our house is — these four rooms, and the kitchen, this little farm, and we have to work so (F) for our food."

(adapted from Pearl S. Buck *The Big Wave*, Gunjō English Reading 7, Gunjō International)

【注】 *good：利益　*propose：～を提案する　*pretend：～のふりをする　*offer：申し出
*proudly：誇らしげに　*selfish：自己中心的な　*persuade：～を説得する　*stern：厳格な
*quilt：掛け布団　*fold：～をたたむ　*exchange morning greetings：朝のあいさつを交わす

*weed the cabbage bed：キャベツ畑の雑草を抜く　*knelt down < kneel down：かがむ
*benefit：利益　*path：小道　*terrace：段地（ここでは棚田のこと）*doorway：戸口

問１　空所（A）～（F）に入るもっとも適切な英語を以下から選び，記号で答えなさい。ただし，同じものを複数回用いてはいけません。

ア different　イ hard　ウ little　エ tired　オ unhappy
カ warm　キ wrong

問２　下線部❶に this matter「この事柄」とあるが，その具体的な内容を20～30字（句読点も含む）の日本語で説明しなさい。

問３　下線部❷を日本語にしなさい。ただし，太字の **he** がそれぞれ誰を指すのかを明らかにすること。

問４　下線部❸の表す内容にもっとも近いものを以下から１つ選び，記号で答えなさい。

ア ジヤがキノの家族と畑仕事をする
イ ジヤが新たな生きる道を探し求める
ウ ジヤがキノの一家との生活に慣れる
エ ジヤが過去のつらい経験を忘れる

問５　以下の語を空所［ X ］に入るように正しく並べ替えたとき，１番目・４番目・６番目にくるものの記号をそれぞれ答えなさい。文頭で使われる語も小文字で始めてあります。

ア there / イ to / ウ be / エ you / オ I / カ talk / キ may / ク when

問６　下線部❹の意味にもっとも近いものを以下から１つ選び，記号で答えなさい。

ア board　イ foot　ウ hole　エ ground　オ planet

問７　下線部❺の it が表す内容を，40～60字（句読点も含む）の日本語で，本文全体の場面や内容をふまえて具体的に説明しなさい。ただし「これまで」「今日」という言葉を両方必ず用いること。

問８　本文の内容と一致するものを次のア～カから2つ選び，記号で答えなさい。

ア Before Old Gentleman talked to Kino's father, Jiya was going to become a member of Kino's family.

イ Kino's father thought that Kino should go and speak to Jiya about Old Gentleman's kind offer.

ウ When Jiya woke up to eat breakfast, Kino and his father were working together in the field.

エ Kino was sure that Jiya was going to choose to leave and live with Old Gentleman in his castle.

オ Jiya heard about Old Gentleman's offer and decided to go and live with him, and it made Kino sad.

カ Kino worked in the field because he wanted to talk and play with Jiya after he finished his work.

【理　科】（50分）　＜満点：100点＞

1．次の問1，問2に答えなさい。

問1　図1のように電球を電源装置につなぎ，電球の両端の電圧を変化させたときに電球に流れる電流を測定したところ，図2のような結果を得た。なお，以下で用いる電球はすべてこの電球と同じものとする。

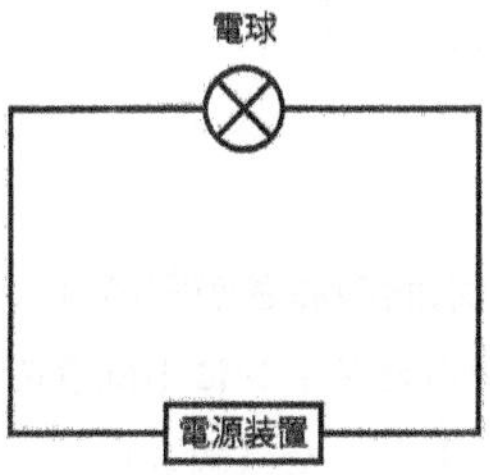

図1

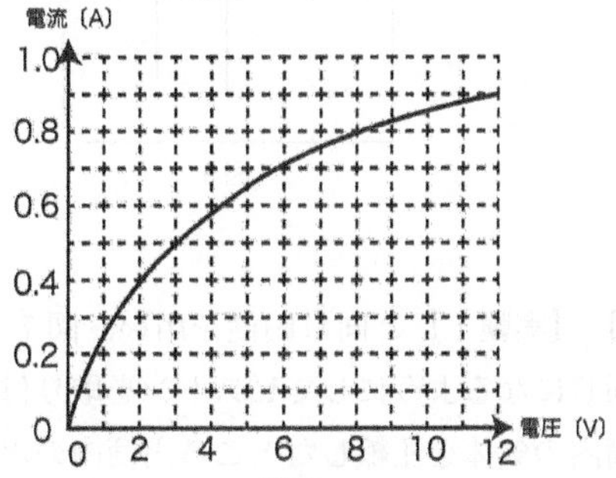

図2

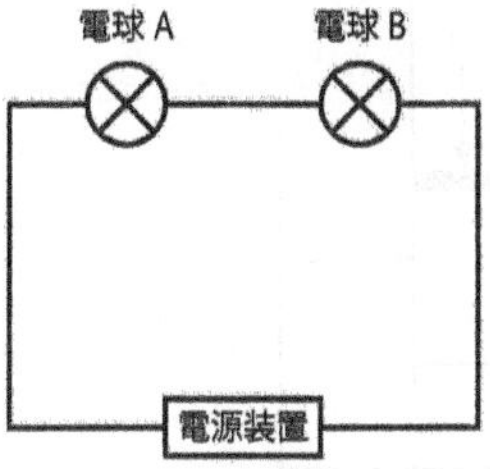

図3

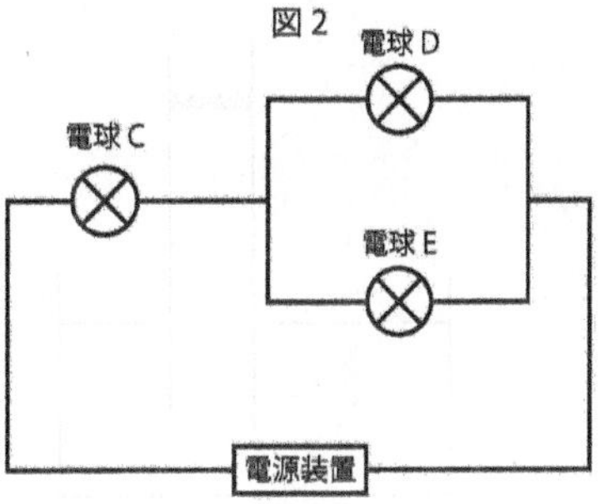

図4

(1)　図1の回路で，電源装置の電圧を10Vにしたときの電球の抵抗は何Ωか。小数第一位を四捨五入して整数値で答えなさい。

(2)　2つの電球A，Bを用いて図3のような回路をつくり，電源装置の電圧を10Vにした。このとき，電球Aに流れる電流の大きさは何Aか。小数第二位を四捨五入して答えなさい。

(3)　3つの電球C，D，Eを用いて図4のような回路をつくり，電源装置の電圧を10Vにした。このとき，電球Cに流れる電流の大きさは何Aか。小数第二位を四捨五入して答えなさい。

問2　太郎君は，ストローを使って飲み物を飲むとき，飲み物がストローの中を少しずつあがってくることに疑問を抱き，いくつかの実験を行って理由を確かめることにした。水の密度を1 g/cm^3，100 gの物体にはたらく重力の大きさを1 N，大気圧を10.0N/cm^2（＝100000Pa）とする。

【実験Ⅰ】　断面積が10cm^2で両端の開いた円筒を用意する。円筒内には滑らかに動くことができる十分に軽いピストンが取り付けられている。円筒の一端を大きな水槽の水の中に入れて水面に垂直に立て，円筒内の水面の高さとピストンの位置が同じになるようにする（図5）。図5の状態からピストンの上におもりを載せたところピストンは10cmだけ沈んだ（図6）。

（図5，図6は次のページにあります。）

(1)　図5において，ピストンが静止していることから，ピストンが大気から受ける力とピストンが水から受ける力はつりあっていると考えられる。ピストンが水から受ける力の大きさは何Nか。

⑵　図６において，ピストンの上に載せたおもりの質量は何ｇか。

⑶　図６において，円筒内の水面がピストンから受ける圧力は何N/㎠か。

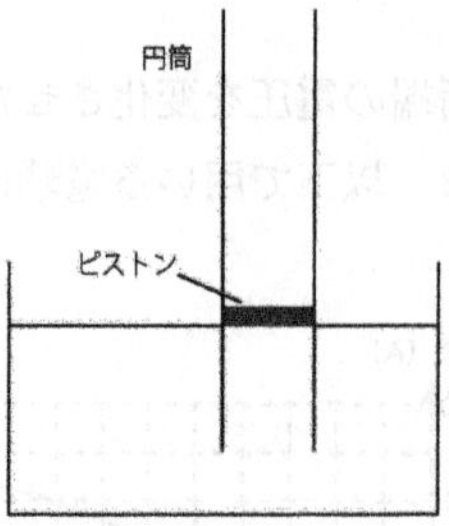

図５

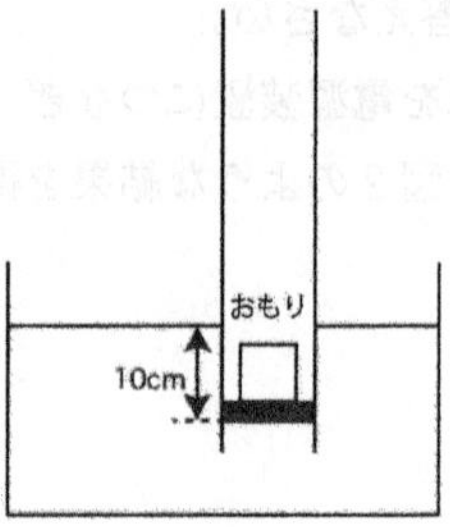

図６

【実験Ⅱ】【実験Ⅰ】と同じ円筒を用い，図７のように，円筒内の水面の高さが円筒外の水面の高さと同じになるようにしてピストンを取り付ける。図７の状態からピストンに下向きの力を加えて円筒内の気体を圧縮したところ円筒内の水面の高さは10㎝だけ下がった（図８）。

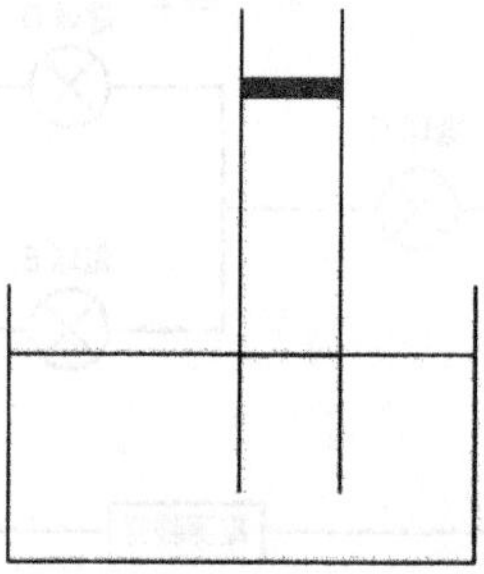
図７

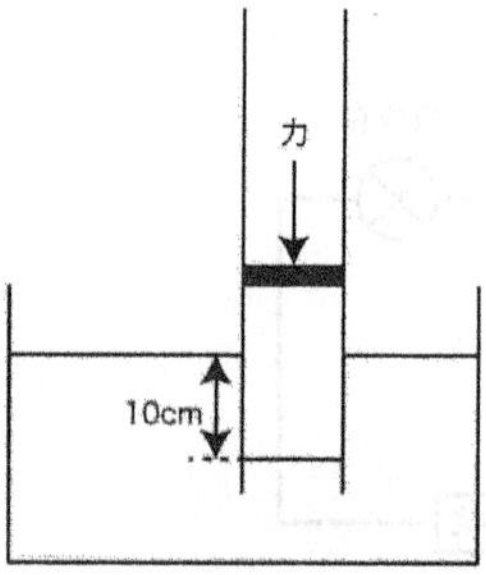

図８

⑷　図８において，ピストンに加えた力の大きさは何Nか。

⑸　【実験Ⅰ】，【実験Ⅱ】から太郎君は次のように考えた。次の文章の（　）に「大きく」または「小さく」のいずれかを入れ，正しくなるように完成させなさい。

円筒内にピストンで閉じ込められた気体を圧縮すると，気体の密度が（　①　）なり，それによって円筒内の水面が受ける気体からの圧力が（　②　）なったため水面が下がったに違いない。ストローの中の飲み物があがってくるのは，これとは逆に，ストロー内の空気を吸うことによって，ストロー内の気体の密度が（　③　）なり，飲み物の液面が受けるストロー内の気体からの圧力が（　④　）なったために違いない。

【実験Ⅲ】図７の状態でピストンの位置を固定したまま，円筒とピストンで閉じ込められた気体をポンプで抜いていったところ，水面の上昇が確認された（図９）。これは太郎君の主張が正しいことを意味している。

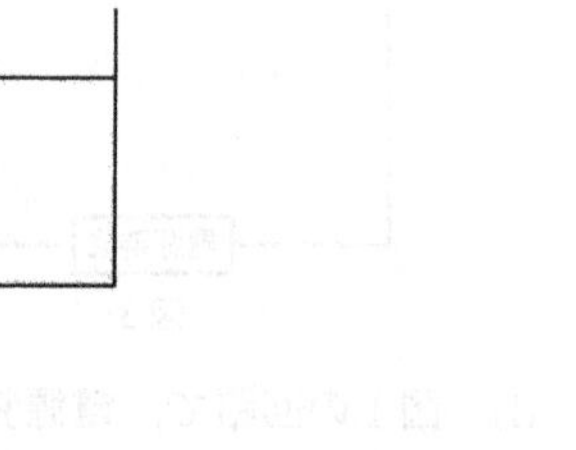

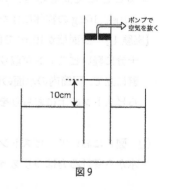

図９

⑹　図９のように円筒内の水面が10㎝だけ吸い上げられているとき，円筒内の液面が受ける円筒内の気体からの圧力は何N/㎠か。

⑺　太郎君は，「自分の主張が正しいとすれば，十分に長いスト

ローを用意しても飲み物を吸い上げる高さには限界があるはずだ。」ということに気づいた。【実験Ⅲ】において，十分に長い円筒を用意したとき，吸い上げることができる最大の高さは何㎝か。

2．表はそれぞれ別の火山A，Bで採取した火山灰中に含まれる主要鉱物の体積比（%）を表したものである。以下の問いに答えなさい。

火山	カクセン石	チョウ石	クロウンモ	キ石	セキエイ	カンラン石
A	0	55	0	30	0	15
B	0	65	5	0	30	0

⑴ 上記主要鉱物のうち，無色鉱物を**すべて**選んで答えなさい。

⑵ 火山A，Bについて，火山の形状，噴出したマグマの粘性を比べたとき，火山Aの特徴の組み合わせとして最も適切なものを右の表のア～エの中から１つ選びなさい。

記号	形状	粘性
ア	ドーム形	大きい
イ	ドーム形	小さい
ウ	たて状	大きい
エ	たて状	小さい

⑶ 火山A，Bで採取した岩石は，斑晶と石基からなる組織をもっていた。この組織の名称を答えなさい。また，斑晶と石基がどのように形成されたのかを説明した以下の文中の２つの空欄を埋め，正しい文にしなさい。

斑晶は（　①　）形成され，石基は（　②　）形成された。

⑷ 日本は地震も多く，火山も多い。日本で地震と火山が**ともに**多い理由について述べた文のうち，最も適切なものを次のア～エの中から１つ選びなさい。

㋐ 地震でできた岩盤の割れ目からマグマが上昇してくるため，地震の多い日本では火山が多い。

㋑ 地震による岩盤どうしの摩擦熱によってマグマが生じるため，地震の多い日本では火山が多い。

㋒ マグマによって周辺の岩盤が柔らかくなり地震が発生しやすくなるため，火山の多い日本では地震が多い。

㋓ 地震の発生とマグマの生成はどちらもプレートの沈み込みが原因であるため，日本では地震と火山が多い。

3．太郎君は，教科書で種子の発芽には様々な条件が必要であることを学んだ。太郎君は自宅でも確かめてみようと思い，インゲン豆とレタスの種子を買ってきて発芽実験を行った。実験は種子をまとめて一晩水につけてから，小皿の上の様子や小皿を置く場所を実験ごとに変え，１粒ずつ１回のみ行った。次のページの表はその実験条件と結果（発芽の有無）の一部を示したものである。ただし，実験を行った時期は冬の寒い時期（最高気温10℃）であり，部屋はカーテンを開けたままにして常温（25℃）に保たれていた。また，脱脂綿を湿らせた場合は，常に湿っているようにした。この実験結果をもとに次の問いに答えなさい。

⑴ 表の実験結果が正しいとすると，インゲン豆の発芽に「常温」「空気」「光」「水」「養分」は必要か。それぞれについて，根拠となる実験を表中の１～８の中から過不足なく選び，インゲン豆の発芽に「必要」か「不必要」かを考察の欄に答えなさい。ただし，表中の実験ではわからない場合は，実験を選ばずに考察の欄に「不明」と答えなさい。

実験	種子の種類	小皿の上の様子	小皿を置いた場所	発芽
1	インゲン豆	乾いた脱脂綿	部屋の中	しなかった
2	インゲン豆	湿った脱脂綿	部屋の中	した
3	インゲン豆	湿った脱脂綿	冷蔵庫の中	しなかった
4	インゲン豆	湿った脱脂綿	ベランダ	しなかった
5	インゲン豆	脱脂綿と種子が沈む量の水	ベランダ	しなかった
6	レタス	湿った脱脂綿	部屋の中	しなかった
7	レタス	湿った脱脂綿	冷蔵庫の中	しなかった
8	レタス	湿った脱脂綿	ベランダ	した

⑵ 実験６と８の結果が太郎君の予想と違っていた。太郎君がレタスの種子の発芽条件を考察するためには，どのようなことをすれば良いか，最も適切なものを次のア～エの中から１つ選びなさい。

㈠ 実験の時期が良くなかったかもしれないので，季節を変えて実験をもう一度行う。

㈡ 種子の種類が良くなかったかもしれないので，トウモロコシの種子で実験を行う。

㈢ 実験に使った種子が良くなかったかもしれないので，新たなレタスの種子を使い複数回実験を行う。

㈣ 自分が実験手順を間違えたかもしれないので，予想した結果を正しいとして考察する。

⑶ 実験６と８の結果が正しいとして，レタスを発芽させるために必要な手順を種子の吸水後から説明しなさい。ただし，発芽に必要な条件がはっきりわかるようにすること。

４．物質Ｘは，水100ｇに，80℃で140ｇ，20℃で10ｇ溶ける。次の２つの【実験Ⅰ】，【実験Ⅱ】を読み，下の問いに，小数第二位を四捨五入して答えなさい。

【実験Ⅰ】 80℃において，物質Ｘの固体80ｇに水を加えてすべて溶かして飽和水溶液をつくった。次に，この飽和水溶液の温度を20℃にしたところ，Ｘの結晶が得られた。

【実験Ⅱ】 80℃において，不純物を含む物質Ｘの固体80ｇを，【実験Ⅰ】で飽和水溶液をつくったときに加えた量と同じ量の水に溶かした。次に，この水溶液の温度を20℃にしたところ，Ｘの結晶が60ｇ得られた。なお，この実験中，不純物は常に水に溶けていた。

⑴ 【実験Ⅰ】について，80℃でつくった飽和水溶液における物質Ｘの質量パーセント濃度は何％か。

⑵ 【実験Ⅰ】で得られた物質Ｘの結晶は何ｇか。

⑶ 【実験Ⅱ】により，不純物を含む物質Ｘの固体中のＸの純度（質量パーセント）は何％か。なお，不純物が溶けていても，物質Ｘの溶解度は変わらないものとする。

５．原子は，中心に原子核があり，その周りをいくつかの電子が回っている。さらに原子核は，陽子と中性子で構成されている。電子の質量は，陽子や中性子に比べて非常に小さいので，原子１個の質量は，陽子と中性子の質量の和と考えられる。

自然界には，同じ元素であっても中性子の数が異なる原子が存在し，それらを同位体という。マグネシウムＭｇやアルミニウムＡｌにも同位体は存在するが，あとの問題⑴～⑹では，それぞれ存在する割合の最も大きい同位体のみを考え，２つの金属原子の質量の比を，Ｍｇ：Ａｌ＝８：９とする。次の問いに答えなさい。

⑴　現在，周期表には118種類の元素が原子番号の順に並べられている。この原子番号は，それぞれの原子に含まれる陽子，中性子，電子のうち，どの個数と同じか。**すべてを正しく選んであるもの**を下のア～キの中から１つ選びなさい。なお，原子は電気的に中性とする。

ア　陽子　　　　　　イ　中性子

ウ　電子　　　　　　エ　陽子，中性子

オ　陽子，電子　　　カ　中性子，電子

キ　陽子，中性子，電子

⑵　ＭｇとＡｌの陽イオンであるMg^{2+}とAl^{3+}の電子配置は同じで，ともに右の図になる。また中性子の数は，Ａｌ原子の方がＭｇ原子より２個多い。Ａｌ原子の原子番号と中性子の数はそれぞれいくつか。ただし，陽子１個と中性子１個の質量は同じで，電子の質量は無視できるものとする。

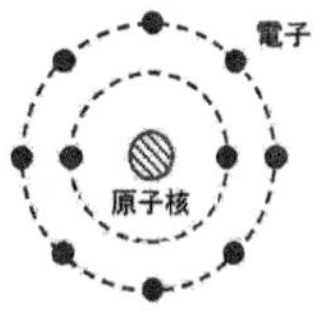

ＭｇとＡｌの金属片をそれぞれ同じ質量用意し，同じ濃度の希塩酸を少しずつ加えたところ，ともに金属片が溶けて水素が発生した。しばらくすると，それぞれ異なる体積で水素の発生が止まったが，その後もしばらく希塩酸を加え続けた。

⑶　Ｍｇの金属片に希塩酸を加えたときの化学反応式は以下の通りである。これを参考に，Ａｌの金属片に希塩酸を加えたときの反応を，化学反応式で表しなさい。

$$Mg + 2HCl \rightarrow MgCl_2 + H_2$$

⑷　水素の発生が止まったとき，発生した水素の体積を同温・同圧で比べるとどうなるか。同温・同圧で測定された気体の体積は，気体の分子数に比例するとして，下の『　』中の（　）に分数を入れて答えなさい。

『Ａｌの金属片を溶かしたときに発生した水素の体積は，Ｍｇの金属片のときの（　　　）倍である。』

⑸　図10は，Ｍｇの金属片に希塩酸を加えたときの，反応液中のH^+とCl^-の数を表したものである。この図にMg^{2+}の数を表すグラフを実線（――）で書き加えなさい。

⑹　図11は，Ａｌの金属片に希塩酸を加えたときの，反応液中のCl^-の数を表したものである。この図にH^+とAl^{3+}の数を表すグラフを，それぞれ点線（………）と実線（――）で書き加えなさい。なお，加えた塩酸の体積を表す横軸の１目盛りの大きさは，図10と図11で同じとする。

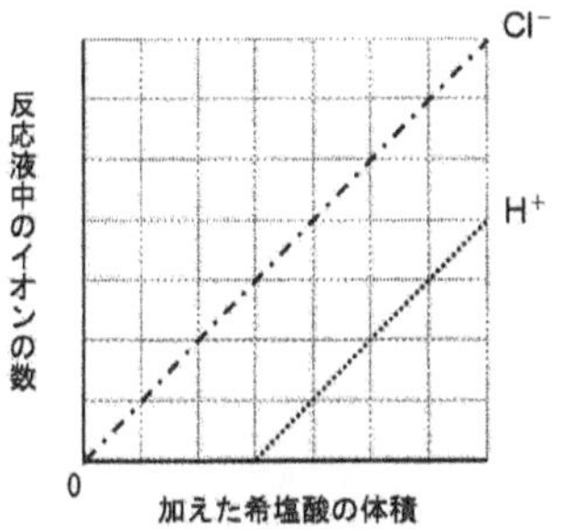

図10

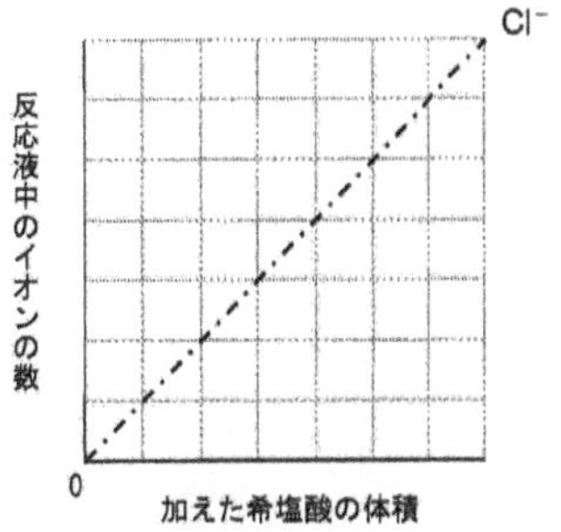

図11

6．右表はある浅発地震（震源の深さ24㎞）の観測データをまとめたものである。下図は地表の観測点A，B，CおよびXの位置関係を示している。この地震について，以下の問いに答えなさい。

地点	震源からの距離	主要動の始まった時刻
A	40 km	12 時 5 分 20 秒
B	30 km	
C	56 km	12 時 5 分 24 秒

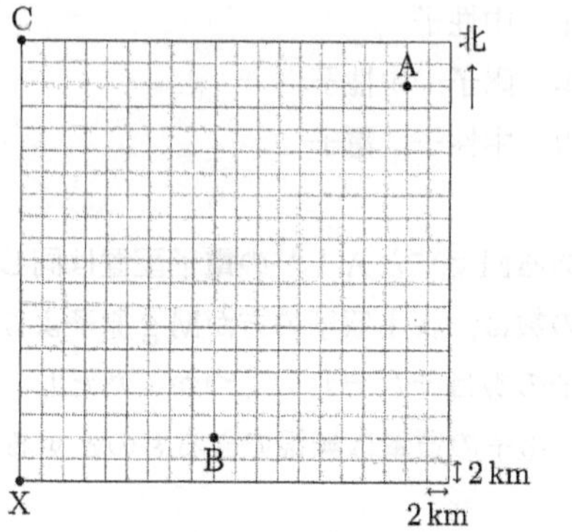

⑴　地震波の伝わる速さが一定であったと仮定して，地震が発生した時刻を推定しなさい。

⑵　この地震については，初期微動継続時間 T と震源からの距離 D の関係が $D = 8T$ で表されることがわかった。P波の伝わる速さは何㎞/ s か。小数第二位を四捨五入して答えなさい。

⑶　Aの**震央**からの距離は何㎞か。

⑷　**震央**からの距離と地震発生からＳ波が到達するまでの時間との関係を表した図として，最も適切なものを次のア～オの中から１つ選びなさい。

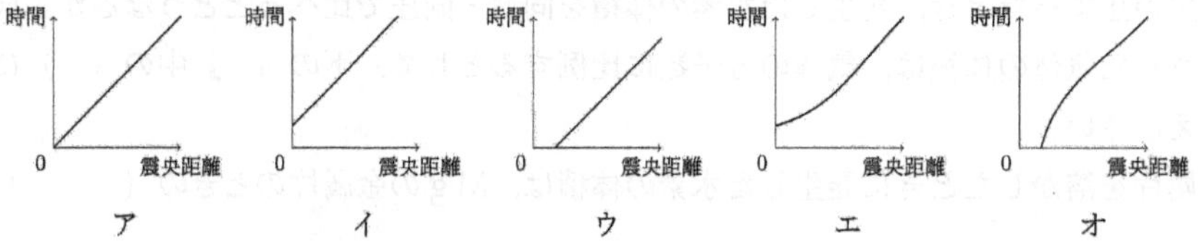

⑸　Xから見た震央の位置を答えなさい。

【社　会】（50分）　＜満点：100点＞

Ⅰ　次の表のＡ～Ｈを含む10か国は，世界の人口上位10か国を示している。下の問い（問１～５）に答えよ。

	A	B	C	D	E	メキシコ	F	G	パキスタン	H
面積（万km²）	1,710	983	960	851	329	196	191	92	80	15
人口（万人）	14,593	33,100	143,932	21,256	138,000	12,893	27,352	20,614	22,089	16,469
輸出総額（億ドル）	4,197	16,411	24,985	2,222	3,251	4,611	1,646	664	238	359

統計年次は、面積2018年、人口2020年、輸出総額2019年。　出典：『世界国勢図会』2020/21年度版。

問１　ASEAN加盟国をＡ～Ｈから一つ選び，国名も答えよ。

問２　アフリカに位置する国をＡ～Ｈから一つ選び，国名も答えよ。

問３　Ａ～Ｈの中で人口密度が最も高い国を一つ選び，国名も答えよ。

問４　パキスタンと国境を接する国をＡ～Ｈから**二つ選べ**。

問５　国際連合の常任理事国となっている国をＡ～Ｈから**すべて選べ**。

Ⅱ　次の地図を見て，下の問い（問１～４）に答えよ。なお，経緯線は10度間隔である。

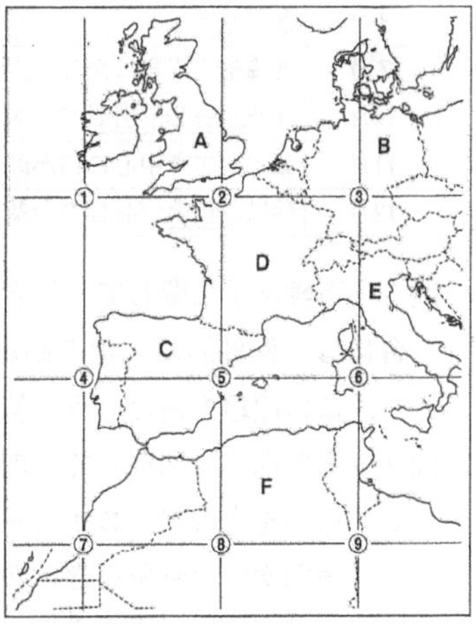

問１　本初子午線と秋田県八郎潟を通過する緯線が交差する地点を地図上の①～⑨から一つ選べ。

問２　下の表中の**あ～か**は，**Ａ～Ｆ**のいずれかの国の人口と輸出上位品目を示したものである。**Ｄ**と**Ｆ**に該当するものをそれぞれ選べ。

	人口(万人)	輸出上位品目
あ	8,378	機械類、自動車、医薬品、精密機械、金属製品
い	6,787	機械類、自動車、金（非貨幣用）、医薬品、原油
う	6,527	機械類、自動車、航空機、医薬品、精密機械
え	6,046	機械類、自動車、医薬品、衣類、鉄鋼
お	4,676	自動車、機械類、野菜・果実、石油製品、衣類
か	4,385	※原油、天然ガス、石油製品、液化天然ガス、液化石油ガス

統計年次は、人口2020年、輸出品目2018年で※のみ2017年。出典：『世界国勢図会』2020/21年度版。

問３　**Ｃ～Ｆ**の４か国の首都は，１都市を除いてすべて同じ気候区に属する。他の３つと気候区が異なる都市がある国の記号を**Ｃ～Ｆ**から一つ選び，その都市が属する気候区も答えよ。

問４　**Ａ～Ｆ**のうち，2021年現在，ＥＵに加盟していない国を**すべて選べ**。

Ⅲ　次のＡ～Ｃの各文は，静岡県を流れる河川について述べたものである。次のページの問い（問１～４）に答えよ。

Ａ　赤石山脈に水源を発する。東海道と交差する左岸には島田，右岸には金谷が宿場町として栄えた。下流付近には茶の栽培で知られる（　１　）台地が広がる。

Ｂ　赤石山脈に水源を発する。日本三大急流の一つに数えられる。下流域では豊富な水資源を利用した製紙工業が盛んである。

C （　2　）湖に水源を発し，伊那盆地を南下し静岡県に入る。政令指定都市を流れて太平洋に注ぐ。

問1　Cの文に該当する河川名を答えよ。

問2　空欄（1）と（2）にあてはまる語を答えよ。

問3　名古屋から東京へ新幹線で向かう際，A～Cの河川を越える順に並び換えよ。

問4　下の表は，静岡県に接する４つの県の県庁所在地の人口，農業産出額，製造品出荷額等を示したものである。表中の**う**に該当する県名を答えよ。

	あ	い	う	え
県の人口（千人）	9,198	7,552	2,049	811
農業産出額（億円）	697	3,115	2,616	953
製造品出荷額等（億円）	184,431	487,220	64,659	25,881

統計年次は、県の人口は2019年、農業産出額・製造品出荷額等は2018年。　　出典：『データでみる県勢』2021年版。

Ⅳ　2020年のできごとを示した次の表をみて，あとの問い（問1～7）に答えよ。

3月	国民生活安定緊急措置法に基づき、①マスクの転売行為が規制された。
3月	②東京オリンピック・パラリンピックの開催延期が決定された。
7月	北海道白老郡にある、③ウポポイ（民族共生象徴空間）が開業した。
10月	④東京証券取引所でシステム障害が発生し、全銘柄の取引が終日取りやめられた。
11月	東アジアを中心に15か国が参加する、⑤地域的な包括的経済連携協定の署名が行われた。
12月	臨時⑥国会が41日の会期を終えて閉会した。

問1　下線部①に関して，他者の利益を侵害しうる場合や社会全体の利益を優先する必要がある場合には，例外的に人権の制約が認められることがある。日本国憲法第13条などに規定されている，この原理を何というか答えよ。

問2　下線部②に関連して，前回の東京オリンピックが開催された1960年代のできごととして，正しいものを次のア～エから一つ選べ。

ア．第四次中東戦争をきっかけに石油価格が高騰し，日本では高度経済成長が終わりを迎えた。

イ．公害問題に対する企業や政府の責任が問われるようになり，公害対策基本法が制定された。

ウ．少子高齢化が進む中，40歳以上のすべての国民が加入する介護保険制度が導入された。

エ．消費者契約法が制定され，消費者の利益を一方的に害する契約は取り消すことができるようになった。

問3　下線部②に関連して，あらかじめ，障害の有無，年齢，性別，人種等にかかわらず，多様な人々が利用しやすいように，都市や生活環境を設計する考え方を何というか，カタカナで答えよ。

問4　下線部③に関して，現在の東北地方北部から北海道，樺太，千島列島などに先住していた民族について，かれらの誇りが尊重される社会の実現をはかることなどを目的として，1997年に制定された法律の名称を答えよ。

問5　下線部④に関連して，証券について述べた文として，**間違っているもの**を次のア～エから一つ選べ。

ア．証券取引所では，日本に本社をおく，全ての株式会社の株式を売買することができる。

イ．証券会社は，家計と企業の間で株式などを売買する際に，両者の仲立ちをする役割を担っている。

ウ．証券市場における株価は，必ずしも企業の業績を反映したものではない。

エ．直接金融は，企業などが証券市場を通じて，家計や企業から資金を調達する方法をいう。

問６　下線部⑤に関して，この協定を何というか，アルファベット４文字で答えよ。

問７　下線部⑥に関して，衆参両院の委員会が，予算などについて専門家や関係者の意見を聞くために開く会を何というか答えよ。

Ⅴ　次の文章を読み，下の問い（問１～３）に答えよ。

コロナ禍においては，学校の休校が続く中で遠隔教育のあり方が議論された。①世帯別年収が低い世帯ほど，パソコンやスマートフォンの普及率も低くなる傾向がみられる。また，②地方自治体によって，学校におけるICT環境の整備状況に差があることに加え，2020年は③非正規労働者の失業増加も顕著であり，居住地や所得の格差が教育機会の格差につながることが懸念されている。

問１　下線部①に関して，以下の文の空欄（ａ）に入る語を答えよ。

家計は所得に応じて税金と（　ａ　）を納める。所得から税金と（　ａ　）などを差し引いたものは，可処分所得という。

問２　下線部②に関して，地方分権を推進するために機関委任事務の廃止などを定め，2000年に施行された法律を何というか答えよ。

問３　下線部③に関して，非正規労働者について述べた文として，**間違っているもの**を次のア～エから一つ選べ。

ア．2017年時点の雇用形態について男女別にみた場合，男性よりも女性の方が正社員で働いている割合は小さい。

イ．2000年代初頭と2010年代後半の労働者全体に占める非正規労働者の割合を比べると，2010年代後半の方が割合が大きい。

ウ．労働条件や労働時間を定めた労働基準法は，非正規労働者には適用されないため，アルバイトに有給休暇は与えられない。

エ．非正規雇用は，労働者側にとって，労働日数や労働時間を柔軟にできる利点がある雇用形態である。

Ⅵ　次の文章を読み，あとの問い（問１～７）に答えよ。

1874年，板垣退助らは民撰議院設立建白書を提出し，少数の藩閥官僚らによる専制政治をやめ，国会を開くよう求めた。こうして自由民権運動が始まった。各地につくられた民権派の団体は，早期に国会を開くよう政府に請願した。国会の開設をめぐる政府内の対立により，政府は〔　Ａ　〕を追放する一方，（　①　）年に国会を開くことを約束した。

自由民権運動に対する政府による運動取り締まりに実力で対抗しようとする②激化事件が各地で発生したが，急進的な活動をきらって民権運動から離れる者も増えた。国会開設前に再結集をはかる大同団結運動もおこったが，民権運動は衰退した。

しかし，民権派は国会開設後，反政府的な政党である民党の母体となり，日清戦争後には民権派の流れをくむ〔　Ｂ　〕が結成され，〔　Ａ　〕を首相とする，日本初の政党内閣が生まれた。また，1900年には伊藤博文を総裁とする〔　Ｃ　〕が結成され，政党内閣を組織した。こうして政府と政党の協力により，政党政治の基礎が築かれた。

1918年，米騒動で軍人内閣が倒れると，〔　Ｄ　〕が本格的な政党内閣を組織した。1924年に護憲三派内閣と呼ばれる政党内閣が成立し，以後，衆議院の多数党が政権を担う「憲政の常道」が，③五・一五事件まで約８年間続く。

大正期に高まった自由主義的風潮を（　④　）という。この時期に，憲法学では，議会を重んじ政党内閣を主張する立場から美濃部達吉が天皇機関説を唱えた。政治学では，吉野作造が⑤民本主義を唱え，世論による政治運営を主張した。

五・一五事件の４年後，陸軍の青年将校らが部隊を率いて，軍拡予算に反対した〔　Ｅ　〕大蔵大臣らを殺害し，東京の中心部を占拠した。将校らは反乱軍として鎮圧されたが，その後軍部の発言力が強まり，軍事費も増強された。

日中戦争が長期化すると，⑥1938年に制定された法律にもとづき，物資や労働力を議会の承認なしに動員できるようになった。政治の面では，ほとんどの政治団体が解散して（　⑦　）という組織に統合された。

問１　空欄（①），（④），（⑦）にあてはまる語または数字を答えよ。

問２　空欄〔A〕～〔C〕にあてはまる語の組み合わせとして正しいものを次のア～エから一つ選べ。

ア．A：片岡健吉　　B：立憲政友会　　C：憲政党
イ．A：片岡健吉　　B：憲政党　　C：立憲政友会
ウ．A：大隈重信　　B：立憲政友会　　C：憲政党
エ．A：大隈重信　　B：憲政党　　C：立憲政友会

問３　下線部②に関して，現在の埼玉県にあたる地域の農民らが借金の分割返済，地租軽減を求めて起こした事件を何というか答えよ。

問４　空欄〔D〕～〔E〕にあてはまる語の組み合わせとして正しいものを次のア～エから一つ選べ。

ア．D：原敬　　E：高橋是清　　イ．D：原敬　　E：東条英機
ウ．D：浜口雄幸　　E：高橋是清　　エ．D：浜口雄幸　　E：東条英機

問５　下線部③が起きた年に，満州事変に関する現地調査が開始された。この時，国際連盟から派遣された調査団の団長はだれか。

問６　下線部⑤に関して，吉野が民本主義を唱えた1910年代のできごとを次のア～エから一つ選べ。

ア．ポーツマス条約の調印　　イ．サラエボ事件の発生
ウ．治安維持法の制定　　エ．関東大震災の発生

問７　下線部⑥の法律名を答えよ。

Ⅶ　次の問１～６において，ア・イともに正しければ○，ともに誤りなら×，片方が正しければその記号を答えよ。

問１　ア．縄文時代には，人々はシカやイノシシなど小型動物の狩りに，弓矢を用いた。
　　　イ．『魏志』倭人伝によれば，紀元前後の倭には百余国が存在し，邪馬台国の女王卑弥呼が国々を統率していた。

問２　ア．天智天皇の死後，壬申の乱で勝利した大友皇子は，翌年即位して天武天皇となった。
　　　イ．８世紀には，口分田の不足に対応するため，墾田永年私財法が出されて三代までの土地私有が認められた。
問３　ア．９世紀はじめ，桓武天皇は坂上田村麻呂を征夷大将軍に任命し，蝦夷征討を推進，強化した。
　　　イ．『土佐日記』は，紀貫之が土佐国司の任期を終えて都へ帰るまでの，日記風紀行文である。
問４　ア．御成敗式目は，源頼朝以来の先例や武士の道理をもとに，裁判の基準を定めたものである。
　　　イ．15世紀はじめ，尚巴志によって琉球が統一されて琉球王国が成立し，中継貿易によって栄えた。
問５　ア．江戸幕府の支配機構において，大目付は老中を補佐する役職とされた。
　　　イ．松平定信は，新井白石の政治を批判し，公事方御定書という法を整えた。
問６　ア．19世紀には，十返舎一九の『東海道中膝栗毛』や鶴屋南北の『南総里見八犬伝』などの小説が人気を博した。
　　　イ．宮崎安貞は『農業全書』を著して知識や技術を広め，農業の発展に貢献した。

Ⅷ　次の文章を読み，あとの問い（問１～９）に答えよ。作題に際しては，村上陽一郎『ペスト大流行－ヨーロッパ中世の崩壊－』（岩波書店，1983年）を参考にした。

伝染病の流行は，人類の歴史を大きく変えてきた。通商路の拡大は，社会を発展させる要因の１つだが，これが伝染病流入の経路にもなり得るということは，大航海時代に新大陸とヨーロッパが結び付けられた結果，銀や①農作物のみならず，病もヨーロッパにもたらされてしまったという事実に端的に表されている。以下，伝染病と社会の関わりについて，ペストに話題を限定して，古代から現代までの歴史を概観する。

ペストという語は，悪疫一般の意味でも用いられており，この語が必ずしも，具体的な伝染病としてのペストを指しているとは限らないが，②古代ギリシアで書かれた歴史書には，既に「ペスト」という語が用いられている。中世にも，ペストは定期的に大流行を起こした。③７世紀には，④イスラーム圏でペストが広まった。11世紀には，インドからヨーロッパに至る広い地域で，再びペストの流行が観測されている。同時期，ヨーロッパでは，キリスト教の聖地（　ａ　）の奪還を目指す⑤十字軍が組織されていたが，この十字軍の艦船によって，ペストを媒介するネズミがヨーロッパへと運ばれたと考えられている。14世紀にも，ペストはユーラシア大陸全域を席巻したが，この時期のペストの原発地は，⑥中国大陸であったとする説がある。近代に入っても，ペストの流行は観測されており，19世紀末には，⑦香港でペストが大流行した。

ペストの流行を繰り返し経験したヨーロッパでは，ペストは伝染する病であるという認識が次第に定着し，ペスト対策として，隔離を行うようになった。例えば，マルコ＝ポーロの出身地として知られる北イタリアの都市（　ｂ　）は，ペスト流行地域から渡来する船舶に対する入港禁止措置を取った。また，ヨーロッパ各地で，ペストの流行によって恐慌状態になった人々による⑧少数派への迫害が起こった。

問１　空欄（ａ）と（ｂ）に当てはまる地名を答えよ。
問２　下線部①に関して，新大陸からヨーロッパにもたらされた農作物として適切なものを次のア

～カから**二つ**選べ。

ア．タバコ　イ．小麦　ウ．米　エ．ジャガイモ　オ．オリーブ　カ．ブドウ

問３　下線部②に関連して，古代の地中海世界ではポリスと呼ばれる都市国家が各地に建設されたが，パルテノン神殿を建設した，ギリシアの代表的なポリスを何というか答えよ。

問４　下線部③に関して，7世紀に起こった出来事として適切なものを次のア～エから一つ選べ。

ア．仏教の日本伝来　イ．唐の中国統一　ウ．勘合貿易の開始　エ．高麗の朝鮮統一

問５　下線部④に関連して，イスラーム教について述べた文として**適切でないもの**を次のア～エから一つ選べ。

ア．イスラーム教は，７世紀初めにムハンマドによって開かれた宗教である。

イ．イスラーム教はキリスト教，仏教と並ぶ三大宗教の１つである。

ウ．イスラーム教の聖典である『コーラン』では，信者の生活のあり方が定められている。

エ．カーバ神殿があるバグダードは，イスラーム教の聖地とされている。

問６　下線部⑤に関して，十字軍はカトリック教会の指導者の呼びかけによって組織されたが，カトリック教会の最高位聖職者を何というか，漢字２文字で答えよ。

問７　下線部⑥に関して，13世紀後半から14世紀後半にかけて中国の大部分を支配していた王朝を何というか答えよ。

問８　下線部⑦に関して，19世紀末に香港を支配していた国を何というか答えよ。

問９　下線部⑧に関して，ヨーロッパの歴史を通して差別を受け続け，20世紀前半にはナチスによる組織的な迫害の対象となった民族を何というか答えよ。

と。

2　石には娘のことを本当にかわいいと思う気持ちもあったこと。

3　石がいなくなったおかげで家の雰囲気がかなりよくなったこと。

4　石がいなくなったら彼女のことはどうでもよくなってきたこと。

5　石には機嫌がいいときだけ娘をかわいがる自分勝手な面があったこと。

問8　傍線部Ｈ「良人《おっと》がいい人で、石がしあわせな女となることを私達は望んでいる」とあるが、「私」は「石」のどういうところを好ましく思っていると考えられるか。「石」が実家から帰って来たあとの話（★印の段落以降）から、五〇字以内で具体的に説明しなさい。

けたことも、誰かの力になりたいという純粋な気持ちに突き動かされたという点で変わりがないということ。

4　病気に苦しむ主人一家のために一生懸命働いたことも、うそをついて芝居を見に出かけたことも、自分の気持ちに素直に従っただけだという点で変わりがないということ。

5　自分に冷たかった主人の世話をあえて一生懸命したことも、うそをついて芝居を見に出かけたことも、愉快な出来事を楽しみたい気持ちに忠実だった点で変わりがないということ。

問5　傍線部D「少し現金過ぎると自分でも気がとがめるくらいだった」とあるが、どういうことか。その説明として最適なものを、次の1～5のうちから一つ選び、番号で答えなさい。

1　今まで仕事熱心とはいえない石にいい印象を持っていなかったが、いつになく忙しく働いている様子に、もっと仕事を任せて給料以上の働きをしてもらおうという打算的な考えが浮かんだということ。

2　今まで仕事熱心とはいえない石にいい印象を持っていなかったが、一生懸命働く様子を見て石への評価を改める一方で、肝心なときにだけ力を発揮するその要領のよさが少し鼻についたということ。

3　今まで石に対していい印象を持っていなかったが、家族のために一生懸命働いてもらったことで、自分でも恥ずかしいと感じるぐらいあっという間に石への評価を百八十度変えてしまったということ。

4　今まで石に対していい印象を持っていなかったが、皆が病に倒れる中で一生懸命黙々と働く石の姿を見て、肝心なときに頼りになるのはきみではなくて石なのだと手のひらを返すように評価を変えたということ。

5　今まで石に対してはいい印象を持っていなかったが、娘のために非常によく働いてくれたことをきっかけにして、自分の人を見る目のなさを反省して石に対する評価をすっかり変えてしまったということ。

問6　傍線部E「田舎の結婚には驚くほどのんきなのがある」とあるが、どういうことか。その説明として最適なものを、次の1～5のうちから一つ選び、番号で答えなさい。

1　田舎では、嫁いだ先の家が貧乏であっても、案外しあわせに暮らせることがあるということ。

2　田舎では、親の言いつけに従い、結婚相手や家のことをよく知らないまま嫁ぐことがあるということ。

3　田舎では、何度離婚した男であっても、たやすく再婚相手を見つけることができるということ。

4　田舎では、親が決めた結婚であっても、結婚生活に不満があればすぐに実家に帰ることができるということ。

5　田舎では、結婚を勧める親ですら、相手のことをよくわかっていないことがしばしばあるということ。

問7　傍線部G「まったくのところ、いくらかそれもあるの」とあるが、どういうことか。その説明として最適なものを、次の1～5のうちから一つ選び、番号で答えなさい。

1　石には主人の機嫌を取るために娘をかわいがった面もあったこ

2 きみ——お手伝いの女性の名。
3 里——里は長さの単位。一里は約三・九キロメートル。
4 我孫子——千葉県北西部の地名。東京の都心から三〇～四〇キロメートル圏。
5 客待ち自動車——タクシーのこと。

問1 波線部**a**「閉口した」、**b**「元の杢阿弥《もくあみ》」、**c**「ろくろく」の意味として最適なものを、次の各群の1～5のうちからそれぞれ一つずつ選び、番号で答えなさい。

a 1 静かになった　2 不機嫌になった　3 困ってしまった　4 驚きあきれた　5 疲れ果てた

b 1 以前の通りの悪い状態　2 普段と打って変わった状態　3 引き続き変わらない状態　4 今までよりいっそうよい状態　5 いつになく不真面目な状態

c 1 いつも通り　2 十分に　3 すぐに　4 やはり　5 積極的に

問2 傍線部**A**・**F**「それ」の内容を、それぞれ五～一〇字でわかりやすく説明しなさい。

問3 傍線部**B**「石にとってはこれは痛快でもいいことだ」とあるが、その理由として最適なものを、次の1～5のうちから一つ選び、番号で答えなさい。

1 「私」の家族が皆病気になったことで、かわいい左枝子の面倒を見られるようになり、労を惜しまず働いたことで「私」からの評価も上がったから。
2 石だけが本当に病気にならないように注意していたところに、油断していた「私」の家族が皆次々と流行感冒にかかっていってしまったから。
3 左枝子の健康に人一倍気をつかっていたはずの「私」が、口ではうるさく病気のことを言っていながら、左枝子が病気になる原因を作ったから。
4 石のことをぞんざいに扱い仕事も与えないで冷遇していた「私」が、病気になったことで石の世話を受けなければならない状況に陥ったから。
5 石に対して病気を持ち込まないようにうるさく言っていた「私」自身が、感染の原因となってしまい、かえって石に看病されることになったから。

問4 傍線部**C**「そう別々なところから出たものではない」とあるが、どういうことか。その説明として最適なものを、次の1～5のうちから一つ選び、番号で答えなさい。

1 憎らしい主人の病気の世話をあえて一生懸命したことも、うそをついたことも、主人に仕返しをしたいという気持ちによるものである点で変わりがないということ。
2 病気に苦しむ主人一家のために一生懸命働いたことも、うそを重ねて言い訳をしようとしたことも、自分の利益になるからという点で変わりがないということ。
3 困っている主人一家のために一生懸命働いたことも、無断で出かたようにさびしくも感ぜられた。

「芝居を見にいったとき、出さなくてやっぱりよかった」

「石ですか？」と妻がいった。

「うん」

「ほんとうに。そんなにして別れるとやっぱりあとで寝覚めが悪うございますからね」

「あのとき帰してしまえば石はしまいまで、いやな女中で俺達の頭に残るところだったし、むこうでも同様、いやな主人だと生涯思うところだった。両方とも今とそのときと人間は別に変わりはしないが、何しろ関係が充分でないと、いい人同士でもお互いに悪く思うし、それが充分だといいかげん悪い人間でも憎めなくなる」

「ほんとうにそうよ。石なんか、欠点だけ見ればずいぶんある方ですけれど、またいい方を見るとなかなか捨てられないところがありますわ」

「左枝子のことだとなかなか本気に心配していたね」

「そうよ。左枝子はほんとうにかわいいらしかったわ」

「いなくなったら急によくなったが、左枝子がほんとうにかわいかったは少し欲目かな。そうさえしていればこっちの機嫌はいいからね」

「Gまったくのところ、いくらかそれもあるの」といって妻も笑った。

「だけど、それだけじゃ、ありませんわ。この間もきみと二人で何を怒っているのかと思ったら、Tさんが、左枝ちゃんはべっぴんさんになれませんよ、とおっしゃったって二人で怒っているの。なぜそんなことをおっしゃったかわからないけれど、Tさんは大嫌いだなんていってるの」

二人は笑った。妻は、

「今頃田舎で、くしゃみをしてますよ」と笑った。

★石が帰って一週間ほどたったある晩のことだ。私は出先から帰って来た。そして入口の鐘をたたくと、そのとき戸締まりを開けたのは石だった。思いがけなかった。笑いながら石は元気のいいおじぎをした。

「いつ来た？」私も笑った。私は別に返事をきく気もなしにあとの戸締まりをしている石を残して茶の間へ来た。左枝子を寝かしていた妻が起きてきた。

「石はどうして帰って来たんだ」

「私がこの間はがきを出したとき、お嫁入りまでにもし東京に出ることがあったらぜひおいで、と書いたら、それが読めないもんで、学校の先生のところへ持っていって読んでもらったんですって。するとこれはぜひ来いというはがきだというんで早速飛んで来たんですって」

「ちょうどいい。で、しばらくいられるのか？」

「今月いっぱいいられるとか」

「そうか」

「帰ったらお嬢様のことばかり考えているんで、うちの者から久しぶりで帰って来て、何をそんなにぼんやりしてるんだといわれたんですって」

石は今、うちで働いている。相変わらずきみと一緒にときどき間抜けをしては私に叱られているが、もう一週間ほどするとまた田舎へ帰って行くはずである。そしてさらに一週間すると結婚するはずである。H良人がいい人で、石がしあわせな女となることを私達は望んでいる。

（注）

1 Y——「私」の知り合い。「K」「Tさん」も同じ。

ていうんですって。どうもそこが当たり前とはだいぶ違いますのね。行く前に充分調べて、行った以上はどんなことがあっても帰って来るな、ならわかっているが、帰るまでも、一度は行ってみろというのは変ね」

その後しばらくして石の姉が来て、その先はうわさの八人妻を更《か》えたという男とはちがうことが知れた。そして、石は少しもいやではないのだと姉はいっていたそうだ。

石は先の男がどういう人か恐らく少しも知らずにいるのではないかと思った。写真を見るとか、見合いをするとかいうこともないらしかった。何しろE田舎の結婚には驚くほどのんきなのがあるのを私は知っている。結婚して初めて、この家だったのかと思ったというようなのがある。私の家の隣の若い方のかみさんがそれだ。来てみたら、自分の思っていた家の隣だった。そして、貧乏なので失望したという話を私の家の前にいた女中にしたそうだ。しかしその家族は今老人夫婦、若夫婦で貧乏はしているらしいが至極《しごく》平和に暮らしている。

「石のしたくは出戻りの姉のがあるので、それをそっくり持って行くんですって。何だか直《ちょく》でいいわね」妻は面白がっていた。

石の代わりはなかったが、日が来たので私達は運送屋を呼んで東京行きの荷造りをさした。そして翌朝私達も出かけるというその夕方になると、急に石はやはり一緒に行きたいといいだした。

「何だか、ちっともわかりゃしない。お嫁入りまでにお針の稽古《けいこ》をするからぜひ暇をくれというかと思うと、また急にそんなことをいいだすし。皆がしたくするのを見ているうちに、急にうらやましくなるのね。子供がそうですわ」と妻がいった。

それをいいに帰った石と一緒に翌朝来た母親は繰り返し繰り返しどうか二月いっぱいで必ず帰してもらいたいといっていた。

上京してしばらくすると左枝子が麻疹《はしか》をした。幸いに軽い方だったが、用心は厳重にした。石もきみもそのためにはなかなかよく働いた。

一月半ほどしていよいよ石の帰るときが近づいたので、ある日二人を近所へ芝居見物にやった。何か恐ろしい者が出てきたとか、石は二幕の間どうしても震えが止まらなかったのをしばらくして、やっと直ったという話がある。

いよいよ石の帰る日が来たので、先に荷を車夫に届けさしておいて、ちょうど天気のいい日だったので、私は妻と左枝子を連れて一緒に上野へ出かけた。停車場で車夫から受け取った荷を一時預けにしておいて、皆で動物園にいった。そして二時何分かにまた帰って改札口で石を送ってやった。

私達には永い間一緒に暮らした者と別れる或る気持ちが起こっていた。少し涙ぐんでいた石にもFそれはあったに違いない。しかしその表れ方が私達とはまったく反対だった。石はひどく無愛想になってしまった。妻が何かいうのにCろくろく返事もしなかった。別れの挨拶一ついわない。そして別れて、プラットフォームを行く石は一度もこっちを振り向こうとはしなかった。よく私達が左枝子を連れて出かけるとき、門口に立っていつまでも見送っている石が、こうして永く別れるときに左枝子が何かいうのに振り向きもしないのは石らしいかえって自然な別れの気持ちを表していた。

私達が客待ち自動車（注5）に乗って帰って来るとき、左枝子はしきりに「いいや、いいや」といっていた。

石がいなくなってからは家の中が大変静かになった。夏から秋になっしてこの二人は驚くほどによく働いてくれた。

まだ左枝子にうつすまいとしているとき、左枝子はいつもの習慣で乳房を含まずにはどうしても寝つかれなかった。石がおぶってようやく寝つかせたと思うとすぐまた眼《め》を覚まして暴れ出す。石は仕方なく、またおぶる。西洋間といっている部屋を左枝子の部屋にしておいて、私は眼が覚めるとときどきその部屋をのぞきにいった。二枚の半纏《はんてん》でおぶった石がいつもすわったまま眼をつぶって体をゆすっている。人手が足りなくなって昼間も普段の倍以上働かねばならぬのに夜はその疲れ切った体でこうして横にもならずにいる。私は心から石にいい感情を持った。私は今まで露骨に邪慳《じゃけん》にしていたことを気の毒でならなくなった。全体あれほどにやかましくいっておきながら、自身輸入して皆にうつし、暇を出すとさえいわれた石だけが家の者では無事で皆の世話をしている。Ｂ石にとってはこれは痛快でもいいことだ。私は痛快がられても、皮肉をいわれても仕方がなかった。ところが石はそんな気持ちは気振りにも見せなかった。ただ一生懸命に働いた。普段はあまりよく働く性《たち》とはいえない方だが、そのときはよく続くと思うほどに働いた。その気持ちははっきりとはいえないが、想《おも》うに、前に失策をしている、その取り返しをつけよう、そういう気持ちからではないらしかった。もっと直接な気持ちかららしかった。私にはすべてが善意に解せられるのであった。私達《たち》が困っている、だから石はできるだけ働いたのだ。それに過ぎないという風にとれた。長いこと楽しみにしていた芝居がある、どうしてもそれが見たい、うそをついて出かけた、そのうそがだんだんしまいには念入りになってきたが、うそをつく初めの単純な気持ちは、困っているからできるだけ働こうという気持ちと石ではＣそう別々なところから出たものではない気がした。

私達のは幸いに簡単に済んだが肺炎になったきみはなかなか帰って来られなかった。そして病人の中にいて、遂にかからずにしまった石はそれからもかなりせわしく働かねばならなかった。私の石に対する感情は変わってしまった。Ｄ少し現金過ぎると自分でも気がとがめるくらいだった。

一か月ほどしてきみが帰って来た。しばらくすると、それまで非常によく働いていた石はだんだんｂ元の杢阿弥になってきた。しかし私達の石に対する感情は悪くはならなかった。間抜けをしたときはよく叱りもした。が、じりじりと不機嫌な顔で困らすようなことにしなくなった。たいがいの場合叱って三分あとにはふだんの通りに物がいえた。

四谷《よつや》に住んでいるKが正月の初旬から小田原《おだわら》に家《うち》を借りて、家中でそこへ行くことになったので、私達はそれと入れ代わりに我孫子《あびこ》（注４）からKの留守宅に来て住むことにしていた。私には丸五年ぶりの東京住まいである。久しぶりの都会生活を私は楽しみにしていた。

その前から石には結婚の話があった。先は我孫子から一里あまりある或《あ》る町の穀屋《こくや》ということだった。私達が東京へ行くのと同時に暇をとるというので、私達もその気であとを探したが、なかなかいい女中が見当たらなかった。

あるとき妻は誰からか、石の行く先の男は今度が八度目の結婚だというわさをきいて、それを石に話した。そしてとにかくもっとよく調べることを勧めた。あとで妻は私にこんなことをいった。

「石はあまり行きたくないんですって。何でもお父さんが一人で乗り気で、とにかく行ってみろ、その上で気に入らなかったら、帰って来いっ

しょう。まず、「倫理」の「重要な特徴」である「『一般』を前提にしないこと」とは？

生徒――一人ひとり違う人間を一緒くたにして考えず、人それぞれが持つ価値の違いを大事にすることから出発しよう、ということだと思います。

教師――その通りです。その上で、「多様性という言葉に安住すること」（第9段落）、つまり口では価値の違いを尊重しようと言っているのに、異質な他者と深く関わろうとしないような態度を、筆者は「まったく倫理的なふるまいではない」（同）と批判します。言葉が人との関わりを妨げることもあると警戒しているのです。

生徒――「人と人の違いを指す『多様性』という言葉は、しばしばラベリングにつながります」（第18段落）と言っているのも同じことですね。

教師――そうです。言葉だけに頼らず、人と直接関わることを通して一人ひとり異なる状況を具体的に捉え、それに「創造的に向き合うこと」（第11段落）が大事だと筆者は言うのです。そうすることで、［　　　　　　　　］のです。

二　次の文章（志賀直哉の小説『流行感冒』）において、「私」と妻は一人娘「左枝子《さえこ》」の健康に人一倍気をつかっていたが、お手伝いの「石」は流行感冒（スペイン風邪）の感染拡大が懸念されているなか、芝居を見に出かけてしまった。叱《しか》っても反省する様子のない「石」に対し、それ以来「私」はいい印象を持っていない。これを読んで、後の問いに答えなさい。

三週間ほどたった。流行感冒もだいぶ下火になった。三四百人の女工を使っている町の製糸工場では四人死んだというようなうわさが一段落ついた話として話されていた。私は気をゆるした。ちょうど上の離れ家のまわりに木を植えるためにその頃毎日二三人植木屋がはいっていた。Y（注1）からもらった大きな藤の棚を作るのにも、少し日がかかった。私は毎日植える場所の指図や、あるときは力わざの手伝いなどで昼間は主に植木屋と一緒に暮らしていた。

そしてとうとう流行感冒に取りつかれた。植木屋からだった。私が寝た日から植木屋も皆来なくなった。四十度近い熱は覚えて初めてだった。腰や足がむやみとだるくてa閉口した。しかし一日苦しんで、翌日になったら非常によくなった。ところが今度は妻に伝染した。妻に伝染することを恐れてすぐ看護婦を頼んだが間に合わなかったのだ。この上はどうかして左枝子にうつしたくないと思って、東京からもう一人看護婦を頼んだ。一人は妻に一人は左枝子につけておくつもりだったが、母と離されている左枝子は気むずかしくなって、なかなか看護婦にはつかなかった。間もなくきみ（注2）が変になった。用心しろとやかましくいっていたのに無理をしたのでなお悪くなった。人手がないのと、本人が心細がって泣いているので、ときどきこっちの医者に行ってもらうことにして、俥《くるま》で半里《はんみち》（注3）ほどある自身の家へ送ってやった。しかししばらくするとこれはとうとう肺炎になってしまった。

今度は東京からの看護婦にうつった。今なら帰れるからとかなり熱のあるのを押して帰って行った。しまいに左枝子にもうつってしまって、健康なのは前にAそれを済ましていた看護婦と、石とだけになった。そ

問1 波線部a～eのカタカナを漢字に改めなさい。

問2 空欄X・Yに入る語を、慣用表現であることを踏まえて、次の各群の1～5のうちからそれぞれ一つずつ選び、番号で答えなさい。

X 1 結ぶ　2 望む　3 言う　4 祈る　5 やめる

Y 1 草鞋《わらじ》　2 草履《ぞうり》　3 下駄《げた》　4 足袋《たび》　5 靴

問3 傍線部A「むしろ逆の効果すら持ちうる」について、次の（ⅰ）・（ⅱ）に答えなさい。

（ⅰ）「逆の効果」を一五字以内で説明しなさい。

（ⅱ）このような事態が生じるのはなぜか。三〇字以内で説明しなさい。

問4 傍線部B「反社会的なもの」とはどういう態度か。その説明として最適なものを、次の1～5のうちから一つ選び、番号で答えなさい。

1 「他者一般」のような捉え方を疑問視し、様々な価値を尊重しようと言いつつ、異なる考えの人を同じ社会の構成員と認めず排除するような態度。

2 社会で意見をすり合わせるべき問題について、異なる意見に口を出さない代わりに自らの意見を強く主張し、社会集団の調和を乱すような態度。

3 「人間一般」のような絶対的な観念を疑って互いを尊重しようとせずに、意見の対立する集団を非難し、社会の分断を加速させるような態度。

4 価値の違いを尊重する考えの下、他人のことには干渉しないという問題に対して思考を停止し、それに社会全体が目を向けようとしないような態度。

5 異なる価値を尊重し干渉しないという名目をたてに、意見の対立を避けて社会全体で解決すべき問題に対して向き合おうとしないような態度。

問5 傍線部C「無限性」を言い換えている部分を、本文中から一五字以内で抜き出して答えなさい。

問6 傍線部D「いつでも『思っていたのと違うかもしれない』可能性を確保しておく」とあるが、どういうことか。その説明として最適なものを、次の1～5のうちから一つ選び、番号で答えなさい。

1 人と関わる際、相手は不満足な現状から脱して成長するかもしれないと常に考え、人の可能性を信じる心構えを持っておくということ。

2 人と関わる際、相手は自分の期待と異なる側面がいろいろあるかもしれないと常に心にとどめ、落胆しないように気をつけておくということ。

3 人と関わる際、相手は自分と異なる考えを持つかもしれないという前提に立って相手の考えを尊重し、いつも敬意を抱いておくということ。

4 人と関わる際、一人の人には計り知れないほどの未知の側面が必ずあるはずだと信じる姿勢を崩さず、人を敬う姿勢を保っておくということ。

5 人と関わる際、人は必ず外見とは異なった内面を持つものだと考え、外見に惑わされない注意深さをいつも持っておくということ。

問7 本文の内容について、教師と生徒が話し合っている以下の会話内の空欄を、六〇字以内で適切に埋めなさい。

教師――筆者の論点を理解するために、第11段落を中心に考えてみまそが強みなのだ。そう投げかける姿勢がこの「whole」には含まれているように感じました。

16つまりそのチラシがうたっているのは、人と人のあいだにある多様性ではなくて、一人の人の中にある多様性なのでした。あるいはむしろ「C無限性」と言ったほうがよいかもしれない。その「すべて」を、まずは自分が尊重しようというのが、そのチラシが伝えようとしているメッセージでした。

17これだと思いました。それは、私が実際に障害のある人たちと接するなかで得た実感に、ピタリと合うものでした。

18人と人の違いを指す「多様性」という言葉は、しばしばラベリングにつながります。あの人は、視覚障害者だからこういう配慮をしましょう。この人は、発達障害だからこういうケアをしましょう。もちろん適切な配慮やケアは必要ですが、まさに倫理ではなく道徳の領域で、個人が一般化された障害者のカテゴリーに組み込まれていく。いつもいつも同じ役割を演じさせられるのは、誰だって苦しいものです。

19当たり前ですが、障害を持つ人はいつでも障害者なわけではありません。家に帰ればふつうのお父さんや年頃の娘かもしれないし、自分の詳しい話題になれば、さっきまでdカイジョしてもらっていた人に対して先生になることもあるでしょう。ある先天的に全盲の男性などは、私の知る限り、収入面だけ考えても、三足の［Y］を履いています。本業はシムテムエンジニアだけど、インターナショナルスクールで点字を教えていて（使用言語はもちろん英語）、音楽活動でも収入を得ています。料理が得意で揚げ物もするし、若い頃はデートの前にどの道を歩こうかeモウソウを膨らませていました（ただし音的に）。

20こうした一人の人が持つ多様性は、実際にその人と関わってみないと、見えてこないものです。一緒にご飯を食べたり、ゲームをしたり、映画を見に行ったりするふつうの人付き合いのなかで、「〇〇の障害者」という最初の印象が、しだいに相対化されてくる。フレーベルの恩物《おんぶつ》（注4）が、実際に手にとって回してみることによって初めて、立方体という見た目の形とは違う「円柱」という性質をあらわにしたように、人も、関わりのなかでさまざまな顔を見せるものです。人と人のあいだの多様性を強調することは、むしろこうした一人の人のなかの無限の可能性を見えにくくしてしまう危険性を持っています。

21このことは、裏を返せば、「目の前にいるこの人には、必ず自分には見えていない側面がある」という前提で人と接する必要があるということでしょう。それは配慮というよりむしろ敬意の問題です。この人は、いま自分に見えているのとは違う顔を持っているのかもしれない。この人は、変わるのかもしれない。変身するのかもしれない。Dいつでも「思っていたのと違うかもしれない」可能性を確保しておくことこそ、重要なのではないかと思います。

（伊藤亜紗《あさ》『手の倫理』）

（注）

1 ダイバーシティ——多様性。多様な人材を積極的に活用する考え方。

2 ウエストン——アメリカの哲学者。

3 さわる／ふれる——筆者は「さわる／ふれる」という触覚による人との関わりを明らかにすることをこの著作のテーマとしている。

4 フレーベルの恩物——積み木や棒などから構成される幼児用の教育玩具。

ゆえ、反社会的な態度となる。思考を停止させるだけではない。社会全体が関わってくる問題の場合には、そこにおいてどれほど意見が異なっていようとも、なお理を尽くして、お互いを尊重しつつ、なんとかして協調していけるよう道を探らねばならないのに、この決まり文句によって、そこから目をそらしてしまうのだ。(……)倫理とは、「他人のことに口を出すべからず」が問題解決として役に立たない――どれほど意見が分かれていようとも、一緒に問題を解決していかなければどうしようもない――、まさにそのような問題に照準を当てたものだということになる。私たちは、ともに生きていかねばならない。だから、なおも考え続け、語り続けねばならない。これこそが、倫理そのものであり、倫理的にふるまうことにほかならない。

[9]つまり、多様性という言葉に安住することは、それ自体はまったく倫理的なふるまいではない。そうではなく、いかにして異なる考え方をつなぎ、違うものを同じ社会の構成員として組織していくか、そこにこそ倫理があると言うのです。

[10]これに対し、さわる/ふれる(注3)ことは、物理的な接触ですから、その接触面に必ず他者との交渉が生じます。物理的であるからこそ、さわる/ふれることは、避けようもなく「他人のことに口を出す」行為なのです。他者を尊重しつつ距離をとり、相対主義の態度を決め込むことは不可能。この意味でさわる/ふれることは、本質的に倫理的な行為だと言うことができます。

[11]ただし、倫理は単に具体的な状況に埋没するものではない、という点にも注意が必要です。確かに、「一般」を前提にしないことが、倫理を道徳から区別する重要な特徴です。けれども、ただひたすらその状況の内部から価値を主張することもまた、倫理的ではありません。状況の複雑さに分け入り、不確実な状況に創造的に向き合うことで、「善とは何か」「生命とは何か」といった普遍的な問いが問いなおされる。あるいは異なる複数の立場のあいだにも、実は共通の価値があることが見えてくる。倫理的な営みとはむしろ、具体的な状況と普遍的な価値のあいだを往復すること、そうすることで異なるさまざまな立場をつなげていくことであると言うことができます。

[12]そうは言っても、異なる考え方をつなぐというのは、[X]は易しで実際に行うのは容易ではありません。

[13]分断ではない多様性を、どのように考えていけばよいのか。思い出すのは、マサチューセッツ工科大学(MIT)の廊下で見た、あるチラシです。

[14]チラシの左半分には学生らしき黒人女性二人が写っています。そしてその右側には、大きな文字でこう書かれていました。「Be your whole self.」それは、理工系の学生に向けて副専攻で人文社会系のコースを履修するように案内するチラシでした。

[15]Be your whole self.「ありのままのあなたで」と訳したくなりますが、ややニュアンスが異なるでしょう。なるほどと思ったのは、「まるごとのあなたwhole self」という表現でした。大学生で、遺伝子工学を専攻していて、アフリカ系アメリカ人で、南部出身で、女性で、演劇にも興味があって……例えばそんな複数の側面を持つあなたを、隠さず全部出していい。ニュートラルな「遺伝子工学の研究者」ではなく、アフリカ系アメリカ人として、あるいは女性として、遺伝子工学を研究することこ

【国　語】（五〇分）〈満点：一〇〇点〉

【注意】字数が指定されている場合は、句読点やカッコなども文字として数えること。

一　次の文章を読んで、後の問いに答えなさい。なお、設問の都合で本文の段落に番号を付してある。

1 言葉に寄りかからず、具体的な状況の中で考える。私が強くそう念じる背景にあるのは、実際に、気になって警戒しているある言葉があるからです。

2 それは「多様性」という言葉です。あるいは「ダイバーシティ（注1）」「共生」といった言葉もそう。延期になった東京オリンピックの大会ビジョンに始まり、aキギョウの広告や大学のパンフレットなど、いまあらゆるところでこの言葉が使われています。便利で、私自身も止むを得ず使ってしまうことがあるのですが、この氾濫ぶりは異常だと思います。

3 もちろん、人が一人ひとり違っていて、その違いを尊重することは重要です。「多様性」の名の下に行われている取り組みには、こうした違いを尊重し生かすことにbコウケンするものもあるでしょう。しかし、「多様性」という言葉そのものは、別に多様性を尊重するわけではない。Aむしろ逆の効果すら持ちうるのではないかと感じています。

4 重度障害を持つ国会議員に対する批判、あいちトリエンナーレの企画展に対する抗議・脅迫と展示中止、冷え切る日韓関係。現実の日本で進んでいるのは、多様性の尊重とは真逆の、分断の進行です。

5 そこにいったいどんなcカンヨウの精神や生きた優しさがあると言うのでしょうか。私は二〇一九年の半年間、在外研修でボストンに暮らしていたのですが、帰国して一番違和感を覚えたのはそのことでした。街中を覆う「多様性キャンペーン」と、実態として進む分断。誰もが演技をしているように見えてゾッとしたことを覚えています。

6 もしかすると、「多様性」という言葉は、こうした分断を肯定する言葉になっているのかもしれない、とそのとき思いました。多様性を象徴する言葉としてよく引き合いに出される「みんなちがって、みんないい」という金子みすゞの詩は、一歩間違えば、「みんなやり方が違うのだから、それぞれの領分を守って、お互い干渉しないようにしよう」というメッセージになりかねません。

7 つまり、多様性は不干渉と表裏一体になっており、そこから分断まではほんの一歩なのです。「多様性」という言葉に寄りかかりすぎると、それは単に人々がバラバラである現状を肯定するための免罪符のようなものになってしまいます。

8 ウエストン（注2）は、「相対主義は反社会的な態度になりうる」と言います。「相対主義」とは、「多様性」という言葉が用いられるときの背景にあるような、「人間一般」「身体一般」「他者一般」のような絶対的なものを疑い、さまざまな価値の違いを尊重しようとする考え方のこと。すでに述べたように、多様性の尊重そのものは大前提として重要であり、その意味では相対主義は不可欠な視点です。けれどもそれが「他人のことには干渉しないようにしよう」という自己弁護につながるとき、ウエストンはそれがB反社会的なものになると言うのです。

相対主義の決まり文句「他人のことに口を出すべからず」は、それ

MEMO

大切なことはメモしておこうネ！

2021年度

解　答　と　解　説

《2021年度の配点は解答欄に掲載してあります。》

＜数学解答＞

1　(1)　$\frac{-3\pm\sqrt{65}}{4}$　　(2)　3，4，5，6，7，7，10

2　(1)　76　　(2)　5，27，85

3　(1)　$2\sqrt{3}$　　(2)　$\left(-\frac{\sqrt{3}}{6},\ \frac{1}{2}\right)$

4　(1)　$\sqrt{5}$　　(2)　$\frac{1}{2}$，$\frac{\sqrt{5}}{2}$　　(3)　$\sqrt{2}$

5　(1)　$2\sqrt{2}$　　(2)　$\sqrt{3}$　　(3)　$3+2\sqrt{3}$

6　(1)　$\frac{256\sqrt{2}}{3}$　　(2)　$12\sqrt{11}$　　(3)　$32\sqrt{2}$

○推定配点○

1　各6点×2　　2　(1)　6点　　(2)　8点　　3　(1)　6点　　(2)　8点

4　(1)　6点　　(2)　各3点×2　　(3)　8点　　5　(3)　8点　　他　各6点×2

6　(3)　8点　　他　各6点×2　　　計100点

＜数学解説＞

1　(小問群－2次方程式，資料の整理)

(1)　$\frac{1}{5}(x+2)^2-\frac{1}{3}(x+1)(x+2)=-\frac{1}{3}$　　両辺を15倍して，展開して整理すると，$3(x^2+4x+4)-5(x^2+3x+2)=-5$　　$3x^2+12x+12-5x^2-15x-10+5=0$　　$-2x^2-3x+7=0$　　$2x^2+3x-7=0$　　2次方程式の解の公式を用いると，$x=\frac{-3\pm\sqrt{3^2-4\times2\times(-7)}}{2\times2}=\frac{-3\pm\sqrt{65}}{4}$

やや難　(2)　7人の生徒の中央値は得点の高い方(または低い方)から4番目の生徒の得点であり，それが6点であることから，中央値以上の点数の生徒が3人いることになる。また最頻値は7点だけであることから，7点が3人の場合と7点が2人の場合が考えられるが，7点の生徒が3人の場合には，得点の範囲が7点であることから1人は0点である。その場合に平均点の6点より高い点の合計が3点，0点の人は6点より6点低いので平均点は6点とはならない。よって，7点は2人である。8点以上の人の点が8点の場合，最低点は1点であり，平均点より5点低く，その場合も6点より高い点の合計4点と釣り合わない。8点以上の人の点が9点の場合，最低点は2点で，この場合も平均点が6点にはならない。8点以上の人の点が10点の場合，最低点は3点。この場合，6点より高い点の合計は6点となり，6点より低い人が5点，4点，3点で釣り合う。よって，3，4，5，6，7，7，10(点)

2　(数の性質－平方根の値が自然数になる場合，素因数分解)

(1)　$\sqrt{171a}=\sqrt{3\times3\times19a}$　　よって，$a=19\times1^2$，19×2^2，19×3^2…のときに$\sqrt{171a}$は自然数となる。よって，小さいものから2番目の数aは$19\times2^2=76$

やや難　(2)　$\sqrt{171+b^2}=\mathrm{A}$とおく。両辺をそれぞれ2乗すると，$171+b^2=\mathrm{A}^2$　　$\mathrm{A}^2-b^2=171$　　$(\mathrm{A}+b)(\mathrm{A}-b)=3\times3\times19$　　$\mathrm{A}+b=3\times3\times19=171$…①，$\mathrm{A}-b=1$…②のとき，①－②から，$2b=$

170　$b=85$　$A+b=3\times19=57$…③，$A-b=3$…④のとき，③－④から，$2b=54$　$b=27$
$A+b=19$…⑤，$A-b=3\times3=9$…⑥のとき，⑤－⑥から，$2b=10$　$b=5$

3 （関数・グラフと図形－2乗に比例する関数の式，対称移動，正三角形，面積の二等分，座標）

（1）　直線ABとy軸との交点をDとすると，△OABが正三角形になったのだから，△OADは内角の大きさが30°，60°，90°の直角三角形となり，OA：AD：OD＝2：1：$\sqrt{3}$　よって，$AD=\frac{1}{2}$，$OD=\frac{\sqrt{3}}{2}$だから，$A\left(\frac{1}{2},\ \frac{\sqrt{3}}{2}\right)$　$y=ax^2$に代入して，$\frac{\sqrt{3}}{2}=a\times\left(\frac{1}{2}\right)^2$　$a=2\sqrt{3}$

やや難 （2）　点Cを通るx軸に平行な直線と直線OBとの交点をEとすると，CE//ABなので，△EAB＝△CAB　よって，△EAO＝△EAB＋△OAB＝△CAB＋△OAB＝（四角形OACB）　OEの中点をFとすると，△AEFと△AOFはEF，OFをそれぞれの三角形の底辺とみたときの高さが共通だから面積が等しい。よって，点Fが四角形OACBの面積を2等分する直線lと辺OBとの交点である。ところで，$B\left(-\frac{1}{2},\ \frac{\sqrt{3}}{2}\right)$なので，直線OBの傾きは$\frac{\sqrt{3}}{2}\div\left(-\frac{1}{2}\right)=-\sqrt{3}$　直線OBの式は$y=-\sqrt{3}x$であり，点Eのy座標は点Cのy座標と等しく1であるから，点Eのx座標は，$1=-\sqrt{3}x$　$x=-\frac{1}{\sqrt{3}}=-\frac{\sqrt{3}}{3}$　よって，$E\left(-\frac{\sqrt{3}}{3},\ 1\right)$であり，Fは OEの中点だから，$F\left(-\frac{\sqrt{3}}{3}\div2,\ 1\div2\right)=F\left(-\frac{\sqrt{3}}{6},\ \frac{1}{2}\right)$

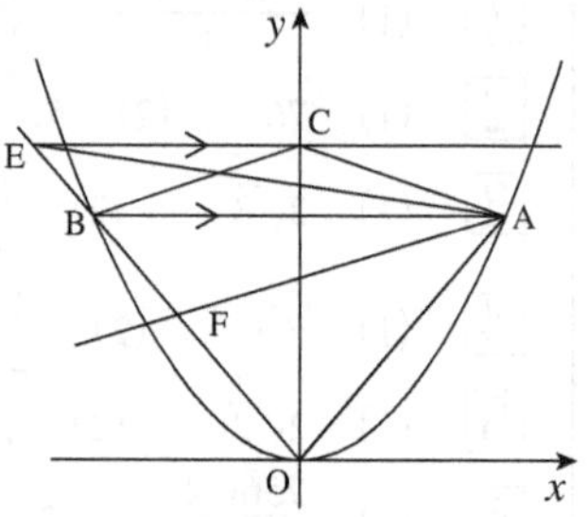

4 （平面図形－重なる正方形，三平方の定理，相似，辺の長さ）

基本 （1）　BE＝1，BC＝3なので，△EBCで三平方の定理を用いると，$CE^2=EB^2+BC^2$　$CE=\sqrt{1+9}=\sqrt{10}$　CEは正方形EFCGの対角線であり，△CFEは直角二等辺三角形となるから，CF：CE＝1：$\sqrt{2}$　$CF=\frac{\sqrt{10}}{\sqrt{2}}=\sqrt{5}$

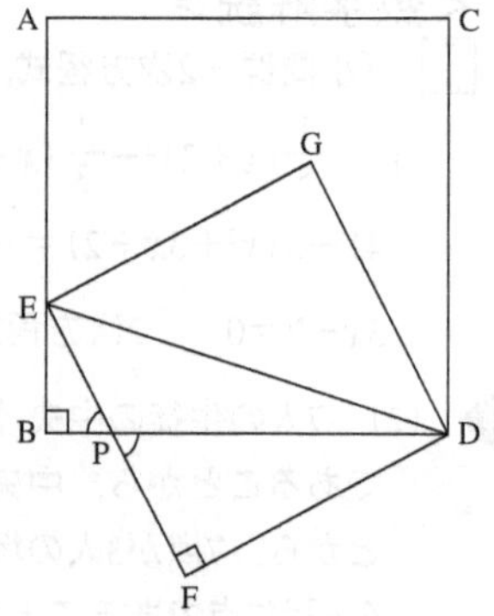

やや難 （2）　BP＝xとすると，CP＝$3-x$，EP＝yとすると，FP＝$\sqrt{5}-y$
△BPEと△FPCは，∠B＝∠F＝90°，∠BPE＝∠FPCなので2組の角がそれぞれ等しいから相似である。よって，BP：FP＝BE：FC
$x:(\sqrt{5}-y)=1:\sqrt{5}$　$\sqrt{5}x=\sqrt{5}-y$　$y=\sqrt{5}-\sqrt{5}x$…①
EP：CP＝BE：FC　$y:3-x=1:\sqrt{5}$　$\sqrt{5}y=3-x$…②
①を②に代入して，$\sqrt{5}(\sqrt{5}-\sqrt{5}x)=3-x$　$5-5x=3-x$
$4x=2$　$x=BP=\frac{2}{4}=\frac{1}{2}$　①に代入して，$y=EP=\sqrt{5}-\frac{\sqrt{5}}{2}=\frac{\sqrt{5}}{2}$

重要 （3）　∠CBE＝∠CFE＝90°　∠CBEと∠CFEは直線CEについて同じ側にあって等しい角だから，4点C，E，B，Fは同じ円の円周上にある。なお，CEはその円の直径である。よって，弧BFに対しての円周角なので∠BFP＝∠ECP，対頂角は等しいから，∠BPF＝∠EPC　2組の角がそれぞれ等しく，△BFP∽△ECP　よって，BF：EC＝BP：EP　$BF:\sqrt{10}=\frac{1}{2}:\frac{\sqrt{5}}{2}=1:\sqrt{5}$　$BF=\frac{\sqrt{10}}{\sqrt{5}}=$

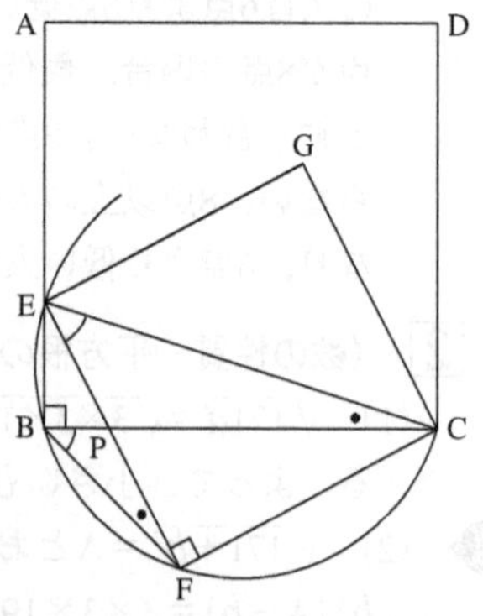

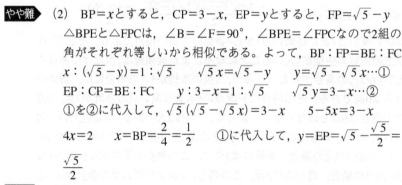

$\sqrt{2}$

5 （平面図形―円の性質，接線，平行線，円周角と中心角，三平方の定理，長さ，面積）

基本 (1)　弧ADに対する円周角と中心角の関係から，$\angle AOD=2\angle ABD=90°$　OA＝OD＝2だから△AODは直角二等辺三角形である。よって，OA：OD：AD＝1：1：$\sqrt{2}$　AD＝$2\sqrt{2}$(cm)

重要 (2)　接線と接点を通る半径は垂直に交わるので，$\angle OAP=90°$ $\angle OAP=\angle AOD$となるので錯角が等しいから，OD//AP//CB よって，△BCDと△BCOはBCを底辺とみたときの高さが等しいから面積が等しい。△OABは二等辺三角形で底角は等しいから，$\angle OBA=\angle OAB=\angle OAP-\angle PAB=15°$　よって，$\angle OBD=\angle ABD-\angle OBA=30°$　△OBDも二等辺三角形なので，$\angle ODB=\angle OBD=30°$　OD//BCだから，$\angle CBD=\angle ODB=30°$ よって，$\angle OBC=60°$となり，△OBCは1辺の長さが2の正三角形である。1辺の長さがaの正三角形の高さは$\dfrac{\sqrt{3}}{2}a$，面積は$\dfrac{\sqrt{3}}{4}a^2$で求められるので，△BCD＝△BCO＝$\dfrac{\sqrt{3}}{4}\times 2^2=\sqrt{3}$(cm²)

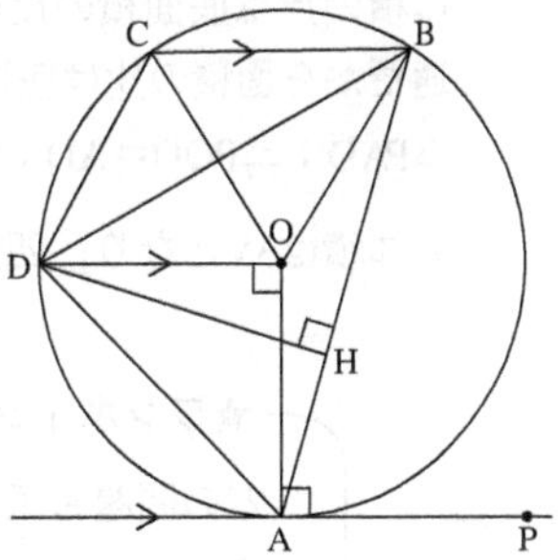

重要 (3)　△ABDについては，$\angle DAB=\angle DAO+\angle OAB=60°$なので，点DからABに垂線DHを引くと，△DAHは内角の大きさが30°，60°，90°の直角三角形となるので，AD：AH：DH＝2：1：$\sqrt{3}$ AD＝$2\sqrt{2}$だから，AH＝$\sqrt{2}$，DH＝$\sqrt{2}\times\sqrt{3}=\sqrt{6}$　$\angle HBD=45°$だから，△HBDは直角二等辺三角形であり，BH＝DH＝$\sqrt{6}$　よって，AB＝$\sqrt{2}+\sqrt{6}$　△ABD＝$\dfrac{1}{2}$×AB×DH＝$\dfrac{1}{2}\times(\sqrt{2}+\sqrt{6})\times\sqrt{6}=\sqrt{3}+3$　したがって，四角形ABCDの面積は，△BCD＋△ABD＝$\sqrt{3}+\sqrt{3}+3=3+2\sqrt{3}$(cm²)

6 （空間図形―正四角錘，体積，切断面の面積，立体の分割，三平方の定理）

(1)　頂点Oから底面ABCDに垂線OHを引くと，Hは正方形ABCDの対角線の交点である。AC＝$8\sqrt{2}$，AH＝$4\sqrt{2}$なので，△OAHで三平方の定理を用いると，$OA^2=OH^2+AH^2$　OH＝$\sqrt{OA^2-AH^2}=\sqrt{64-32}=\sqrt{32}=4\sqrt{2}$　よって，正四角錘OABCDの体積は，$\dfrac{1}{3}\times8\times8\times4\sqrt{2}=\dfrac{256\sqrt{2}}{3}$(cm³)

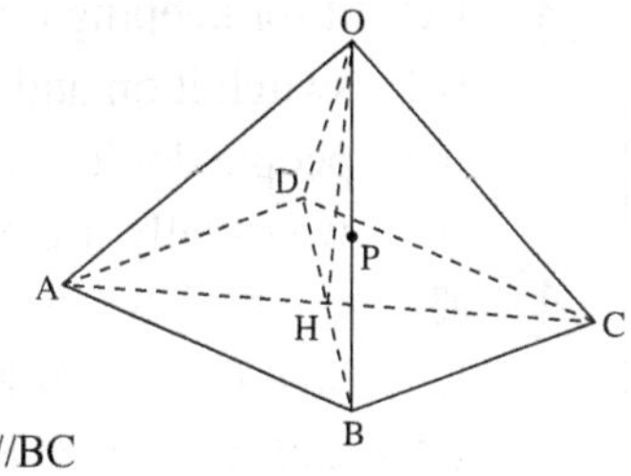

(2)　3点A，D，Pを通る平面とOCとの交点をQとすると，PQ//AD//BCとなるので，QはOCの中点である。PQ//BCなので，PQ：BC＝OP：OB＝1：2　よって，PQ＝4　また，△OAP≡△ODQとなり，PA＝QD　よって，切り口は右図で示す等脚台形PQDAとなる。P，QからADにそれぞれ垂線PI，QJを引くと，△PAIと△QDJは斜辺と他の1辺がそれぞれ等しい直角三角形なので合同であり，AI＝DJ＝(8−4)÷2＝2　△PAIで三平方の定理を用いると，$PI^2=PA^2-AI^2$　PAは正三角形OABの高さだから，$\dfrac{\sqrt{3}}{2}\times8=4\sqrt{3}$　よって，PI＝$\sqrt{48-4}=\sqrt{44}=2\sqrt{11}$　したがって，切り口の図形の面積は，$\dfrac{1}{2}\times(4+8)\times2\sqrt{11}=12\sqrt{11}$(cm²)

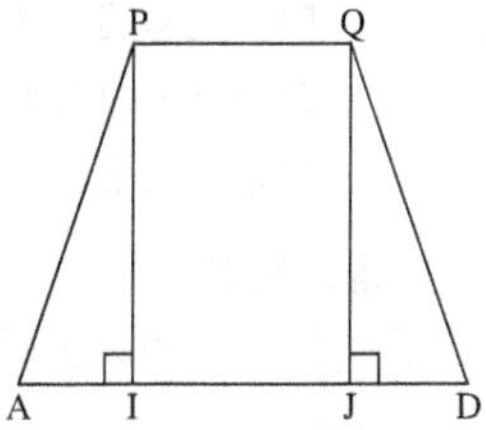

やや難 (3)　点Oを含む方の立体を三角錐OAPDと三角錐OPQDに分けて考え，△OPQDの体積をVとする。三角錐OPQDと三角錐OBCDの底面をそれぞれ△OPQ，△OBCとすると，高さが共通なので体積

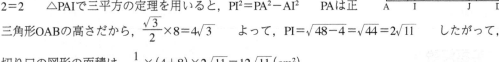

の比は底面積の比に等しい。△OPQと△OBCは相似であり，相似な図形では面積の比は相似比の2乗に等しいから，(三角錐OPQDの体積)：(三角錐OBCDの体積)＝△OPQ：△OBC＝1^2：2^2＝1：4　よって，(三角錐OBCDの体積)＝4V　四角錐OABCの体積は三角錐OBCDの体積の2倍なので8V　三角錐OPADと三角錐OPQDは底面を△PAD，△PQDとみたときの高さが共通だから，体積の比は底面積の比に等しい。△PADと△PQDはそれぞれの底辺をAD，PQとすると高さが共通だから面積の比は底辺の比に等しい。よって，(三角錐OPADの体積)：(三角錐OPQDの体積)＝△PAD：△PQD＝AD：PQ＝2：1　よって，(三角錐OPQDの体積)＝2V　点Oを含む方の立体の体積は3Vとなり，四角錐OABCDの$\frac{3}{8}$である。よって，$\frac{256\sqrt{2}}{3}\times\frac{3}{8}=32\sqrt{2}$ (cm^3)

★ワンポイントアドバイス★

どの問題も工夫されていて応用力，思考力を必要とする。問題数も多いので手がけられものから取り組み，確実に仕上げていこう。[5]の(3)は(2)で△BCDの面積を求めてあるので，△ABDの面積を求める。[6]の(3)は，三角錐に分けて比を考えるとよい。

＜英語解答＞

[1] 問1　(1)　秋　(2)　ホテル　(3)　テニス　(4)　川　(5)　コウモリ
問2　①　3　②　19　③　6, 11　④　5

[2] A　named　B　started　C　allowed　D　blew　E　Suddenly　F　came
G　Amazingly

[3] (A)　it for keeping our legs warm in the winter
(B)　switch it on and put our legs under the blanket
(C)　people don’t have a kotatsu these days
(D)　we usually use an air conditioner to keep cool

[4] 問1　A　オ　B　キ　C　エ　D　ウ　E　カ　F　イ　問2　ジヤが裕福な老人に引き取られ，キノの家族と離れて暮らすこと。　問3　しかし，キノが朝目覚めたとき，(キノは)ジヤとジヤが下さなければならなかった決断のことを思い出した。　問4　ウ
問5　1番目　キ　4番目　ア　6番目　エ　問6　エ　問7　津波で家族を失った悲しみのあまりこれまで泣くことすらできなかったジヤが，今日，それ以来はじめて泣くことができたこと。　問8　ア，エ

○推定配点○

[1]～[3]　各3点×20([1]問2③完答)　[4]　問4・問6　各2点×2　他　各3点×12(問5完答)
計100点

＜英語解説＞

[1]　(リスニング)

問1　Number 1. This is the time of year when the leaves on trees begin to change color and fall to the ground. In Japan many people enjoy looking at the beautiful colors of the leaves. The cooler weather at this time of year is very welcome after the hot summer months.

Number 2. This is a big building in which there are many rooms. People can stay for one night or more in one of the rooms if they pay some money. You usually have to check in at the front desk when you arrive, and you are given a key to a room. You give the key back when you check out.

Number 3. This sport is popular in many countries. It is played by either two or four players. It can be played both indoors and outdoors. The players have to hit a small ball over a low net using a kind of racket. The color of the ball is usually yellow.

Number 4. There are many of these things in Japan. They usually start in the mountains and they end in the sea. The longest one in Japan is over 300 kilometers long. Fish and other creatures live in them. They can be dangerous, especially when it rains heavily.

Number 5. This is a small animal which lives in Japan and other countries. It's about the same size as a mouse, and its color is black. It's not a bird but it has big wings and can fly! But it usually only flies at night, or when it's just getting dark. It eats small insects.

(全訳) (1) これは1年のうちで，木々の葉が色を変え始め，地面に落ちる時期である。日本では多くの人々がその葉の美しい色を眺めて楽しむ。この時期の涼しい天気は暑い夏の後に大変喜ばしい。

(2) これはたくさんの部屋がある大きな建物だ。人はお金を払うと，それらの部屋の1つに1泊もしくはそれ以上滞在することができる。到着すると，ふつうはフロントデスクでチェックインしなくてはならない。そして部屋の鍵を渡される。チェックアウトする時にその鍵を返却する。

(3) このスポーツは多くの国で人気がある。それは2人もしくは4人のプレイヤーによって行われる。室内でも屋外でもプレイすることができる。プレイヤーはラケットの1種を使って小さなボールを打ち，低いネットを超えなくてはならない。ボールの色はふつう黄色である。

(4) 日本にはこれがたくさんある。それらはふつう山中で始まり，海で終わる。日本で最も長いものは300キロメートル以上だ。魚や他の生物がその中で生きている。特に雨がひどく降った時には，それらは危険になりうる。

(5) これは日本や他の国に住んでいる小さな動物だ。それはネズミほどの大きさで，色は黒い。鳥ではないが，大きな翼があり，飛ぶことができる！　しかしふつうは，夜または日が暮れる頃にしか飛ばない。それは小さな虫を食べる。

やや難 問2　A：I was hoping to spend most of this year here in Nagoya, but it looks like I'm going to be traveling a lot in 2021. I hope I can stay safe.

B：Yes, you're going to Tokyo for a few days next month, aren't you?

A：That's right. I'm going to have to be there by lunchtime on Tuesday, March 9, and I won't be able to leave until Friday afternoon. And then, on the next Friday, I have to go to a meeting in Osaka. But that's just a day trip.

B：And you have to go to Tokyo again in May, don't you?

A：Yes, that's right. I'll have to stay for two weeks in May. And almost as soon as I get back, I have to get ready to go to Hokkaido.

B：Oh, yes. You're going to that big meeting in Sapporo on the 12th of June, aren't you?

A：Yes, and it starts at 9am, so I'll have to be there the day before.(sighs) Thank goodness I don't have to go anywhere after that until August.

B：Where are you going in August?

A：I have to go back to Tokyo for another two weeks then. And I also have to go to Tokyo twice more in the fall.

B：Really?

A：Yes, there are meetings I have to attend in October and November.

B：But you'll be able to spend the New Year in Nagoya, won't you?

A：Well, no, I won't. I'm going to spend New Year in Osaka with my parents this year.

B：My goodness. You really do have a busy life.

A：僕は今年のほとんどの時間をここ，名古屋で過ごしたいと思っていたけれど，2021年はたくさん旅行していることになりそうだよ。無事でいられるといいな。

B：ええ，あなたは来月，東京に数日間行くんでしょう？

A：そうだよ。3月9日火曜日の昼食時までにそこに到着していなければいけないんだ。そして金曜の午後までそこを出ることができない。そしてその後，次の金曜日に僕は大阪へ会議に行かなくてはならない。でもそれは日帰り旅行だけど。

B：そしてまた5月に東京へ行かなくてはいけないんでしょう？

A：うん，その通りだよ。僕は5月に2週間滞在しなくてはいけない。 そして戻ったらほとんどすぐに，北海道に行く準備をしなくてはいけない。

B：ああ，そうね，6月12日の札幌のあの大きな会議に行くのよね？

A：うん，それは朝9時に開始するから，僕はその前日に到着していなくてはならない。(ため息)その後は8月までどこへも行かなくていいんだ，やれやれ。

B：8月にはどこへ行くの？

A：その時はまた2週間，東京へ戻らなくてはいけないんだよ。そして秋にはあと2回，東京へ行かなくてはならない。

B：本当？

A：うん，僕が出席しなくてはならない会議が10月と11月にあるんだ。

B：でもお正月は名古屋で過ごせるわよね？

A：うーん，いや，だめだね。今年は大阪で両親と新年を過ごすつもりだよ。

B：まあ，大変。あなたは本当に忙しい生活をしているのね。

2 (長文読解問題・歴史：語句補充，語形変化，分詞，時制)

(全訳) シカゴ大火災

シカゴ市の歴史上最悪の災害は，1871年10月8日日曜日の夜，ある農場の建物で始まった。オリリー夫人(A)という名前の女性が牛の乳しぼりをしている時，その牛がランタンを蹴り，火事(B)を始めてしまった。計画のまずさと乾燥した天気が合わさったことによって，火事が市を破壊したと言われている。消防士たちが市内中心部で消火活動をしている間，風が火事(D)を吹き飛ばして川の対岸まで運んだ。(E)突如，市は川の両岸で燃え出した！ 消防士たちにはその火事と戦うのに十分な人員も必要な物も持っていなかった。シカゴはまだ燃えていたが，とうとう火曜日に雨が(F)来て，火事が収まった。結局，1頭の牛のせいで，2,000エーカーの土地と18,000の建物が燃えた。(G)驚くべきことに，オリリー夫人の家は火事を免れた。

(A) A named B「Bという名前のA」

(B) 空所(B)には動詞が入る。主語は the cow なので，「牛がランタンを蹴って，火事を始めた」とする。日本語に訳す時は「火事が始まった」とするのが自然である。

やや難 (C) 〈allow ＋目的語＋ to ＋動詞の原形〉「―が～するのを可能にする」 直訳すると「計画のま

ずさと乾燥した天気が合わさったことが，火事が市を破壊するのを可能にした」となる。

やや難 (D) blow「～を吹く」の過去形 blew を入れる。空所直後の it は the fire を指す。

(E) suddenly「突然」

やや難 (F) 空所(F)には動詞が入る。主語は rain なので，come の過去形 came を入れる。文脈上 started も可能だが，同じ単語を複数回使うことはできない。

(G) amazingly「驚くべきことに，感嘆すべきことに」

やや難 **3** (会話文問題：英作文，前置詞，動名詞，不定詞)

オーウェン：わあ，素敵な部屋だね！　でも僕はこういうのを以前に見たことがない。それはテーブル？

タケシ　　：それはふつうのテーブルに見えるけれど，そうではないよ。こたつというんだ。

オーウェン：それは何のために使われるの？

タケシ　　：僕たちは(A)それを冬に脚を温めておくために使うよ。

オーウェン：本当？　じゃあその使い方を教えてくれる？

タケシ　　：それを使う時，僕たちは(B)それにスイッチを入れて，毛布の下に脚を入れるよ。

オーウェン：でも立ち上がって歩き回ったら，温かく感じないよ。

タケシ　　：そう，その通り。そのため，多くの(C)人は近頃こたつを持っていないんだ。

オーウェン：実は僕は，日本の冬がこれほど寒くなるとは知らなかったよ。でもここ，名古屋では1年中こたつが必要ではないよね？

タケシ　　：もちろん必要ではないよ。夏には暖房器具は全く必要ない。実際，とても暑いので，(D)僕たちはふつう，涼しくしておくためにエアコンを使うよ。

(A) 空所前に動詞 use があるので，その目的語として it「それを」(こたつを指す)が必要。その後に for ~ing「～するために」を続ける。〈to ＋動詞の原形〉「～するために」でもよい。〈keep ＋目的語＋形容詞〉「～を…にしておく，保つ」

(B) 空所前に主語 we があるので，次に動詞を置く。switch it on「それにスイッチを入れる」〈put ＋目的語＋ under ~〉「～を…の下に置く，入れる」

(C) 空所の前に形容詞 many「多くの」があるので，その後に名詞 people や families を置いて主語にする。続く動詞部分は don't have[use] a kotatsu「こたつを持っていない(使わない)」などとする。these days「最近」のほかに now「今では」などもよい。

(D) 冬のこたつから夏のエアコンに話題を変える。

4 (長文読解問題・物語文：語句補充・選択，間接疑問，語句解釈，英文和訳，指示語，接続詞，熟語，関係代名詞，語句整序，助動詞，同意語，内容一致)

> ジヤは家族と小さな漁村で暮らしていたが，村を襲った大きな津波で家族を失った。彼の友達のキノとその家族は農家で，彼らはジヤを山の斜面にある自分たちの家に連れて行った。ある日，老紳士として知られる男性が彼らを訪ねてきた。彼はキノの家の近くの城で暮らす，裕福な男だった。

「私たちはジヤの利益を考えなくてはなりません」とキノの父親が言った。そして彼は老紳士のほうを向いた。「ジヤのためにこのことを提案してくださって，ご親切に感謝します。彼は両親を失ってしまったので，私は彼を自分自身の息子として引き取るつもりでしたが，私は貧しい農民にすぎず，私の家があなたの家とおなじくらい良いというふりをすることも，ジヤを良い学校に通わせられるというふりをすることもできません。明日彼が目覚めたら，私は彼にあなたの親切な申し出について話します。彼自身が決めるでしょう」

「それで結構」と老紳士が言った。「しかし彼に来させて自分で私に言うように。そうすれば私は彼がどう感じているかわかる」

「もちろんです」とキノの父親は誇らしげに答えた。「ジヤは自分で話します」

キノはジヤが彼の家を出ていき，城で暮らすようになるかもしれないと考えると，(A)不機嫌になった。「もしジヤが出て行ってしまったら，僕には兄弟がいなくなる」と彼は父親に言った。

「キノ，そんなに自己中心的になってはいけない」と父親が言った。「ジヤは自分で決めなくてはならない。彼を説得するのは(B)間違っている。キノ，お前は①この事柄についてジヤに話してはいけない。彼が起きたら，私が自分で彼に話す」

父親がそれほど厳格な時，キノにできることは何もないので，彼は悲しい気持ちでベッドに行った。彼は掛け布団を体の上にかけた時，一晩中眠れないだろうと思ったが，彼は若くて(C)疲れていたので，ほとんどすぐに寝てしまった。

②しかし，キノが朝目覚めたとき，キノはジヤとジヤが下さなければならなかった決断のことを思い出した。彼は起きて顔を洗って着替えて，掛け布団をたたんでクローゼットにしまった。彼の父親はすでに畑に出ていて，キノは畑に行って彼を見つけた。美しい朝で，霧が海を覆っていたので水は見えなかった。

「ジヤはもう起きた？」 彼らが朝のあいさつを交わした後，キノは父親に尋ねた。

「いや，でももうすぐ起きると思う」と父親は言った。彼はキャベツ畑の雑草を丁寧に抜き取っていて，キノもかがんで手伝った。

「お父さんは今日，彼に老紳士について話さなくてはいけないの？」とキノが尋ねた。

「私は彼が起きたらすぐに話さなくてはならない」と父親が答えた。「もしジヤがここを自分の家だと考えはじめたら，それは公平ではないだろう。彼は今日，決断をしなくてはならない。③ここに新しい根を下ろす時間を持つ前に」

「Xお父さんが彼に話す時，僕はそこにいてもいい？」とキノが次に尋ねた。

「だめだ，私の息子よ」と父親が答えた。「私は一人で彼に話をして，老紳士のような裕福な男が彼に与えることのできるあらゆる利益について，そして私たちのような貧乏人が彼に与えられることはどんなに(D)少ないかについて，彼に伝えるよ」

キノは涙を止められなかった。彼は父親が厳しすぎると思った。「でもジヤはきっと，出ていきたがるよ！」 彼は泣いた。

「それなら彼は出ていくにちがいない」と父親は言った。

彼らは朝食を食べるために家に入ったが，キノはほんの少ししか食べられなかった。朝食後，彼は遊びたくなかったので畑に戻った。彼の父親は家に留まり，ジヤが起きるのを待った。

長い間，キノは畑に留まり，1人で働いた。(E)温かい涙が彼の目から④地面に落ちたが，彼は自分が呼ばれるまでそこにいると決めたので，働き続けた。そして太陽が最も高い位置に届きそうな時に，彼は父親の声を聞いた。彼はすぐに起き上がり，棚田の間の小道に沿って歩いて戸口に到着した。そこに父親がジヤと一緒に立っていた。ジヤの顔は青白く，目は赤かった。キノはジヤが泣いていたので驚いた。

「ジヤ，涙のことは気にしなくていい」 キノの父親は優しく言った。「今まで君は完全には生きていなかったから，泣けなかったのだ。君はあまりにも傷ついていた。でも今日，君はまた生き始めたから，泣き始めたんだよ。⑤それは君にとっていいことだ。涙を流しなさい，止めてはいけないよ」

そして彼はキノのほうを向いた。「私はジヤに，城の内部を見るまで決めてはいけない，と話したよ。私は彼に，老紳士が彼に家庭として与えられるものを全て見てほしいんだ。ジヤ，私たちの家がどんなふうか君は知っているね。この4つの部屋，台所，この小さな畑，そして私たちは自分たちが食べるために(F)一生懸命働かなくてはならない」

重要 問1　全訳下線部参照。(D)　how little poor people like us can give him は間接疑問で，「私たちのような貧乏人が彼に与えることができるのはどれほど少ないか」という意味。

問2　裕福な老紳士はキノの父親に対し，ジヤを引き取ることを提案した。

重要 問3　1番目，2番目の he は Kino を指し，3番目の he は Jiya を指す。when ～「～した時」の節は morning までで，「彼(キノ)が朝，目を覚ました時」となる。the choice he had to make は「彼(ジヤ)が下さなければならない決断」という意味で，ここでは「ジヤがキノの家に留まるか，それとも老紳士の家に行くか決めること」を表す。choice の後ろには目的格の関係代名詞が省略されている。

問4　put down his new roots「彼の新しい根を下ろす」とは，彼がキノの家での新しい生活に慣れることを表す。ジヤはキノの家に引き取られたばかりで，キノの家での生活にはまだ慣れていない。だから「新しい根を下ろす」(暮らしに慣れる)前に，どちらの家で暮らすか決めなくてはならない，ということである。後になって，キノの家での生活に慣れてから決めると，キノの家を選ぶ可能性が高くなるので，それは老紳士にとって公平ではない。

問5　May I be there when you talk to (him?)　May I be there?「私はそこにいてもいいですか」 when you talk to him「あなたが彼に話す時に」

問6　earth「土」　ground「地面」

重要 問7　下線部⑤を含む段落の，キノの父親の言葉をまとめる。ジヤは津波で家族を失った悲しみのために泣くこともできなかったが，今日初めて泣くことができた。それはいいことだ，という文の流れをつかむ。

重要 問8　ア「老紳士がキノの父親と話す前，ジヤはキノの家族の一員になることになっていた」(○)
エ「キノはジヤが出て行って老紳士と一緒に城に住むことを選ぶだろうと思っていた」(○)

★ワンポイントアドバイス★

4の物語文は，登場人物が全員男性で，he が誰を指すのかわかりにくい文が多く，問3(英文和訳)も he が誰を指すのか明らかにして訳すことになっている。

＜理科解答＞

1　問1　(1)　12(Ω)　(2)　0.7(A)　(3)　0.8(A)　問2　(1)　100(N)　(2)　100(g)　(3)　10.1(N/cm^2)　(4)　1(N)　(5)　①　大きく　②　大きく　③　小さく　④　小さく　(6)　9.9(N/cm^2)　(7)　1000(cm)

2　(1)　チョウ石，セキエイ　(2)　エ　(3)　(組織名)　斑状組織　①　(例)　(マグマだまりなどで)ゆっくりと冷やされて　②　(例)　(地表付近で)急に冷やされて
(4)　エ

3　(1)「常温」(実験)　2，4　(考察)　必要　「空気」(考察)　不明
「光」(考察)　不明　「水」(実験)　1，2　(考察)　必要
「常温」(実験)　2　(考察)　不必要　(2)　ウ　(3)　(例)　レタスの種子を湿った脱脂綿の上におき，光があたる状態で10℃以下の低温を維持する。

4 (1) 58.3(%)　(2) 74.3(g)　(3) 82.1(%)

5 (1) オ　(2) (原子番号) 13　(中性子数) 14(個)

(3) $2Al + 6HCl \rightarrow 2AlCl_3 + 3H_2$　(4) $\frac{4}{3}$

(5)

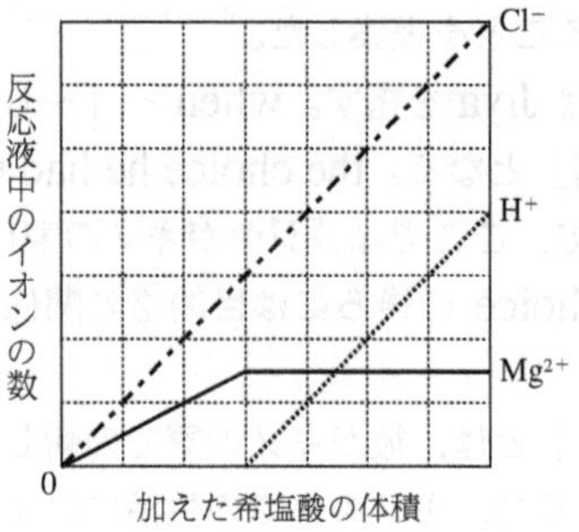

(6)

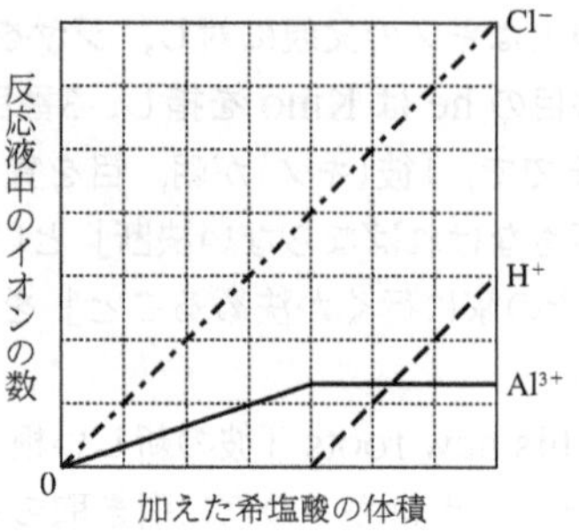

6 (1) 12時5分10秒　(2) 8.0(km/s)　(3) 32(km)　(4) エ

(5) (東に)36(km, 北に)4(km)

○推定配点○

1 各3点×10(問2(5)完答)　2 (3) 組織名 2点　他 各3点×4((1)・(3)①②各完答)

3 (3) 3点　他 各2点×6　4 各3点×3　5 (1) 2点　他 各3点×5((2)完答)

6 各3点×5((5)完答)　計100点

＜理科解説＞

1 (電流と電圧・力と圧力―電球と回路・パスカルの原理)

基本 問1 (1) 図2で，電圧が10Vのとき，電球には約0.85Aの電流が流れるので，このときの抵抗は，10(V)÷0.85(A)＝11.7…より，12Ω

(2) 電球2個を直列につなぐと，それぞれの電球に流れる電流の大きさは等しくなり，それぞれの電球に加わる電圧は電源の電圧の半分になる。よって，電球1個には10(V)÷2＝5(V)の電圧が加わり，図2より，約0.65Aの電流が流れる。

やや難 (3) 電球C，D，Eに流れる電流をそれぞれI_C，I_D，I_Eとすると，$I_C = I_D + I_E$，$I_D = I_E$となり，$I_C : I_D : I_E = 2 : 1 : 1$であることがわかる。また，電球C，D，Eに加わる電圧をそれぞれV_C，V_D，V_Eとすると，$V_D = V_E$，$V_C + V_D = V_C + V_E = 10V$となる。これらの関係を満たす電流と電圧の値を図2から読み取ると，V_C＝約8V，I_C＝約0.8Aで，$V_D = V_E$＝約2V，$I_D = I_E$＝約0.2Aのときとなる。よって，電球Cに流れる電流は0.8A

基本 問2 (1) 大気圧は10.0N/cm^2，ピストンの大気とふれる面の面積は10cm^{2}だから，ピストンが大気から受ける力の大きさは，10.0(N/cm^2)×10(cm^2)＝100(N)である。つり合う2力の大きさは等しいので，ピストンが水から受ける力の大きさも100Nである。

重要 (2) 深さ10cmにおける水圧の大きさは，深さ10cmの位置にある1cm^{2}の面が，面の上にある水から受ける力の大きさと等しい。深さ10cmの位置にある1cm^{2}の面の上にある水の体積は1(cm^2)×10(cm)＝10(cm^3)，水の密度は1g/cm^{3}なので，水の質量は10gとわかり，10gの水にはたらく重力の大きさは0.1Nだから，深さ10cmにおける水圧の大きさは0.1N/cm^{2}とわかる。図6において，ピストンが水から受ける力の大きさは，0.1(N/cm^2)×10(cm^2)＝1(N)なので，おもりがピストンを押す力の大きさは1N，おもりにはたらく重力の大きさは1Nとわかる。よって，おもりの質量は100gである。

(3)　ピストンには，大気からの力とおもりからの力がはたらいている。(1)より，大気からの力の大きさは100N，(2)より，おもりからの力の大きさは1Nなので，合わせて101Nの力がはたらいている。ピストンの面積は$10cm^2$だから，円筒内の水面がピストンから受ける圧力の大きさは，$101(N)\div10(cm^2)=10.1(N/cm^2)$となる。

(4)　(2)より，深さ10cmにおける水圧の大きさは$0.1N/cm^2$なので，図7の状態から図8の状態になると，水からは$0.1(N/cm^2)\times10(cm^2)=1(N)$の力がさらに加わることになる。よって，ピストンに加えた力の大きさは1Nである。

(5)　①　気体を圧縮すると，質量が変わらずに体積が小さくなるので，密度は大きくなる。
②　体積が小さくなった気体はもとの体積にもどろうとするので，水面に対してはたらく力は大きくなる。そのため，気体によって押される水面は下がる。　③　ストロー内の空気を吸うと，質量が変わらず体積が大きくなるので，密度は小さくなる。　④　体積が大きくなった気体はもとの体積にもどろうとするので，水面に対してはたらく力は小さくなる。

やや難　(6)　(1)より，空気を抜く前にピストンが大気から受ける力の大きさは100Nであったことから，図7の状態で円筒内の水面が大気から受ける力の大きさは100Nであることがわかる。図9で吸い上げられた水の体積は$10(cm^2)\times10(cm)=100(cm^3)$なので，その質量は100gである。質量100g(重さ1N)の水が吸い上げられたことから，円筒内の水面が大気から受ける力は1N小さくなったことがわかる。よって，円筒内の液面が受ける力の大きさは，$100-1=99(N)$だから，圧力は$99(N)\div10(cm^2)=9.9(N/cm^2)$である。

やや難　(7)　図7の状態で円筒内の水面が大気から受ける力の大きさは100Nであることから，最大で重さ100Nまでの水を吸い上げることができる。(6)より，1Nの水を吸い上げるときの高さが10cmなので，100Nの水を吸い上げるときの高さは，$10(cm)\times\frac{100(N)}{1(N)}=1000(cm)$

2　(地層と岩石・地震─火山と岩石，地震)

基本　(1)　セキエイ，チョウ石のような白色や無色の鉱物を無色鉱物といい，カクセン石，クロウンモ，キ石，カンラン石のような鉱物を有色鉱物という。

(2)　セキエイやクロウンモを多く含むマグマは粘性が大きく，キ石やカンラン石を多く含むマグマは粘性が小さい。なお，粘性は中間くらいのマグマはカクセン石を多く含む。また，粘性が大きいマグマによってできる火山はドーム形で，粘性が小さいマグマによってできる火山はたて状をしている。なお，粘性が中間くらいのマグマによってできる火山は円すい形である。これらのことから，セキエイやクロウンモを含む火山Aのマグマは粘性が小さく，形状はたて状で，キ石やカンラン石を含む火山Bのマグマは粘性が大きく，形状はドーム形である。

基本　(3)　斑晶と石基からなる組織を斑状組織といい，火山岩の特徴的なつくりである。斑晶はマグマがマグマだまりなどの地下深くでゆっくりと冷やされてできた大きな鉱物の結晶の部分で，石基はマグマが地表付近で急に冷やされてできた細かな鉱物の部分である。

基本　(4)　地震(海溝型地震)は陸のプレートが海のプレートに引きずりこまれ，そのひずみが限界に達し，もとにもどろうとするときに発生する。また，火山のもとになるマグマは陸のプレートと海のプレートの境界付近で生じる。

3　(植物─種子の発芽の条件)

重要　(1)　インゲン豆を用いた実験1～5について，「常温」,「空気」,「光」,「水」,「養分」の有無と発芽のようすをまとめると，次の表のようになる。

実験	小皿の上の様子		小皿を置いた場所		養分	発芽
	空気	水	光	温度		
1	あり	なし	あり	常温	なし	しなかった
2	あり	あり	あり	常温	なし	した
3	あり	あり	なし	低温	なし	しなかった
4	あり	あり	あり	10℃	なし	しなかった
5	なし	あり	あり	10℃	なし	しなかった

それぞれの条件が発芽するために必要か不必要かを調べるためには，発芽した実験2の結果を利用し，実験2の条件に対して，調べたい条件だけが異なる実験の結果と実験2の結果を比較する。このように，調べたい条件だけを変えて行った実験の結果を比べて，その条件の影響を調べる実験を対照実験という。

「常温」：実験2と温度の条件だけが異なるものは実験4である。常温である実験2では発芽したが，10℃である実験4では発芽しなかったことから，発芽に「常温」という条件は必要であることがわかる。

「空気」：実験2と空気の条件だけが異なるものはない。よって，発芽に「空気」という条件が必要か不必要かを実験1～5からだけでは判断することはできない。

「光」：実験2と光の条件だけが異なるものない。よって，発芽に「光」という条件が必要か不必要かを実験1～5からだけでは判断することはできない。

「水」：実験2と水の条件だけが異なるものは実験1である。湿った脱脂綿を用いて行った実験2では発芽したが，乾いた脱脂綿を用いて行った実験4では発芽しなかったことから，発芽に「水」という条件は必要であることがわかる。

「養分」：実験1～5では，どの実験でも養分を与えずに実験を行ったが，「養分」以外の条件がすべてそろった実験2で発芽していることから，発芽に養分は不必要であることがわかる。

重要 (2)　レタスの種子の発芽条件を考察する実験なので，レタスの種子を使う必要があり，それ以外の条件を変えずに実験を行わないと，まったく異なる実験になってしまうため，新たなレタスの種子を使って，複数回の実験を行う。ア…季節を変えると温度に関する条件が変わってしまう。イ…種子の種類を変えると，「レタスの種子の発芽条件」を調べる実験ではなくなってしまう。エ…行った実験の結果を実験結果としなければならない。

(3)　実験6，8の結果が正しいとすると，実験8の条件でレタスの種子が発芽することがわかる。実験8の条件をもとにすると，レタスの種子は湿った脱脂綿の上に置き，小皿を置いた場所がベランダであることから，光があたる10℃以下を維持した状態下におくことでレタスの種子は発芽すると考えられる。

4　(溶液とその性質―溶解度・質量パーセント濃度)

重要 (1)　水の質量が異なっても，同じ温度における飽和水溶液の質量パーセント濃度は変わらない。
80℃の水100gに物質Xは140gまでとけるので，飽和水溶液の質量パーセント濃度は，

$\frac{140(g)}{140+100(g)}\times 100=58.33\cdots$ より，58.3%

やや難 (2)　80℃の水100gに物質Xは140gまでとけるので，80℃の水sgに物質Xが80gまでとけるとすると，100(g)：140(g)＝s(g)：80(g)　s＝57.142…より，s＝57.14(g)。また，20℃の水100gに物質Xは10gまでとけるので，20℃の水57.14gに物質Xがtgまでとけるとすると，100(g)：10(g)＝57.14(g)：t(g)　t＝5.714…より，t＝5.71(g)。よって，物質X80gを80℃の水にとかしてつくった飽和水溶液

を20℃まで冷やしたときに得られる結晶は，80－5.71＝74.29より，74.3(g)

(3)　(2)より，20℃の水にとけている物質Xは5.71gとわかる。また，Xの結晶が60g得られたので，はじめに80℃の水にとけていたXの質量は，5.71＋60＝65.71(g)となる。よって，不純物を含む物質Xの固体中のXの純度は，65.71(g)÷80(g)×100＝82.13…より，82.1％

5　**(化学総合―原子の構造・金属と塩酸の反応・イオン)**

基本　(1)　原子では，電子の数と陽子の数は等しく，その数は原子番号と一致している。

やや難　(2)　図から，Mg^{2+}とAl^{3+}には電子がそれぞれ10個あることがわかる。Mg^{2+}はMgが電子を2個失ってできたものなので，Mgには電子が10＋2＝12個あり，Al^{3+}はAlが電子を3個失ってできたものなので，Alには電子が10＋3＝13個ある。よって，Alの原子番号は13とわかる。また，陽子の数と電子の数は等しいので，陽子の数は，Mgが12個，Alが13個とわかる。Alの中性子の数をx個とすると，Mgの中性子の数はAlより2個少ないので$(x-2)$個と表せる。原子の質量の比はMg：Al＝8：9，陽子1個と中性子1個の質量は同じで電子の質量は無視できることから，原子の質量について，$(12+x-2):(13+x)=8:9$が成り立ち，これを解くと，$x=14$

(3)　塩化マグネシウム$MgCl_2$は，マグネシウムイオンMg^{2+}と塩化物イオンCl^-が結びついてできたものである。マグネシウムイオンが2価の陽イオンであるのに対し，アルミニウムイオンAl^{3+}は3価の陽イオンであることから，塩化アルミニウムの化学式は$AlCl_3$と表すことがわかる。よって，原子の種類と数がそろうように化学反応式をつくると，$2Al+6HCl \rightarrow 2AlCl_3+3H_2$となる。

やや難　(4)　原子1個の質量の比は，Mg：Al＝8：9なので，同じ質量のときの原子の個数の比は，Mg：Al＝$\frac{1}{8}:\frac{1}{9}=9:8$となる。また，化学反応式より，金属原子の数と発生する水素の分子の数の比は，Mg：水素＝1：1，Al：水素＝2：3＝1：$\frac{3}{2}$となる。これらのことから，同じ質量のMgとAlの金属片を塩酸にとかしたときに発生する水素の分子数は，Mgのとき：Alのとき＝$(9\times1):\left(8\times\frac{3}{2}\right)=$3：4より，Alの金属片をとかしたときに発生した水素の体積は，Mgの金属片のときの$4\div3=\frac{4}{3}$倍である。

重要　(5)　水素は，加えた塩酸中のH^+がMg原子から電子を受けとり，原子→分子となって発生したものであるから，Mg原子が存在する間はH^+は増加せず，Mg原子がすべてMg^{2+}となってから増加し始める。このことから，図10で，H^+は横軸3目盛り目から増加し始めているので，横軸3目盛り目のとき，MgとHClがちょうど反応し，Mg原子がすべてMg^{2+}になったことがわかる。また，MgとHClの反応で生じる$MgCl_2$は水溶液中で電離するので，化学式を用いると，$Mg+2HCl \rightarrow Mg^{2+}+2Cl^-+H_2$と表すことができ，MgとHClがちょうど反応したとき，Mg^{2+}とCl^-の個数の比は1：2であることがわかる。これらのことから，Mg^{2+}は，はじめは0で，横軸3目盛り目まで増加し，横軸3目盛り目のとき，Cl^-の個数の半分である縦軸1.5目盛りとなった後，一定となる。

やや難　(6)　(4)より，Alの金属片のときに発生する水素の体積は，Mgの金属片のときの$\frac{4}{3}$倍であることから，Mgとちょうど反応するHClの体積もAlとちょうど反応するHClの体積の$\frac{4}{3}$倍となる。よって，Mgとちょうど反応するHClの体積は，図11において，横軸の4目盛り目であることがわかる。用いたHClの濃度はMgのときとAlのときとで同じなので，図11で，H^+は，横軸の4目盛り目から，図10と同じ割合で増加していく。また，AlとHClの反応で生じる$AgCl_3$は水溶液中で電離するので，化学式を用いると，$2Al+6HCl \rightarrow 2Al^{3+}+6Cl^-+3H_2$と表すことができ，AlとHClがちょうど反応したとき，Al^{3+}とCl^-の個数の比は1：3であることがわかる。これらのことから，Al^{3+}は，はじめは0で，横軸4目盛り目まで増加し，横軸3目盛り目のとき，Cl^-の個数の$\frac{1}{3}$である縦軸$\frac{4}{3}$目盛りとなった後，一定となる。

6 （地震―地震の波の伝わり方）

基本 (1)　震源から40km離れた地点Aと，震源から56km離れた地点Cで，主要動の始まった時刻に4秒のちがいがあることから，主要動を伝えるS波の速さは，(56－40)(km)÷4(s)＝4(km/s)であることがわかる。よって，震源から地点AまでS波が伝わるのにかかった時間は，40(km)÷4(km/s)＝10(s)である。したがって，地震の発生時刻は，地点Aで主要動の始まった12時5分20秒の10秒前の12時5分10秒である。

重要 (2)　D＝8Tに地点Aの震源からの距離D＝40を代入すると，40＝8T　T＝5より，初期微動継続時間は5秒となり，初期微動は，地点Aで主要動の始まった12時5分20秒の5秒前の12時5分15秒に始まったことがわかる。初期微動を伝えるP波は地震発生と同時に震源から広がって伝わるので，震源から地点AまでP波は5秒で伝わったことがわかる。よって，P波の速さは，40(km)÷5(s)＝8.0(km/s)

(3)　震源，震央，地点Aの関係は右の図のようになり，三平方の定理より，$40^2=x^2+24^2$　$x=32$(km)とわかる。また，図は，3：4：5の直角三角形になっているので，24：x：40＝3：4：5を利用して解いてもよい。

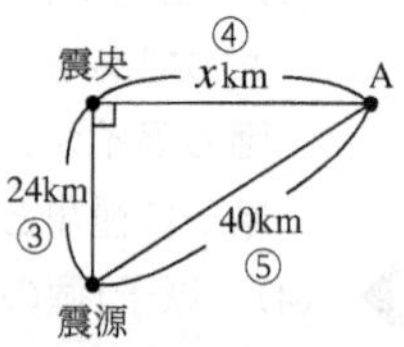

(4)　震央は震源から24kmはなれているので，震央距離において，地震発生からS波が到達するまでの時間は0sではなく，ある値をとる。また，震源からの距離は時間に対して一定の割合で変化するが，震央からの距離は時間に対して一定の割合の変化とはならない。これらのことから，震央距離と時間との関係を表すグラフはエのようになる。

やや難 (5)　(3)と同じように考えると，地点Bの震央からの距離は18kmとなる。右の図のように，地点Aを中心とした半径32km示す円，地点Bを中心とした半径18kmを示す円を作図すると，震央からの距離が，地点Aまで32km，地点Bまで18kmなので，震央の位置は図のPとQのどちらかであると考えることができる。ここで，地点Cは，地点AやBよりも震央から遠い距離にあることから，震央の位置は図のQであることがわかる。よって，Xから見た震央の位置は，東に36km，北に4kmとなる。

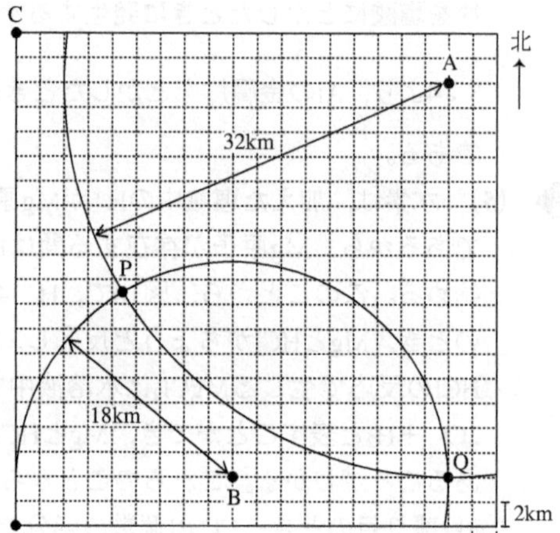

★ワンポイントアドバイス★

(1)の結果を利用して(2)を解くというような，小問が関連し合った問題が比較的多いので，小問ごとだけでなく，小問内でも計算ミスや考え違いなどが起こらないように日頃から注意深く問題を解く習慣をつけておこう。

＜社会解答＞

Ⅰ　問1　記号　F　国名　インドネシア　問2　記号　G　国名　ナイジェリア
問3　記号　H　国名　バングラデシュ　問4　C，E　問5　A，B，C

Ⅱ　問1　⑤　問2　D　う　F　か　問3　記号　D　西岸海洋性(気候)
問4　A，F

Ⅲ　問1　天竜(川)　問2　(1)　牧ノ原　(2)　諏訪　問3　C(→)A(→)B
問4　長野(県)

Ⅳ　問1　公共の福祉　問2　イ　問3　ユニバーサルデザイン　問4　アイヌ文化振興法
問5　ア　問6　RCEP　問7　公聴(会)

Ⅴ　問1　社会保険料　問2　地方分権一括法　問3　ウ

Ⅵ　問1　①　1890　④　大正デモクラシー　⑦　大政翼賛会　問2　エ
問3　秩父事件　問4　ア　問5　リットン　問6　イ　問7　国家総動員法

Ⅶ　問1　ア　問2　×　問3　○　問4　○　問5　×　問6　イ

Ⅷ　問1　a　イェルサレム[エルサレム]　b　ヴェネツィア[ヴェネチア，ベネチア]
問2　ア，エ　問3　アテネ　問4　イ　問5　エ　問6　教皇[法王]　問7　元
問8　イギリス　問9　ユダヤ(人)

○推定配点○
各2点×50(Ⅰ，Ⅱ問3・問4，Ⅷ問2各完答)　計100点

＜社会解説＞

Ⅰ　(地理―世界の国々)

問1　Aは面積が最も大きいことからロシア，Bは人口が3億人を超えていることなどからアメリカ合衆国，Cは人口が14億人を超えていることから中国，Dは人口が約2.1億人で面積が約850万km^2であることからブラジル，Eは人口が約13.8億人となっていることからインド，Fは人口が約2.7億人であることなどからインドネシア，Gは人口が約2.1億人で面積が92万km^2であることからナイジェリア，Hは人口が約1.6億人で面積が15万km^2と10か国の中で最も小さいことからバングラデシュとわかる。A～Hのうち，ASEAN(東南アジア諸国連合)に加盟している国は，東南アジアに位置するFのインドネシアである。

問2　A～Hのうち，アフリカに位置しているのはGのナイジェリアである。

問3　表のA～Hのうち，人口密度が最も高い国は，H(バングラデシュ)で，表からは約1098人/km^2とわかる。なお，2番目に人口密度が高い国はE(インド)で約419.4人/km^2となっている。

やや難　問4　パキスタンと国境を接している国にはインド，中国，アフガニスタン，イランがあるので，C(中国)とE(インド)が当てはまる。

問5　国際連合安全保障理事会の常任理事国はアメリカ，イギリス，フランス，中国，ロシアの5か国なので，A(ロシア)，B(アメリカ)，C(中国)が当てはまる。

Ⅱ　(地理―気候，貿易，ヨーロッパ，アフリカ)

基本　問1　秋田県八郎潟を通過する緯線は北緯40度線なので，スペインやイタリアを通る。本初子午線はイギリスやフランスなどを通る経線である。よって，交差する地点は⑤とわかる。

問2　Aはイギリス，Bはドイツ，Cはスペイン，Dはフランス，Eはイタリア，Fはアルジェリアを示している。D(フランス)は輸出上位品目に航空機が含まれるので，表のうがあてはまる。F(ナイジェリア)は産油国であることから，表のかがあてはまる。

問3　C(スペイン)の首都はマドリード，E(イタリア)の首都はローマ，F(アルジェリア)の首都はアルジェで，いずれも地中海性気候に含まれるのに対して，D(フランス)の首都パリは西岸海洋性気候がみられる。

問4　A～Fのうち，EU(ヨーロッパ連合)に加盟していない国は，A(イギリス)とF(アルジェリア)である。イギリスは2020年にEUから離脱している。

Ⅲ　(日本の地理―中部地方)

問1　Cは，「伊那盆地を南下」「政令指定都市を流れて」とあることから，天竜川について述べていると考えられる。天竜川は伊那盆地を南下し，政令指定都市である浜松市を通って遠州灘(太平洋)に注いでいる。

重要　問2　(1)　赤石山脈に水源を発し，島田市を通る河川は大井川である。大井川の下流付近には茶の栽培で知られる牧之原(牧ノ原)台地が広がっている。　(2)　天竜川は長野県にある諏訪湖に水源を発している。

問3　Aは大井川，Bは「赤石山脈に水源を発する」「日本三大急流の一つに数えられ」から富士川，Cは天竜川について述べている。名古屋から東京へ新幹線で向かう場合，天竜川(C)→大井川(A)→富士川(B)の順に通過する。

問4　静岡県に接する4つの県は神奈川県，山梨県，長野県，愛知県である。人口が最も多いあが神奈川県，製造品出荷額等が最も多いいが愛知県，人口が最も少ないえが山梨県と考えられるので，うは長野県とわかる。

Ⅳ　(公民―基本的人権，国会，経済生活，国際経済)

問1　他社の利益を侵害しうる場合や社会全体の利益を優先する必要がある場合に，例外的に認められる人権の制約を，公共の福祉という。日本国憲法第13条では「すべて国民は，個人として尊重される。生命，自由及び幸福追求に対する国民の権利については，公共の福祉に反しない限り，立法その他の国政の上で，最大の尊重を必要とする。」と規定している。

問2　1967年に公害対策基本法が制定されているので，イが1960年代のできごととして正しい。アの第四次中東戦争は1973年に起こった。ウの介護保険制度は2000年に導入された。エの消費者契約法が制定されたのは2000年。

問3　障害の有無や年齢，性別，人種等にかかわらず，多様な人々が利用しやすいように，あらかじめ都市や生活環境などを設計する考えを，ユニバーサルデザインという。なお，バリアフリーとは，障害がある人や高齢の人が日常生活を送るうえで支障となる障壁を取り除くことである。

問4　北海道などに先住していた民族は，アイヌである。1997年にアイヌの誇りが尊重される社会の実現をはかることなどを目的として制定された法律は，アイヌ文化振興法。

問5　証券取引所では上場された会社の株式が売買されており，日本に本社をおく全ての株式会社の株式が 売買されているわけではないので，アが間違っている。

問6　2020年11月に署名が行われた，地域的な包括的経済連携協定は，RCEPという。

基本　問7　衆参両院の委員会が，予算などについて専門家や関係者の意見を聞くために開く会は，公聴会という。

Ⅴ　(公民―地方自治，経済生活)

問1　所得から税金と社会保険料などを差し引いたものを，可処分所得という。

問2　地方分権を推進するために2000年に施行された法律は，地方分権一括法である。地方分権一括法では機関委任事務が廃止され，地方の事務は自治事務と法定受託事務に再編されている。

問3　労働基準法は非正規労働者にも適用され，アルバイトでも条件を満たせば有給休暇が与えられなければならないので，ウが間違っている。

Ⅵ （日本と世界の歴史－近代）

問1　①　1881年に国会開設の勅諭が出され，1890年に国会を開設することが約束された。　④　大正期に高まった自由主義的風潮を，大正デモクラシーという。　⑦　1940年にほとんどの政治団体が解散し，大政翼賛会に統合された。

問2　A　国会開設をめぐる政府内の対立から大隈重信が政府から追放された出来事を，明治十四年の政変という。　B　日清戦争後の1898年には憲政党が結成され，大隈重信内閣が成立した。　C　1900年に伊藤博文を総裁として結成されたのは，立憲政友会である。よって，エの組み合わせが正しい。

問3　現在の埼玉県にあたる地域の農民らが，1884年に借金の分割返済，地租軽減を求めて起こした事件は，秩父事件という。

問4　D　1918年に成立した本格的な政党内閣は原敬内閣である。　E　五・一五事件（1932年）の4年後に陸軍の青年将校らが首相官邸などを襲撃し，高橋是清蔵相らを殺害した出来事は，二・二六事件である。よって，アの組み合わせが正しい。

問5　1932年に開始された満州事変に関する現地調査のために，国際連盟から派遣された調査団は，団長の名前をとってリットン調査団という。

問6　サラエボ事件は第一次世界大戦の引き金となっており，1914年のできごとなので，イが1910年代のできごととして適当。アのポーツマス条約の調印は1905年，ウの治安維持法の制定は1925年，エの関東大震災の発生は1923年。

基本　問7　1938年に制定された，物資や労働力を議会の承認なしに戦争に動員できる法律を，国家総動員法という。

Ⅶ （日本の歴史－古代～近世）

問1　縄文時代には，人々はシカやイノシシなどの小動物の狩りに弓矢を用いたので，アは正しい。『魏志』倭人伝には，邪馬台国の女王卑弥呼が国々を統率していたことが記されているが，倭には百余国が存在していたことは『漢書』地理志に記されていたものであり，イは誤り。

問2　壬申の乱で勝利し，天武天皇として即位したのは大海人皇子であり，大友皇子は壬申の乱で敗れているので，アは誤り。新たに開墾した土地の三代までの私有が認められたのは三世一身法（723年）であり，墾田永年私財法（743年）では新たに開墾した土地の永久私有が認められたので，イは誤り。

問3　桓武天皇は坂の坂上田村麻呂を征夷大将軍に任命して蝦夷征討を推進，強化したので，アは正しい。『土佐日記』を著したのは紀貫之なので，イは正しい。

問4　1232年に執権北条泰時が定めた御成敗式目は，源頼朝以来の先例や武士の道理をもとにした最初の武家法であり，アは正しい。尚巴志によって琉球が統一されて琉球王国が成立し，中継貿易で栄えたので，イは正しい。

重要　問5　江戸幕府の支配機構において，老中を補佐する役職は若年寄であり，大目付は大名の監察を行ったので，アは誤り。松平定信は田沼意次の政治を批判しており，公事方御定書を制定したのは8代将軍徳川吉宗なので，イは誤り。

問6　『東海道中膝栗毛』に作者は十返舎一九であるが，『南総里見八犬伝』の作者は鶴屋南北ではなく滝川馬琴なので，アは誤り。宮崎安貞は『農業全書』を著して農業の知識や技術を広め，農業の発展に貢献したので，イは正しい。

Ⅷ （世界の歴史－ペスト大流行に関する歴史）

問1　(a)　十字軍は，キリスト教の聖地であるイェルサレム（エルサレム）の奪還を目指して組織された。　(b)　マルコ=ポーロの出身地として知られる北イタリアの都市は，ヴェネツィア（ヴェネチア，ベネチア)である。

やや難 問2　新大陸からヨーロッパにもたらされた農作物としては，アのタバコやエのジャガイモのほか，トウモロコシやトマトなどもある。

問3　パルテノン神殿はギリシアのアテネにある。

問4　唐が中国を統一したのは，618年(7世紀)である。アの仏教の日本伝来は6世紀，ウの勘合貿易の開始は15世紀，エの高麗の朝鮮統一は10世紀。

問5　カーバ神殿はバグダードではなくメッカにあるので，エが適切でない。

問6　カトリック教会の最高位聖職者は教皇(法王)である。

問7　13世紀後半から14世紀後半にかけて中国の大部分を支配していた王朝は，元である。

問8　19世紀末に香港を支配していた国はイギリスである。イギリスはアヘン戦争の講和条約である南京条約(1842年)で清から香港を割譲させ，1997年に中国に返還するまで領土としていた。

問9　ナチスによる組織的な迫害の対象となった民族は，ユダヤ人である。

★ワンポイントアドバイス★

世界の地理や歴史，政治などについてもしっかりとおさえておこう。

＜国語解答＞

一　問1　a　企業　b　貢献　c　寛容　d　介助　e　妄想　問2　X　3　Y　1
問3　(ⅰ)　(例)　社会の分断を肯定する効果。(13字)　(ⅱ)　(例)　人との違いを尊重すると，互いに干渉しないようになりうるから。(30字)　問4　5　問5　一人の人のなかの無限の可能性(14字)　問6　4　問7　(例)　普遍的な問いが問いなおされたり，共通の価値が見えてきたりして，社会の中で異質な他者同士が協調して生きていく道が開けてくる(60字)

二　問1　a　3　b　1　c　2　問2　A　(例)　流行感冒への感染(8字)　F　(例)　別れのつらさ(6字)　問3　5　問4　4　問5　3　問6　2　問7　1　問8　(例)「私」の大事な娘のことばかりずっと気にかけていて，呼ばれていると思えばすぐさま駆けつけたところ。(48字)

○推定配点○

一　問1・問2　各2点×7　問3(ⅱ)　7点　問7　10点　他　各5点×4

二　問1　各2点×3　問2　各4点×2　問8　10点　他　各5点×5　計100点

＜国語解説＞

一　(論説文―大意・要旨，内容吟味，文脈把握，漢字の読み書き，ことわざ・慣用句)

問1　a　営利を目的として生産や販売，サービスなどの事業を行う組織。「企」の訓読みは「くわだ(てる)」。　b　ある物事に役立つように力を尽くすこと。「貢」の他の音読みは「ク」で，「年貢」という熟語がある。　c　心が広く人の言動を受け入れること。　d　病人などのそばに付き添って動きを助けること。　e　根拠もなくあれこれと想像すること。「妄」の他の音読みは「ボウ」で，「妄言」は「モウゲン」とも「ボウゲン」とも読む。

基本 問2　X「[X]は易し」は，口で言うのはたやすいが実行するのは難しいという意味の「言うは易く行うは難し」ということわざの前半部分にあたる。　Y　一人で同時に二つの職業を兼ねることを「二足の草鞋を履く」という。筆者の知人である全盲の男性がシステムエンジニアと点字の先生と音楽活動で生計を得ていることを，「二足の草鞋」をもじって「三足の草鞋を履く」としている。

問3　（ⅰ）「多様性」という言葉が持つ「逆の効果」とは何か。直後の[4]段落の「多様性の尊重とは真逆の，分断の進行です」や，[6]段落の「『多様性』という言葉は，こうした分断を肯定する言葉になっているのかもしれない」という叙述をもとに，簡潔に説明する。「効果」を問われているので，文末を「～効果。」で結ぶ。（ⅱ）「多様性」が「分断」を肯定する理由を読み取る。[6]段落に「『多様性』という言葉は，こうした分断を肯定する言葉になっているのかもしれない」とあり，その後で金子みすゞの「みんなちがって，みんないい」という詩を挙げ，「みんなやり方が違うのだから，それぞれの領分を守ってお互い干渉しないようにしよう」と言及している。この人との違いを尊重してお互い干渉しないという考えが，「分断」につながる。理由を問われているので，文末を「～から。」などの形でまとめる。

問4　直後のウエストンの文章に注目する。「他人のことに口を出すべからず」という決まり文句が「反社会的」であるとし，その後で「社会全体が関わってくる問題の場合には，そこにおいてどれほど意見が異なっていようとも，なお理を尽くして，お互いを尊重しつつ，なんとかして協調していけるよう道を探らねばならないのに，この決まり文句によって，そこから目をそらしてしまうのだ」と述べている。この内容にふさわしいのは，5。1の「異なる考えの人を……認めず排除する」や，2の「社会集団の調和を乱す」とは，ウエストンの文章では言っていない。3の「社会の分断を加速させ」ようとしているわけではない。4の「他人のことには干渉しないという問題」について考えているわけではない。

問5　前後の文脈から，直前の「一人の人の中にある多様性」に通じるものを「無限性」としている。「一人の人のなかにある」と「無限性」という言葉をキーワードに，同様の内容を述べている部分を探す。[20]段落の「人と人のあいだの多様性を強調することは，むしろこうした一人の人のなかの無限の可能性を見えにくくしてしまう」に注目し，ここから適当な部分を抜き出す。

重要 問6　傍線部Dは，人と関わる際の心構えを述べている。同じ最終段落で，人と接する際には「敬意」が必要で，具体的には「この人は，いま自分に見えているのとは違う顔を持っているのかもしれない。この人は，変わるのかもしれない。変身するのかもしれない」と考えることが大切だと筆者は述べている。この内容を述べている4を選ぶ。1の「不満足な現状から」や，2の「落胆しないように」，5の「外見に惑わされない」とは述べていない。3の「相手は自分と異なる考えを持つかもしれない」は，傍線部Dの「思っていたのと違う」とは意味合いが異なる。

やや難 問7　空欄の前の文脈から，「言葉だけに頼らず，人と直接関わることを通して一人ひとり異なる状況を具体的に捉え，それに『創造的に向き合うこと』」で，どうなるのかを述べればよいとわかる。この「一人ひとり異なる状況を具体的に捉え，それに「創造的に向き合うこと」は，[11]段落の「状況の複雑さに分け入り，不確実な状況に創造的に向き合うこと」と重なるので，その後の「普遍的な問いが問いなおされる」ことをまず挙げる。その後に「あるいは」とあるので，「異なる複数の立場のあいだにも，実は共通の価値があることが見えてくる」も加える。さらに，[11]段落の最終文の「そうすることで，異なるさまざまな立場をつなげていくことである」を，社会の中で異質な他者同士が協調して生きていく道が開けてくるなどと具体的に説明してまとめる。

二　（小説―情景・心情，内容吟味，文脈把握，指示語の問題，語句の意味）

問1　a「へいこう(した)」と読む。直前の「腰や足がむやみとだる」いことに対して言っている。

b　大問の注釈に「お手伝いの『石』は……芝居を見に出かけてしまった。叱っても反省する様子のない『石』」とあるのに対して，波線部bの前に「それまで非常によく働いていた石」とある。以前の悪い状態に戻るという意味を選ぶ。　c　直前の文「石はひどく無愛想になってしまった」がヒントになる。「ろくろく」は打消しの意味を表す語を伴って，十分に，ろくに，という意味を表す。

問2　A「私」がかかった流行感冒が，妻やきみ，東京からの看護婦，左枝子に次々とうつった場面である。もう一人の看護婦が「健康」なのは，何を「済ましていた」からなのかを考える。一般的に，流行感冒は一度感染をしていれば二度かかることはない。　F　直前の文の「私達には永い間一緒に暮らした者と別れる或る気持ち」と同じ気持ちが，石にも「あったに違いない」という文脈になる。「永い間一緒に暮らした者と別れる或る気持ち」を，別れるつらさなどと具体的に述べて答える。

問3　傍線部Bの「痛快」は，胸がすっとするほど気持ちが良い，たまらなく愉快，という意味。また，「これ」は，直前の文「全体あれほどやかましくいっておきながら，自身輸入して皆にうつし，暇を出すとさえいわれた石だけが家の者では無事で皆の世話をしている」ことを指し示している。この内容を述べている5が最適。1の「『私』からの評価も上がったから」や，3の「左枝子が病気になる原因を作ったから」に「痛快」という気持ちはふさわしくない。2の「石だけが本当に病気にならないように注意していた」と，4の「仕事も与えないで」は，本文の内容にそぐわない。

問4　傍線部Cは，「うそをつく初めの単純な気持ち」と「困っているからできるだけ働こうという気持ち」は，元は同じ気持ちなのではないかという「私」の考えを述べている。「うそをつく初めの単純な気持ち」は，同じ段落の「長いこと楽しみにしていた芝居がある，どうしてもそれが見たい，うそをついて出かけた」というもので，私たちが困っているから助けたのも，同様に石が自分の気持ちに素直に従っただけなのだと「私」は考えている。1の「主人に仕返しをしたい」や，2の「自分の利益になるから」は，本文中の石の描写にはそぐわない。3の石が「無断で出かけた」のは，誰かの力になりたかったわけではない。5の「愉快な出来事を楽しみたい」は，献身的に看病する石の描写には合わない。

問5　ここでの「現金」は，目先の利益によってすぐに考えや態度を変えるという意味。直前の文の「私の石に対する感情」を「現金」としている。「まだ左枝子に」で始まる段落で「石がおぶってようやく寝つかせたと思うとすぐまた眼を覚まして暴れ出す。石は仕方なく，またおぶる……人手が足りなくなって昼間も普段の倍以上働かねばならぬのに夜はその疲れ切った体でこうして横にもならずにいる。私は心から石にいい感情を持った。私は今まで露骨に邪慳にしていたことを気の毒でならなくなった」と，石に対する「私」の評価が変わったことを述べている。この描写にふさわしい3が最適。1の「打算的」は，「現金」の意味を取り違えている。2の「要領のよさが鼻についた」は，傍線部Dの「気がとがめる」に合わない。4の「きみ」は，この時の「私」の感情とは関係がない。5の「自分の人を見る目のなさを反映して」は，「現金」という表現に合わない。

問6　前の妻の言葉に，石には結婚の話があり石の父親が乗り気になっているとある。この石の結婚の話と，傍線部Eの直前の「写真を見るとか，見合いをするとかいうこともないらしかった」，直後の「結婚して初めて，この家だったのかと思ったというようなのがある」から，「田舎の結婚」の様子を読み取る。親の言いつけに従って，結婚相手や家のことをよく知らないままに結婚することを，「驚くほどのんき」としている。

問7　傍線部Gの「それ」が指し示す内容をとらえる。直前の会話の「左枝子がほんとうにかわいかったは少し欲目かな。そうさえしていればこっちの機嫌はいいからね」から，石が「私」や妻の機嫌を取るために左枝子をかわいがったことを指し示しているとわかる。

重要 問8　石の様子を述べる妻の会話に注目する。「私がこの間はがきを出したとき……読めないもんで，学校の先生のところへ持っていって読んでもらったんですって。するとこれはぜひ来いというはがきだというんで早速飛んで来たんですって」や，「帰ったらお嬢様のことばかり考えているんで，うちの者から……何をそんなにぼんやりしてるんだといわれたんですって」などの様子を簡潔にまとめて説明する。どういうところを好ましく思っていると考えられるか，と問われているので，「～ところ。」の形で答える。

★ワンポイントアドバイス★

60字以内と50字以内で答える記述式の問題には，十分な時間を確保してしっかりと答えたい。ふだんの学習において，論理的文章では本文や段落の要約を，文学的文章では登場人物の心情を一文でまとめる練習を積んでおくことが大きなアドバンテージとなる。

MEMO

大切なことはメモしておこうネ！

2020年度

入　試　問　題

2020年度

東海高等学校入試問題

【数　学】（50分）　＜満点：100点＞

[1] (1)　2次方程式 $\frac{1}{2}(x-2)(x+3)=\frac{1}{3}(x^2-3)$ の解は，$x=$ ［ア］ である。

(2)　赤球3個，白球2個，青球2個が入っている袋がある。この袋から同時に2個球を取り出すとき，同じ色の球を取り出す確率は ［イ］ である。

(3)　ある岩石の重さを量り，その小数第2位を四捨五入した近似値が25.7 gになった。この岩石の真の値を a gとするとき，この a の範囲を不等号を使って表すと ［ウ］ である。

[2]　n を自然数とする。3を n 回かけた数を 3^n と表す。例えば，$3^1=3$，$3^2=3\times3$，$3^3=3\times3\times3$，……である。次の表の上の段にはこれらを小さいものから順に123個並べたもの，下の段にはその上の数を5で割った余りが書かれている。

3^1	3^2	3^3	……	3^{121}	3^{122}	3^{123}
3	4	2	……	3	4	2

このとき，

(1)　下の段の数のうち最も大きい数は ［エ］ である。

(2)　下の段の数を左端から順に足して得られる数を考える。例えば，1番目から2番目まで足した数は $3+4=7$ であり，1番目から3番目まで足した数は $3+4+2=9$ である。このとき，1番目から123番目まで足した数は ［オ］ である。

(3)　上の段の数のうち，(2)のように下の段の数を左端から順に足して得られる122個の数7，9，……，［オ］ に現れないものは ［カ］ 個ある。ただし，［オ］ は，(2)の ［オ］ と同じ数である。

(4)　n は123以下の自然数とする。このとき，3^n+1 が5の倍数となる n は ［キ］ 個ある。

[3]　図のように，x 軸上にあり x 座標が負である点Aを通り，傾き $\frac{3}{2}$ の直線 ℓ が，y 軸と点Bで交わっている。この直線 ℓ は，放物線 $y=\frac{1}{2}x^2$ と異なる2点で交わっており，x 座標の大きいものから順にそれぞれ点C，Dとする。また，線分OC上に点Eがある。AB＝BC であるとき，

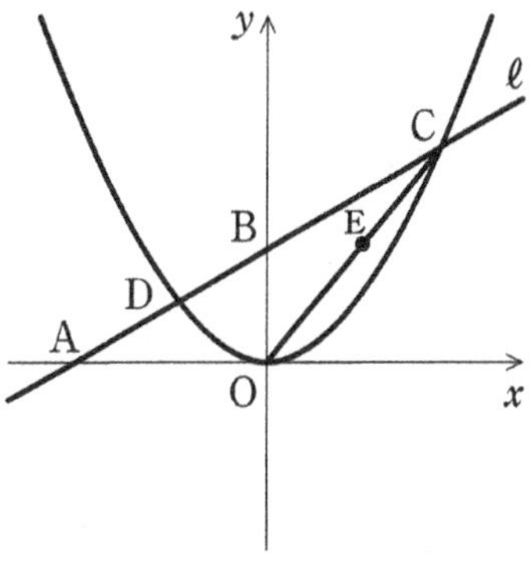

(1)　点Aの座標は ［ク］ である。

(2)　点Dの座標は ［ケ］ である。

(3)　△CODと△AECの面積が等しいとき，点Eの座標は ［コ］ である。

4　図のように，円Oの円周上に4点A，B，C，Dがある。ACは∠BADの二等分線であり，ACとBDの交点をEとする。また，∠BAD＝2∠ADB，BE＝2，ED＝3 である。このとき，

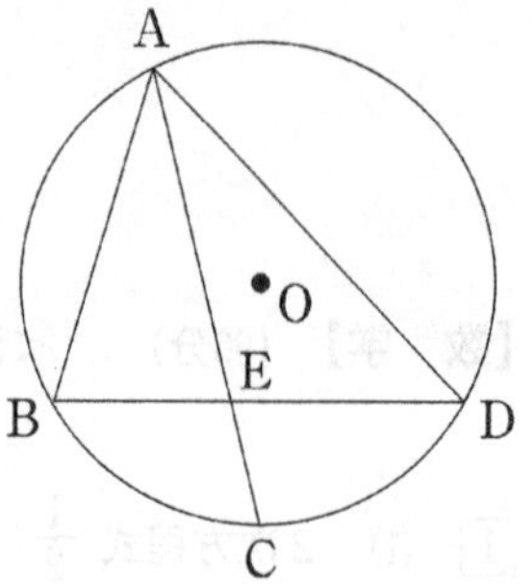

⑴　EC＝ [サ] である。

⑵　AB＝ [シ] である。

⑶　OA＝ [ス] である。

5　図の立体ABCD－EFGHは，正方形ABCDを底面とし，AB＝4㎝，AE＝8㎝ の直方体である。図のように，辺EF上を動く点Pは，頂点Eを出発して，毎秒1㎝の速さで点Fに到達するまで動き，辺FG上を動く点Qは，頂点Fを出発して，毎秒1㎝の速さで点Gに到達するまで動き，辺FB上を動く点Rは，頂点Fを出発して，毎秒2㎝の速さで点Bに到達するまで動く。3点P，Q，Rが同時に出発するとき，

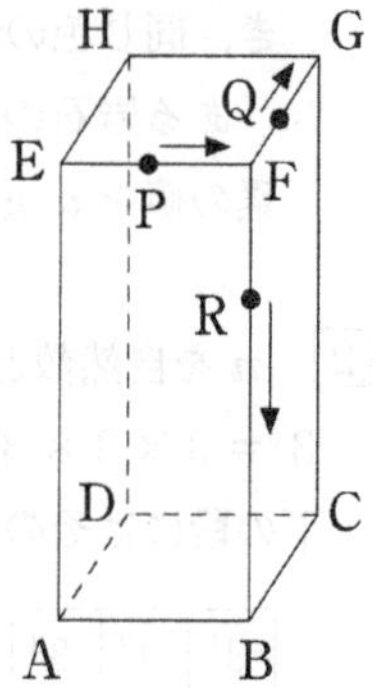

⑴　△PQRが二等辺三角形となるのは， [セ] 秒後と [ソ] 秒後である。

⑵　1秒後のときの四面体FPQRの頂点Fから底面PQRに下ろした垂線の長さは [タ] ㎝である。

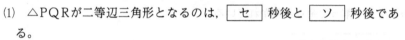

【英　語】（50分）　＜満点：100点＞　※リスニングテストの音声は弊社HPにアクセスの上，音声データをダウンロードしてご利用ください。

1　【リスニング問題：試験開始の約５分後に放送を開始します】

(A)　ボブが自分の家族について話をします。その内容に関する下の問い❶～❽に対する答えを，数字または簡潔な日本語で書きなさい。話は２回放送されます。

❶ ボブの弟は何歳ですか。
❷ ボブの誕生日は何月何日ですか。
❸ ボブの父親は何歳ですか。
❹ ボブの身長は何 cm ですか。
❺ ボブの姉は学校に行くのにどれくらいかかりますか。
❻ ボブの母親の誕生日は何月何日ですか。
❼ ボブの家族のなかで一番背が高いのは誰ですか。
❽ ボブは学校に行くのにどれくらいかかりますか。

(B)　トムとジェニーが対話をします。下の表❶～❹に書かれている日に，ジェニーが訪問する場所を，選択肢Ａ～Ｈから一つずつ選び，記号で答えなさい。対話は２回放送されます。

❶ 一昨日	❷ 昨日	❸ 明日	❹ 明後日

【選択肢】
A　病院　　B　映画館　　C　図書館　　D　プール
E　動物園　　F　祖父の家　　G　祖母の家　　H　叔父の家

2　次の英文は下の絵とその作者についての説明です。空所（❶）～（❼）に補うのに最も適切な語を語群から選び，必要があれば正しい形に直して書きなさい。ただし，同じ語を二度以上用いてはいけません。

This is *The Milkmaid* by Johannes Vermeer. It shows a young, strong-looking woman (❶) the housework. Vermeer was born in Delft, the Netherlands. He would live and work for his whole life there. We do not know (❷) Vermeer learned to paint. We do know that he had many friends (❸) were painters, but their painting styles were all different (❹) his. Vermeer sold other people's paintings to make a living, just (❺) his father. However, his own paintings became very popular. Each painting took several months to finish, (❻) he could produce only two or three a year. It was just enough to support his wife and eleven children. He (❼) suddenly in 1675.

【語群】

because	die	do	from	give	how
in	like	so	take	which	who

3 次の問１～問３の対話中の空所❶～❻に入れるのに適切な内容を，7～15語の英語で書きなさい。カンマやピリオド等の記号は語数に含めません。

問１

Teacher: What do you think of TV?

Student A: I like watching TV because ＿＿❶＿＿.

Student B: I think there is a problem with watching TV too much. When you watch TV too much, ＿＿❷＿＿. I prefer doing sports and going out with friends.

問２

Teacher: What do you think of homework?

Student A: I think teachers give us homework because ＿＿❸＿＿.

Student B: That may be so, but if we have too much homework, ＿＿❹＿＿.

問３

Teacher: What do you think of fast food?

Student A: I think fast food is really bad because ＿＿❺＿＿.

Student B: It's true, but for many people fast food is very convenient because ＿＿❻＿＿.

4 次の英文を読み，後の問いに答えなさい。語の左に＊を付した語は＜注＞を参照のこと。

Not long after his tenth birthday Peter was asked to take his seven-year-old sister, Kate, to school. Peter and Kate went to the same school. It was a fifteen-minute walk or short bus ride away. Usually they walked there with their father on his way to work. But now ❶the children were thought old enough to make it to school by themselves on the bus, and Peter was in charge.

It was only two stops down the road, but ❷his parents kept talking about it, so you might have thought Peter was taking Kate to the *North Pole. He was given rules the night before. When he woke up he had to listen to them over again. Then his parents repeated them all through breakfast. As the children were on their way out the door, their mother, Viola, talked about the rules one last time. Everyone must think I'm stupid, Peter thought. Perhaps I am. He must hold Kate's hand at all times. They must sit together, with Kate nearest the window. Peter must tell the bus driver the name of his stop in a loud voice, without forgetting to say 'please'.

Peter repeated this back to his mother, and started to walk toward the bus stop with his sister. They held hands all the way. Actually, he didn't [あ] this because he liked Kate. He simply hoped that his friends would not see him holding a girl's hand. The bus came. They got on and sat downstairs. It was ridiculous sitting there hand in hand, and there were some boys from the school, so they stopped holding each other's hand. At the same time, Peter was feeling

[❸]. He thought he could take care of his sister anywhere. She could depend on him. If they were alone together on a mountain pass and came face to face with a *pack of hungry wolves, he would know *exactly what to do. He would take care not to make any sudden movement, and he would move away with Kate until they had their backs to a large rock. That way the wolves would not be able to circle them.

He began *daydreaming. ❹ He takes from his pocket two important things [ア remembered / イ with / ウ has / エ bring / オ to / カ he] him — his hunting knife, and a box of matches. He sets the knife down on the grass, ready for the wolves' attack. They are coming closer now. They are so hungry. Kate is in tears. Now Peter takes hold of the hunting knife and ...

Ridiculous! Daydreams like this could be dangerous: he would miss his stop if he wasn't careful. The bus was not moving. The kids from his school were getting off. Peter suddenly stood up, ran to the door and jumped off the bus. After walking about 30 meters down the road, he realized he forgot something. Was it his school bag? No! It was his sister! For a moment he couldn't move. He stood there and watched the bus. 'Come back,' he said in a soft, quiet voice. 'Come back.'

One of the boys from his school came over and touched his shoulder.

'Hey, what's up? Have you seen a *ghost?'

Peter's voice seemed to come from far away. 'Oh, nothing, nothing. I left something on the bus.' And then he started to run. The bus was already 150 meters away and beginning to slow down for its next stop. Peter ran faster. ❺ He was going so fast that he thought if he spread his arms, he would be able to take off. Then he could fly along the top of the trees and ... ❻ But no! He wasn't going to start daydreaming again. He was going to get his sister back. Even now, she would be crying in *terror.

Some *passengers already got off, and the bus was moving away again. He was closer than before. The bus was moving slowly behind a truck. He thought if he could just keep running, and forget the terrible pain in his legs, he would [い] up. As he came up to the bus stop, the bus was only 50 meters away. 'Faster, faster,' he said to himself.

A child standing by the bus stop called out to Peter as he passed. 'Hey, Peter, Peter!'

Peter didn't have time to turn his head. 'I can't stop,' he shouted, and ran on.

'Peter! Stop! It's me. Kate!'

He fell down on the grass at his sister's feet.

'Come on now. We need to walk back or else we are going to be late. You should hold my hand if you're going to [う] out of trouble,' she said calmly.

So they walked to school together, and Kate promised — in return for Peter's Saturday pocket money — to say nothing about what happened when they got home.

Adapted from Ian McEwan, *The Daydreamer*

〈注〉 *North Pole：北極点　*pack：一群　*exactly：正確に　*daydream：空想する
*ghost：幽霊　*terror：恐怖　*passenger：乗客

問１　下線部❶を日本語にしなさい。

問２　下線部❷に関して，下の質問に対する答えとして最も適切なものをア～オから一つ選び，記号で答えなさい。

What was Peter told by his parents?

ア　He was told what he should do when he took Kate to the North Pole.
イ　He was told to hold Kate's hand and to tell the bus driver his name.
ウ　He was told where to sit on the bus and when to speak to the bus driver.
エ　He was told to make Kate happy while they were on the bus.
オ　He was told how to look after Kate and how to speak to the bus driver.

問３　空所［❸］に補うのに最も適切な語をア～オから一つ選び，記号で答えなさい。

ア　bored　イ　excited　ウ　free　エ　proud　オ　worried

問４　下線部❹の［ ］内の語を並べかえて，文脈に合う英文を完成させたとき，２番目と５番目に来る語の記号を書きなさい。

He takes from his pocket two important things [_____ ２番目 _____ _____ ５番目 _____] him

問５　下線部❺を日本語にしなさい。

問６　下線部❻に関して，誰がどのような状況で何に対して 'no!' と思ったのか。文脈に即して具体的に40～50字の日本語で説明しなさい。

問７　空所［あ］～［う］に補うのに最も適切な語を下の語群から選び，記号で答えなさい。ただし，同じ語を二度以上用いてはいけません。

【語群】ア　catch　イ　like　ウ　look　エ　go　オ　mind　カ　stay

問８　本文の内容と一致するものをア～カから二つ選び，記号で答えなさい。

ア　It usually took Peter and Kate about a quarter of an hour to walk to school.
イ　Peter was tired of hearing his parents talk about what he should take to school.
ウ　Kate was in tears because she saw hungry wolves near the bus stop.
エ　Peter left Kate on the bus because he did not want his classmates to see him with his sister.
オ　Peter missed the bus stop he was going to get off at, because he was daydreaming.
カ　Kate agreed that she would not tell her parents about Peter's mistake.

【理　科】（50分）　＜満点：100点＞

1　キノコやカビなどの菌類は胞子でふえる。胞子は空気中にもあるが，非常に小さく，普通，肉眼で見ることはできない。

⑴　胞子でふえる生物は，菌類だけでなく植物にも存在する。胞子でふえる植物に当てはまるものを，次のア～オから**すべて選び**，記号で答えなさい。

ア．イヌワラビ　　イ．スギ　　ウ．タンポポ　　エ．ゼニゴケ　　オ．イネ

⑵　肉眼で見ることができるものを，次のア～キから**すべて選び**，記号で答えなさい。ただし，「肉眼で見ることができる」とは，１つを認識できることを指すものとする。

ア．ミジンコ　　イ．ヒトの手の細胞　　ウ．ヒトの赤血球　　エ．海底のれき

オ．インフルエンザウイルス　　カ．水蒸気　　キ．乳酸菌

⑶　「１つの細胞」といえるものを，次のア～クから**４つ選び**，記号で答えなさい。

ア．ゾウリムシ　　イ．ヘモグロビン　　ウ．葉緑体　　エ．受精卵

オ．目の水晶体　　カ．種子　　キ．胞子　　ク．精子

⑷　キノコやカビの胞子は非常に小さいため，風に運ばれて上空にも移動することが知られている。このことが，気象（雲の形成）に影響を与える可能性があるという研究がある。

①　次の文は，雲のでき方について述べたものである。空欄Ａ～Ｄに適する語を答えなさい。

地上の空気のかたまりが上昇すると，周囲の気圧が（　Ａ　）なり，空気のかたまりが（　Ｂ　）して温度が下がる。そして，空気の温度が（　Ｃ　）に達すると，水蒸気が（　Ｄ　）して，雲ができる。

②　キノコやカビの胞子は，雲の形成において，どのような影響を与える可能性が考えられるか。

2　教科書に書いてある「デンプンに対するだ液のはたらき」を参考に次の実験をおこなった。

だ液を用意し，水でうすめた。（以下，これを「だ液」とする。）次に，（Ⅰ）の試験管にデンプン溶液とだ液，（Ⅱ）の試験管にデンプン溶液と水をそれぞれ同量入れてよく混ぜ，36℃の水に10分間入れた。10分後，（Ⅰ），（Ⅱ）の試験管の液体を半分に分けて，それぞれ次の**実験ⅰ**，**ⅱ**の操作をおこなった。

実験ⅰ　（Ⅰ），（Ⅱ）の試験管に，ヨウ素液を数滴加えて色の変化を見た。

実験ⅱ　（Ⅰ），（Ⅱ）の試験管に，ベネジクト液を数滴加えて加熱した後，色の変化を見た。

⑴　だ液や胃液などの消化液がデンプンやタンパク質を分解することができるのは，消化液の中にある物質がふくまれているからである。ある物質とは何かを答えなさい。

⑵　①タンパク質，②脂肪は，消化されて小腸で吸収されるときには，どのような形になっているかを分解された後の物質名で**すべて答えなさい**。

⑶　Ａ君は問題文と同様の手順で実験操作をおこなったが，**実験ⅱ**の（Ⅱ）の試験管は，教科書の記述から予想されるものと異なる結果であった。再度，実験して確かめたかったが，ちょうど実験室の可溶性デンプンがなくなってしまったので，家で片栗粉を用いてデンプン溶液を準備し，翌日，実験室で同じ器具と試薬を用いて再挑戦した。その結果，**実験ⅰ**，**ⅱ**ともに教科書の記述と同様であった。

これについて，この結果の違いはデンプン溶液の違いによるものだと考えた。

① A君は，どのような実験をすれば，実験結果の違いの原因が時刻や天候ではなく，デンプン溶液であると明確にすることができるか。説明しなさい。ただし，実験の説明には，「問題文と同様の手順で，実験操作をおこなう。」という文を用いて答えなさい。

② A君は①で正しく実験をおこない，実験結果の違いの原因がデンプン溶液であると明確にすることができた。今回の結果をふまえた科学（理科）における望ましい姿勢を次のア～オから**すべて選び**，記号で答えなさい。

ア．実験をおこなう際の，時刻や天候によって，温度や湿度は変わるので，あらゆる実験は日によって異なる結果になることが多いと考えておくべきである。

イ．教科書は検定済みで記述に誤りはないので，教科書と同じ結果が得られるようになるまで訓練する。

ウ．可溶性デンプンで教科書と異なる結果が得られたことは，操作の失敗によるものではないことを確認することができた。今後は，可溶性デンプンと片栗粉のデンプンとの違いを調べて理解を深める。

エ．ベネジクト液が古くて反応しにくい状態であったと考えられるので，新しいベネジクト液を購入する。

オ．片栗粉を用いてデンプン溶液を用意した場合は，実験が予想通りになった事実をふまえると，教科書の「デンプン」という記述は，すべて「片栗粉」に変えるのが望ましい。

3 図１の実験装置を用いて酸化銀を加熱し，発生する気体を水上置換法で捕集した。この実験に関して，次の問いに答えなさい。

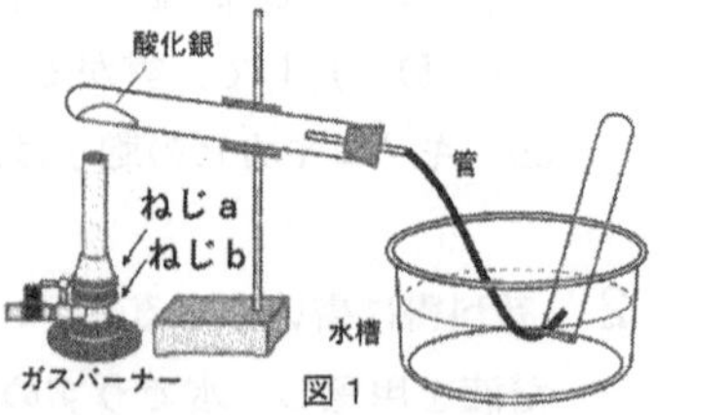

図１

⑴ 酸化銀の熱分解を表す化学反応式を書きなさい。

⑵ 発生した気体に関して，次のア～オから**誤りを含むものをすべて選び**，記号で答えなさい。

ア．ものを燃やすはたらきがある。　　　イ．分子からなる単体である。
ウ．燃料電池に使われる気体である。　　エ．空気よりわずかに軽い気体である。
オ．食品の変質を防ぐために，ビンや袋に封入する気体である。

⑶ 発生した気体を捕集した後，実験を終了するのに最も適切な手順になるように，次の操作ア～エを並べ替えなさい。

ア．図中の**ねじ a** を閉める。　　イ．図中の**ねじ b** を閉める。
ウ．管を水槽から取り出す。　　エ．ガスの元栓を閉める。

⑷ 銀原子と酸素原子の質量比は 27：4 で，酸化銀の密度は$7.2\,\mathrm{g/cm^3}$である。以上のことから，酸化銀$1\,\mathrm{cm^3}$あたり，最大何 g の気体が得られるか求めなさい。なお，解答の際は小数第２位を四捨五入して小数第１位までで答えること。

4 ある水溶液が電気を通すか確認するために，電源装置につないだ２本の炭素電極を，互いに接触させることなく，水溶液に入れた。このとき電気が流れ，２本の電極から気体が発生した。両極から発生した気体を，水で満たした試験管に集めようとしたところ，一方の極で発生した気体は，試験管にたまりにくかった。これに関して，次の問いに答えなさい。

(1)　この水溶液の溶質として最も適当なものを，次のア～オから１つ選び，記号で答えなさい。

　ア．エタノール　　イ．塩化銅　　ウ．塩化水素　　エ．砂糖　　オ．水酸化ナトリウム

(2)　気体がたまりにくかった極で反応するイオンは陽子を17個持つ。反応前のイオン１個あたりに含まれる電子の個数を答えなさい。

(3)　気体がたまりにくかった極は次のア・イのうちどちらか。１つ選び，記号で答えなさい。また，気体をあまり集められなかった理由を簡潔に述べなさい。

　ア．電源装置の＋極につないだ電極　　イ．電源装置の－極につないだ電極

5　質量パーセント濃度3.2％の水酸化カリウム水溶液250ｇと質量パーセント濃度2.8％の硫酸水溶液250ｇを混合させたところ，過不足なく中和して，質量パーセント濃度2.5％の硫酸カリウム水溶液ができた。これに関して，次の問いに答えなさい。

(1)　過不足なく中和するとき，反応に使われた硫酸（溶媒は含めない）と反応で生じた硫酸カリウムの質量比（硫酸：硫酸カリウム）を最も簡単な整数比で答えなさい。

(2)　硫酸カリウムの溶解度（水100ｇに溶かすことができる溶質の質量）を12ｇとする。水酸化カリウム水溶液50ｇと硫酸水溶液50ｇを過不足なく中和させて，硫酸カリウムの飽和水溶液をつくりたい。このとき，硫酸水溶液の質量パーセント濃度は何％以上でなければいけないか。整数値で答えなさい。ただし，割り切れない場合は小数第１位を四捨五入して答えること。

6　台ばかりの上にビーカーを乗せ，台ばかりが1000ｇを指すように水を入れる（図２－ア）。この状態にした水に球体Ａ（質量20ｇ，体積10cm^3），球体Ｂ（質量20ｇ，体積50cm^3）を用いて次のイ～キの各実験を行った。水の密度を1.0ｇ／cm^{3}として，以下の各問いに答えなさい。

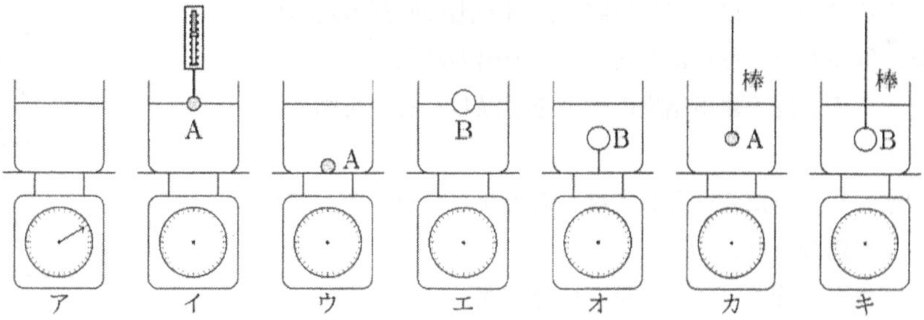

図２

実験イ：	Ａをばねばかりにつるして水の入ったビーカーにＡの半分まで沈める（図２－イ）。
実験ウ：	Ａをビーカーの底に置く（図２－ウ）。
実験エ：	Ｂを水面に浮かべる（図２－エ）。
実験オ：	Ｂとビーカーの底とを短い糸でつなぎ，Ｂが水面から出ないようにする（図２－オ）。
実験カ：	Ａに体積と質量を無視できる棒を取り付け，手で棒を持ってＡがビーカーの底につかないように水中に沈める（図２－カ）。
実験キ：	Ｂに体積と質量を無視できる棒を取り付け，手で棒を持ってＢがビーカーの底につかないように水中に沈める（図２－キ）。

⑴ 実験イで，ばねばかりは何gを指すか，求めなさい。

⑵ 実験イで，台ばかりは何gを指すか，求めなさい。

⑶ 実験ウ，エ，オ，カで，それぞれ台ばかりが指す値の大小関係を次の例のように等号（=）と不等号（<）を使って表しなさい。例：エ<オ=カ<ウ

⑷ 実験カと実験キとで，台ばかりの指す値の大小関係を前問の例のように等号（=），もしくは不等号（<，>）を使って表し，そうなる理由を「浮力」「質量」「密度」「作用反作用」という言葉の内，２つを用いて説明しなさい。

7 次の問い⑴，⑵に答えなさい。

⑴ 次の発電方式の中から，タービンを回さずに発電するものを次のア～キから**すべて選び**，記号で答えなさい。

ア．火力発電　イ．水力発電　ウ．太陽光発電　エ．原子力発電
オ．風力発電　カ．地熱発電　キ．燃料電池発電

⑵ 放射性物質によってがんが発生する可能性が高くなると指摘されている。その仕組みについて説明した以下の文章の空欄Ａ，Ｂにそれぞれ下の語群から最も適当な言葉を選んで書きなさい。

放射性物質は（　Ａ　）を出して，別の物質に変わる。この（　Ａ　）が細胞内の（　Ｂ　）を傷つけてがんが発生しやすくなる。

語群：ウラン，プルトニウム，二酸化炭素，オゾン，紫外線，活性酸素，フロン，窒素酸化物，小胞体，細胞質，養分，遺伝子，免疫，水分，塩分，陰極線，ニュートリノ，放射能，放射性同位体，放射線

8 次のⅠ・Ⅱの問いに答えなさい。

Ⅰ 名古屋のある地点で，日の出の位置と，日の出の時刻の月の位置と形を肉眼で観察した。さらに３日後の日の出の時刻に，同様の観察を行った。この２回の観察結果の一部を記録したものを図３に示す。

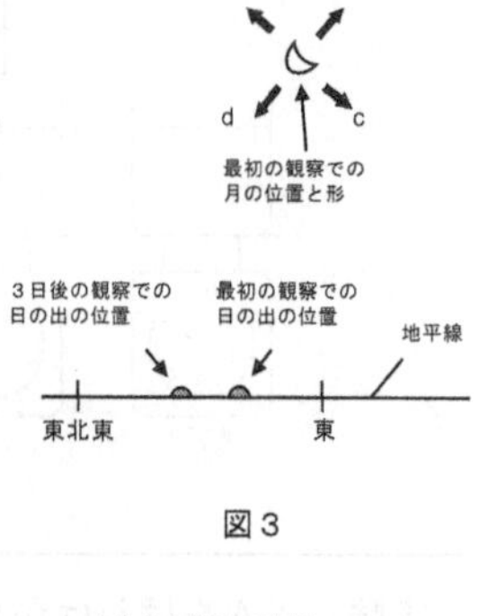

図３

⑴ ２回の観察を行った時期として最も適当なものを，次のア～エの中から１つ選びなさい。

ア．春分～夏至の間　イ．夏至～秋分の間
ウ．秋分～冬至の間　エ．冬至～春分の間

⑵ ３日後の日の出の時刻における月の位置と形は，最初の観察での月の位置と形と比べてどのように変わったか。最も適当な選択肢を○で囲み，文を完成させなさい。

月の位置は図３の（ア | a・b・c・d ）の方向にあり，形はかがやいて見える部分が（イ | 小さくなった・大きくなった）。

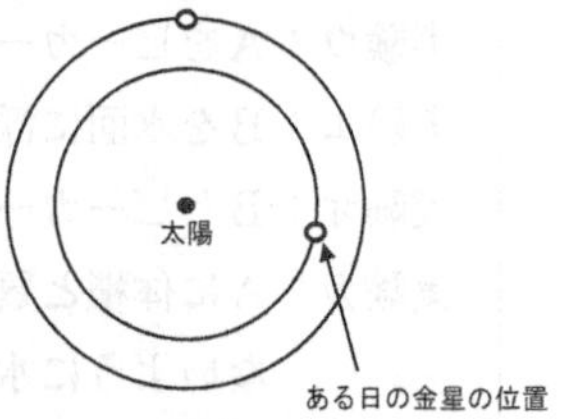

図４

Ⅱ 右の図４はある日の地球の北極側から見た太陽・金星・地球の位置関係と，それぞれの惑星の公

転軌道を示している。どちらの惑星も太陽の周りを円運動しており，公転軌道面は同一であるものとする。なお金星の公転周期は0.62年である。

⑴　今後，金星と地球は，内合（一直線上に地球－金星－太陽の順に並ぶ）と外合（一直線上に地球－太陽－金星の順に並ぶ）のどちらが先におこるか。

⑵　太陽と地球の距離を１とすると，太陽と金星の距離は0.72となる。金星と地球が最も離れた時の距離は，最も近づいたときの距離の何倍か。小数第２位を四捨五入して小数第１位まで表しなさい。

⑶　1.5年後の金星を名古屋で観測したとすると，いつごろどの方角の空に見えると考えられるか。次のア～エから最も適当なものを１つ選びなさい。

ア．明け方の東の空　　イ．明け方の西の空　　ウ．よいの東の空　　エ．よいの西の空

⑷　⑶の金星は屈折式天体望遠鏡でどのような形で観察できるか。その見え方を解答欄に記しなさい。ただし，太陽の光が当たっている部分を白で，当たってない部分を黒で表しなさい。点線はすべて見えた時の金星の形であり，大きさの変化は考慮しなくてよい。また屈折式天体望遠鏡下では，肉眼でみる場合と比べて上下左右が逆になって見える。

9　紀元前三世紀ごろ，古代ギリシャのエラトステネスは地球の円周を推定した。彼の考え方は，同一子午線上で北半球にある高緯度のＡ地点と低緯度のＢ地点において，Ａ地点の南中高度を x〔°〕，Ｂ地点の南中高度を y〔°〕，弧ＡＢの距離を s〔km〕，地球の円周を t〔km〕とおくと s ： t ＝（　あ　）〔°〕：360° が成り立つというものである。

⑴　上の文中の（あ）にあてはまる式を，x，y を用いて表しなさい。

⑵　弧ＡＢの距離900km，Ａ地点の南中高度63.8°，Ｂ地点の南中高度71.0° とすると，地球の円周 t は何km となるか。整数値で答えなさい。

⑶　エラトステネスはシエネとアレキサンドリアという２都市での夏至の日の南中高度の差を用いた。実際の地球の円周は，エラトステネスが推定した地球の円周と比べて15％程度の誤差があった。誤差が生じた理由として**誤っているもの**を，次のア～エから１つ選びなさい。

ア．地球は完全な球体ではない

イ．２都市間の距離が不正確

ウ．地軸が23.4°傾いている

エ．２都市は同一子午線上にない

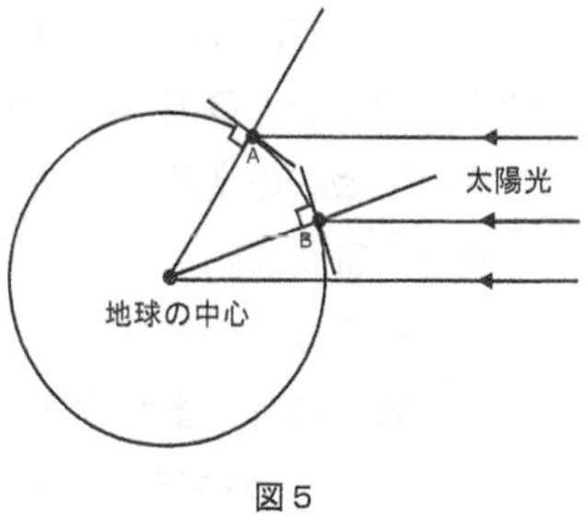

図５

【社　会】（50分）　＜満点：100点＞

Ⅰ　アフリカ大陸と南アメリカ大陸を示した図１と図２（縮尺は同じではない）に関して，下の問い（問１～７）に答えよ。

問１　図１中の緯線①～③，図２中の緯線④～⑥のうち，赤道に該当するものを一つずつ選べ。

問２　図１中の▲は，アフリカ大陸最高峰の位置を示している。この山の名称を答えよ。

問３　アフリカ大陸と南アメリカ大陸における最長の河川について述べた次の文章中の（１）と（２）にあてはまる語を答えよ。

アフリカ大陸で最長の（　１　）川の下流域には，砂漠気候が広く分布している。いっぽう，南アメリカ大陸で最長のアマゾン川の中流域は，年中高温多雨であり，（　２　）気候が広く分布している。

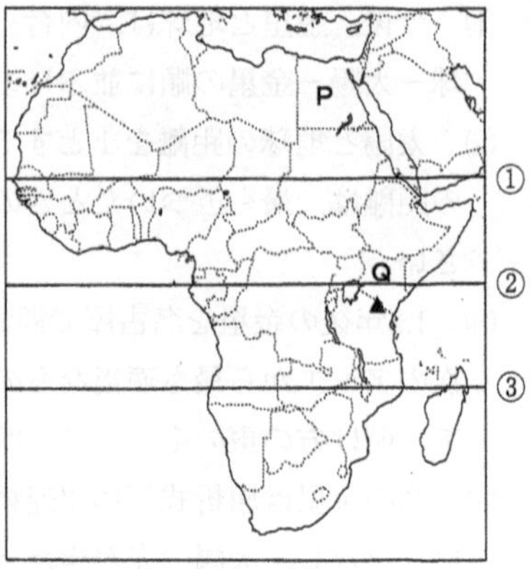

図１

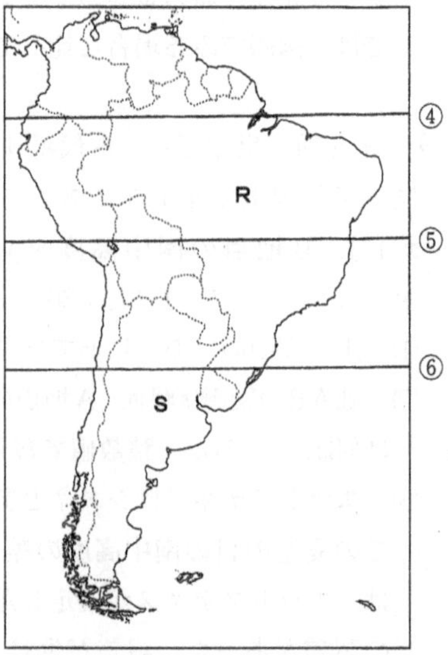

図２

問４　図１～２中のＰ～Ｓ国の首都を示した次のア～エのうちから，**誤っているもの**を一つ選べ。

ア．Ｐ－カイロ　　　　イ．Ｑ－ナイロビ

ウ．Ｒ－リオデジャネイロ

エ．Ｓ－ブエノスアイレス

問５　図１中のＰ国，図２中のＳ国の公用語をそれぞれ答えよ。なお，どちらの国も公用語は一つである。

問６　図１中のＱ国，図２中のＲ国の農業について述べた次の⑴と⑵の文章中の（ａ）と（ｂ）にあてはまる農作物名を答えよ。

⑴　Ｑ国は，かつてイギリスに植民地として支配された影響もあり，また栽培に適した気候と地形を利用して（　ａ　）のプランテーションが発達した。Ｑ国の輸出額１位の品目は（　ａ　）である。

⑵　Ｒ国は，世界一の（　ｂ　）の生産国である。Ｒ国では（　ｂ　）を原料としたバイオ燃料を，自動車の燃料などに利用している。

問７　アフリカと南アメリカを比較した次のア～エから，**適当でないもの**を一つ選べ。

ア．面積は，アフリカの方が大きい（2017年）。

イ．羊の頭数では，アフリカの方が多い（2017年）。

ウ．人口は，南アメリカの方が多い（2019年）。

エ．鉄鉱石の産出量は，南アメリカの方が多い（2015年）。

Ⅱ　次のページのＡ～Ｄの文章は，日本にある半島について述べたものである。それぞれの半島に関して，あとの問い（問１～３）に答えよ。

A　北海道にある半島で，貴重な自然環境がみられるこの半島一帯は，2005年にユネスコの世界自然遺産に登録された。

B　石川県の北部にある半島で，日本海に面する（　1　）市は伝統工芸品の（　1　）塗で有名である。

C　三重県・奈良県・和歌山県を含む半島で，スギやヒノキなどを伐採する林業がさかんであり，河川などを利用して河口の都市に木材が運ばれた。

D　鹿児島県にある半島で，桜島と陸続きになっている。半島中央部の笠野原は，火山の噴火によって火山灰が厚く堆積した（　2　）台地である。

問１　AとCに該当する半島名を答えよ。

問２　文章中の空欄（1）と（2）にあてはまる語を答えよ。

問３　次の表は，文章中に下線を引いた五つの道県の道庁・県庁所在地の人口，農業産出額に占める米の割合，製造品出荷額等を示したものである。表中のあ～おから，三重県に該当するものを一つ選べ。

	あ	い	う	え	お
道庁・県庁所在地の人口（千人）	1,955	605	454	357	280
農業産出額に占める米の割合	10.0%	4.4%	52.2%	25.1%	24.5%
製造品出荷額等（億円）	62,126	20,990	30,649	21,181	105,552

統計年次は、道庁・県庁所在地の人口は2019年、他は2017年。　データでみる県勢（2019）による。

Ⅲ　2019年のできごとを示した次の表をみて，下の問い（問１～６）に答えよ。

4月	「①働き方改革関連法」が順次施行された。
5月	新②天皇が即位し、元号も「令和」になった。
7月	③参議院議員通常選挙がおこなわれた。
10月	④台風19号が日本に上陸して、記録的な大雨となり、各地に甚大な被害を及ぼした。
10月	⑤沖縄県那覇市にある首里城で火災が発生した。
11月	最高裁判所は、全国の⑥裁判所にあらゆる民事裁判記録の廃棄を一時停止するように指示した。

問１　下線部①に関連して，労働基準法の条文として**正しいもの**を，次のア～エから一つ選べ。

ア．労働組合の代表者又は労働組合の委任を受けた者は，労働組合又は組合員のために使用者又はその団体と労働協約の締結その他の事項に関して交渉する権限を有する。

イ．労働者及び使用者は，労働協約，就業規則及び労働契約を遵守し，誠実に各々その義務を履行しなければならない。

ウ．使用者は，労働者の住所，信条又は社会的身分を理由として，賃金，労働時間その他の労働条件について，差別的取扱は最小限度にとどめなければならない。

エ．事業主は，労働者の募集及び採用について，その性別にかかわりなく均等な機会を与えなければならない。

問２　下線部②に関して，日本国憲法の条文として**正しいもの**を，次のア～エから一つ選べ。

ア．皇位は，世襲のものであつて，国会の議決した皇室典範の定めるところにより，これを継承する。

イ．天皇は，この憲法の定める国事に関する行為を行ひ，国政に関する権能を有する。

ウ．天皇は，内閣の指名に基いて，内閣総理大臣を任命する。

エ．天皇は，国会の指名に基いて，最高裁判所の長たる裁判官を任命する。

問３　下線部③に関連して，内閣総理大臣の指名などにおいて衆議院と参議院が異なった場合に開催される会議を何というか，答えよ。

問４　下線部④に関連して，気象庁は何省の外局として存在しているか，次のア～エから一つ選べ。

ア．総務省　イ．環境省　ウ．経済産業省　エ．国土交通省

問５　下線部⑤に関して，1996年にアメリカの軍隊が日本において使用する施設・区域などを規定した（　　　）協定の見直しなどについて，住民投票が行われた。この協定とは何か，〇〇〇〇協定（**漢字４文字**）の形で答えよ。

問６　下線部⑥に関して，日本の司法制度において**正しいもの**を，次のア～エから一つ選べ。

ア．下級裁判所には，家庭裁判所，簡易裁判所の２種類がある。

イ．第一審の地方裁判所の判決に納得できない場合は，第二審の高等裁判所に上告することができる。

ウ．高等裁判所は全国に８ヶ所（札幌・仙台・東京・名古屋・大阪・高松・広島・福岡）にある。

エ．裁判官は，内閣が設置する弾劾裁判所において辞めさせられる場合がある。

Ⅳ　次の文章を読み，下の問い（問１～４）に答えよ。

金融機関の中でも，私たちの生活に身近な存在として挙げられるのが銀行である。歴史的には，①資本主義経済の発達により，資本を貸し出す関係上，産業界を支配する存在になった。銀行といってもあくまで会社である。会社の形態は株式会社となることが多いが，これは多くの資金を必要とするためである。②他の会社と同じように，（　１　）が開かれて，経営方針や役員の選任，利益の一部を株主に分配する（　２　）も決定される。③一般の銀行の役割は，企業に資金を融資するだけではなく，決済サービスも重要な役割の一つだ。これにより，④企業や家計の経済活動を円滑に進めることができる。

問１　下線部①に関して，日本経済はいくつもの好況・不況の波を乗り越え発展してきた。日本の第二次世界大戦後のできごととして**正しいもの**を，次のア～エから一つ選べ。

ア．1964年に開催された東京オリンピックの翌年は不景気となり，経済成長率がマイナス成長となった。

イ．1973年の石油危機により，他の先進工業国に比べて低い経済成長が続き，工業製品の輸出も伸び悩んだ。

ウ．国民所得倍増計画が成功した1980年代は高度経済成長期と呼ばれた。

エ．1991年ころにバブル経済が崩壊して，長い平成不況が続いた。

問２　下線部②に関して，（１）は**漢字４文字**，（２）は**漢字２文字**であてはまる語句を答えよ。

問３　下線部③に関連して，一般銀行とは別に日本銀行が存在するが，日本銀行の金融政策として，一般銀行への国債などの売買で景気を操作することを何というか，〇〇〇〇操作（**漢字４文字**）の形で答えよ。

問４　下線部④に関して，日本経済を支える存在として中小企業があるが，日本の中小企業の現状として**最も適当なもの**を，次のページのア～エから一つ選べ。（「中小企業白書」2014年度版より）

ア．日本の事業所数の約70％が中小企業であり，全出荷額（製造業において）の約20％近くを占める。

イ．日本の事業所数の約99％が中小企業であり，全出荷額（製造業において）の約20％近くを占める。

ウ．日本の事業所数の約70％が中小企業であり，全出荷額（製造業において）の約50％近くを占める。

エ．日本の事業所数の約99％が中小企業であり，全出荷額（製造業において）の約50％近くを占める。

Ⅴ　次の文章を読み，下の問い（問１～11）に答えよ。

天皇や上皇は①大和政権を率いた大王の子孫とされているが，歴代の天皇や上皇の政治への関わり方は様々であった。７世紀初め，推古天皇を補佐した聖徳太子（厩戸皇子）は，豪族の（　②　）とともに中国にならった政治をめざした。７世紀後半の（　③　）の乱に勝利して即位した天武天皇は，豪族を抑えて律令国家建設のための政治改革をすすめた。奈良時代には④律令政治が実行されたが，貴族や僧の抗争が激しく，⑤桓武天皇は都を移して，律令政治の再建に取り組んだ。しかし，９世紀から10世紀にかけて藤原氏が力を伸ばし，⑥11世紀前半に藤原氏による摂関政治が全盛期を迎えた。11世紀末になると，白河天皇が退位して上皇となった後も政治の実権を握り続けて院政が始まり，12世紀末ころまでが院政の全盛期であったが，⑦摂関政治期に続いて武士が台頭し，⑧源平の争いを経て鎌倉幕府が成立した。源頼朝の死後，鎌倉幕府の内部では，陰惨な権力抗争を経て北条氏が（　⑨　）という地位について実権を握った。これに対して⑩院政を行う後鳥羽上皇が挙兵したが幕府軍が勝利し，幕府が朝廷に対して優位に立った。しかし，14世紀初めに即位した（　⑪　）天皇が院政を廃止して倒幕をめざし，最後は幕府を倒すことに成功した。

問１　下線部①の「大和政権を率いた大王」の墓と**関係の無いもの**を，次のア～エから一つ選べ。

ア．前方後円墳　　イ．埴輪　　ウ．石室　　エ．銅鐸

問２　空欄（②）に入る人名を答えよ。

問３　空欄（③）に入る語句を答えよ。

問４　下線部④に関して述べた文として**誤っているもの**を，次のア～エから一つ選べ。

ア．都の中央政府には，太政官の下に８つの省が置かれた。

イ．地方は国・郡に分けられ，国を治める国司は国内の有力な豪族が任命された。

ウ．人民は６年ごとに作成される戸籍に登録され，班田収授法に従って６歳以上の男女に口分田が与えられた。

エ．成年男子を中心に，租庸調や兵役などの重い負担が課された。

問５　下線部⑤に関して，都はどのように移されたか。**正しいもの**を，次のア～エから一つ選べ。

ア．平安京　⇒　長岡京　⇒　平城京　　イ．平城京　⇒　長岡京　⇒　平安京

ウ．平安京　⇒　平城京　　エ．平城京　⇒　藤原京　⇒　平安京

問６　下線部⑥の時期に建てられた建物とそこに納められた仏像の**正しい組み合わせ**を，次のア～エから一つ選べ。

ア．平等院鳳凰堂－釈迦如来像　　イ．平等院鳳凰堂－阿弥陀如来像

ウ．中尊寺金色堂－釈迦如来像　　エ．中尊寺金色堂－阿弥陀如来像

問7　下線部⑦に関して述べた文として**誤っているもの**を，次のア～エから一つ選べ。

ア．地方では有力農民や豪族が武装を強化して武士となり，荘園や公領の現地の管理者として力を伸ばした。

イ．天皇の子孫に始まる源氏と平氏は，地方の武士を率いて反乱を鎮圧するなどして勢力を強めた。

ウ．平清盛は，院政の主導権をめぐる前九年合戦や後三年合戦に勝利し，源頼朝を伊豆に流して優位に立った。

エ．平清盛は太政大臣となり，一族は高位高官を独占した。また，中国の宋と貿易を行った。

問8　下線部⑧に関して述べた文として**誤っているもの**を，次のア～エから一つ選べ。

ア．源頼朝の命令を受けた弟の源義経らは，壇の浦で平氏を滅ぼした。

イ．源頼朝は鎌倉を拠点として武家政治を開始し，奥州藤原氏を滅ぼして朝廷から征夷大将軍に任命された。

ウ．源頼朝は朝廷から国ごとに守護を置くことを認められたので，国司は置かれなくなった。

エ．将軍の家来となった武士は，将軍から先祖伝来の土地の支配を守ってもらい，将軍の命令を受けて戦った。

問9　空欄（⑨）に入る語句を答えよ。

問10　下線部⑩に関して述べた文として**誤っているもの**を，次のア～エから一つ選べ。

ア．後鳥羽上皇の挙兵に始まる戦乱を「承久の乱」と呼ぶ。

イ．戦乱の終了後，領地をめぐる裁判が増えたので，北条泰時は裁判の基準として御成敗式目を定めた。

ウ．勝利した幕府は，朝廷を監視するため，京都に六波羅探題を置いた。

エ．勝利した幕府は，上皇方から没収した領地の地頭に西国の武士を任命し，西国に勢力を伸ばした。

問11　空欄（⑪）に入る天皇名を答えよ。

Ⅵ　問1～4の文中の下線部①～④のうち1カ所が**誤っている**ので，その記号を答えよ。

問1　鎌倉時代に，栄西や道元によって中国の①宋から禅宗が伝えられ，鎌倉幕府に保護された。室町幕府も禅宗を保護し，禅僧は②政治や外交でも活躍した。また，③足利義満が建てた銀閣に見られる書院造，雪舟が描いた④水墨画など，禅宗は文化に大きな影響を与えた。

問2　江戸幕府の政治・財政を立て直すため，①8代将軍徳川吉宗は享保の改革，老中松平定信は②寛政の改革，③大老水野忠邦は天保の改革を行った。これらの改革の共通点は，④ぜいたくを禁じ倹約を命じたことである。

問3　1920年代後半，①蔣介石が率いる国民政府軍は共産党を弾圧して②中国統一を進め，北京に近づいた。一方，満州に派遣されていた日本軍（関東軍）は軍閥の指導者③張作霖を爆殺し，④これをきっかけに満州事変が始まった。

問4　明治政府は財政の安定のため①地租改正を行い，年貢に代わって地租を②現金で土地所有者に納めさせることとした。しかし，自分の土地を持たず地主から土地を借りて高い小作料を納める小作人も多かった。第二次世界大戦後，GHQの指令によって③農地改革が行われ，④地主から無償で没収した土地が小作人に分け与えられた。

Ⅶ 次の文章を読み，下の問い（問１～10）に答えよ。

この国の領域に，フェニキア人が最初に都市建設を行ったのは紀元前1200年頃とされる。紀元前８世紀には①ギリシャ人がリスボンに植民した。紀元前２世紀末頃，リスボンは②ローマの支配下に入った。５世紀にはゲルマン人が侵入し，（　a　）教が拡大していく。711年にムーア人と呼ばれる北アフリカの（　b　）教徒によって占領されて以降，400年近くにわたって（　b　）王朝に支配されることになった。しかし，この地に住んでいた（　a　）教徒たちは，「レコンキスタ」（国土回復運動）と呼ばれる（　b　）勢力との戦いを続け，徐々に国土を奪還していった。そして，1143年，再び（　a　）教徒による王国が建国された。

③この王国は，15世紀末に始まる大航海時代に「７つの海を制した」と言われるほど繁栄を極め，首都リスボンは世界最大級の都市にまで発展した。しかし，同じ時期に商機を求めて新大陸に船を出したスペイン，④イギリス，オランダなどとの植民地争奪戦は次第に激しくなった。当時の経済は南米の植民地ブラジルに大きく支えられていたが，19世紀に入るとブラジルの独立や内政の混乱が続き，さらには⑤産業革命の出遅れもあって，国勢は次第に縮小していった。

1910年に共和制に移行したが，1932年にはサラザールによる独裁体制が確立され，⑥第二次世界大戦をはさんで40年以上も続いた。東西冷戦が深刻になる中，その反共産主義の姿勢が，アメリカなど⑦西側陣営の一員として認められたからであった。ようやく，この国に民主化の風が吹いたのは，1974年，左翼軍人らによる無血クーデター（カーネーション革命）が成功してからである。この後，「最後の植民地帝国」はすべての⑧植民地を手放すことになる。

問１　下線部①の地域に前８世紀頃に成立した都市国家を何と呼ぶか答えよ。

問２　下線部②のローマで帝政がはじまったのは前１世紀末である。この頃，中国に存在していた王朝として**適当なもの**を一つ選べ。

ア．漢（前漢）　　イ．隋　　ウ．唐　　エ．清

問３　下線部③に関して，この国が関与した次のア～エのできごとを起きた**年代の古いものから順に並べよ。**

ア．インドのカリカットに到着　　イ．喜望峰に到達

ウ．マラッカを占領　　エ．種子島に漂着

問４　下線部④の国の商人は，大西洋三角貿易で西アフリカからアメリカやカリブ海の植民地に主に何を運んだか答えよ。

問５　下線部⑤を推進する動力でワットにより改良された装置を答えよ。

問６　下線部⑥について，次のア～カのうちこの期間に起こったできごととして，**適当でないものをすべて選べ。**

ア．サラエボ事件　　イ．真珠湾攻撃　　ウ．世界恐慌

エ．日独伊三国同盟　　オ．ヤルタ会談　　カ．ロシア革命

問７　下線部⑦に関して，アメリカ合衆国を中心として1949年に成立し，この国も参加した軍事同盟の名称を，**アルファベット４文字の略称で答えよ。**

問８　下線部⑧に関して，1999年に中国に返還され特別行政区となった地名を答えよ。

問９　空欄（a）と（b）に適当な語句を，次のア～エから一つずつ選べ。

ア．イスラム　　イ．キリスト　　ウ．ヒンドゥー　　エ．ユダヤ

問10　この文章で述べられている国名を答えよ。

西郷の策略を彼らに悟られずに伝えようと考えたから。

4　逆賊として亡くなった兄の話をアイヌの人々にも分かるような言葉でしては、せっかく盛り上がってきている宴に水を差すと思ったから。

5　アイヌの人々に対して無礼な振る舞いを繰り返す永山を恥ずかしく思い、上司として厳しくたしなめなければならないと思ったから。

問8　傍線部⑦「そのなかで当の和人たちも、足掻《あが》いている」とあるが、「足掻いている」とは具体的にはどういうことだと考えられるか。その説明として適切なものを一つ選び、番号で答えなさい。

1　東京の洗練された文化に対する劣等感に悩まされ、アイヌの人々を馬鹿にすることで、憂《う》さを晴らそうとしていること。

2　アイヌの人々を文明化しようにも反感を買うばかりで、一体どう扱えば良いのか分からず、四苦八苦していること。

3　本当はアイヌの人々と親しく接したいが、彼らを教化善導するために高圧的に振る舞わねばならず苦しんでいること。

4　自分たちの元々の文化を捨てて、文明化された日本国民として一つになって生きようともがき苦しんでいること。

5　北海道に骨を埋める覚悟であったが、それでも故郷鹿児島が気にかかり、未練を懸命に振り払おうとしていること。

ものか。その説明として適切なものを一つ選び、番号で答えなさい。

1　アイヌの暮らしを捨て和人の生活をするのを強要されていることに不満を感じているのに、心にもない謝辞を和人の言葉で話すことに対する屈辱感。

2　せっかく日本政府によって文明化させてもらったにもかかわらず、田舎じみた粗末なもてなししかできないことに対する深い恥じらい。

3　強制的に移住させられこれまでの生活を奪われたことを不満に思っていたにもかかわらず、文明的な生活に満足してしまっている現実に対する葛藤。

4　国家の横暴に対して怒りを感じていたにもかかわらず、西郷閣下のような温かな和人とふれあい、怒りが和らいできてしまっていることへの戸惑い。

5　国家の文明化政策が中途半端であるために、文明人としての生活を満足に送れず、未だ粗野な暮らしを強いられていることに対する批判意識。

問3　傍線部②「「弾きます」　短く決然と、キサラスイは宣言する」とあるが、その理由として適切なものを一つ選び、番号で答えなさい。

1　聴いてもいないのにはじめから自分の腕前を馬鹿にしている永山に対して激しい憤りを感じ、何とか見返してやろうと考えたから。

2　永山のアイヌの人々への差別的な発言に誰もが傷ついていたので、琴を演奏することで少しでも皆の心を癒《いや》せればと思ったから。

3　自分が琴の演奏を渋ったことで永山に対して厳しい立場に陥ってしまったチコビローを救おうと決心したから。

4　都会からやって来た洗練された趣味を持つ永山に認めてもらうことで、アイヌの文化に対する世間の評価を変えようと考えたから。

5　自分が琴を弾きすばらしい演奏を聴かせることで永山の差別的な物言いに抗議し、アイヌの誇りを守ろうと考えたから。

問4　傍線部③について、「西郷閣下が立ち上がっていた」ことに「永山氏が悲鳴に近い声を上げた」のはなぜか。その理由を「〜だから」に続く形で、二〇字以内で本文から抜き出して最初と最後の五字を答えなさい。

問5　傍線部④「閣下は飛び込むような身軽さで踊りの輪に加わり、両手を掲げてひらひらと全身を動かし出した」とあるが、これはアイヌの人々に対するどのような考えに根ざした行動か。二五字以内で説明しなさい。

問6　傍線部⑤「やめちゃだめだ。やめたら、お前はお前じゃなくなってしまう。俺たちは俺たちじゃなくなってしまう」とあるが、それはどういうことか。五〇字以内で説明しなさい。

問7　傍線部⑥「地の言葉を使った」のはなぜか。その理由として適切なものを一つ選び、番号で答えなさい。

1　差別的な発言を繰り返す永山に対する怒りのあまり、西郷の立場にはふさわしくない荒々しい言葉を吐かずにはいられなかったから。

2　より互いの気持ちを分かり合える故郷の言葉を使って、自分たちも苦境に立っていた経験を共有し、弱者の気持ちを理解させようと考えたから。

3　故郷の言葉を用いることで、アイヌの人々を文明化しようとする

「オハンノケネヤシンセッニモ、オッタジャロガ。ジャッデ、モウヤメヤンセ（お前の家族や親類にもいるだろう。だからもうやめよ）」

「オヤ（私は）」永山氏の声が裏返った。

「ナイゴッオヤ、アントキセゴセンセンモトヘイカンナッタタロカイチ、センセトシナンジャッタロカイチ（どうして私は、あのとき西郷先生の下へ馳《は》せ参じなかったのかと、先生と死ななかったのかと）」

永山准大佐はもうほとんど泣いていて、西郷閣下は黙って頷《うなず》いていた。

「イマハタダ、コノシニゾコネンミオコッカニササゲ、ホッカイドーニホネオウズムッカッゴゴワンデ（いまはただ、この死に損なった身を国家に捧げ、北海道に骨を埋める覚悟で）」

ヤヨマネクフに吐いたばかりの言葉を忘れたのか、永山氏はCさめざめと涙をこぼした。

チコビローが東京で見た幻想。⑦そのなかで当の和人たちも、足掻いている。大の大人が怒鳴り散らし、泣くくらいに。

その幻想は長篠氏(注4)や道守先生(注5)、永山准大佐などのばらばらだった和人たちを一つにし、日本という旗を立て、北海道のアイヌたちを呑《の》み込み、樺太のアイヌを故郷から連れ出している。

「オイモ、オハントオンナジジャッド（私も、きみと同じだ）」

少ない言葉を、柔らかい声で言った西郷閣下は、皆に向き直って「さて」と手を叩いた。

「飲み直そう」

再び酒が回される。探り探り再開された宴で、西郷閣下はそれまでと一転して饒舌《じょうぜつ》に話し、巧みに場をほぐしていった。

【注】1　木幣（イナウ）＝丸木の肌を薄く削って房を作った祭りの道具。

2　赤子＝君主（天皇）に対して人民をその子供にたとえて言う語。

3　センセ（先生）＝西郷隆盛を指す。西郷従道の兄。鹿児島（薩摩）の武士で明治維新の立役者だったが、明治時代初期の西南戦争で薩摩側の指導者として政府と争い敗れ、死去した。

4　長篠氏＝東北出身の元士族。戊辰戦争で旧幕府軍に属し、新政府軍に敗れ北海道へやってきた。

5　道守先生＝ヤヨマネクフの学校の先生。鹿児島出身で、西郷隆盛を敬愛し、西南戦争にも参戦。その後北海道で教師となった。

問1　二重傍線部A～Cについて、本文中における意味として適切なものをそれぞれ一つずつ選び、番号で答えなさい。

A「毅然《きぜん》とした」

1　冷たく取りつく島もない
2　物腰柔らかだがきっぱりとした
3　しっかりとして動じない
4　したたかで抜け目のない
5　はっきりせずあいまいな

B「慇懃《いんぎん》に」

1　大胆に　2　卑屈に　3　横柄に
4　丁寧に　5　慎重に

C「さめざめと」

1　激しく　2　うつむいて　3　声を忍ばせて
4　大げさに　5　これ見よがしに

問2　傍線部①「流暢《りゅうちょう》なチコビローの日本語に射す影」とはどのような

たちの故郷を、自分のものでもないのに勝手にロシアにくれてやったのは永山氏のいう国家、日本だ。

「琴をやめよ」

やはりキサラスイはやめない。苦々しい舌打ちが響く。

「言葉がわからぬか。未開人め」

永山氏の不穏な足音がキサラスイに近づく。鳴り止まない美しい音色に何とも不釣り合いだ。

「なんだ、お前」

気がつくと、ヤヨマネクフは永山氏の前に立ちはだかっていた。

「どかんか。俺を誰だと思っておる」

ヤヨマネクフを睨《にら》み付ける目には、酒の濁りも無分別な嘲《あざけ》りもなかった。彼は心底からアイヌを未開で弱い存在だと憐れみ、それを是《ぜ》として顧みない怠惰な人々だと怒っているのだ。

「やり続けろ《アレアンノキー》、キサラスイ」

ヤヨマネクフは叫んだ。

「やめるな《アレアンノ》、トンコリを弾き続けろ《トンコリレヘテワー》」

また叫んだ。足を絡《から》め、体を捉える不快な粘《ねば》つきを振り払うように。

にらんだ先で、永山氏の顔がみるみる赤くなる。アイヌの言葉がわかるわけではあるまいが、明らかな敵意は敏感に感じ取ったらしい。「貴様ァ」と拳《こぶし》を振り上げる。

琴の音が止まった。軍人に立ち向かった勇気が瞬時に怒りに変わる。

「やめるな」と怒鳴って振り返ると、キサラスイはヤヨマネクフを凝視していた。

「⑤やめちゃだめだ。やめたら、お前はお前じゃなくなってしまう。俺たちは俺たちじゃなくなってしまう」

襟首を摑《つか》まれ、引き寄せられる。

「男が人前で泣きよってからに。情けない」

言われて初めて自分の状態に気付いた。だが泣いて悪いか。なお叫ぼうとしたとき、

「永山、貴官こそやめよ」

きれいな日本語が聞こえた。西郷閣下だった。

「アイヌも日本の臣民である。陛下の赤子《せきし》(注2)であるゆえ、差別をつけてはいかん」

諭《さと》すようにゆっくり、閣下は言う。

「何を仰《おっしゃ》るのです、アイヌごときが陛下の赤子などとは――」

永山氏は投げ捨てるようにヤヨマネクフを解き放つと、こんどは閣下に喰《く》ってかかる。さすがに拳は下ろしているが、闘争的に不同意を示している。

「等しく、陛下の赤子である」

閣下は重々しい声で再び言ってから、

「ミウチンイサケワ、モウヤメヤンセ(身内で争うのはもうよそう)」

と⑥地の言葉を使った。

「オイタチャモウ、ズンバイウシノウタジャナカカ(我らはもう、ずいぶん失ったではないか)」

「ソヤ、センセ(注3)ンコッゴワスカ(それは先生のことですか)」

永山氏も、鹿児島の人らしい。

「アニサァノコッダケデワナカ(兄だけではない)」

閣下は寂しげに首を振った。

織り、世界を染めていく。アイヌの誰もが聞き入り、頷き、涙ぐみ、手を打つ。

やがて、一人の老人がよろよろと立ち上がって踊り出した。西郷閣下の前だからと遠慮していた皆も次々に立ち上がり踊り出す。琴の音もいっそう情熱的になり、人々を煽《あお》り、導く。

「閣下――」

③永山氏が悲鳴に近い声を上げる。西郷閣下が立ち上がっていた。肋《ろっ》骨《こつ》みたいに飾り紐《ひも》が並んだ黒い上衣を脱ぎ捨てた閣下は、子供のように大きい目をきらきらと輝かせて白いシャツの袖をまくり始めている。

誰もが目を丸くする中で、④閣下は飛び込むような身軽さで踊りの輪に加わり、両手を掲げてひらひらと全身を動かし出した。なんとも滑稽《こっけい》な所作で、歓声と笑いが起こる。つられるように他の和人たちも加わる。まだ立たぬ者には、西郷閣下が腕を引っ張って連れ込んだ。アイヌたちも閣下も和人も、ごちゃまぜになって笑い、手を叩きながら踊る。

もちろんヤヨマネクフも踊っている。やり方を知らないからただ体をくねらせているだけだが、それだけでも皆と一体になったような高揚感が勝手に体を動かす。

「踊りをやめよ」

引きちぎるような怒号が飛んだ。ぴたりと皆の動きが止まる。声の主は永山氏だった。

「西郷閣下。なんたることです」

立ち上がった永山氏の顔は、憤怒《ふんぬ》に歪《ゆが》んでいる。

「閣下には、日本を世界第一等の文明国に引き上げる使命があります。畏《おそ》れ多くも陛下より親しく大臣の職を任ぜられた御身でありながら、どうして未開な土人どもと騒ぐのです。体面上、よろしくありません。陛下のご威光をなんと心得られるか」

村人にその日本語がわかるものは少ないだろうが、帯びるあからさまな蔑《さげす》みには、きっとみんな気付いている。

「彼ら未開人は、我らによって教化善導され、改良されるべきなのです。その未開人に誘われて踊るなど、もってのほか」

学校の中は、冷たく静まりかえっている。琴の音が抜けていく。そう、キサラスイは、まだ演奏をやめていなかった。

「やめよ、女」

永山氏が叱責しても、キサラスイはやめない。没頭して聞こえないのか、日本語がわからないふりをしているのか、それともやめたくないのか。

「お耳汚しでしたかな、准大佐どの」

チコビローがB慇懃に言って近づき、杯を勧めた。

「そう大きな声を出されては、みな驚いてしまいます。さあ飲み直しましょう」

「やかましい」斬りつけるような剣幕で永山氏は応じた。

「自ら立つこと能《あた》わず、国家の温情で養われおる分際で、差し出がましいぞ」

チコビローの微笑みは凍りついた。なおも永山氏は言い立てる。

「ここに並ぶ酒食も、国家から与えられたものが大半ではないのか。貴様らが税を納めず兵も出さず、未開にとどまり怠惰《たいだ》に暮らせるのは、誰のおかげか」

屯田兵を率いる永山氏なりに義憤があるのかもしれない。しかし村人ます。我ら対雁村の者ども一同、お国と開拓使の皆さまのご温情により、文明的な生活を始めております」

①流暢なチコビローの日本語に射す影を、果たして何人が気付いただろうか。

「とはいえ、やはり寒村。東京から来られた旦那さまがたのお気に副《そ》う都会的な趣向はなかなかご用意できません。そこで本日は我ら樺太のアイヌの音楽をお耳に入れます。整ったものではございませんが、当村ならではの野趣《やしゅ》とご理解くだされば幸いです」

西郷閣下は、言葉こそなかったが笑顔と杯を掲げる動作で答えた。

「キサラスイ」

「えっ」

総頭領が呼ぶと、呼ばれた者が刺々《とげとげ》しく驚いた。広い室内の隅で、明らかに渋々という態度で立ち上がった人影に、チコビローは今度はアイヌの言葉を使った。

「皆さまに琴《トンコリ》を披露せよ。お前の腕前のことは聞いている」

「いやです」

A毅然とした拒否に、ヤヨマネクフは思わず見とれてしまった。

「あたしは、自分が楽しくて弾いてるだけです。他人様のためには弾きません」

何で呼ばれたのかと思ったら、と恨みがましくキサラスイは続けた。

「まあ、そう言わずに。せっかくなのだから」

「絶対いやです」

そんなにいやなのか。ヤヨマネクフは不思議に思った。

「野蛮人の趣向など要らぬ。どうせ大したものでもあるまい。つまらぬ」

永山氏が投げ捨てるように言った。どうもさっきから機嫌が悪い。

そっとヤヨマネクフが覗《のぞ》いたキサラスイの顔は予想通りだった。あの気高い白嶺に激しい雪嵐が吹き荒れている。

②「弾きます」

短く決然と、キサラスイは宣言する。どすどすと大きい足音を立てて隅へ行き、飾りや酒食と同じく賑やかし程度の意味でひっそり置かれていた琴を手に取る。

「ティ――」

歌うような澄んだ声が聞こえた。キサラスイの声だ。

「ティ、ト、ティ、ティ、タ――」

歌いながら琴の頭の左右に刺さった棒をひねり、キサラスイは自分の声の高さに合わせて弦の音を整える。妙な緊張感が居座っていて、場は静まりかえっている。

演奏は、突然はじまった。

荒涼たる大地が生じた。空は現れた途端にかき曇り、雨が森を洗う。裂けたような晴れ間から差す陽光を鳥がかすめ、ゆっくりと旋回する。流れる大河を鮭の大群が遡上《そじょう》する。熊が吠え、勇者が矢を番《つが》える。子供たちははしゃぎ、巫者《トウスクル》が枕元で祈る。星を引き連れた月が雪原を青く照らす。その上を犬たちが駆け、曳《ひ》かれた橇《そり》はますます速度を上げる。火の神が手元をほのかに照らし、母は樹皮の糸で淡々と布を織る。父は小刀《マキリ》で黙々と木幣《イナウ》（注1）を作る。鼓動があり、吐息があり、足跡が続き、雪が降り、熱が広がる。

たった五本の弦を自在に操り、キサラスイは次々と音を紡ぎ、旋律を

4　資本主義のシステムからは、新たに人類が居住可能な星を探すというアイデアは生まれてこないということ。

5　人類は、地球をかけがえのない星と考えてその環境を守る努力をしていかなければならないということ。

問6　傍線部⑤「規範的次元が矮小《わいしょう》化され」とあるが、それはどうなることか。その説明として適切なものを一つ選び、番号で答えなさい。

1　気候変動は人類の存続を考えるうえで深刻な問題にはならないと見なされてしまうこと。

2　人類の自然との関係や生活のあり方はどうあるべきかといった問題が軽視されること。

3　自分さえ良ければ構わないという資本主義的発想の問題点が無視されてしまうこと。

4　気候変動に対していかなる技術革新が必要なのかという問いが無意味だと考えられること。

5　人類の生活を物質的により豊かなものにするにはどうするべきかという発想が軽視されること。

問7　傍線部⑥「「公正な移行」（just transition）」とあるが、それはどういうことか。五〇字以内で説明しなさい。

問8　次の選択肢から本文の内容に合致するものを一つ選びなさい。

1　筆者は、各国が努力を重ねてパリ協定を守ることができれば、気候変動の問題に十分歯止めがかかると考えている。

2　筆者は、自由市場を前提として、競争から生まれてくる技術イノベーションに頼った段階的な社会対策が肝要であると考えている。

3　筆者は、19世紀になされた資本主義批判は現代の問題を批判的に分析するにあたり、最早何ら有効性を持たないと考えている。

4　筆者は、気候変動対策を考える上で最も重要なことは、科学技術的な問題ではなく財源的な問題であると考えている。

5　筆者は、これからの人類の生活のあり方がどうあるべきかを誰もが納得できるように示していく必要が哲学にはあると考えている。

二　次の文章は川越宗一『熱源』の一節である。【　】内のあらすじと本文を読んで、後の問いに答えなさい。

【明治時代、樺太《カラフト》島の先住民のアイヌは、日本―ロシア間の樺太・千島交換条約で島の領有権がロシアに移ったことにより、島を離れ北海道の対雁《ツイシカリ》に移住した。アイヌの一人ヤヨマネクフは自分たちの生活が和人の暮らしにならって「文明化」していくことに疑問を感じ、総頭領で東京に出向いた経験のあるチコビローに「文明」とは何か問う。それに対して彼は、文明化せず愚かで弱いものは滅んでいくのが当然と考える幻想だと教えた。以下はヤヨマネクフの通う学校へ視察にやってきた西郷従道（閣下）や永山（北海道開拓使の長官、准大佐）らをもてなす宴の場面である。】

閣下はあまり自分から話さず、にこにこしながら相槌《あいづち》を打ち、穏やかだった。酒量だけが尋常ではなく、表情はそのままに自分の目方以上の酒をぐいぐいと飲んでいた。

永山氏は歯の穴が痛んででもいるのか、ぶすっとした顔をしている。

「さて、西郷閣下。そしてみなさま」

場が暖まった頃に、チコビローが立ち上がった。

「本日はこのような寒村にお運びくださり、まことにありがとうございが生まれること。

9 ナオミ・クライン＝カナダのジャーナリスト、作家。

10 グリーン・ニューディール＝地球温暖化、世界金融危機、石油資源枯渇に対してどう対応すべきかの提案が書かれたアメリカの報告書。２００８年発表。

11 ウルリッヒ・ブラント、マルクス・ヴィッセン＝共にドイツの政治学者。

12 ヨハン・ロックストローム＝スウェーデンの環境学者。

13 ラディカル＝徹底的、根源的。

14 リバイアサン＝旧約聖書に出てくる海に住む巨大な怪獣を指すが、絶対的な権力を持った国家の比喩としても用いられ、ここでは弱者の犠牲を顧みずに強権的に気候変動対策を行う国家を「気候リバイアサン」と言っている。

15 マルクス・ガブリエル＝ドイツの哲学者。

問1 二重傍線部Ａ～Ｅのカタカナを漢字に改めなさい。

問2 傍線部①「「人新世」は「資本新世」と呼んでもよいほどである」とあるが、筆者がそう考えるのはなぜか。その説明として適切なものを一つ選び、番号で答えなさい。

1 無限の致富衝動や絶えざる競争、グローバル化が資本主義のシステムの本質であるから。

2 人類の生活のあり方を不可逆的に変化させたのが資本主義のシステムであるから。

3 資本主義のシステムが、地球全体に影響を及ぼす人間活動の原動力となっているから。

4 人類の活動が「重大な地質学的な威力」となって地球環境を危機的な状況に追い込んだから。

5 資本主義のシステムが、地球全体に良い影響を及ぼして人々の生活を一変させたから。

問3 傍線部②「本末転倒になってしまう」とあるが、バイオマスの例はどういう点が「本末転倒」なのか。三五字以内で分かりやすく説明しなさい。

問4 傍線部③「資本主義的なロジック」について、それに適合する例を一つ選び、番号で答えなさい。なお、「ロジック」とは「論理」を意味する語である。

1 白熱球から電気消費量の少ないＬＥＤ電球に交換する。

2 家族が同じ部屋で団欒《だんらん》し、空調と照明の利用を減らす。

3 古くなったハンドタオルを雑巾として利用する。

4 自家用車を持たずにカーシェアリングを利用する。

5 家庭で出た生ゴミを堆肥として家庭菜園で利用する。

問5 傍線部④「人類にとって、プランＢの惑星は存在しない」とあるが、それはどういうことか。その説明として適切なものを一つ選び、番号で答えなさい。

1 地球以外に人類が居住可能な星は存在しない以上、何をしようが人類の滅亡は避けられないということ。

2 人類は、地球環境が破壊されて生活できなくなった時に備えて新たに居住可能な惑星を探す必要があるということ。

3 資本主義のシステムを改良していかなければ、やがて人類は地球に住めなくなるということ。

会システムを根底に据える私たちの生活様式そのもの――それは、常に人種差別、女性差別、植民地主義、環境破壊などと結びついてきたのであり、ウルリッヒ・ブラントとマルクス・ヴィッセン(注11)が「帝国的生活様式」と呼ぶもの――を、その歴史的起源に遡《さかのぼ》って批判的に捉える必要がある。その上で、資本主義がヨハン・ロックストローム(注12)らのいう「地球の限界《プラネタリー・バウンダリー》」と相容れないのであれば、不可逆的な変化を引き起こさないために、現在のシステムをラディカル(注13)に変えねばならない。将来の世代へ地球を残すのは現在の世代の責任なのである。④人類にとって、プランBの惑星は存在しないのだから。

現在の放埒《ほうらつ》な生活のツケを将来世代に押し付けないためには、私たちはどういった形で自然との関係を再構築し、どのような生活をより望ましいものと見なすべきなのか。こういった問いに答えるのは思想、とりわけ批判理論の役割であると同時に、こうした問い自体が、資本主義を自明視する理論的枠組みからは出てこない性格のものである。資本主義を自明視した結果、気候危機の政治的・⑤規範的次元が矮小化され、自由市場を前提とした上での、単なる技術的問題に還元されてしまうのだ。

ところが、技術的に可能な方法だけを一部の専門家だけの決定によって、それが気候変動対策として「必要だから」という理由だけで国家が政治的に押し付けようとするなら、それは「気候リバイアサン(注14)」の世界である。それは当然のように、既存の「帝国的生活様式」を維持し、強化するような結果となるだろう。マルクスは後先を顧みない資本家のモットーを「大洪水よ、我が亡きあとに来たれ！」と表現した。だが、もはや大洪水が来るのが避けられなくなれば、「大洪水よ、我が横を流れよ！」となるのである。

だからこそ、誰も取り残されないような民主主義的な移行、⑥「公正な移行」(just transition)はどのようにして可能であるかという問いが、これまで以上に重要である。そして、一部の人間だけが生き残るために、多くの人々が犠牲になるということがないようにするには、マルクス・ガブリエル(注15)が『未来への大分岐』でもEクり返し強調するように、自然科学の客観性を重視しながらも、自然科学こそがすべてを解決するという「自然主義」に陥ることなく、普遍的な倫理を哲学は展開し、擁護する必要がある。

【注】
1 パウル・クルッツェン＝オランダ人の化学者。
2 パリ協定＝2015年に採択された、気候変動抑制に関する多国間協定。
3 技術イノベーション＝技術革新。新しい技術の発明。
4 テスラ(のSUV)＝電気自動車メーカー(が作った多目的に使用可能な車)。
5 バイオマス＝動植物等の生物から作り出される有機性のエネルギー資源。環境に優しいとされ、石油に替わるエネルギー資源として期待される。
6 マルクス＝カール・マルクス。一九世紀のドイツの哲学者、経済学者。
7 コミュニズム＝共産主義。マルクスは、資本主義から社会の合理的な規制の下で必要なものだけを生産する共産主義に移行することで、労働時間は減り、人々が人間性を発達させるための余暇の時間が増える(＝自由の国)と考えた。
8 インスパイアされた＝思想や感情に触発されて、新しい活動や思考動車に乗るようになることで、環境問題を解決できるわけではない。

もちろん、こうしたグリーン・ユートピアを思い描く人も存在する。だが、人々がiPhoneを2年に一度買い替えて、みながテスラ（注4）に乗るような社会を実現するために、十分なリチウムはどうやら地球に存在しないようだ。あるいは、バイオマス（注5）を生産するにしても、そのために、これ以上アマゾンの森林を伐採するのであれば、②本末転倒になってしまう。

事実、現在の大量生産・大量消費のライフスタイルを維持したままで、先進国がすぐにでも大量の発電所や電気自動車を作り、バイオマスに切り替えようとするなら、どうなるだろうか。原料への需要が大幅に増大することから生じる価格上昇は、チリや中国、ブラジルといった資源国での採掘や森林伐採をこれまで以上に劇化させることになるに違いない。そうなれば、労働者の生活と自然環境を同時に破壊するとともに、採掘や農業に伴う水の大量消費や汚染は、その他の広範な現地住民の生活にも壊滅的影響を与えることになる。

それゆえ、ここでも求められている変化は、③資本主義的なロジックからの決別である。テスラのSUVや太陽光パネルのついた一軒家を買うというのではなく、公共交通機関を充実させ、エネルギー効率のいい公営の集合住宅を建て、スポーツや芸術といったより社交的な休日の時間をすごすための場所を充実させるべきではないか。そしてなにより、労働時間を削減し、無駄な生産活動と消費を減らさなくてはならない。ここでもやはりマルクス（注6）の「自由の国」というコミュニズム（注7）のビジョンが持つ基本的洞察《どうさつ》は生きている。

そうはいっても、冷戦崩壊後に、いまさら「マルクスとエコロジー」なのかと思う人もいるかもしれない。そして、環境経済学のような学問領域が発展している今、19世紀のマルクスの思想に立ち返って環境問題を論じることに何の意味があるのか、と感じる人もいるだろう。マルクス主義者が新しい生き残りのネタを見つけただけなのだろうか。

他方で、マルクスの資本主義批判にインスパイアされた（注8）「エコ社会主義」の理念は、マルクス主義の枠を超えて、広がりつつある。例えば、世界的に著名なジャーナリストであるナオミ・クライン（注9）はグリーン・ニューディール（注10）を擁護《ようご》するための最新刊『*On Fire*』のなかで、次のように述べている。

「ソ連やベネズエラが深刻な環境破壊を引き起こしたという」事実を認めよう。他方で、強固な民主主義的社会主義の伝統をもつ国々――デンマーク、スウェーデン、ウルグアイ――が、世界でもっともCセンケンの明がある環境政策を採用していることも指摘しておく必要がある。以上のことから結論できるのは、社会主義は必ずしもエコロジカルではないものの、新しい形態の民主主義的エコ社会主義――それは将来世代への義務やあらゆる生命のつながり合いについての先住民の教えから学ぼうとする謙虚な姿勢をともなっていなくてはならない――が、人類の集団的生存にとっての最良の企てであるように思われるということだ。」

ここで注意しなくてはならないのは、Dバッポン的な気候変動対策というのは、排出量をどれくらいのペースで、どれだけ減らすか、そのための財源はどうするかといった技術的な問題に還元されるものではないということだ。気候変動が突き付けているのは、近代の「自然の支配」のための道具としてのテクノロジー観や「無限の経済成長」を前提とする成長概念を根源的に反省することである。つまり、資本主義という社

【国　語】〈五〇分〉〈満点：一〇〇点〉

【注意】字数が指定されている場合は、句読点やカッコなども一字として数える。

一　次の文章は斎藤幸平「気候危機と世界の左翼」の一節である。これを読んで、後の問いに答えなさい。

ノーベル化学賞を受賞したパウル・クルッツェン（注1）は、人類が地球全体に及ぼす影響力の大きさを強調するために、地質学上の新しい時代として「人新世」という概念をAテイショウした。人類が一つの「重大な地質学的な威力」になって、その活動が地球のあり方を変えているというのである。

そして、この人類を駆り立てているのが、資本主義システムであることは間違いない。実際、①「人新世」は「資本新世」と呼んでもよいほどである。無限の致富衝動、絶えざる競争、グローバル化が、より多く、より早く、より遠くを目指すことで、地球環境を不可逆的に変えてしまったのだ。であるとすれば、環境危機を論じる際には、資本主義そのものを批判することが必要であるという認識が欧米では広く共有されるようになっているのは当然のことであり、エコロジーを論じない左翼は左翼ではない、という状況になっているのも納得がいく。

現代資本主義が突き進んでいる先にあるのは、気候変動による破局である。気候変動は、今年千葉や福島に深刻な被害をもたらした台風の大型化に関連しているだけではない。アマゾン、カリフォルニア、オーストラリアの山火事、北極圏の氷の融解、プエルトリコやバハマを襲ったハリケーン、ベネチアの高潮など、すべてはつながっている。これらの出来事は、産業革命以前と比較して「わずか」1度の気温上昇によって引き起こされた。ところが、この間にも化石燃料の消費量は増え続けており、このままのペースでいくと、2030年には1・5度をこえるといわれている。

だが、科学者たちがぎりぎりの安全のリミットと見なすのは、2100年までの気温上昇を1・5度以内に収めることである。パリ協定（注2）が目指す2・0度でさえも、もはやかなり危険と見なさざるを得ない状況になっているのだ（実際には、パリ協定を守ったとしても、最大3・7度も上がってしまうのだが）。そして、もし本当に気温上昇を1・5度以内に収めようとするのであれば、2030年までに二酸化炭素排出量を半減させ、2050年までに純排出をゼロにしなくてはならない。今後わずか10年でそれほど大きな変化を起こさなくてはならないにもかかわらず、石炭火力発電所を地元横須賀で建設している小泉進次郎環境大臣からは、なんら危機感をもった対策は聞こえてこない。

それ以上に、科学者たちが求める要求を満たすには、プラスチックストローやレジ袋の廃止、あるいは、ホテルにBタイザイした時にタオルを換える頻度《ひんど》を2日に一回にするなどという個人消費者レベルの対策ではまったく意味がないことに気が付かなければならない。社会全体、産業レベルでの大転換が求められているのだ。

ただし、社会的対策といっても、排出権取引や、企業が進んで受け入れるような軽い炭素税でも不十分である。もはや、自由市場を前提とした段階的な移行では間に合わないところまで来てしまっているからだ。また、産業に技術イノベーション（注3）が期待されているといっても、より性能の高い電気自動車が開発されて、みなが快適な自動運転の電気自

2020年度

解　答　と　解　説

《2020年度の配点は解答欄に掲載してあります。》

＜数学解答＞

1　(1)　$\frac{-3\pm\sqrt{57}}{2}$　(2)　$\frac{5}{21}$　(3)　$25.65\leqq a<25.75$

2　(1)　エ　4　(2)　オ　309　(3)　カ　120　(4)　キ　31

3　(1)　$(-6,\ 0)$　(2)　$\left(-3,\ \frac{9}{2}\right)$　(3)　$\left(\frac{3}{2},\ \frac{9}{2}\right)$

4　(1)　2　(2)　$\sqrt{10}$　(3)　$\frac{2\sqrt{15}}{3}$

5　(1)　セ　$\frac{4}{3}$　ソ　2　(2)　タ　$\frac{6}{7}$

○推定配点○

1　各6点×3　2　(1)　4点　(2)～(4)　各6点×3

3　(1)・(2)　各6点×2　(3)　8点　4　(1)・(2)　各6点×2　(3)　8点

5　(1)　各5点×2　(2)　10点　計100点

＜数学解説＞

1　(小問群―2次方程式，確率，小数の範囲)

(1)　$\frac{1}{2}(x-2)(x+3)=\frac{1}{3}(x^2-3)$の両辺を6倍すると，$3(x-2)(x+3)=2(x^2-3)$　$3(x^2+x-6)=2(x^2-3)$　$3x^2+3x-18=2x^2-6$　$x^2+3x-12=0$　$x=\frac{-3\pm\sqrt{3^2-4\times1\times(-12)}}{2\times1}=\frac{-3\pm\sqrt{57}}{2}$

(2)　7個の球から2個を同時に取り出す取り出し方は，例えば，a，b，c，…，gの7個から2個を順番に取り出すときは，$7\times6=42$(通り)　同時に取り出すときは，abとbaは同じものとして数えるから，$42\div2=21$(通り)　赤球3個から2個を取り出す取り出し方は$3\times2\div2=3$(通り)　白球，青球2個を取り出す取り出し方はそれぞれ1通り。よって，同じ色の球を取り出す確率は，$\frac{5}{21}$

(3)　小数第2位を四捨五入して25.7になる数は，25.65以上25.75未満である。よって，25.7gの真の値agの範囲は，$25.65\leqq a<25.75$

2　(規則性―3の累乗，3で割った余り，自然数の性質)

重要　(1)　自然数Aを$A=10a+b$と表すと，$10a$は5で割り切れるので，5で割った余りはAの一の位の数で判断できる。$3^1=3$，$3^2=9$，$3^3=27$，…の一の位を順に書くと，3，9，7，1，3，9，…となるので，5で割った余りの数は，3，4，2，1，3，4，…となる。よって，下の段のうち最も大きい数は4

(2)　下の段の数は(3，4，2，1)，(3，4，2，1)，…と4個ずつ組にして考えることができる。$123\div4=30$余り3　よって，123番目まで足した数は，$(3+4+2+1)\times30+9=309$

(3)　下の段の数を左端から順に足して得られる数は，7，9，10，13，17，19，20，23，…，309…

①の122個である。上の段の数は，$3^1=3$，$3^2=9$，$3^3=27$，$3^4=81$，$3^5=243$，$3^6=729$，…，3^{123}なので，上の段の数のうち①の数に現れるものは，$3^2=9$，$3^3=27$，$3^5=243$の3個だけである。よって，①の数に現れないものは120個

(4) 3^nの一の位の数が3，4，2，1なので，3^n+1の一の位の数は4，5，3，2となる。3^nは一の位の数が5のときに5の倍数となるから，左から2番目，6番目，…，122番目までの数である。よって，$(122-2)\div4+1=31$　　nは31個ある。

3 （関数・グラフと図形―座標，グラフの式，面積が等しい三角形）

(1) 点Aのx座標を$-m$とすると，AB＝BCであることから，点Cのx座標はmであり，y座標は$\frac{1}{2}m^2$である。直線ACの傾きが$\frac{3}{2}$だから，$\frac{1}{2}m^2\div2m=\frac{3}{2}$　　$\frac{1}{2}m^2=3m$　　$m^2-6m=0$　　$m(m-6)=0$　　mは0でないから，$m=6$　　A$(-6,\ 0)$

(2) 点Cのy座標が$\frac{1}{2}\times6^2=18$であり，AB＝BCなので，B$(0,\ 9)$　　よって，直線ACの式は$y=\frac{3}{2}x+9$　　点Dのx座標は，方程式$\frac{1}{2}x^2=\frac{3}{2}x+9$の解として求められる。$x^2=3x+18$　　$x^2-3x-18=0$　　$(x+3)(x-6)=0$　　$x=-3,\ 6$　　$\frac{1}{2}\times(-3)^2=\frac{9}{2}$　　したがって，D$\left(-3,\ \frac{9}{2}\right)$

やや難 (3) △AOCの面積はAOを底辺，点Cからx軸までの距離を高さとして求めると，$\frac{1}{2}\times6\times9=27$
直線上の線分の長さの比は，線分の両端のx座標（またはy座標）の比で求めることができるから，DC：AC＝$\{6-(-3)\}:\{6-(-6)\}=3:4$　　高さが等しい三角形の面積の比は底辺の比に等しいから，△COD：△AOC＝CD：AC＝3：4　　よって，△COD＝$\frac{3}{4}$△AOC　　△COD＝△AECのとき，△AEC＝$\frac{3}{4}$△AOCとなるから，EC：OC＝3：4　　よって，点Eのx座標，y座標は点Cのx座標，y座標の$\frac{1}{4}$である。よって，E$\left(\frac{3}{2},\ \frac{9}{2}\right)$

4 （平面図形―円，角の二等分線，二等辺三角形）

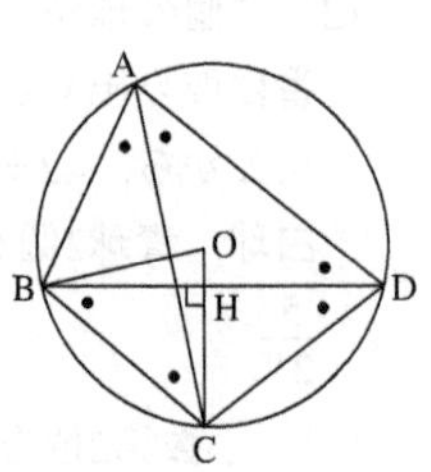

基本 (1) ∠BAC＝∠DAC＝xとすると，同じ弧に対する円周角は等しいから，∠BDC＝∠DBC＝x　　また，∠BAD＝2∠ADBなので，∠ADB＝∠ACB＝$\frac{1}{2}$∠BAD＝x　　したがって，右図の・印の角はすべて等しい。よって，△EBCは二等辺三角形だから，EC＝BE＝2

重要 (2) △BEAと△BADにおいて，∠BEAは△AEDの外角なので，∠EAD＋∠EDA＝$2x$＝∠BAD　　∠ABE＝∠DBA　　2組の角がそれぞれ等しいので，△BEA∽△BAD　　よって，EB：AB＝AB：DB　　2：AB＝AB：5　　$\text{AB}^2=10$　　したがって，AB＝$\sqrt{10}$

やや難 (3) △BCDが二等辺三角形なので，半径OCは弦BDと垂直に交わる。OCとBDの交点をHとして△BCHで三平方の定理を用いると，BC＝AB＝$\sqrt{10}$，BH＝$\frac{1}{2}$BD＝$\frac{5}{2}$だから，$\text{CH}^2=\text{BC}^2-\text{BH}^2=10-\frac{25}{4}=\frac{15}{4}$　　CH＝$\sqrt{\frac{15}{4}}=\frac{\sqrt{15}}{2}$　　円の半径をrとすると，OH＝CO－CH＝$r-\frac{\sqrt{15}}{2}$　　△BOHで三平方の定理を用いると，$r^2=\left(\frac{5}{2}\right)^2+\left(r-\frac{\sqrt{15}}{2}\right)^2$，$r^2=\frac{25}{4}+r^2-\sqrt{15}r+\frac{15}{4}$　　$\sqrt{15}r=10$　　$r=$

$\frac{10}{\sqrt{15}}=\frac{2\sqrt{15}}{3}$

5 （空間図形―直方体，動点，三平方の定理，底面積と体積）

重要 (1)　出発してx秒後には，EP＝FQ＝x，PF＝QG＝$4-x$，FR＝$2x$である。△PQRがPF＝FQの二等辺三角形になるのは，$4-x=x$　$2x=4$　$x=2$(秒後)　$PQ^2=(4-x)^2+x^2=2x^2-8x+16$　$PR^2=(4-x)^2+(2x)^2=5x^2-8x+16$　$QR^2=x^2+(2x)^2=5x^2$　PQ＝PRになるときがあるとすると，$2x^2-8x+16=5x^2-8x+16$　$3x^2=0$　$x=0$となって不適当。PQ＝QRになるときがあるとすると，$2x^2-8x+16=5x^2$　$3x^2+8x-16=0$　$x=\frac{-8\pm\sqrt{64+192}}{6}=\frac{-8\pm16}{6}=-4,\ \frac{4}{3}$　よって，$\frac{4}{3}$秒後　PR＝QRになるときがあるとすると，$5x^2-8x+16=5x^2$　$-8x=16$　$x=2$(秒後)　したがって，$\frac{4}{3}$秒後と2秒後のときである。

やや難 (2)　1秒後のとき，$PQ^2=2x^2-8x+16=10$，$PR^2=5x^2-8x+16=13$，$QR^2=5x^2=5$　$PQ=\sqrt{10}$，$QR=\sqrt{5}$，$PR=\sqrt{13}$　点QからPRに垂線QSを引いてPS＝yとすると，$RS=\sqrt{13}-y$　△QPS，△QRSで三平方の定理を用いてQS^2を2通りに表すことで，$(\sqrt{10})^2-y^2=(\sqrt{5})^2-(\sqrt{13}-y)^2$　$10-y^2=5-(13-2\sqrt{13}y+y^2)$　$2\sqrt{13}y=18$　$y=\frac{9}{\sqrt{13}}$　よって，$QH^2=(\sqrt{10})^2-\left(\frac{9}{\sqrt{13}}\right)^2=\frac{49}{13}$　$QS=\sqrt{\frac{49}{13}}=\frac{7}{\sqrt{13}}$　$\triangle PQR=\frac{1}{2}\times\sqrt{13}\times\frac{7}{\sqrt{13}}=\frac{7}{2}$　点Fから△PQRに垂線FTを引くと，四面体FPQRの体積は$\frac{1}{3}\times\frac{7}{2}\times FT$で求められる。また，四面体FPQRの体積は△PFQを底面，RFを高さとしても求められるから，$\frac{1}{3}\times\left(\frac{1}{2}\times3\times1\right)\times2=1$　よって，$\frac{7}{6}\times FT=1$から，頂点Fから底面PQRに下ろした垂線の長さは，$\frac{6}{7}$

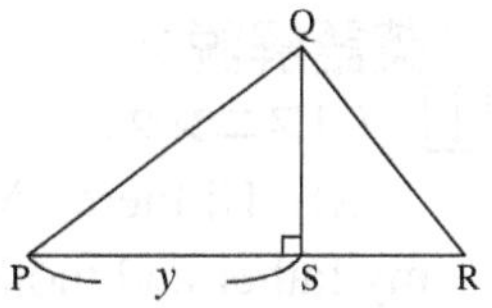

★ワンポイントアドバイス★

2の(3)は，まずは122個の数の中に現れる数を求める。3は，三角形の面積を次々と求めながら考えてもよいが，辺の比を利用すると簡単にできる。4は与えられた図は正確なものではないので，自分で条件に合わせて書いてみるとよい。

＜英語解答＞

1 (A)　❶ 11歳　❷ 10月17日　❸ 54歳　❹ 176cm　❺ 2時間30分　❻ 4月17日　❼ 父(親)　❽ 40分

(B)　❶ B　❷ C　❸ E　❹ D

2 ❶ doing　❷ how　❸ who　❹ from　❺ like　❻ so　❼ died

3 ❶ it helps me to relax when I'm tired after school

❷ your eyes get tired and your body becomes weak

❸ we need to practice things we learned in class

❹ we don't have enough time to exercise or relax with our friends and family

❺ if we eat too much of it we will become overweight and unhealthy

❻ they don’t have time to go shopping or prepare meals after work

4 問1 子どもたちは，バスに乗って自分たちだけで学校に行けるほどもう十分に大きいと思われたのだった。　問2 オ　問3 エ　問4 2番目 ウ　5番目 エ

問5 彼[ピーター]はとても速く走っていたので，自分の手を広げたら，飛び立つことができるだろうと思った。　問6 ピーターが，妹を乗せたバスを追いかけている状況で，それを忘れてついいつもの空想にふけってしまったこと(に対して)

問7 あ オ　い ア　う カ　問8 ア，カ

○推定配点○

1 各2点×12　2 各3点×7　3 各4点×6

4 問1・問5・問6 各5点×3　他 各2点×8(問4完答)　計100点

＜英語解説＞

やや難 1 （リスニング）

(A) Hi there. My name’s Bob and I’m going to tell you about my family. I live with my father and mother, and my sister and brother. My brother is younger than me: he will be 12 in October. His birthday is October 20. It’s easy for me to remember because it’s three days after mine. My mother’s birthday is also easy for me to remember because it’s exactly 6 months after mine. Mom will be 53 in April. She’s just two years younger than dad – that’s what we call my father. My sister is much older than me. She was 20 on Christmas Eve last year.

Everyone in my family is tall. My sister is over 170 centimeters! She’s like mom. Mom’s very tall for a woman: 174 centimeters. But I’m now two centimeters taller than her. My brother is already 168 centimeters! I think he will be the tallest person in our family in the future. He will surely be taller than mom and me, and he may even be taller than dad one day.

Everyone gets up early in our family. We live in the countryside, so I have to leave home at 7:40 to arrive at school by 8:20. It takes dad over an hour to get to his office, but my sister has to travel even farther. It takes her two and a half hours to get to her school.

(全訳) (A) みなさん，こんにちは。私の名前はボブで，みなさんに私の家族についてお話ししようと思います。私は父，母，姉，弟と一緒に住んでいます。弟は私より年少で，10月で12歳になります。彼の誕生日は10月20日です。この日は私にとって覚えやすいです。というのは，その日は私の誕生日の3日後だからです。母の誕生日も同様に記憶しやすいのです。私の誕生日のちょうど6か月後だからです。母は4月に53歳なります。彼女は，パパ―私たちは父のことをそう呼んでいますが，よりも2歳だけ若いです。姉は私よりずっと年長です。去年のクリスマス・イブで，彼女は20歳でした。

私の家族は全員，背が高いです。私の姉は170cmを超えています。彼女は母のようです。母は女性としては非常に背が高くて，174cmです。でも，現在，私は彼女よりも2センチ背が高いです。私の弟はすでに168cmです。将来，彼は家族の中で最も背が高い人物になるのではないかと，私は思っています。彼はきっと母や私よりも背が高くなり，いつの日か，弟は父より背が高くなることさえありえます。

私たちの家族はみんな早起きです。私たちは田舎[郊外]に住んでいるので，私が8時20分までに

学校に到着するには，7時40分に家を出なければなりません。父が会社に着くには1時間以上かかりますが，姉はもっと遠くまで移動しなければなりません。彼女の学校に到着するまでに，姉は2時間半を要します。

（B） Tom : Hi Jenny. Are you busy this evening? Would you like to watch ‘Frozen 2’ with me?

Jenny: Oh, thanks, Tom. But, I have to go to see my grandfather this afternoon – he’s still in hospital – and we won’t be back home until late. And, anyway, I saw it already – at the cinema with my parents the day before yesterday.

Tom : Oh, I see. Well, how about going to the pool together tomorrow? I know you like swimming.

Jenny: Yes, I’d love to, but, I’m sorry I can’t – I’m going to the zoo with my uncle and cousins.

Tom : The zoo?

Jenny: Yes, we were going to go yesterday, but it was raining, so I just went to the library instead.

Tom : OK, then. So, how about going to the pool the day after tomorrow?

Jenny: Well, my mum wants me to go to my grandmother’s house then, but I don’t have to go. So, it should be OK.

Tom : Great. Let’s go in the morning and then we can have lunch together afterwards.

Jenny: Sounds great. See you the day after tomorrow.

（全訳） （B） トム：こんにちは，ジェニー。今晩は忙しい？ ‘Frozen 2’ を僕と一緒に見たくないかい？

ジェニー：あっ，ありがとう，トム。でも，今日の午後は，祖父に会いに行かなければならないの。彼はまだ入院していて，遅い時刻まで私たちは帰宅しないと思うわ。それと，とにかく，その映画を私は既に観てしまっているの，一昨日，両親と一緒に映画館でね。

トム　：へえ，なるほど。じゃあ，そうだなあ，明日，一緒にプールに行かない？ 君は泳ぐことが好きだよね。

ジェニー：そうね，行きたいわ，でも，ごめんなさい，行くことはできないの。おじと従兄弟たちと動物園に行くことになっているのよ。

トム　：動物園？

ジェニー：ええ，昨日，行こうとしたのだけど，雨が降っていたから，代わりに，図書館へ行っただけなの。

トム　：うん，なるほどね。では，明後日，プールへ行くのはどう？

ジェニー：そうねえ，その日は，母は私に祖母の家を訪ねてほしいみたい。でも，行かなければならないわけではないわね。だから，きっと平気だわ。

トム　：それは良いね。午前中に出かけて，その後に昼食を一緒に食べよう。

ジェニー：楽しそうね。では，明後日に会いましょう。

重要 2 （英文読解問題・文法：語句補充・選択，分詞，間接疑問文，関係代名詞，前置詞，接続詞）

（全訳） これは，ヨハネス・フェルメールによる『牛乳を注ぐ女』である。家事❶をしている若くて丈夫そうな女性が描かれている。フェルメールはオランダのデルフトで生まれた。その地で生涯，彼は生活し，働いた。フェルメールが❷どのように絵を描くことを学んだかはわからない。彼には画家である❸多くの友人がいたということがわかっているが，友人たちの作画様式はすべて，彼のもの❹と比較すると異なっていた。フェルメールは生計を得るために，ちょうど彼の父❺と同様に，他の人々の絵画を売った。それでも，彼自身の絵は非常に好評を博した。各作品は完成に数ヶ月を要し，❻そのため，彼は1年に2，3枚しか製作することができなかった。それは，彼の妻と11人の子供を養うにはぎりぎりだった。彼は1675年に突然❼亡くなった。

❶ a woman doing the housework ← 現在分詞の形容詞的用法〈名詞＋現在分詞[doing]＋他の語句〉「～している名詞」，do housework「家事をする」 ❷ how「どうやって／どんなふうに」(方法・手段を尋ねる表現) how Vermeer learned to paint ← How did Vermeer learn to paint? 間接疑問文(疑問文が他の文に組み込まれた形)〈疑問詞＋主語＋動詞〉の語順になるので注意。 ❸ many friends who were painters「画家である多くの友人」← 先行詞が人の場合の主格の関係代名詞〈先行詞＋ who ＋動詞〉「～[動詞]する…[先行詞]」 ❹ different from「～とは異なる」 ❺ 前置詞 like「～のように」 ❻〈～, so …〉「～だ，それで／だから…」 ❼ died ← die「死ぬ」の過去形，〈原形＋ -ed〉規則変化動詞の過去形。 他の選択肢は次の通り。because「～のために」，give「～を与える」，in「～の中に」，take「取る」，which「どちら／関係代名詞」

やや難 [3] (会話文問題：条件英作文，動名詞，接続詞)

問1 先生：テレビをどう思いますか。／生徒A：私はテレビを見るのが好きです。❶学校が終わって疲れているときに，緊張感をほぐす手助けになるからです。／生徒B：テレビを見すぎるのは問題があると思います。テレビを見すぎると，目が疲れるし，体力も落ちます。私は，スポーツをしたり，友だちと外出したりする方が好きです。 like watching 動名詞[doing]「～すること」，because「～だから」理由を表す接続詞，There is a problem with「～に問題がある」，too much「多すぎ」，prefer「(～のほうを)好む」

問2 先生：宿題についてどう思いますか？／生徒A：先生が私たちに宿題を出すのは，❸授業で習ったことを練習する必要があるからだと思います。／生徒B：そうかもしれませんが，もし宿題が多すぎると，❹運動したり，友人や家族とくつろいだりするのに十分な時間がなくなります。 may「～してもよい／かもしれない」

問3 先生：ファストフードについてどう思いますか。／生徒A：ファストフードは本当に良くないと思います。❺というのは，それを食べすぎると，太りすぎて，健康に良くないからです。／生徒B：確かにそうです，でも，多くの人々にとって，ファストフードは非常に便利です。❻買い物に行ったり，仕事の後に食事を用意したりする時間がないからです。

[4] (長文読解問題・物語文：英文和訳・記述，内容吟味，英問英答・選択，指示語，語句補充・選択，語句整序，要旨把握，受動態，不定詞，助動詞，進行形，接続詞，間接疑問文，関係代名詞)

(全訳) 10回目[10歳]の誕生日を終えて間もなく，ピーターは7歳の妹，ケイトを学校に連れていくように言われた。ピーターとケイトは同じ学校へ通っていた。学校への通学は，徒歩で15分か，あるいは，短時間のバス乗車のどちらか(によるもの)であった。通常は，仕事に出かける父親と一緒に，彼らはそこまで歩いていた。だが，その時点で，❶子供たちは，バスで自分たちだけで学校までたどり着くのに十分な年齢であると考えられ，ピーターが担当した。

学校へは，通りに沿ってわずか2つ先のバス停で下車すればよかったが，❷彼の両親は繰り返し述べたので，ピーターはケイトを北極点に連れて行くもの，とあなたなら考えたかもしれない。前日の晩，彼はその注意点について申し渡された。彼が起床すると，再びその注意点を聞かなければならなかった。そして，両親は朝食の間ずっとその留意点を繰り返し話し聞かせたのである。子供たちがドアから外へと出る途中で，母親のヴィオラは最後にその留意すべきことについて言及した。ピーターは考えた。自分のことを愚かだ，とみんなが思っているに違いない。おそらく僕はそうなのだろう。彼はずっとケイトの手を握っていなければならない。ケイトは窓際に位置するように，彼らは一緒に座らなければならない。ピーターは，『お願いします』という言葉を言い忘れないように，大きな声で降りるバス停の名前を運転手に告げなければならない。

ピーターはその注意点を母親に向かって反復し返し，妹と一緒にバス停へ向かって歩き出した。道すがらずっと，二人はお互いの手を握りしめていた。実際，彼はケイトのことが好きだったので，このことをあ嫌だと思うことはなかった。友人たちに彼が女の子の手を握っているのを，彼は見られたくなかっただけだ。バスが到着した。彼らは乗車して，下部(座席)に座った。そこで，手と手を取り合いながら座っているのは，こっけいであり，同じ学校へ通う少年たちも同乗していたので，二人は互いの手を握ることを止めた。同時に，ピーターは❸誇らしく感じた。どこにおいても，彼は妹の面倒をみることができるのだ，と思った。彼女は彼を頼りにすることができる(と感じた)。たとえ山道に二人きりしかいなくて，腹を空かせた一群のオオカミと対峙したとしても，彼は正確に何をしたらよいかがわかるだろう。絶対に急に動くことがないように注意を払い，大きな岩を背にするまで，ケイトと共にその場を後にするであろう。そのようにすれば，群れのオオカミは彼らを取り囲むことができないだろう。

彼は空想し始めた。❹彼は忘れずに携帯している2つの重要な品物を自身のポケットから取り出す，つまり，狩猟用のナイフと一箱のマッチである。彼はナイフを芝の上に配置し，オオカミの襲撃に備える。その時，オオカミは近づいてくる。お腹をとても空かせて。ケイトは泣きじゃくっていた。そして，ピーターは狩猟ナイフを握りしめて，それから…

ばかげている！　このような空想すれば，危険な状態に落ちうるのである。つまり，注意しないと，降車するバス停を乗り過ごしてしまうだろう。バスは動いていなかった。彼と同じ学校に通う子どもたちが降りていた。ピーターはいきなり立ち上がると，ドアまで走っていき，バスから飛び降りた。道路からおよそ30メートル歩くと，彼は何かを置き忘れていることに気づいた。彼の通学カバンだろうか？　そうじゃない！　そうだ，妹だ！　その瞬間，彼は動くことができなかった。彼はその場に立ちすくみ，バスを見つめていた。「戻ってきて」彼は穏やかで，静かな声で言った。「ねえ，戻ってきてって」

同じ学校へ通う少年たちの一人がやって来て，彼の肩に触れた。

「どうしたの？　幽霊を目撃したのかい？」

ピーターの声はどこか遠くから発せられてくるようだった。「あっ，何も，何でもない。バスに忘れ物をしたのさ」そして，彼は走り出した。バスはすでに150メートル離れており，次のバス停に向けて速度を落とし始めていた。ピーターは走る速度を上げた。❺彼はとても速く走ったので，仮に両腕を広げれば，空中へと離陸できただろう，と考えた。そして，彼は木々のてっぺんに沿って滑空することができ，それから…　❻いや，そうじゃない！　彼は再び空想を始めようとしているのではなかった。彼は妹を取り戻そうとしているのであった。今でも，彼女は恐怖で泣いているだろう。

何人かの乗客がすでに下車しており，再びバスは走り去ろうとしていた。彼はこれまでにないほど(バスに)接近していた。バスはトラックの背後をゆっくりと走行していた。彼がこのまま走り続けて，両足の激しい痛みを忘れることさえできれば，彼は(バスに)い追いつくだろう。彼がバス停までたどり着いたときに，バスはわずか50メートル離れているだけだった。「もっと速く，より速く」彼は心の中で考えた。

ピーターが通り過ぎる際に，バス停のそばに立っている一人の子供が彼に向かって叫んだ。「ねえ，ピーター，ピーターったら！」

ピーターには振り向く時間がなかった。「止まれないよ！」彼は叫ぶと，走り続けた。

「ピーター！　止まって！　私よ。　ケイト！」

彼は妹の足元の芝生の上に倒れ込んだ。

「さあ，頑張って。私たちは歩いて戻らなきゃならないわ。じゃないと，遅れちゃうでしょう。やっかいなことにう関わらないつもりなら，私の手を握っていなければならないのよ」彼女は冷静に言った。

そして，彼らは一緒に学校まで歩いて行き，ケイトは次のことを約束した――帰宅しても，日曜日にもらえるピーターのこづかいと引き換えに，何が起こったかはしゃべらないということを。

重要 問1　〈be動詞＋ thought ＋ C〉「Cと考えられている」，〈形容詞[副詞]＋ enough ＋不定詞[to do]〉「～[不定詞]するには十分に…[形容詞／副詞]だ」，〈make it〉「(目的地に)たどり着く／成功する／都合がつく」，by oneself「独力で，ひとりで／一人きりで」

やや難 問2　質問「ピーターは彼の両親から何と言われたか」下線部❷は「彼の両親はそのこと[it]について話し続けた」の意。it が具体的に指す内容は，妹を学校に連れて行く際に留意すべき注意点で，第2段落の最後の3文に記されている以下の3点。1)常にケイトの手を離さない。2)ケイトを窓際にして一緒に座る。3)運転手へ下車するバス停名を告げる。したがって，正解はオ「ケイトの面倒をいかにみるか，そして，どのように運転手へ話しかけるか，を告げられた」。〈how ＋不定詞[to do]〉「～をする方法」，look after「～の世話をする」，speak to「～に話しかける」，keep －ing「～し続ける」　他の選択肢は次の通り。ア「彼がケイトを北極点に連れて行った際，彼は何をするべきか，を告げられた」実際に北極へ行ったわけではない。should「～するべきだ／に違いない」，take A to B「AをBへ連れて行く」　イ「ケイトの手を握り，バスの運転手に彼の名前を告げるように言われた」運転手へ告げるのは降車するバス停名である。　ウ「バスのどこに座るか，及び，いつバスの運転手へ話しかけるか，を指図された」ケイトが窓際に座るという点は注意を受けたが，運転手へ話すタイミングに関して指示はなかった。〈where[when]＋不定詞[to do]〉「どこで[いつ]～[不定詞]するか」　エ「バスに乗っている間はずっと，ケイトを喜ばせるように指示された」記述なし。make A B「AをBの状態にする」

やや難 問3　[　❸　]の後続箇所で，どのような折でも妹の面倒をみることができ，妹は自分を頼りにすることができる，というピーターの自信の表れとも思える表現がある。したがって，空所❸に当てはまる適語は，エ proud「自信がある」。take care of「～を世話する」　depend on「～を頼る／に依存する」　他の選択肢は次の通り。ア「飽きて」　イ「興奮して」　ウ「自由で／暇で」　オ「心配して」

やや難 問4　(He takes from his pocket two important things) he has remembered to bring with (him)　take A from B「BからAを取り出す」　ここではAに該当する two important things が不定詞の形容詞的用法(things to bring with him「持参するもの」)の影響でBに該当する his pocket の後ろにきていることに注意。〈名詞＋不定詞[to do]〉「～[不定詞]するための／するべき名詞」(不定詞の形容詞的用法)に，さらに he has remembered「彼が覚えている」が挿入された形になっている。

やや難 問5　was going ← 過去進行形〈was／were ＋現在分詞[doing]〉「～しているところだった」，〈so ＋形容詞／副詞＋ that …〉「とても～[形容詞／副詞]なので…である」，if「もし～ならば」，spread「広げる」　spread ― spread ― spread，would be able to ～ ← 〈be動詞＋ able ＋不定詞[to do]〉「～できる」，will be able to do「～できるでしょう」未来の能力，would 過去の時点での未来 ← will の過去形，take off「離陸する」

やや難 問6　下線部❻のせりふの前後の違いに着目すること。下線部❺を含む文とそれに続く文では，空を飛ぶことを空想するピーターの心中が描かれている。❻「いや，そうじゃない」で，我に返り，続く2文では，妹を取り戻そうとしている現実に意識が戻っている。以上をふまえて，解答をまとめること。〈be動詞＋ going ＋不定詞[to do]〉「～するつもりだ／だろう」，get A back「Aを取り戻す」

重要 問7 (あ)「二人はずっと手を握っていた。実際，彼はケイトのことが好きなので，このことは[　　]なかった。単に，友だちに見られたくなかっただけだ」以上の文脈より，「嫌じゃなかった」という意になるように，動詞 mind「気にする／嫌がる，迷惑に思う」を挿入すればよい。because「～だから」(理由)　(い)「彼がこのまま走り続けて，両足の激しい痛みを忘れることさえできれば，彼は[　　]だろう」正解は catch up「追いつく」。keep －ing「～し続ける」　(う)「やっかいなことから避けた状態[　　]のならば，私の手を握っていなければならない」正解は stay「～のままでいる」。ちなみに，stay out of で「～と関わらない」の意。should「～するべきである／するはずだ」，〈be動詞＋ going ＋不定詞[to do]〉「～するつもりだ／だろう」

重要 問8 ア「ピーターとケイトは学校まで歩くと通常約15分かかる」(○)　第1段落第3文に一致。〈It takes ＋人＋時間＋不定詞[to do]〉「～[人]が…[不定詞]するのに○○[時間]かかる」　イ「学校に何を持って行くべきかに関して両親が話すのを聞くことに，ピーターは飽きていた」(×)　学校への持ち物について，ピーターが嫌になるほど，両親が語っているという事実はない。tired of「～に飽きて」 of hearing his parents talk ← of hearing〈前置詞＋動名詞[doing]「～すること」〉，〈知覚[感覚]の意味を有する動詞＋人＋原形〉「人が～[原形]することを知覚する[聞く／見る／感じる等]」 what he should take ～ ← What should he take?　間接疑問文(疑問文が他の文に組み込まれた形)では〈疑問詞＋主語＋動詞〉の語順になるので注意。　ウ「腹を空かせたオオカミがバス停の近くにいるのを目撃して，ケイトは泣いていた」(×)　第3段落の後半に出てくる山中で遭遇するオオカミの群れの話は，極限の状況下でも冷静に振る舞うことができる，ということを説明するための比喩。in tears「泣いて」　エ「妹と一緒にいるところを見られたくなかったので，ピーターはケイトをバスに置き去りにした」(×)　故意にケイトを置き去りにしたわけではない。第5段落参照。　オ「ピーターは空想していたので，降りようとしていたバス停を乗り越した」(×)　ピーターは空想していた(第4段落)が，降りるべきバス停を見過ごしてはいない。(第5段落)ケイトを連れて降りなかったことが彼の犯した過ちである。the bus stop ▼ he was going to get off at ← 目的格の関係代名詞の省略　〈先行詞＋(目的格の関係代名詞)＋主語＋動詞〉　関係代名詞が前置詞の目的語となる場合〈先行詞＋(関係代名詞)＋主語＋動詞＋前置詞／[前置詞＋関係代名詞＋主語＋動詞]〉　〈be動詞＋ going ＋不定詞[to do]〉「～するつもりだ／だろう」，get off「降りる」　カ「ケイトは両親にピーターの過ちについて話さないと同意した」(○)　最終段落に一致。would 過去の時点での未来(will の過去形)，in return for「～の代わりに」，関係代名詞 what「～すること」＝ the thing(s) which[that]～

★ワンポイントアドバイス★

4問6は，下線部のせりふ no の使われている状況を説明する設問である。No はあることを否定する場合に使われるが，心中の叫びであるこの No が，ここでは何を否定しているか，文脈に沿った解釈を字数制限内でまとめることになる。

<理科解答>

1 (1) ア，エ　(2) ア，エ　(3) ア，エ，キ，ク　(4) ① (A) 低く (B) 膨張　(C) 露点　(D) 凝結　② (例) 水蒸気が雲になるときの凝結核になる。

2 (1) 酵素　(2) ① アミノ酸　② 脂肪酸，モノグリセリド　(3) ① (例) 可溶性デンプンおよび片栗粉を用いたデンプン溶液を用意し，それぞれ同時に問題文と同様の手順で実験操作を行う。　② ウ

3 (1) $2Ag_2O \rightarrow 4Ag + O_2$　(2) エ，オ　(3) ウ→ア→イ→エ　(4) 0.5(g)

4 (1) ウ　(2) 18(個)　(3) (記号) ア　(理由) (例) 塩素は水に溶けやすい気体であるため。

5 (1) (硫酸：硫酸カリウム＝) 14：25　(2) 12(%)

6 (1) 15(g)　(2) 1005(g)　(3) カ<ウ=エ=オ　(4) (カ)<(キ)
(理由) (例) Bの方が体積が大きく，受ける浮力も大きい。その浮力と作用反作用の関係にある，水が受ける下向きの力もBの方が大きいから。

7 (1) ウ，キ　(2) (A) 放射線　(B) 遺伝子

8 Ⅰ (1) ア　(2) (ア) d　(イ) 小さくなった
Ⅱ (1) 内合　(2) 6.1(倍)　(3) エ　(4) 右図

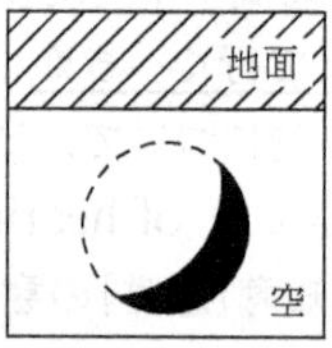

9 (1) $y-x$　(2) 45000(km)　(3) ウ

○推定配点○

1 (4)①　各2点×4　他　各3点×4((1)～(3)各完答)
2 (3)①　3点　他　各2点×4((1)②完答)　3 (3)　2点　他　各3点×3
4 (1)　2点　他　各3点×2((3)完答)　5　3点×2　6　各3点×4((4)完答)
7　各2点×3((1)完答)　8 Ⅱ(2)～(4)　各3点×3　他　各2点×4　9　各3点×3
計100点

<理科解説>

1 (生物・地学―生物の種類・雲のでき方)

基本 (1) シダ植物のイヌワラビ，コケ植物のゼニゴケは胞子でふえる。スギ，タンポポ，イネは種子でふえる種子植物である。

(2) ミジンコの大きさは約1.5mm～3.5mm程度，海底のれきの大きさは2mm以上である。これら以外は非常に小さく，肉眼で1つを認識することはできない。

(3) ゾウリムシは単細胞生物である。1つの生殖細胞である精子と卵が受精してできる受精卵も1つの細胞である。種子は，もとは胚珠であった部分で受精卵が分裂した胚など複数の細胞からなるのに対し，胞子は精子や卵のような生殖細胞で1つの細胞である。

重要 (4) ① 地表からはなれて上昇すると，それより上空にある空気が少なくなっていくために気圧は低くなる。その結果，空気は膨張し，温度が下がる。空気の温度が下がって露点に達すると，水蒸気が凝結して(水滴になって)雲ができる。
② 胞子やちり，火山灰などのように空気中をただよう小さな粒子は，その周りに水蒸気が集まり，雲になるときの凝結核となる。

2 (ヒトの体のしくみ―だ液のはたらきに関する実験)

基本 (1) だ液にふくまれるアミラーゼ，胃液にふくまれるペプシン，すい液にふくまれるトリプシン

やリパーゼなどの物質を酵素といい，消化液にふくまれ，食べ物にふくまれる養分を分解するはたらきをもつものを特に消化酵素という。

基本 (2)　タンパク質は胃液とすい液，小腸の壁から出される消化酵素によって，最終的にアミノ酸に分解される。脂肪はすい液にふくまれる消化酵素によって，最終的に脂肪酸とモノグリセリドに分解される。また，デンプンはだ液とすい液，小腸の壁から出される消化酵素によって，最終的にブドウ糖に分解される。

重要 (3)　①　デンプン溶液の違いによる結果の違いを調べるためには，デンプン溶液の条件だけを変え，それ以外の条件をそろえて実験を行う。このような実験を対照実験という。

②　可溶性デンプンは，水に溶けやすくするために分解されたデンプンで，デンプンからやや麦芽糖やブドウ糖に近づいたものであるため，だ液を加えていなくても，ベネジクト液で反応が起こることがある。

ア…実験はできる限り条件をそろえて行う。また，実験では，同様の条件で実験を行い，同じ結果が得られること(再現性)も重要である。イ…教科書と同じ結果が得られなかった場合，教科書どおりの結果を得るための訓練よりも，その結果となった原因を追究していくことが重要である。

ウ…実験結果は事実であるので，得られた結果をもとにより理解や知識を深めていくとよい。

エ…原因がデンプン溶液であることが明確になっているので，推測だけでベネジクト液をかえて，実験の条件を変えてしまうのはよくない。オ…片栗粉を用いたものも可溶性デンプンを用いたものも，どちらも「デンプン」溶液なので，「デンプン」を「片栗粉」に変えるのは望ましくない。

3 (化学変化—酸化銀の加熱分解)

基本 (1)　酸化銀Ag_2Oを加熱すると，銀Agと酸素O_2に分解される。

(2)　発生する酸素は空気よりも重い気体である。酸素を食品のビンや袋に封入すると，食品の酸化が進み，品質が保持されにくくなってしまうので，食品のビンや袋には，反応しにくい気体である窒素や，酸素を吸収する脱酸素剤などが入れられる。

基本 (3)　水槽の水の逆流を防ぐために，火を消す前に管を水槽から出す。ガスバーナーの火を消すときは，空気調節ねじ(ねじa)を閉めたあと，ガス調節ねじ(ねじb)を閉め，最後にガスの元栓を閉める。

(4)　酸化銀の密度が$7.2g/cm^3$なので，酸化銀$1cm^3$の質量は7.2gである。酸化銀は，銀原子と酸素原子が2：1の個数の比で結びついているので，銀と酸素の質量比は，(27×2)：(4×1)＝27：2である。よって，酸化銀7.2gから得られる酸素の質量は，$7.2\times\frac{2}{27+2}=0.496\cdots$より，0.5g

4 (電気分解—塩酸の電気分解)

基本 (1)　5つの物質のうち，溶質としたときに2本の電極から気体が発生するのは，塩化水素と水酸化ナトリウムのときで，塩化水素のときは塩素と水素，水酸化ナトリウムのときは酸素と水素が発生する。これらのうちで，塩素は水に溶けやすいので，試験管にたまりにくい。このことから，この水溶液の溶質は塩化水素であることがわかる。エタノールと砂糖が溶質のときは水溶液に電流が流れず，塩化銅が溶質のときは気体が発生する電極は1本で塩素が発生し，もう1本の電極には銅が付着する。

重要 (2)　気体がたまりにくかった電極で反応するのは塩化物イオンCl^-である。塩化物イオンは，1価の陰イオンで，塩素原子が電子を1個得てできる。原子の状態でもイオンの状態でも陽子の数は変わらないので，塩化物イオンも塩素原子も陽子を17個もつ。また，原子では陽子と電子の数は等しいので，塩素原子のもつ電子の数は17個である。よって，塩化物イオンのもつ電子の数は，17＋1＝18(個)である。

基本 (3) 塩化水素の水溶液(塩酸)に電流を流すと，陽極から塩素，陰極から水素が発生する。集まりにくい気体は塩素なので，電源装置の＋極につないだ陽極から発生する。

5 (水溶液―溶解度・質量パーセント濃度)

(1) 硫酸水溶液中の硫酸の質量は，250(g)×0.028＝7(g)，硫酸カリウム水溶液中の硫酸カリウムの質量は，500(g)×0.025＝12.5(g)である。よって，反応に使われた硫酸と反応で生じた硫酸カリウムの質量比は，7(g)：12.5(g)＝14：25である。

やや難 (2) 100gの水に硫酸カリウムを溶かしてつくった飽和水溶液の質量は，100＋12＝112(g)である。また，水酸化カリウム水溶液50gと硫酸水溶液50gを過不足なく中和させてつくった硫酸カリウムの飽和水溶液の質量は100gである。よって，硫酸カリウムの飽和水溶液100g中に含まれる硫酸カリウムの質量は，$12(\mathrm{g})\times\frac{100(\mathrm{g})}{112(\mathrm{g})}$で求められる。また，(1)より，反応に使われた硫酸と反応で生じた硫酸カリウムの比は，14：25である。したがって，反応で$12\times\frac{100}{112}$(g)の硫酸カリウムが生じるとき，反応に使われた硫酸の質量は，$12\times\frac{100}{112}\times\frac{14}{25}=6$(g)である。硫酸水溶液50g中に含まれる硫酸が6gなので，質量パーセント濃度は，6(g)÷50(g)×100＝12(％)

6 (浮力―はかりの示す値と浮力)

基本 (1) 水中にある物体には水から浮力がはたらき，その大きさは，水中にある物体の体積と等しい体積の水の重さと等しい。実験イでは，球体Aの半分の5cm^3が水中にあり，水の密度は1.0g/cm^3であるから，球体Aは水5g分の浮力を受けることがわかる。球体Aは20gで，浮力を5g分受けることから，ばねばかりは，20－5＝15(g)を指す。

やや難 (2) 水から球体Aには5g分の浮力がはたらき，作用・反作用の法則から，水は球体Aから5g分の力を受ける。よって，台ばかりは1000＋5＝1005(g)を指す。

やや難 (3) ウ～カのいずれも，台ばかりは1000gの水からの力を受け，その大きさは等しい。また，水中にある球体は水から浮力を受け，水は浮力と作用反作用の関係にある下向きの力を受ける。1000gの水からの力以外について考えると，

ウ…20gの球体Aには，水中にある体積が10cm^3なので，10g分の浮力がはたらく。よって，球体Aが台ばかりを押す力の大きさは，20－10＝10(g)分で，さらに，浮力と作用反作用の関係にある10g分の力がはたらく。したがって，台ばかりは1000gの水からの力以外に，10＋10＝20(g)分の下向きの力を受ける。

エ…20gの球体Bは水に浮いていることから，球体Bにはたらく重力と浮力はつり合っていて，その大きさは20g分である。よって，台ばかりは1000gの水からの力以外に，浮力と作用反作用の関係にある20g分の下向きの力を受ける。

オ…20gの球体Bは完全に水中にあり，その体積が50cm^3なので，50g分の浮力がはたらく。よって，球体Bは，50－20＝30(g)分の力で，上向きに台ばかりを引いていて，さらに，台ばかりには，浮力と作用反作用の関係にある50g分の力がはたらく。したがって，台ばかりは1000gの水からの力以外に，50－30＝20(g)

カ…20gの球体Aは完全に水中にあり，その体積が10cm^3なので，10g分の浮力がはたらく。よって，台ばかりは1000gの水からの力以外に，浮力と作用反作用の関係にある10g分の下向きの力を受ける。

これらのことから，ウ，エ，オでは，台ばかりは，1000＋20＝1020(g)を指し，カでは，台ばかりは，1000＋10＝1010(g)を指すことがわかる。

やや難 (4) 球体には，水中にある体積と等しい体積の水の重さと等しい大きさの浮力がはたらくので，

カでは，$10cm^3$の球体Aに10g分の浮力がはたらき，キでは，$50cm^3$の球体Bに50g分の浮力がはたらく。また，台ばかりは，浮力と作用反作用の関係にある力を水から受けるので，カの台ばかりは1010g，キの台ばかりは1050gをそれぞれ指す。

基本 7 （エネルギー―発電・放射性物質）

(1)　太陽光発電では，光電池で光エネルギーが電気エネルギーに変えられる。燃料電池発電では，水素と酸素が化合して水が反応を利用して電気エネルギーをとりだしている。火力発電では，化石燃料などを燃焼させて発生した熱で水蒸気を発生させ，水蒸気によってタービンを回している。水力発電では，ダムなどで落下する水によってタービンを回している。原子力発電では，核燃料を燃焼させて発生した熱で水蒸気を発生させ，水蒸気によってタービンを回している。風力発電では，風によってタービンを回している。地熱発電では，地熱で水蒸気を発生させ，水蒸気によってタービンを回している。

(2)　放射線を出す能力を放射能，放射線を出す物質を放射性物質という。放射性物質は放射線を出すと別の物質に変化する。放射線は，物体を透過する性質があり，生物のからだを通過すると，その際に細胞の核内の遺伝子を傷つけ，がんが発生しやすくなる。

8 （地球と太陽系―太陽と月・金星）

重要 Ⅰ (1)　日の出の位置は，春分と秋分は真東，夏至は真東より北寄り，冬至は真東より南寄りである。図3で，日の出の位置は，真東よりやや北寄りから，さらに北寄りへと変化していることから，2回の観察を行った時期は，春分～夏至の間であることがわかる。

重要 (2)　同じ時刻に月を観察すると，日がたつにつれて見える位置は東へと変わり，真南よりも東側では，地平線に近づいていく。また，図3のような，大きく欠けて左側の一部が輝いている月は，さらに大きく欠けて，やがて新月となった後，ふたたび右側から輝きだし，三日月→半月(上弦の月)→満月→…と変化していく。

Ⅱ (1)　図4は地球の北極側から見たものなので，地球と金星はどちらも反時計回りに公転する。また，地球の公転周期は1年，金星の公転周期は0.62年で，公転する速度は公転周期に反比例するので，金星のほうが公転する速度は速くなる。よって，図4の状態からでは，金星が地球に追いつくような形になるため，内合が先におこる。

(2)　金星と地球が最も離れるのは，地球－太陽－金星のように一直線になるときで，このときの距離は，1＋0.72＝1.72である。また，金星と地球が最も近づくのは，地球－金星－太陽のように一直線になるときで，このときの距離は，1－0.72＝0.28である。よって，金星と地球が最も離れたときの距離は，最も近づいたときの距離の，1.72÷0.28＝6.14…より，6.1倍である。

(3)　地球の公転周期は1年なので，1.5年で太陽の周りを1.5周し，金星の公転周期は0.62年なので，1.5年で太陽の周りを1.5÷0.62＝2.41…より，約2.4周する。よって，1.5年後の地球と金星の位置関係は，右の図のようになる。このとき，金星はよいの西の空に見られる。

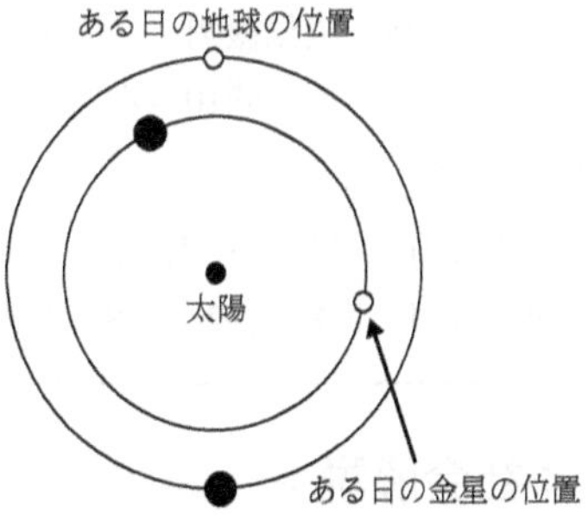

重要 (4)　金星は，太陽の光を反射して輝いて見えるため，太陽のある側が光って見える。また，地球に近づくほど大きく欠け，地球から遠くなるほど欠け方は小さくなる。よって，(3)の図のような位置関係にあるとき，金星は地球から見て太陽と逆側の南東側(肉眼での左上側)が少し欠けた形で見える。屈折式天体望遠鏡では，上下左右が逆になって見えるため，屈折式天体望遠鏡で見た金星は，右下が少し欠けた形になる。

9 (地球と太陽系―地球の円周の推定)

やや難 (1) 弧ABの距離と地球の円周の比は，緯度の差と1周分の角度(360°)の比に等しい。緯度の異なる2点間での南中高度の差はつねに一定なので，春分・秋分の日の南中高度について，A地点の緯度をa，B地点の緯度をbとすると，x=90−a…①，y=90−b…②が成り立つ。②−①より，a−b=y−xだから，(あ)にあてはまる式は，y−xとわかる。

(2) s：t=(y−x)：360に，s=900，y=71.0，x=63.8を代入すると，900：t=(71.0−63.8)：360 t=45000 よって，地球の円周tは45000kmとなる。

(3) エラトステネスの用いた計算方法では，南中高度の差を利用しているので，地軸の傾きは計算の途中で現れても打ち消し合うため，地軸の傾きは計算結果の誤差の理由とはならない。

★ワンポイントアドバイス★

計算問題では，やや難易度の高いものが多いので，難易度の高い問題集なども利用して練習を重ねよう。また，実験に関する問題では，知識よりも思考を要求する問題があるので，そのような問題にも積極的に取り組んでいこう。

＜社会解答＞

Ⅰ 問1 ②，④ 問2 キリマンジャロ 問3 1 ナイル(川) 2 熱帯雨林(気候)
問4 ウ 問5 P アラビア(語) S スペイン(語) 問6 a 茶
b サトウキビ 問7 ウ

Ⅱ 問1 A 知床(半島) C 紀伊(半島) 問2 1 輪島 2 シラス(台地)
問3 お

Ⅲ 問1 イ 問2 ア 問3 両院協議会 問4 エ 問5 日米地位(協定)
問6 ウ

Ⅳ 問1 エ 問2 (1) 株主総会 (2) 配当 問3 公開市場(操作) 問4 エ

Ⅴ 問1 エ 問2 蘇我馬子 問3 壬申(の乱) 問4 イ 問5 イ 問6 イ
問7 ウ 問8 ウ 問9 執権 問10 エ 問11 後醍醐(天皇)

Ⅵ 問1 ③ 問2 ③ 問3 ④ 問4 ④

Ⅶ 問1 ポリス 問2 ア 問3 (古→新) イ→ア→ウ→エ 問4 (黒人)奴隷
問5 蒸気機関 問6 ア，ウ，カ 問7 NATO 問8 マカオ 問9 a イ
b ア 問10 ポルトガル

○配点○

Ⅰ 問1～問5 各2点×8 問6・問7 各1点×3 Ⅱ～Ⅵ 各2点×31

Ⅶ 問1～問8 各2点×8(問6完答) 問9・問10 各1点×3 計100点

＜社会解説＞

Ⅰ (地理―アフリカ大陸・南アメリカ大陸に関する問題)

基本 問1 アフリカ大陸のビクトリア湖，南アメリカ大陸北部のアマゾンを通過していることに注目する。

問2 タンザニア北東部に位置する，標高5895mのアフリカ大陸の最高峰である。

重要 問3　1　アフリカ大陸北東部を流れて地中海に注ぐ，長さ6650kmに及ぶ世界最長の川である。
2　赤道直下の地域に分布する気候である。高温多雨で，年較差は小さい特徴を示す気候である。

問4　R国はブラジルであることから，首都はブラジリアであり，ウは誤りである。

やや難 問5　P国はエジプトで公用語はアラビア語，S国はアルゼンチンで公用語はスペイン語である。

問6　a　Q国はタンザニアである。19世紀後半から20世紀半ばまでイギリスの植民地であったことから，イギリスで消費される茶の栽培が集中的に行われた。　b　熱帯・亜熱帯地域で広く栽培される砂糖の原料となる農作物である。

問7　アフリカ大陸の人口は約12億人，南アメリカ大陸は約4億2000万人であることから，ウは誤りである。

Ⅱ　(地理ー日本の地形・人口・農業・工業などに関する問題)

基本 問1　A　北海道の東部に位置し，オホーツク海の南端に突き出している半島である。半島の東側には北方領土のひとつである国後島がある。　C　本州中央部から太平洋に突き出している日本最大の半島である。

重要 問2　1　能登半島の北に位置することから，江戸時代には北前船の寄港地として栄えた都市である。その地で作られた，漆器は下地を何層にも厚く重ねた丈夫さが特徴である。　2　鹿児島県・宮崎県にかけて広がる火山噴出物からなる台地で，火山灰が白っぽく見えることからその名前が付けられたものである。

やや難 問3　中京工業地帯に位置し，石油化学工業で有名な四日市市があることから，製造品出荷額の多い選択肢を選ぶ。あは道庁・県庁所在地の人口が多いことから北海道，いは農業産出額に占める米の割合が低いことから鹿児島県，うは農業産出額に占める米の割合が高いことから石川県であることがわかる。えは残りの奈良県である。

Ⅲ　(公民ー2019年のニュースを切り口にした問題)

やや難 問1　労働基準法第2条2の内容である。労働組合法第6条の内容であることから，アは誤りである。労働基準法第3条に「～差別的取扱をしてはならない」とあることから，ウは誤りである。男女雇用機会均等法第5条の内容であることから，エは誤りである。

重要 問2　日本国憲法第2条の内容である。日本国憲法第4条に「～国事に関する行為のみを行い」とあることから，イは誤りである。日本国憲法第6条①に「～国会の指名に基づいて」とあることから，ウは誤りである。日本国憲法第6条②に「～内閣の指名に基づいて」とあることから，エは誤りである。

問3　各議院で選挙された10名ずつの委員で構成される協議機関で，協議案の可決には出席議員の3分の2以上の多数決が必要とされている。

問4　1956年に改称され2001年に国土交通省の外局となった組織である。

問5　運用については，月2回開催される実務者会議である日米合同委員会で，協議されている。

基本 問6　8地方の中心都市に設置された裁判所で，第一審が地方裁判所で行われた際，第二審にあたる控訴審を担当する裁判所である。日本国憲法第76条に最高裁判所以外はすべて下級裁判所と規定されていることから，アは誤りである。第二審に訴えることは控訴であることから，イは誤りである。日本国憲法第64条に弾劾裁判所は国会に設置すると規定されていることから，エは誤りである。

Ⅳ　(公民ー日本経済に関する問題)

重要 問1　バブル経済は，1986年12月から1991年2月にかけて，株価・地価などの上昇によってもたらされた好景気のことである。1964年の東京オリンピックの翌年は不景気になったが，GMP成長率は5.7%でマイナスにはなっていないことから，アは誤りである。石油危機の影響は日本国内だけではなく他の先進工業国にも及び，それらの国々の経済成長率も低下していることから，イは誤りである。高度経済成長期は1960年代のことであることから，ウは誤りである。

問2 (1) 株主を構成員として，会社の基本的事項に関して毎年1回の決算期に開かれる定時株主総会と，必要に応じて開催される臨時株主総会がある。 (2) 株主が，利益配当請求権に基づいて受け取ることのできる，通常は現金で支払われる分配利益のことである。

やや難 問3 中央銀行(日本では日本銀行)が行う，通貨量の市場流通量調整することで行う，金融調節手段のことである。中央銀行が保有している債権類を売却して資金の供給量を減らし金融の引き締めを図る「売りオペ」と，中央銀行が債権類を買い上げることで資金の供給量を増やし金融の緩和を図る「買いオペ」がある。

問4 事業所数に注目すると，日本は従業員数1～299名以下の中小企業が非常に多いことがわかる。一方で生産額に占める割合は約50％となることから，従業員数300名以上の大企業と比較すると生産性が低いことがわかる。

Ⅴ (歴史―大和政権から鎌倉時代にかけての歴史に関する様々な問題)

問1 大和政権の成立は4世紀半ばであることから判断する。銅鐸は弥生時代に使われた道具であることから，エは誤りである。

重要 問2 587年に聖徳太子とともに排仏派の物部守屋を滅ぼし，推古天皇の時代には摂政である聖徳太子と協調したが，太子の死後には再び権勢をふるった人物である。

重要 問3 天智天皇の跡継ぎ争いのことである。息子の大友皇子と弟の大海人皇子が戦い，勝利した大海人皇子が天武天皇として即位した。

問4 律令制度下では，国司は中央政府から下級貴族が任命されて派遣されていたことから，イは誤りである。

問5 古代の都は，710年に平城京に遷都，784年に長岡京に遷都，794年に平安京に遷都している。

問6 平等院鳳凰堂の本尊は阿弥陀如来像，中尊寺金色堂の本尊は阿弥陀三尊像である。

問7 平清盛が戦ったのは，1156年の保元の乱，1159年の平治の乱である。前九年の役は1051年～1062年，後三年の役は1083年～1087年であることから，ウは誤りである。

やや難 問8 鎌倉時代初めの頃は，特に西日本において朝廷の権力は強く，農民は幕府と朝廷の二重支配に苦しんでいたことから，国司も置かれていたこともわかるので，ウは誤りである。

基本 問9 鎌倉幕府で将軍を補佐した役職である。鎌倉幕府3代将軍源実朝源が暗殺された後は，中央・地方のどちらにも命令できる立場であったことを利用して，権力をふるった。

やや難 問10 承久の乱の後，朝廷方から没収した所領の地頭に任命されたのは，西国の武士ではなく幕府の御家人であることから，エは誤りである。

基本 問11 足利尊氏・新田義貞・楠木正成らとともに，1333年に鎌倉幕府を滅ぼした天皇である。

Ⅵ (歴史―鎌倉時代から現代にかけての歴史に関する様々な問題)

基本 問1 足利義満が建てたのは金閣であることから，③は誤りである。

問2 水野忠邦は大老ではなく老中であることから，③は誤りである。

やや難 問3 張作霖爆殺事件は1928年の出来事で，満州事変のきっかけは1931年の柳条湖事件であることから，④は誤りである。

重要 問4 農地改革では，小作人は無償ではなく安価で土地を購入していることから，④は誤りである。

Ⅶ (歴史―世界史に関する様々な問題)

基本 問1 紀元前10～8世紀頃に起源がある，自然風土や社会的・宗教的要因によって形成された，直接民主制による自由と自治を理想とする，君主制に対する国家形態のことである。

問2 アは紀元前202年～紀元後8年，イは581年～619年，ウは618年～907年，エは1616年～1912年の王朝であることから判断する。

やや難 問3　アは1498年にヴァスコ・ダ・ガマが達成している。イは1488年にバルトロメウ・ディアスが達成している。ウは1511年にアルブケルケによってなされている。エは1543年に中国の貿易船に乗船していたポルトガル人による鉄砲伝来によってなされている。

問4　大西洋三角貿易で扱われたものは，ヨーロッパから西アフリカが繊維製品・ラム酒・武器，西アフリカから西インド諸島が奴隷，西インド諸島からヨーロッパが砂糖・綿であることから判断する。

重要 問5　水が水蒸気になると体積が約1700倍になることから，その高圧を利用して動力を得て，ピストンを往復運動させる熱機関のことである。

問6　第二次世界大戦は1939年～1945年9月にかけての出来事である。アは1914年，イは1941年，ウは1929年，エは1940年，オは1945年2月，カは1917年のことである。

問7　共産主義陣営に対抗するために設立された軍事同盟である北大西洋条約機構(North Atla-ntic Treaty Organization)の略である。

問8　1887年の中葡和好通商条約でポルトガルへ正式割譲され，1999年12月に中華人民共和国に返還された場所である。

問9　レコンキスタとは，イベリア半島における，キリスト教徒によるイスラム教徒からの解放運動であることから判断すると，aはキリスト，bはイスラムであることがわかる。

重要 問10　鉄砲伝来やイベリア半島などに注目する。

★ワンポイントアドバイス★

世界地理・世界史の出題は難易度が高めである。合格点に到達するためには，基本的な内容が多く問われている日本の歴史に関する問題を確実に得点することが大切である。

＜国語解答＞

一　問1　A　提唱　B　滞在　C　先見　D　抜本　E　操　問2　3
問3　(例)　自然環境に優しいエネルギーを得ようとして逆に環境破壊を促進する点。(33字)
問4　1　問5　5　問6　2　問7　(例)　資本主義を前提とした社会から，一部の人間のために多くの弱者が犠牲にならないような社会に移行すること。(50字)　問8　5

二　問1　A　3　B　4　C　3　問2　1　問3　5　問4　未開人に誘～ってのほか(だから。)　問5　(例)　アイヌも同じ日本人で，優劣はないという考え方。(23字)
問6　(例)　和人の言いなりになってしまっては，自分らしさやアイヌとしての誇りが失われてしまうということ。(46字)　問7　2　問8　4

○推定配点○

一　問1　各2点×5　問3　7点　問7　10点　他　各5点×5
二　問1　各2点×3　問5　7点　問6　10点　他　各5点×5　計100点

＜国語解説＞

一　（論説文－大意・要旨，内容吟味，文脈把握，漢字の読み書き）

問1　A　新しい考えなどを広く人々に呼びかけること。「提」の訓読みは「さ(げる)」，「唱」の訓読みは「とな(える)」。　B　よその土地で，ある程度の期間とどまること。「滞」の訓読みは「とどこお(る)」，「在」の訓読みは「あ(る)」。　C　将来を見通すこと。「先見の明」で，将来のことを見抜く見識という意味になる。　D　根本の原因をとり除くこと。「抜」の訓読みは「ぬ(く)」。　E　「繰る」には，順に送る，長い物を巻き取るなどの意味がある。

問2　傍線部①に含まれる「人」と「資本」について，直前の段落で「人類が一つの『重大な地質学的な威力』になって，その活動が地球のあり方を変えている」，また，直前で「この人類を駆り立てているのが，資本主義システムであることは間違いない」と述べている。ここから，「人新世」を「資本新世」と呼んでもよいとする理由を読み取る。資本主義システムによって駆り立てられた人類が地球のあり方を変えている，という内容を述べているものを選ぶ。

問3　「本末転倒」は，重要なこととつまらないことを取り違えて扱うという意味。本文の後の【注】から，「バイオマス」は自然環境に優しい有機性のエネルギー資源であることを確認した上で，「バイオマス」の例を挙げている直後の段落に着目する。「先進国がすぐにでも大量の発電所や電気自動車を作り，バイオマスに切り替えようとするなら，どうなるだろうか」と問いかけ，「資源国での採掘や森林伐採をこれまで以上に激化させることになる」「そうなれば，労働者の生活と自然環境を同時に破壊する」と述べている。自然環境に優しいエネルギーに切り替えようとして，逆に環境破壊を激化させてしまう点を「本末転倒」と言っており，この内容を簡潔にまとめる。

問4　傍線部③を含む「資本主義的なロジックからの決別」について，直後で「テスラのSUVや太陽光パネルのついた一軒家を買うというのではなく，公共交通機関を充実させ，エネルギー効率のいい公営の集合住宅を建て，スポーツや芸術といったより社交的な休日の時間をすごすための場所を充実させるべき」と具体的に説明している。この「テスラのSUVや太陽光パネルのついた一軒家」が「資本主義的なロジック」によるもので，「テスラのSUVや太陽光パネル」に通じるアの「LED電球」が適合する。

問5　傍線部④の「プランB」は，「プランA」がうまく機能しなかった場合の代替案を意味する。直前の「資本主義が……『地球の限界』と相容れないのであれば，不可逆的な変化を引き起こさないために，現在のシステムをラディカルに変えねばならない。将来の世代へ地球を残すのは現在の世代の責任なのである」が意味するところを読み解く。資本主義によって「地球の限界」を超えてしまうと将来の世代へ地球を残すことはできない，地球の代替となる他の惑星は存在しないと説明しているものを選ぶ。

問6　「矮小化される」は，規模などが小さくされること。「規範的次元」は，同じ段落の「私たちはどういった形で自然との関係を再構築し，どのような生活をより望ましいものと見なすべきなのか」といった基準で問題を考えることを意味している。そのような人類と自然との関係や，望ましい生活のあり方といった問題が小さくされると説明しているものが適切となる。

やや難　問7　直前の「誰も取り残されないような民主主義的な移行」を，筆者は「公正な移行」としている。「誰も取り残されないような」を，直後の文の「一部の人間だけが生き残るために，多くの人々が犠牲になるということがないようにする」の文言を使って具体的に説明する。「移行」というのであるから，どのような社会から，どのような社会に移行すること，という形でまとめる。「ここで注意」で始まる段落で，筆者は「資本主義という社会システムを根底に据える私たちの生活様式そのもの……批判的に捉える必要がある」と述べている。

重要 問8　最終段落の内容に5が合致する。

二　(小説―情景・心情，内容吟味，文脈把握，語句の意味)

問1　A「きぜん(とした)」と読む。直前の「いやです」というキサラスイの会話の調子にふさわしいものを選ぶ。　B「いんぎん」と読む。表面は丁寧で礼儀正しいように見えて実は尊大で無礼なという意味の「慇懃無礼」という語がある。　C　静かに泣き続ける様子を表す。

問2　本文前のあらすじで，「文明」とは何かと問うヨマネクフに対し，チコビローは「文明化せず愚かで弱いものは滅んでいくのが当然と考える幻想」と答えている。ここから，チコビローは自分たちアイヌが，和人の暮らしにならって「文明化」していくことに否定的であることが読み取れる。ここから，チコビローの流暢な日本語に「射す影」とは，和人の暮らしを強要されて「文明化」されることに対する不満と屈辱感だと推察できる。

問3　総頭領であるチコビローが「当村ならではの野趣」としてキサラスイの琴を紹介したときには琴を弾くことを拒否したにも関わらず，永山が「どうせ大したものでもあるまい。つまらぬ」と言ったのを聞いて，キサラスイは一転して琴を「弾きます」と言っている。キサラスイは永山の差別的な発言に憤りを感じ，アイヌの誇りを見せようとしたことが読み取れる。

問4　「西郷閣下が立ち上がっていた」のは，アイヌの人々といっしょに踊ろうとしたためである。「永山氏が悲鳴に近い声を上げ」た理由というのであるから，永山氏の言葉に注目する。後の「彼ら未開人は，我らによって教化善導され，改良されるべきなのです。その未開人に誘われて踊るなど，もってのほか」から，理由となる部分を抜き出す。

問5　アイヌの人々に対する西郷の考えなので，西郷の会話に着目する。永山がキサラスイの琴を止めさせようとヤヨマネクフに喰ってかかった場面で，西郷は「アイヌも日本の臣民である。陛下の赤子であるゆえ，差別をつけてはいかん」と言っている。この部分を簡潔にまとめ，「～考え。」「～考え方。」の形で結ぶ。

やや難 問6　ヤヨマネクフが「やめちゃだめだ」と言っているのは，キサラスイの弾くアイヌの琴であることから，ヤヨマネクフが守ろうとしているのはアイヌの音楽でありアイヌの誇りであると考えられる。傍線部⑤の「お前はお前じゃなくなってしまう」や「俺たちは俺たちじゃなくなってしまう」という表現からは，和人の言いなりになってはアイヌらしさが失われてしまうという思いが読み取れる。これらの心情を述べて，「～ということ。」で結ぶ。

問7　西郷が，地の言葉を使って永山に話した内容に注目する。「(身内で争うのはもうよそう)」「(我らはもう，ずいぶん失ったではないか)」「(お前の家族や親類にもいるだろう。だからもうやめよ)」などから，西郷は自分たちの苦しかった思い出を二人の郷里の言葉を用いて語り，アイヌもまた自分たちと同じなのだと永山に訴えている。

重要 問8　傍線部⑦の「その」は，直前の「チコビローが東京で見た幻想」を指示しており，直後の段落で「その幻想は……ばらばらだった和人たちを一つにし，日本という旗を立て，北海道のアイヌたちを呑み込み，樺太のアイヌを故郷から連れ出している」と説明している。また，傍線部⑦の「足掻く」は活路を見いだそうと必死になるという意味なので，日本という旗を立てアイヌを含めて一つになろうと和人たちも必死になっているということだと考えられる。

★ワンポイントアドバイス★

論説文も小説も，最近発表された文章だ。ふだんから新聞などに目を通して社会情勢をつかんでおくことが，読解に役立つ。話題の本などにも時間を見つけて触れておこう。

MEMO

大切なことはメモしておこうネ！

解答用紙集

○月×日　△曜日　天気（合格日和）

◆ご利用のみなさまへ
＊解答用紙の公表を行っていない学校につきましては、弊社の責任において、解答用紙を制作いたしました。
＊編集上の理由により一部縮小掲載した解答用紙がございます。
＊編集上の理由により一部実物と異なる形式の解答用紙がございます。

人間の最も偉大な力とは、その一番の弱点を克服したところから生まれてくるものである。――カール・ヒルティ――

東京学参株式会社

東海高等学校　2024年度

◇数学◇

※この解答用紙は学校からの発表がないため，東京学参が制作いたしました。

1

解答欄	
ア	
イ	

2

ウ	
エ	

3

オ	
カ	
キ	
ク	

4

ケ	
コ	
サ	

5

シ	
ス	
セ	

東海高等学校　2024年度

◇英語◇

※ 149％に拡大していただくと，解答欄は実物大になります。

1

問1

1.　歳	2.　年　月　日	3.　人	4.　番目	5.　回

問2

6.	7.	8.	9.	10.

2

問1

1.	2.	3.	4.
5.	6.	7.	8.
9.			

問2

A.	B.

3

(1)
(2)
(3)
(4)

4

問1	❶			
	❷			
	❹			
問2				
問3	(1)	(2)	(3)	(4)
問4	A	B	C	
問5				
問6				

東海高等学校　2024年度

◇理科◇

※この解答用紙は学校からの発表がないため，東京学参が制作いたしました。

1の解答欄

(1) 酵素名　分解する物質	酵素名　分解する物質
(2) 試薬名　結果	
(3)	
(4)	
(5)	

2の解答欄

(1)	(2)

3の解答欄

(1) 4℃の液体：　100℃の水蒸気：		(2)	(3)　%
(4)	①		
	②		

(5)

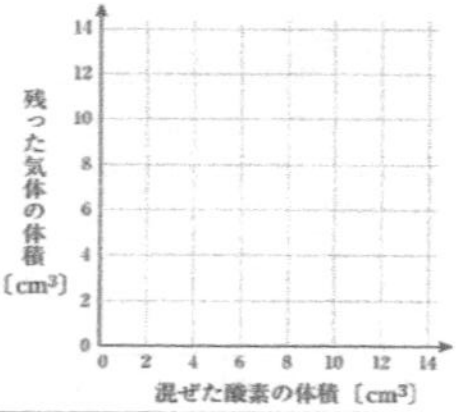

(6)	
①	A　B　C
②	陽極　・　陰極
③	I　II
④	B ： C ＝　：

4の解答欄

(1) あ	い	う
(2) f_1 ＝　〔cm〕	(3) F ＝　〔cm〕	

5の解答欄

(1)　〔m〕	(3)　〔J〕

(2)

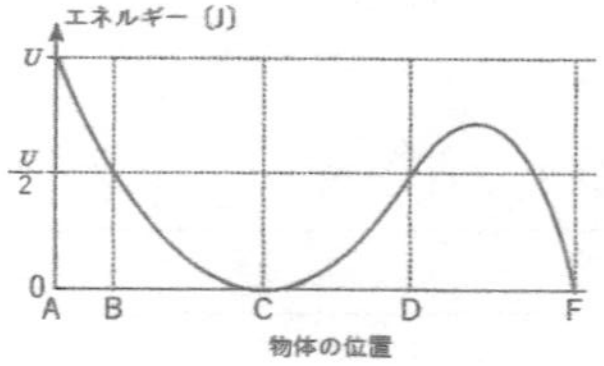

図 4

6の解答欄

(1)

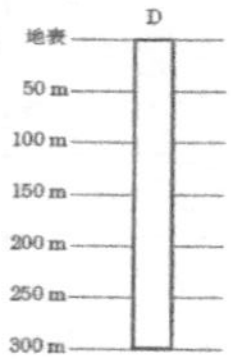

(2)	
(3)	
(4)	
(5)	

7の解答欄

(1) ①　②　③	
(2)　km	
(3)	

東海高等学校　2024年度　◇社会◇

※この解答用紙は学校からの発表がないため，東京学参が制作いたしました。

Ⅰ

問1		問2		問3		問4		問5	

問6	A	C	E	G	I

Ⅱ

問1	水力	地熱	問2	原油	石炭
問3					

Ⅲ

問1		問2		問3	
問4		問5		問6	

Ⅳ

問1		問2	
問3		問4	

Ⅴ

問1		問2		問3		問4		問5	
問6		問7		問8		問9		問10	

Ⅵ

問1		問2		問3		問4		問5	

Ⅶ

問1		問2	

問3	都市	宗教	

問4		問5	→ → →

問6	a	b	問7		問8	

東海高等学校　2024年度

◇国語◇

※この解答用紙は学校からの発表がないため, 東京学参が制作いたしました。

一

問1
a
b
c
d
e

問2
A
F

問3

問4

問5

問6

問7

二

問1
a
b
c

問2

問3

問4

問5

問6

問7

問8

東海高等学校　2023年度

◇数学◇

※この解答用紙は学校からの発表がないため，東京学参が制作いたしました。

1

	解答欄
ア	
イ	
ウ	
エ	

2

オ	
カ	
キ	
ク	

3

ケ	
コ	

（証明）

4

サ	
シ	
ス	

5

セ	
ソ	
タ	

東海高等学校　2023年度

◇英語◇

※ 156%に拡大していただくと，解答欄は実物大になります。

1

問1

1.　km	2.　人	3.　つ	4.　種類	5.　人

問2

6.	7.	8.	9.	10.

2

❶
❷
❸
❹
❺

3

1.	2.	3.	4.
5.	6.	7.	8.

4

問1	30 / 40
問2	❶
問3	(A)
問4	❷
問5	❸
問6	❹
問7	❺
問8	❻
問9	(B)
問10	❼
問11	❽
問12	
問13	

東海高等学校　2023年度　◇理科◇

※この解答用紙は学校からの発表がないため，東京学参が制作いたしました。

1

(1)				
(2)アンモニア ① ② ③	塩素 ① ② ③	二酸化硫黄 ① ② ③		
(3)			(4) g	
(5)ア g	イ [g]	ウ [g]	エ [L]	オ L

2

(1)	(2)

3

(1) ① ②	(2)	
(3)	(4)	(5)

4

(1) 自転周期： 公転周期：	(2)		(3)		
(4)	倍	(5)	名称	説明	

5

(1)		(2)		(3)		(4)	

6

ア 〔W〕	イ (選択：答えを○で囲む) 大きい ・ 小さい	ウ 〔W〕
エ	オ	カ 〔W〕
キ 〔Ω〕	ク (選択：答えを○で囲む) 大きい ・ 小さい	ケ

東海高等学校　　2023年度

◇社会◇

※この解答用紙は学校からの発表がないため，東京学参が制作いたしました。

Ⅰ

問1	ア	イ	ウ	エ	オ	カ	キ	ク	問2	
問3		問4		問5		問6		問7		

Ⅱ

問1	A　県	C　県	問2	1	2	問3	県

Ⅲ

問1		問2		問3	Ⅰ	Ⅱ
問4	古 → → → 新	問5		問6		

Ⅳ

問1		問2	
問3		問4	

Ⅴ

問1		問2		問3		問4		問5	川	川
問6	文字	問7		問8	皇子	問9	⑨	⑪		
問10		問11	会	問12	暦	問13				

Ⅵ

問1		問2		問3	(1)	(2)	問4		問5	
問6		問7		問8	古 → → 新	問9				

東海高等学校　2023年度

◇国語◇

※この解答用紙は学校からの発表がないため，東京学参が制作いたしました。

一

問1　a　b　c　d　e

問2

問3

問4

問5　40

問6

問7

問8

二

問1　a　b　c

問2

問3

問4

問5　20

問6　30　から。

問7

問8

※解答欄は実物大になります。

1

	解　答　欄
ア	
イ	

2

ウ	
エ	

3

オ	
カ	

4

キ	
ク	
ケ	

5

コ	
サ	

6

シ	
ス	
セ	

東海高等学校　2022年度

◇英語◇

※ 152%に拡大していただくと，解答欄は実物大になります。

1

問 1

1.	2.	3.	4.	5.

問 2

6.　cm	7.　cm	8.　回	9.　曜日

2

①
②
③
④
⑤

3

①	②	③
④	⑤	⑥

4

問 1	①	②	
問 2	③	⑤	⑮
問 3	④		
	⑥		
	⑬		
	⑭		
問 4	⑦		
	⑧		
	⑩		
	⑫		
問 5	⑨	⑪	
問 6			

東海高等学校　2022年度　◇理科◇

※ 116％に拡大していただくと，解答欄は実物大になります。

1

(1)　　＞　　＞　　＞			
(2)アとイ	アとエ	ウとエ	ウとオ

2

(1)	(2)	(3)	(4)	(5)

3

(1)	(2)	(3)	(4)

4

(1)	(2)	
(3)	酸化鉄には FeO，Fe_2O_3，Fe_3O_4 があるが，同じ質量の鉄と化合している酸素の質量比は（　）：（　）：（　）であることから，鉄１原子あたり最も酸化されている酸化鉄は（　　）である。	
(4)	(5) Cu：S＝　：	(6)　g

5

(1)（あ）：　（い）：	
(2)	
(3) X:　Y:	(4)　B:　C:

6

(1)	(2)	(3)
(4)(a)　(A)　(B)　(C)　(D)		
(b)①		
②		

7

(1)	(3)　km	(4)
(2)円の位置を，		
距離　m		

8

(1)(a)	(b)	(2)(a)
(b) 直径 大きい　・　小さい	密度 大きい　・　小さい	衛星の数 多い　・　少ない

東海高等学校　2022年度　◇社会◇

※ 108％に拡大していただくと，解答欄は実物大になります。

Ⅰ

問1	(1)	(2)	(3)	(4)	問2			
問3		人／km^2	問4		山脈			
問5	A 首都名	位置	D 首都名	位置	G 首都名	位置		

Ⅱ

問1	川	問2	A	B	問3	秋田 → 福井 →　→	問4	県

Ⅲ

問1		問2		問3		問4		問5		問6	

Ⅳ

問1	A	B	
問2		問3	

Ⅴ

問1		問2		問3		問4	
問5		問6					

Ⅵ

問1		問2		問3		問4		問5	

Ⅶ

問1	(古)　⇒　(新) ・　・	問2	(古)　⇒　(新) ・　・	問3	(古)　⇒　(新) ・　・	問4	(古)　⇒　(新) ・　・

Ⅷ

問1		問2		問3		問4	
問5			問6	(古)　⇒　(新) ・　・　・			
問7	A　世紀	B	C	D			

※ 122％に拡大していただくと，解答欄は実物大になります。

一

問1 a b c d e

問2 X Z

問3

問4

問5

問6

問7 ということ。

問8

二

問1 a b c

問3

問4

問2 ということ。

問5

問6

問7

問8

東海高等学校　2021年度

◇数学◇

※解答欄は実物大になります。

1

解答欄	
ア	
イ	

2

ウ	
エ	

3

オ	
カ	

4

キ	
ク	
ケ	
コ	

5

サ	
シ	
ス	

6

セ	
ソ	
タ	

東海高等学校　　2021年度

◇英語◇

※150%に拡大していただくと，解答欄は実物大になります。

1

問 1

1.	2.	3.	4.	5.

問 2

①　(　　　　)泊	②　3 月(　　　)日	③(　　)月(　　)日	④　(　　　　)回

2

A	B	C	D
E	F	G	

3

(A)

(B)

(C)

(D)

4

問 1	A	B	C	D	E	F

問 2　20　30

問 3

問 4

問 5　1 番目:　4 番目:　6 番目:

問 6

問 7　40　60

問 8

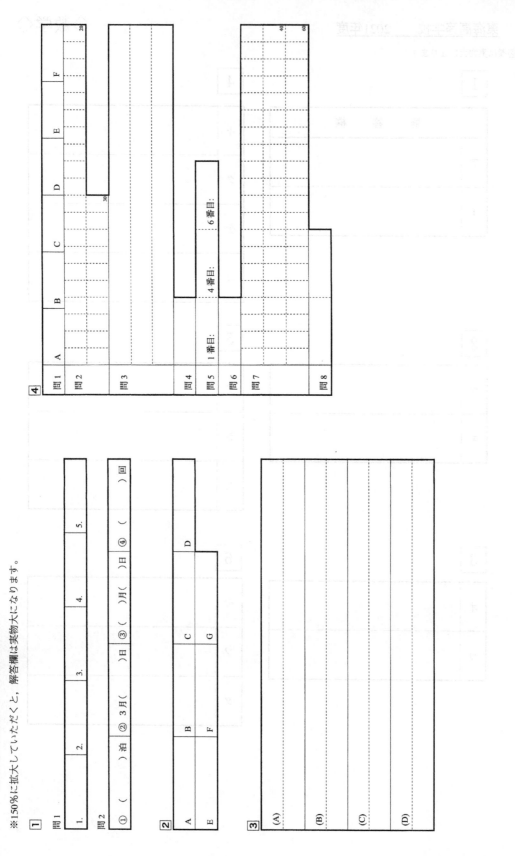

※119％に拡大していただくと，解答欄は実物大になります。

1．問1

(1) Ω	(2) A	(3) A

問2

(1) N	(2) g	(3) N/cm^2	(4) N
(5) ①	②	③	④
(6) N/cm^2	(7) cm		

2．

(1)		
(2)	(3)組織名	(4)
(3) ①		
②		

3．

(1)	「常温」 実験 考察	「空気」 実験 考察
	「光」 実験 考察	「水」 実験 考察
	「養分」 実験 考察	(2)
(3)		

4．

(1) %	(2) g	(3) %

5．

(1)	(2) 原子番号	中性子数 個	(5)，(6)の解答は問題(P.11)の図 10，図 11 に書き込むこと。
(3)			(4)

6．

(1) 時 分 秒	(2) km/s	(3) km
(4)	(5) 東に km， 北に km	

東海高等学校　2021年度　◇社会◇

※111％に拡大していただくと，解答欄は実物大になります。

Ⅰ

問1		問2		問3	
問4		問5			

Ⅱ

問1		問2	D	F	問3	記号 / 気候	問4

Ⅲ

問1	川	問2	(1) / (2)
問3	名古屋 → 東京 → →	問4	県

Ⅳ

問1		問2		問3			
問4		問5		問6		問7	会

Ⅴ

問1		問2		問3	

Ⅵ

問1	①	④	⑦				
問2		問3		問4		問5	
問6		問7					

Ⅶ

問1		問2		問3		問4		問5		問6	

Ⅷ

問1	a	b	問2				
問3		問4		問5		問6	
問7		問8		問9	人		

東海高等学校　2021年度

◇国語◇

※123％に拡大していただくと，解答欄は実物大になります。

一

問1　a　b　c　d　e

問2　X　Y

問3　ⅰ　ⅱ

問4

問5

問6

問7

二

問1　a　b　c

問2　A　F

問3

問4

問5

問6

問7

問8

※解答欄は実物大になります。

1

解答欄	
ア	
イ	
ウ	

2

エ	
オ	
カ	
キ	

3

ク	
ケ	
コ	

4

サ	
シ	
ス	

5

セ	
ソ	
タ	

東海高等学校　　2020年度

◇英語◇

※156％に拡大していただくと，解答欄は実物大になります。

1 (A)

❶ 歳	❷ 月 日	❸ 歳	❹ cm	❺
❻ 月 日	❼	❽		

1 (B)

❶	❷	❸	❹

2

❶	❷	❸	❹
❺	❻	❼	

3

❶
❷
❸
❹
❺
❻

4

問1	❶		
問2			
問3			
問4	2番目	5番目	
問5	❺		
問6	に対して		
問7	あ	い	う
問8			

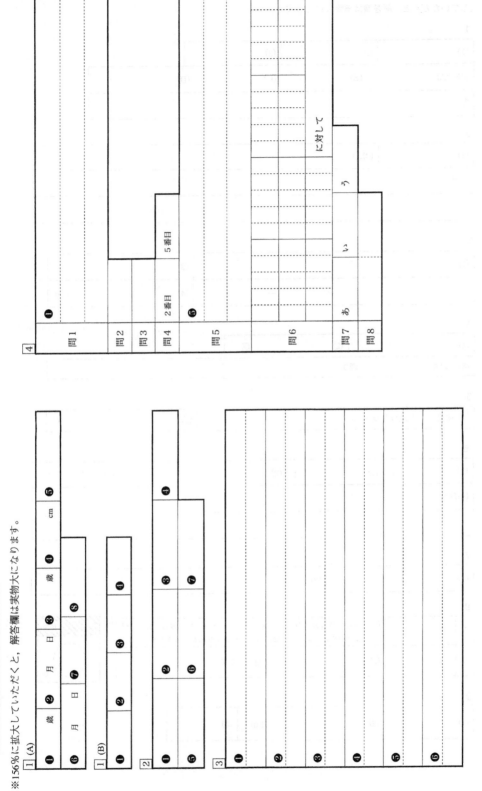

東海高等学校　2020年度

◇理科◇

※125％に拡大していただくと，解答欄は実物大になります。

1

(1)	(2)	(3)

(4)①(A)	(B)	(C)	(D)
②			

2

(1)	(2)①	②
(3)①		
		②

3

(1)	(2)
(3)　→　→　→	(4)　g

4

(1)	(2)　個
(3) 記号：	理由：

5

(1) 硫酸 ： 硫酸カリウム ＝　：	(2)　%

6

(1)　g	(2)　g	(3)	(4) カ（　）キ
(4)理由			

7

(1)	(2) (A)	(B)

8

I	(1)	(2) 月の位置は図３の（ア｜ a ・ b ・ c ・ d ）の方向にあり，形はかがやいて見える部分が（イ｜小さくなった・大きくなった）。	
II	(1)	(2)　倍	(3)

(4)

9

(1)	(2)　km	(3)

東海高等学校　2020年度

◇社会◇

※112％に拡大していただくと，解答欄は実物大になります。

Ⅰ

問1		問2	山	問3	1 川	2 気候	
問4		問5	P 語	S 語			
問6	a	b		問7			

Ⅱ

問1	A 半島	C 半島		
問2	1	2 台地	問3	

Ⅲ

問1		問2		問3		問4		問5	協定	問6	

Ⅳ

問1		問2	(1)	(2)	問3	操作	問4	

Ⅴ

問1		問2		問3	の乱	問4		問5		問6	
問7		問8		問9		問10		問11	天皇		

Ⅵ

問1		問2		問3		問4	

Ⅶ

問1		問2		問3	(古→新) → → →	問4	
問5		問6		問7		問8	
問9	a	b	問10				

東海高等学校　2020年度　◇国語◇

※122％に拡大していただくと，解答欄は実物大になります。

一

問1

A

B

C

D

E

問2

問3

問4

問5

問6

問7

問8

二

問1

A

B

C

問2

問3

問4

～

だから。

問5

問6

問7

問8

〈ダウンロードコンテンツについて〉

本問題集のダウンロードコンテンツ、弊社ホームページで配信しております。現在ご利用いただけるのは「2025年度受験用」に対応したもので、**2025年3月末日**までダウンロード可能です。弊社ホームページにアクセスの上、ご利用ください。
※配信期間が終了いたしますと、ご利用いただけませんのでご了承ください。

高校別入試過去問題シリーズ

東海高等学校　2025年度

ISBN978-4-8141-3038-2

[発行所] 東京学参株式会社
〒153-0043　東京都目黒区東山2-6-4

書籍の内容についてのお問い合わせは右のQRコードから　⇒

※書籍の内容についてのお電話でのお問い合わせ、本書の内容を超えたご質問には対応できませんのでご了承ください。

2024年7月4日　初版